Gericke, Lex, Schaub, Schreiber-Kittl, Schröpfer
(Hrsg.)
Jugendliche fördern und fordern

Übergänge in Arbeit

Band 1

Thomas Gericke,
Tilly Lex, Günther Schaub,
Maria Schreiber-Kittl,
Haike Schröpfer (Hrsg.)

Jugendliche fördern und fordern

Strategien und Methoden einer aktivierenden Jugendsozialarbeit

Verlag Deutsches Jugendinstitut 2002

Das Deutsche Jugendinstitut e.V. (DJI) ist ein zentrales sozialwissenschaftliches Forschungsinstitut auf Bundesebene mit den Abteilungen „Kinder und Kinderbetreuung“, „Jugend und Jugendhilfe“, „Familie und Familienpolitik“, „Geschlechterforschung und Frauenpolitik“ und „Social Monitoring“ sowie dem Forschungsschwerpunkt „Übergänge in Arbeit“. Es führt sowohl eigene Forschungsvorhaben als auch Auftragsforschung durch. Die Finanzierung erfolgt überwiegend aus Mitteln des Bundesministeriums für Familie, Senioren, Frauen und Jugend und im Rahmen von Projektförderung aus Mitteln des Bundesministeriums für Bildung und Forschung. Weitere Zuwendungen erhält das DJI von den Bundesländern und Institutionen der Wissenschaftsförderung.

Die wissenschaftliche Begleitung des Modellprogramms „Arbeitsweltbezogene Jugendsozialarbeit 1998–2002“ sowie die im Rahmen dieser Arbeit entstandene vorliegende Publikation wurden durch das Bundesministerium für Familie, Senioren, Frauen und Jugend finanziert.

Die Deutsche Bibliothek – CIP-Einheitsaufnahme
Ein Titeldatensatz für diese Publikation ist bei
Der Deutschen Bibliothek erhältlich

Alleinauslieferung: Leske + Budrich, Opladen

Umschlagentwurf: Konzept 139, München
Umschlagfoto: Jörg Koopmann, Peter Neusser, München
Gesamtherstellung: grafik + druck GmbH, München
ISBN 3-87966-404-8

Inhalt

Ingo Richter

Geleitwort

Ich möchte meine einführenden Bemerkungen mit einem Geständnis beginnen: Das Wort „Benachteiligte" verursacht bei mir ein gewisses Unbehagen, und zwar aus zwei Gründen: Der Begriff erweckt bei manchen Menschen Mitleid – ein Gefühl, das sich auf die einzelne Person richtet und damit auch den Einzelnen verantwortlich für seine Lage macht. Die so genannten Benachteiligten sind aber als Gruppe Opfer falscher Strukturen des Bildungssystems. Dieses gilt es zu ändern.

Das Wort „Benachteiligung" erweckt außerdem den Eindruck, dass alles gut wird, wenn man nur die Ursachen der Benachteiligung beseitigt. Doch das ist eine Illusion. Es ist keineswegs so, dass nur „die Verhältnisse" schuld seien an den Schwierigkeiten beim Übergang in Ausbildung und Beruf, dass sie durch Sachzwänge nicht veränderbar seien und dass der oder die Einzelne diesen Sachzwängen hilflos ausgeliefert sei. Die Verhältnisse kann man ändern, und die Individuen können als handelnde Subjekte auch ihre Handlungsspielräume ausschöpfen und zu einer Veränderung dieser Verhältnisse beitragen. Aufgabe der an diesem Prozess beteiligten Institutionen sollte es sein, die Jugendlichen bei der Aktivierung ihres eigenen Potenzials zu unterstützen – sie also zu fördern *und* zu fordern. Die in diesem Reader enthaltenen Beiträge zeigen auf eindrucksvolle Weise die Möglichkeiten und Chancen auf, die mit einer aktivierenden Pädagogik verbunden sind, und zwar in allen drei Handlungsfeldern des Modellprogramms: Bei der Integration in Schule und Berufsschule, bei der Umgestaltung maßnahmeförmiger Qualifizierungs- und Beschäftigungsangebote in betriebsförmige Jugendhilfebetriebe und bei der Gewinnung von Betrieben des ersten Arbeitsmarktes als Lernorte für die berufliche Erstausbildung von benachteiligten Jugendlichen.

Das Modellprogramm hat gezeigt, dass es in allen drei Bereichen erheblichen Handlungsbedarf gibt. Denn es ist ganz offensichtlich, dass Schule, beispielsweise die Hauptschule, ihre eigentliche Funktion nicht erfüllt. Hauptschule ist eben nicht die *Haupt*schule, denn sie wird nur von einer Minderheit der Jugendlichen besucht. Sie ist vielmehr die „Restschule" – ein böser Begriff, weil er die Vorstellung vom „Rest", also von denjenigen, die übrig bleiben, nahe legt. Und selbst bei einem Großteil dieser Klientel versagt die Hauptschule, nämlich bei denjenigen Jugendlichen, die den Abschluss dieser Schule nicht schaffen und daher vom Berufsbildungssystem ausgeschlossen werden. Wenn die Schule überhaupt eine Chance haben will, diese Jugendlichen zu erreichen, dann muss sie ganz anders aussehen, dann muss sie alternative Angebote machen, wie sie beispielsweise im Handlungsfeld „Integration in Schule und Berufsschule“ vorgestellt werden. Noch gibt es diese innovativen alternativen Angebote nur in begrenzter Anzahl, und es bleibt zu hoffen, dass das Programm „Arbeitsweltbezogene Jugendsozialarbeit“ dahingehend „Schule machen“ wird.

Es gibt bislang nur wenige Betriebe, die bereit sind, auch solche Jugendlichen auszubilden, die zunächst die erforderlichen und erwünschten schulischen Qualifikationen nicht besitzen. Angesichts dieser Lage haben sich die *Jugendhilfebetriebe* bewährt, die im Rahmen des Modellprogramms unterstützt und begleitet wurden. Die Erkenntnis, dass jede Ausbildung Ernstcharakter besitzen muss, hat sich durchgesetzt, und entsprechende Maßnahmen haben sich als erfolgreich erwiesen. Es gilt, diesen Ansatz weiterzuentwickeln und zu verbreiten. Auch dazu leistet das Programm „Arbeitsweltbezogene Jugendsozialarbeit“ einen wichtigen Beitrag.

Zunehmend ist die Rede davon, dass viele Jugendliche die Anforderungen für eine Berufsausbildung im Rahmen des dualen Systems nicht erfüllen. Die Ausbildungsplätze seien zwar da, aber die Qualifikation der BewerberInnen reiche nicht aus. Das mag so sein. Anzumerken bleibt freilich, dass diese Klage nicht neu ist, dass sie seit Jahrzehnten erhoben wird. Ich möchte an dieser Stelle jedoch grundsätzlich feststellen, dass das duale System darauf beruht, dass die Wirtschaft die Aufgabe der Berufsausbildung übernommen hat und deshalb im Prinzip auch *alle* Jugendlichen ausbilden muss. Folgerichtig hat auch das Bundesverfassungsgericht in diesem Sinne entschieden. Nun helfen freilich entsprechende Forderungen angesichts der Wirklichkeit wenig. Denn wer wollte die Unternehmen zur Ausbildung zwingen, und wie? Die viel diskutierte Ausbildungsabgabe mag einen Beitrag zu mehr Ausbildungsgerechtigkeit leisten – ein Beitrag zur Erhöhung der Ausbildungskapazität ist sie nach Meinung von Experten nicht. Es gilt vielmehr, die Unternehmen wieder dafür zu gewinnen, sich ihrer Ausbildungsverantwortung und -verpflichtung bewusst zu werden. Da aber Appelle allein nicht fruchten, kommt es darauf an, an praktischen Beispielen zu zeigen und zu beweisen, dass auch die Ausbildung von solchen BewerberInnen erfolgreich sein kann, die zunächst den Ausbildungsanforderungen nicht zu entsprechen schienen. Der dritte Bereich des Modellprogramms „Arbeitsweltbezogene Jugendsozialarbeit“ hat dies eindrucksvoll verdeutlicht.

Es handelt sich um ein Modellprogramm des Bundes, genauer gesagt des Bundesministeriums für Familie, Senioren, Frauen und Jugend (BMFSFJ). Die Jugendsozialarbeit mit Modellprogrammen anzuregen und zu fördern ist eine der zahlreichen Aufgaben des BMFSFJ. Es wäre jedoch falsch und ungerecht, wenn ich es bei einem solchen Hinweis bewenden ließe. Das Ministerium hat sich für dieses Programm stets besonders stark engagiert, und ich möchte den verantwortlichen Personen dafür danken, ohne sie namentlich zu erwähnen.

Prof. Dr. Ingo Richter, Deutsches Jugendinstitut e.V. München

Vorwort der HerausgeberInnen

Benachteiligte Jugendliche stark machen heißt, sie mit Anforderungen zu konfrontieren, an denen sie wachsen können und die ihnen die Möglichkeit bieten, ihr Arbeitsvermögen zu entwickeln. Jugendliche suchen diese Herausforderung und wollen sich an der Realität der Arbeitswelt messen. Dazu benötigen sie entsprechende Angebote, die ein Lernen durch praxisnahe Erfahrung, die Übernahme von Eigenverantwortung und das Treffen von Entscheidungen ermöglichen. Dieser Vorgehensweise liegt das pädagogische Prinzip zugrunde, Jugendliche zu fördern, indem sie – entsprechend ihren individuellen Möglichkeiten – gefordert werden.

Die in diesem Band enthaltenen Beiträge haben dieses Prinzip zum Gegenstand und beleuchten das Thema *Fördern und Fordern* aus verschiedenen Blickwinkeln. Teil I umfasst Beiträge zu den Strategien einer aktivierenden Pädagogik, wobei die Erfahrungen und Erkenntnisse aus dem Modellprogramm *Arbeitsweltbezogene Jugendsozialarbeit 1998–2001* im Mittelpunkt stehen. In drei Handlungsfeldern wurden im Rahmen dieses Programms für verschiedene Zielgruppen von benachteiligten Jugendlichen unterschiedliche Ansätze entwickelt und erprobt und durch das Deutsche Jugendinstitut wissenschaftlich begleitet. Bei der Darstellung ausgewählter Praxisbeispiele aus den drei Handlungsfeldern kommen nicht nur die ProjektleiterInnen und -mitarbeiterInnen zu Wort, sondern auch die VertreterInnen der jeweiligen Kooperationspartner der Projekte wie z. B. Arbeits-, Jugend-, Schul- und Sozialämter.

Teil II befasst sich mit den Methoden einer aktivierenden Jugendsozialarbeit. Die Beiträge kommen auch hier sowohl aus dem Kontext des Modellprogramms als auch aus außerhalb liegenden Bereichen. Dargestellt werden neue innovative Methoden der Jugendsozialarbeit, die diese in ihrer Entwicklung vorantreiben. Im abschließenden Teil III werden neue Förderprogramme vorgestellt, die an den Erkenntnissen und Ergebnissen des Modellprogramms anknüpfen und weitergehende Strategien zur sozialen und beruflichen Integration von benachteiligten Jugendlichen entwickeln. Den Kapiteln vorangestellt ist ein einführender Text, der die Chancen und Probleme aufzeigt, die mit der Konzeption einer aktivierenden Pädagogik verknüpft sind.

Insgesamt spiegelt der Band mit seinen vielfältigen Beiträgen die Diskussion der Abschlusstagung des Modellprogramms *Arbeitsweltbezogene Jugendsozialarbeit 1998–2001* vom 6. und 7. November

2001 in Leipzig wider. Dort wurden die Ergebnisse aus der wissenschaftlichen Begleitung dieses Programms einer breiten Fachöffentlichkeit vorgestellt, intensiv diskutiert und zu zentralen Entwicklungen der Jugendsozialarbeit in Bezug gesetzt.

Christian von Wolffersdorff macht in der Einleitung deutlich, dass es gilt, an den vorhandenen Ressourcen der Jugendlichen anzusetzen, ihre Stärken zu erkennen, Selbstwirksamkeit erfahrbar zu machen, die Fähigkeit zur Selbstorganisation zu entwickeln und die Jugendlichen für die Bewältigung belastender Situationen und Lebensumstände zu stärken. Die Umsetzung dieses Empowerment-Konzepts stellt allerdings – angesichts der Schwerfälligkeit traditioneller Beratungs- und Betreuungseinrichtungen – an die Akteure der Jugendberufshilfe auf der subjektiven, fachlichen und strukturellen Ebene hohe Anforderungen. Das gilt für alle drei Handlungsfelder des Modellprogramms.

Das Modellprogramm Arbeitsweltbezogene Jugendsozialarbeit 1998–2001

Ziel des Modellprogramms war es, in drei Handlungsfeldern die soziale und berufliche Integration von benachteiligten Jugendlichen zu unterstützen, also von Jugendlichen, die ungünstige Bildungsvoraussetzungen haben, die unter sozialen oder gesundheitlichen Belastungen leiden oder Opfer von gesellschaftlicher Diskriminierung oder Ausgrenzung sind. Mit den verschiedenen Strategien einer aktivierenden Pädagogik in den drei Handlungsfeldern des Modellprogramms befasst sich Teil I dieses Bandes:

- Integration in Schule und Berufsschule
- Jugendhilfebetriebe
- Lernort Betrieb.

Integration in Schule und Berufsschule: Lernangebote für schulmüde und schulverweigernde Jugendliche

Mit der Zielgruppe Schulverweigerer wurde die soziale, schulische und berufliche (Re-)Integration von Jugendlichen angegangen, die in besonderer Weise von dauerhafter beruflicher und sozialer Ausgrenzung bedroht sind. Die wissenschaftliche Begleitung des Modellprogramms hat gezeigt, dass sich Schulverweigerung oft über mehrere Jahre hinweg meist von einer passiven, inneren Abkehr bis hin zur aktiven Verweigerung entwickelt. Gezeigt hat sich aber auch, dass

Schulverweigerer grundsätzlich die Normalität suchen, also nicht prinzipiell gegen Schule sind, sondern aus einer Vielzahl von Gründen nicht mit der Schule zurechtkommen. Die Zielgruppe Schulverweigerer ist sehr heterogen; daher ist für die verschiedenen Typen von Schulverweigerern im Modellprogramm ein differenziertes Spektrum von Ansätzen und Methoden entwickelt worden, um Schulverweigerern Zugänge zu systematischem Lernen zu eröffnen. Einige dieser Lernangebote für schulmüde und schulverweigernde Jugendliche (vgl. Beitrag von Schreiber-Kittl/Schröpfer) werden in diesem Band ausführlich dargestellt. Breit diskutiert werden ferner die Hintergründe und Möglichkeiten, aber auch Grenzen pädagogischer Interventionen vor dem Hintergrund einer zuweilen nicht immer sehr flexiblen Schulbürokratie und des schwierigen Verhältnisses zwischen Schule und Jugendhilfe.

Wesentlicher Bestandteil der Projektkonzeptionen in diesem Handlungsfeld ist die Entwicklung von sozialen Lernprozessen, mit deren Hilfe die Jugendlichen in die Lage versetzt werden sollen, ihr Leben selbstständig und eigenverantwortlich zu meistern. Um die Jugendlichen wieder an das schulische Lernen heranzuführen, wurden spezifische Angebote und Lernformen entwickelt, die sozial-, schul-, berufs- und arbeitspädagogische Methoden integrieren. Die hier vorgestellten Projekte machen deutlich, dass die Jugendlichen durchaus bereit sind, sich auch „harten" Forderungen wie etwa der Vorbereitung auf die Externenprüfung zu stellen, wenn es erst einmal gelungen war, gravierende Lernhindernisse im psychosozialen oder kognitiven Bereich durch entsprechende Fördermaßnahmen zu überwinden. Voraussetzung für den Erfolg ist allerdings die Berücksichtigung der spezifischen Lebensumstände der Jugendlichen.

Jugendhilfebetriebe zwischen Arbeitsförderung und Marktorientierung

Jugendhilfebetriebe sollen dazu beitragen, die Praxis- und Arbeitsmarktferne maßnahmeförmig organisierter Förderung zu überwinden, indem die zu fördernden Jugendlichen unter betriebsförmigen oder -ähnlichen Bedingungen Produkte und Dienstleistungen erarbeiten, die auf dem Markt Abnehmer finden müssen, die also marktfähig sind. Kennzeichnend für den Jugendhilfebetrieb ist sein Doppelcharakter als Träger von Fördermaßnahmen und als Partner der Wirtschaft (vgl. Beitrag von Lex). Gleiches gilt entsprechend für die teilnehmenden Jugendlichen: Sie sind einerseits Adressaten von pädagogischen Leistungen, also Personen, deren Arbeitsvermögen entwickelt und gefördert werden soll; andererseits sind sie aber auch Arbeitskräfte, die durch ihre Arbeitsleistung zum wirtschaftlichen Erfolg des Jugendhilfebetriebs beitragen müssen. In diesem Spannungsfeld zwischen Förderung und Produktivität, zwischen Pädagogik und Fachkompetenz, zwischen Entwicklung des Lern- und Arbeitsvermögens und betriebswirtschaftlichem Kosten-Nutzen-Kalkül, das für eine neue Qualität in der berufsbezogenen Jugendsozialarbeit sorgt, bewegen sich die Modellprojekte mal mehr auf die eine, mal mehr auf die andere Seite. Durch den Ernstcharakter von Arbeit erfahren die benachteiligten Jugendlichen im Jugendhilfebetrieb eine an den Anforderungen der realen Arbeitswelt ausgerichtete Förderung, die ihre Chancen, auf dem ersten Arbeitsmarkt einen Ausbildungs- oder Arbeitsplatz zu finden, erheblich verbessert. Damit die Jugendlichen aber die betriebliche Herausforderung auch als Chance der beruflichen Entwicklung wahrnehmen können, braucht es neben der Forderung durch realistische Arbeitsbedingungen auch eine pädagogische Förderung, die – soweit möglich – Elemente von organisiertem und systematischem Lernen umfasst. Die Jugendhilfebetriebe können sich also nicht auf die Vermittlung von Arbeitserfahrungen und -tugenden beschränken, sondern müssen darüber hinaus Lernprozesse initiieren, die beispielsweise auch den Erwerb von am Arbeitsmarkt anerkannten Zertifikaten ermöglichen. Die komplexen pädagogischen und arbeitsrechtlichen Bedingungen und Voraussetzungen für den Erwerb von zertifizierten Teilqualifikationen im Jugendhilfebetrieb werden daher auch in Abschnitt I 2 dieses Bandes ausführlich diskutiert.

Betriebliche Berufsausbildung Benachteiligter – Möglichkeiten und Grenzen eines Ansatzes

Die außerbetriebliche Ausbildung benachteiligter Jugendlicher ist in den letzten Jahren vor allem in den neuen Bundesländern vor dem Hintergrund des Mangels an betrieblichen Ausbildungsplätzen stark ausgeweitet worden. In vielen Regionen droht damit das Ende der betrieblichen Berufsausbildung im Rahmen des dualen Systems. Das Modellprogramm Arbeitsweltbezogene Jugendsozialarbeit 1998 bis 2001 hat diesem Trend mit dem Handlungsfeld *Lernort Betrieb* die Entwicklung von Strategien zur Wiedergewinnung von Betrieben als Orte der Berufsausbildung auch von Jugendlichen mit ungünstigen Voraussetzungen entgegengesetzt. Wenn nämlich diese Jugendlichen durch eigene Anstrengungen und durch die Unterstützung von Trägern der Jugendsozialarbeit den hohen Anforderungen einer betrieblichen Ausbildung standhalten, können sie ihre Chancen auf berufliche und soziale Integration deutlich verbessern. Zentrales Merkmal dieses Ansatzes und zugleich wichtigste Aufgabe der Projektträger ist dabei die Identifizierung geeigneter Jugendlicher und deren passgenaue Vermittlung (vgl. Beitrag von Müller) in ausbildungsbereite Betriebe, denn nicht für alle aus der sehr heterogenen Gruppe von Benachteiligten stellt dieses Modell eine reale Förderchance dar. Mit geeigneten Methoden müssen zunächst Jugendliche identifiziert werden, die eine betriebliche Ausbildung zwar kaum ohne zusätzliche Förderung erfolgreich absolvieren könnten, die aber nicht der umfassenden Förderung und Betreuung bedürfen, wie sie für die Berufsausbildung in außerbetrieblichen Einrichtungen kennzeichnend ist. Diese Methoden werden im Abschnitt I 3 ausführlich beschrieben und diskutiert.

Ferner obliegt es den Trägern, Betriebe zu finden, die die besten Voraussetzungen für eine erfolgreiche Ausbildung der ausgewählten Jugendlichen bieten. Die gelungene Realisierung des Ansatzes verlangt also einerseits die Identifizierung geeigneter Jugendlicher und andererseits die Gewinnung passender Ausbildungsbetriebe. Insofern sind die im Handlungsfeld „Betriebliche Berufsausbildung Benachteiligter" beschriebenen Projekte der Jugendberufshilfe professionelle Dienstleister für Jugendliche und Betriebe (vgl. Beitrag von Gericke). Denn die Erfahrungen aus dem Modellprogramm zeigen, dass Ausbildungsbereitschaft dann erfolgreich eingefordert werden kann, wenn die Betriebe eine Art Lastenausgleich erhalten, also ebenfalls gefördert werden. Dabei muss es sich nicht um finanzielle Förderung handeln. Für die meisten Betriebe ist die Berufsausbildung weniger ein betriebswirtschaftliches als ein arbeitsorganisatorisches und soziales Risiko; sie haben eher Angst vor Problemen in der Ausbildung als Sorgen um deren Kosten. Bei der Akquise von Ausbildungsbetrieben müssen daher differenzierte Strategien entwickelt werden, die sich an den Bedingungen und Bedürfnissen der Betriebe orientieren und darauf aufbauend ein Dienstleistungsangebot für sie bereit halten, das ihnen die Übernahme von Ausbildungsverantwortung erleichtert. Dazu gehören neben der passgenauen Auswahl der Jugendlichen vor allem deren fachliche und sozialpädagogische Begleitung während der Ausbildung, das Moderieren in Krisenfällen und die Unterstützung der Betriebe bei der Beantragung von Fördermitteln.

Modellprojekte brauchen verlässliche Kooperationspartner

Wir haben bereits darauf hingewiesen, dass insbesondere auch die administrative Ebene – Arbeitsämter, Jugend- und Sozialämter, Schulaufsichtsbehörden, aber auch Kammern und Innungen – gefordert ist, wenn es um die Entwicklung und vor allem Verstetigung neuer innovativer Ansätze bei der schulischen, beruflichen und sozialen Integration von benachteiligten Jugendlichen geht. Zu Wort kommen daher bei der Darstellung der Ergebnisse des Modellprogramms in Teil I dieses Bandes nicht nur die LeiterInnen und MitarbeiterInnen der ausgewählten Praxismodelle in den drei Handlungsfeldern, sondern auch die VertreterInnen der kooperierenden Institutionen, die auf vielfältige Weise in das Modellprogramm involviert sind – etwa durch die Teilnehmerakquise, -auswahl und -finanzierung, die Übernahme von Sach- und Regiekosten, die Bereitstellung von Lehrerwochenstunden, die Abnahme von Prüfungen und das Ausstellen von Zertifikaten und nicht zuletzt durch ihre politische Unterstützung. Die für das Gelingen der innovativen Ansätze notwendigen Kooperationsbeziehungen zwischen den beteiligten Institutionen setzen die Bereitschaft voraus, sich weg von formalrechtlichen Standpunkten und einem funktionalistischen Kosten-Nutzen-Denken zu bewegen. Als Kostenträger müssen die Ämter und Institutionen beispielsweise davon überzeugt werden, dass sich eine Ausweitung des pädagogischen Selbstverständnisses nicht immer umgehend in messbaren Effekten ausdrückt. Andererseits müssen geltende Gesetze und Vorschriften eingehalten werden. Diese Problematik zeigt sich besonders gut bei der Einrichtung von außerschulischen Lernorten, da sich die Schulverweigerer in diesen Fällen ja durch die in der Bundesrepublik Deutschland geltende Schulpflicht zunächst gegen geltendes Schulrecht stellen. Ein Verzicht auf die Schulpflicht ist jedoch nicht möglich, da dies im Widerspruch zu rechtsstaatlichen Prinzipien stehen würde. Als Reaktion auf Schulverweigerung bleibt seitens der Schulaufsicht in der gängigen Praxis nur die Ausübung von Schulzwang. Aber auch in den Schulämtern hat sich inzwischen die Einsicht durchgesetzt, dass SchülerInnen, die die Schule aus welchen Gründen auch immer verweigern, kaum durch Zwang in die Schule zu integrieren sind. Daher werden auch durch die Schulaufsicht Projekte für Schulverweigerer beispielsweise durch die Bereitstellung geeigneten Lehrpersonals so weit es geht unterstützt, obwohl die Projekte eigentlich in einer rechtlichen Grauzone agieren. Auch in den anderen beiden Handlungsfeldern gibt es gute Beispiele für erfolgreiche Kooperation und die Bereitschaft zur flexiblen Auslegung geltender Vorschriften seitens der beteiligten Institutionen, wie die entsprechenden Beiträge in Teil I zeigen.

Methoden einer aktivierenden Jugendsozialarbeit

Bei der Entwicklung neuer handlungsfeldübergreifender Methoden einer aktivierenden Jugendsozialarbeit, die in Teil II dieses Bandes dargestellt werden, verbinden sich die Kompetenzen der Träger der Jugendberufshilfe mit den Erkenntnissen der Wissenschaft und den Erfahrungen der Wirtschaft. Es zeigt sich, dass diese häufig nicht nur institutionell getrennten Bereiche die Situation der benachteiligten Jugendlichen auf vielfältige Weise verbessern können, wenn die Bereitschaft zur Kooperation und Zusammenarbeit vorhanden ist.

Individuelle Förderplanung

Es geht hier zunächst auf der individuellen Ebene um neue Methoden der Berufswege- und Förderplanung vor allem durch eine bessere Anpassung der Projekte an die Voraussetzungen, Bedürfnisse und Lebensumstände der einzelnen Jugendlichen beispielsweise in Form von zielgenaueren diagnostischen Verfahren, wodurch die Fähigkeiten und Stärken der Jugendlichen besser wahrgenommen, erkannt und weiterentwickelt werden können. Hier kann man auf Erfahrungen führender privater und öffentlicher Institutionen und Organisationen bei der Personalauswahl und -planung zurückgreifen, die auf den Bereich der berufsbezogenen Jugendsozialarbeit übertragen, modifiziert und weiter entwickelt werden, damit auf dieser Basis Fördermaßnahmen besser zu begründen und gezielter einsetzbar sind.

Auch in anderen Bereichen kann die Wissenschaft – Pädagogik, Psychologie, Soziologie – wichtige Vor- und Zuarbeiten leisten und den schwierigen Weg der Umsetzung des Programms *Fördern und Fordern* in die Praxis kritisch begleiten. Das gilt für neue pädagogische und didaktische Methoden und Konzepte wie beispielsweise die Entwicklung und Erprobung neuer Curricula, die benachteiligten Jugendlichen das Erlangen allgemein anerkannter Abschlüsse und Zertifikate und dadurch den Zugang zum ersten Arbeitsmarkt ermöglichen. Dabei zeigt sich, dass nicht nur die Jugendlichen „gefordert“ sind, sondern auch die WissenschaftlerInnen, denn ihre Beteiligung bei diesem Prozess verlangt u. a. die Bereitschaft, die „Hegemonieansprüche des Wissenschaftswissens“ hinter sich zu lassen (vgl. den Beitrag von Gerdsmeier) und die Theorie-Praxis-Kluft zu überwinden. Die Pädagogik beispielsweise muss sich im „Spannungsfeld zwischen Paternalismus und aktivierender Benachteiligtenförderung“ (von Wolffersdorff) neu orientieren, wobei auf die Ideen der Reformpädagogik zurückgegriffen werden kann, die den Wert gemeinschaftlicher Erfahrungen und die sozialisierende Funktion der Gruppenerziehung betonten. Auch die pragmatische angelsächsische Tradition, aus der nach dem zweiten Weltkrieg in Westdeutschland erste Ansätze einer kritisch-emanzipatorischen, demokratischen Auffassung von Jugendarbeit und Jugendhilfe erwuchsen, kann partiell als Vorbild dienen.

Gender Mainstreaming

Die Grundlagen und Prinzipien des *Gender Mainstreaming* wurden ebenfalls zunächst vornehmlich im akademischen Raum entwickelt und diskutiert. Wie sich aus den verschiedenen soziologischen und anthropologischen Ansätzen und Theorien einer „kulturellen und gesellschaftlichen Überformung des Geschlechterbildes“ (vgl. Beitrag von Enggruber) ein praxisrelevantes Handlungsmuster entwickelt hat, das sich heute in allen Politikbereichen und auf allen Ebenen Geltung verschafft, wird in Teil II dieses Bandes in verschiedenen Beiträgen ausführlich dargestellt. Die Autorinnen zeigen, dass ein schrittweises systematisches Vorgehen notwendig ist, um dem Anspruch des *Gender Mainstreaming* gerecht zu werden (vgl. Beitrag von Zybell/Paul-Kohlhoff), und sie beschreiben die verschiedenen Ansätze und Strategien zur Förderung der Gleichstellung der Geschlechter in der Jugendsozialarbeit, die in Leitfäden zur Verankerung von *Gender Mainstreaming* in allen Politik- und Verwaltungsbereichen und zur Gestaltung und Evaluation des Maßnahmenangebots münden. In diesen Bereich gehören auch die Anforderungen an eine Ausbildungs- und Arbeitsmarktpolitik für Mädchen und Frauen und die konkreten Erfahrungen mit geschlechtsspezifischer Mädchen- und Frauenarbeit in der Praxis, die dazu beitragen kann, zusätzliche Potenziale dieser Zielgruppen zu entdecken und zu aktivieren.

Lokale und regionale Kooperation

In Teil II wird außerdem das bereits in Teil I angesprochene Thema Kooperation wieder aufgegriffen und vertieft, wobei hier weniger die strukturelle als vielmehr die lokale und regionale Ebene ausgeleuchtet wird. Die Probleme, die gelungenen Kooperationsbeziehungen vor allem wegen unterschiedlicher Zuständigkeiten im Wege stehen, werden am Beispiel der Schulbehörde der Hansestadt Hamburg aufgezeigt: Friktionen in der Benachteiligtenförderung durch rechtliche Normierungen, viele institutionell unterschiedliche Zuständigkeiten und rechtliche Leistungsansprüche sowie die unterschiedlichen materiell-rechtlichen Regelungsinhalte der jeweiligen Leistungsbestimmungen der verschiedenen Sozialleistungsträger verzögern den Einsatz unmittelbarer Hilfeangebote zum Teil erheblich oder schließen sie zum Teil sogar aus. Gezeigt wird aber auch, wie lokale und regionale Politik Jugendarbeitslosigkeit erfolgreich bekämpfen kann. Voraussetzung dafür ist – gerade im Hinblick auf den effizienten Einsatz der Mittel – der Wille aller Akteure zu kooperieren, sich auf gemeinsame Ziele zu verständigen und eigene ressortbezogene und andere Interessen hintanzustellen. Für diese Art der lokalen und regionalen Kooperation gibt es inzwischen Vorbilder wie beispielsweise die *BerufsWegeBegleitung* im Kreis Offenbach und das *Regionale Beratungshaus* in Berlin, deren Ansätze, Entwicklungsgeschichten und Erfahrungen ebenfalls in Teil II dargestellt werden.

Neue Programme zur Förderung benachteiligter Jugendlicher

Das Modellprogramm *Arbeitsweltbezogene Jugendsozialarbeit 1998–2001* hat in seinen drei Handlungsfeldern eine Vielzahl von methodischen und konzeptionellen Einsichten erbracht, die es weiterzuentwickeln gilt. In Teil III werden neue geplante oder bereits realisierte Programme zur Förderung benachteiligter Jugendlicher vorgestellt, die an die Erkenntnisse und Ergebnisse des Modellprogramms anknüpfen: Das neue Modellprogramm *Kompetenzagenturen* des BMFSFJ und das BQF-Programm des BMBF *Berufliche Qualifizierung für Zielgruppen mit besonderem Förderbedarf*.

Bereits im Stadium der Umsetzung ist das *Freiwillige Soziale Trainingsjahr (FSTJ)* als komplementäres Element zu etablierten Maßnahmen und Programmen der Jugendberufshilfe. Ziel des Modellprogramms, das ebenfalls vom DJI wissenschaftlich begleitet wird, ist es, auf der Grundlage der gesetzlichen Bestimmungen des Freiwilligen Sozialen Jahres (FSJ) sowie des SGB VIII neue Förderangebote zu entwickeln, in denen vor allem mehrfach benachteiligten Jugendlichen in problembelasteten Stadtteilen auf der Basis der Freiwilligkeit soziale und berufliche Schlüsselqualifikationen vermittelt werden sollen. Damit werden wesentliche Ansätze und Prinzipien des Modellprogramms *Arbeitsweltbezogene Jugendsozialarbeit*

1998–2001 aufgegriffen, umgesetzt und weiterentwickelt, die zu einer verbesserten Förderung von benachteiligten Jugendlichen führen, einer Förderung, die Exklusionsrisiken verringert und soziale und berufliche Integration befördert.

Dr. Thomas Gericke/Dr. Tilly Lex/Günther Schaub/Maria Schreiber-Kittl/Haike Schröpfer, Deutsches Jugendinstitut e.V. München/Leipzig

Christian von Wolffersdorff

Einführung: Soziales Training mit benachteiligten Jugendlichen – Chancen und Probleme einer aktivierenden Pädagogik

Der Untertitel dieses Beitrags – Chancen und Probleme einer aktivierenden Pädagogik – verspricht Vorteile, zugleich aber Abgrenzung und kritische Bewertung. Es gilt, nicht nur nach den Optionen zu fragen, die eine stärkere sozialpädagogische Akzentuierung der arbeitsweltbezogenen Jugendhilfe mit sich bringt, sondern auch die Probleme und Risiken zu erkennen, die darin liegen können. Doch wieso nun gleich wieder „Probleme und Risiken"? Sollen die positiven Effekte, die sozialpädagogische Betreuungsansätze für die berufliche Integration benachteiligter Jugendlicher doch zweifellos haben können, gleich zu Beginn schon wieder infrage gestellt werden?

Um deutlich zu machen, worum es geht, möchte ich mit einer Erinnerung beginnen. Vor etwas mehr als 20 Jahren, Ende der Siebzigerjahre, war von dem damaligen BMJFG schon einmal – freilich in erheblich kleinerem Rahmen – ein Modellprogramm ins Leben gerufen worden, bei dem aktivierende Ansätze und speziell Ansätze für Soziales Training mit sozial benachteiligten, gefährdeten Jugendlichen erprobt werden sollten. Ich spreche vom Modellprogramm Erziehungskurse, für dessen Auswertung ich seinerzeit am DJI zusammen mit einem Kollegen zuständig war. Die pädagogischen Perspektiven der am Programm beteiligten Projekte lagen auf der Hand, und wer wollte sie anders als positiv beschreiben: Einfühlungsvermögen entwickeln, Selbstsicherheit lernen, Kontaktfähigkeit herstellen und praktische Fertigkeiten üben – kurz: Soziale Kompetenzen stärken. Einige methodische Ansätze, die inzwischen zum Alltagsgeschäft der Kinder- und Jugendhilfe gehören und in jeder Abhandlung über Soziales Training nachzulesen sind, besaßen damals noch den Nimbus des Neuen: erlebnispädagogische Elemente, Einbeziehung des Gemeinwesens, gezielte Mädchenarbeit, Elternberatung.

Und doch gab es bei der Lektüre der vielen Projektberichte, die wir auszuwerten hatten, etwas, das uns zunehmend störte. Im Rückblick lässt es sich deutlicher benennen als damals: Ich meine eine Tendenz zur pädagogischen Selbstüberschätzung und zur Idealisierung von Methoden – so als sei hier nun endlich ein „Ansatz“ aus der Taufe gehoben worden, mit dessen Hilfe die erzieherischen Versäumnisse von Familie und Schule sozusagen im pädagogischen Schnelldurchlauf überwunden werden konnten. Bisweilen schien es so, als sollte den erzieherischen Hilfen plötzlich die magische Fähigkeit zugeschrieben werden, tief greifende Versäumnisse in Erziehung und Bildung auf dem Trockendock pädagogisch gestalteter „Kurse“ nachhaltig reparieren zu können. Und manchmal weckten diese Berichte bei uns auch den Verdacht, das ganze Feuerwerk an neuen Methoden und didaktischen Finessen, das da für den ministeriellen Auftraggeber abgebrannt wurde, diene eher der Selbstberuhigung unsicherer SozialpädagogInnen als der Beschreibung von Realität.

Vielleicht ist es ja etwas Ähnliches, was die Veranstalter dieser Tagung dazu bewogen hat, im Thema meines Beitrags auch die Probleme und Grenzen aktivierender Methoden anzusprechen. Denn die Gefahr pädagogischer Idealisierung, die ich mit meinem Beispiel angesprochen habe, gibt es zweifellos auch im Bereich der Jugendberufshilfe. Wie also lässt sich verhindern, dass der sozialpädagogische Auftrag der Jugendberufshilfe letztlich doch zur Gestaltung einer „Spielwiese“ für marginalisierte junge Menschen verkümmert? Die Antwort als These formuliert, die ich einem Beitrag meines Kollegen Helmut Arnold entnehme, lautet: Es reicht nicht mehr aus, für einen ersten Arbeitsmarkt zu trainieren, „dessen für die klassische Klientel erreichbaren Segmente zunehmend verschwinden. Die beschäftigungspolitische Herausforderung einer arbeitsweltbezogenen Jugendhilfe besteht vielmehr in der intelligenten Erschließung zukunftsträchtiger Tätigkeitsfelder, in denen Jugendliche gleichermaßen ihr berufliches Profil erweitern und (!) sich persönlich entwickeln können“ (Arnold 2001, S. 234, Hervorhebung C.v.W.).

Befreiung aus dem pädagogisch-therapeutischen Käfig

Schon eine oberflächliche Bestandsaufnahme zeigt, dass sich die Jugendberufshilfe von einer Randerscheinung der Jugendhilfe zu einem wichtigen Handlungsfeld gewandelt hat. Dass Jugendarbeitslosigkeit und unzulängliche Berufsausbildung heute als Probleme wahrgenommen werden, bei denen sich auch die Jugendhilfe einmischen muss, obwohl sie zunächst scheinbar wenig mit Pädagogik zu tun haben, wird heute allgemein akzeptiert. Das war nicht immer so, und dass es heute so ist, geht nicht zuletzt auf Initiativen der arbeitsweltbezogenen Jugendsozialarbeit zurück. Der Erfolg der so genannten Einmischungsstrategie liegt darin, dass sie die Jugendhilfe aus ihrem individualisierenden Verständnis sozialer Probleme – wenn man so will: aus ihrem pädagogisch-therapeutischen Käfig – herausgeholt und sie zu einer Revision ihrer betulichen Helferrolle gezwungen hat. Berufliche Orientierung und persönliche Entwicklung, Arbeitsweltbezug und Sozialisationsbezug werden dabei nicht länger als Gegensätze, sondern als zusammengehörige Aufgaben begriffen.

Zugleich haben sich die gesellschaftlichen Probleme, auf die die Jugendsozialarbeit reagiert, aber weiter verschärft. Die Arbeitslosigkeit stagniert auf hohem Niveau und steigt neuerdings wieder an. In der Politik wird darüber diskutiert, ob man nicht „arbeitsscheuen jungen Menschen" (SZ vom 21.8.2001, S. 5) überhaupt jegliche öffentliche Unterstützung verweigern könnte. Und vielleicht steht uns ja, nachdem während des letzten Bundestagswahlkampfs das Thema Jugendkriminalität populistisch ausgeschlachtet wurde, im nächsten Bundestagswahlkampf eine Neuauflage ins Haus, bei der diesmal die Arbeitslosigkeit dazu herhalten muss, eine „harte Gangart" zu demonstrieren. Die Lebenslagen- und Armutsberichte der letzten Jahre beschreiben eine weiter wachsende Polarisierung der Gesellschaft, die für viele junge Menschen mit existenziellen Erfahrungen von Ausgrenzung und Resignation verbunden ist. Vor allem in den städtischen Ballungsräumen verdichten sich familiäre Belastungen, Langzeitarbeitslosigkeit, psychosoziale Probleme und ethnische Spannungen zu einer Konfliktlage, aus der sich schnell ein Grundgefühl sozialer Benachteiligung ergibt – Entwicklungen, die unmittelbar auch in das Problemfeld der Jugendsozialarbeit hineinwirken. In den Strudel der Marginalisierung geraten heute bereits junge Menschen, die früher vermutlich ohne Probleme ihren Platz im Erwerbsleben und damit in der Gesellschaft gefunden hätten; es sind die Behinderten, die sozial Benachteiligten, solche, die besondere Belastungen zu verkraften hatten. Je rigoroser die Qualifikationsanforderungen der Berufswelt steigen, je dringender Bereitschaft zur Mobilität und Unabhängigkeit erwartet wird, je höher die erforderlichen sozialen Kompetenzen, desto zahlreicher werden die, die an solchen Hürden hängen bleiben. Das ist die „neue Klientel der Jugendsozialarbeit, besonders der Jugendberufshilfe" (Münchmeier 2001, S. 440).

Sozialpädagogik im Spannungsfeld zwischen Paternalismus und aktivierender Benachteiligtenförderung

Vor diesem Hintergrund stellt sich die Frage, welche Funktion sozialpädagogische Ansätze im Bereich der Jugendberufshilfe überhaupt haben können, umso dringender. Wozu aktivierende Methoden, wenn die Jugendberufshilfe die ihr zugeschriebene Rolle als Brücke zur Arbeitswelt nicht mehr (oder nur noch extrem eingeschränkt) ausfüllen kann? Wenn die Pfeiler dieser Brücke zu schwach sind und ihre Ausfahrt doch nur auf sumpfiges Gelände führt – was kann man dann noch von der Sozialarbeit erwarten? Je nach Blickwinkel fallen die Antworten auf diese Fragen in der Fachdiskussion eher skeptisch oder eher zuversichtlich aus. Die skeptisch-pessimistische Position lautet: Sozialpädagogik wird (einmal mehr in ihrer Geschichte, so könnte man hinzufügen) zum Kontrollinstrument, zum „Grenzwächter" einer sich polarisierenden, sozial zunehmend zerklüfteten Gesellschaft (Galuske 2001, S. 891), die ihren Klienten mit ein wenig Erlebnispädagogik die Illusion einer chancenoffenen Arbeitsgesellschaft vorgaukelt. Nach alter Gewohnheit definiert sie dabei Strukturprobleme zu Sozialisationsproblemen um, die angeblich durch den individuellen Erwerb von Kompetenzen überwunden werden können.

Die optimistische Position führt dagegen die Möglichkeiten von Milieubildung und Lebensweltorientierung ins Feld: Eine Jugendberufshilfe, die wirklich an der biografischen Situation ihrer Adressaten ansetzt und in ihrem alltäglichen Umfeld unterstützende Strukturen entwickelt, kann integrierende Wirkungen entfalten – allerdings nur unter einer wichtigen Voraussetzung: dass sie nicht nur als pädagogisches Anhängsel berufsbezogener Maßnahmen betrieben wird, sondern sich strukturell neu verortet (Böhnisch/Arnold/Schröer 1999, S. 244). Wenn nicht mehr die Brauchbarkeit des Einzelnen für den Arbeitsmarkt, sondern seine biografische Situation im Vordergrund steht, dann kann Jugendberufshilfe ihrer Klientel bei der Bewältigung riskanter Übergänge Halt geben, Beziehungen stärken – kurz: sie bei der „Lebensbewältigung" stützen. Dabei bemisst sie ihren Erfolg bzw. Misserfolg nicht mehr ausschließlich am Gelingen des Übergangs in Arbeit, sondern an der Frage, welchen Beitrag pädagogische Projekte zur Stabilisierung von Lebensläufen leisten können. Sie bewegt sich also ein Stück weg von der klassischen Arbeitsmarktorientierung hin zur Lebensweltorientierung, ohne allerdings den Arbeitsbezug ganz aufzugeben.

Versucht man, an dieser optimistischen Variante anzusetzen, dann stellen sich freilich auch hier Legitimationsprobleme, die nicht leicht zu lösen sind. Um hier nur ein Beispiel zu nennen: Kostenträger müssen davon überzeugt werden, dass sich eine so verstandene Ausweitung des pädagogischen Selbstverständnisses auch in „messbaren Effekten" ausdrückt, d.h. es muss durchsichtig und nachvollziehbar gemacht werden, was im zuletzt angesprochenen Zusammenhang mit

Allgemeinbegriffen wie Biografie oder Lebenswelt auf der Ebene des Projekt- und Qualitätsmanagements konkret gemeint ist.

Die hier angedeutete Kontroverse kann im Rahmen meines Beitrags nicht ausgelotet werden. Doch schon die vielen unbestimmten Formulierungen, zu denen man greifen muss, um sie einigermaßen genau wiederzugeben, legen die Schlussfolgerung nahe, dass es letztlich nicht um einander ausschließende Orientierungen gehen kann, sondern um ein produktives Gleichgewicht zwischen den beiden handlungsleitenden Prinzipien Beruflichkeit und Biografie. Entscheidend ist dabei ohnehin die Einsicht, dass weder herkömmliches, enges Maßnahmendenken noch bornierte pädagogische Erfolgsversprechungen ausreichen, um zwischen den Akteuren der Berufswelt und der Sozialpädagogik so etwas wie ein Arbeitsbündnis zu schaffen.

Fragen wir nun weiter, was eine aktivierende Pädagogik in diesem Spannungsfeld bewirken und auf welche Erfahrungen aus anderen Bereichen der Jugendhilfe sie dabei zurückgreifen kann. Denn bekanntlich besitzt die Jugendsozialarbeit keinen eigenen Kanon von Handlungsfeldern und Methoden, sondern muss sich in dieser Hinsicht an der professionellen Entwicklung der Jugendhilfe insgesamt orientieren (v. Bothmer 2001, S. 449). Das Konzept einer aktivierenden Pädagogik, die den Paternalismus und das individualisierende Denken der Fürsorgetradition hinter sich lässt, kam dort vor allem in Konzepten wie Soziales Training und Soziale Gruppenarbeit zur Geltung. Im nun folgenden Überblick soll es darum gehen, die wichtigsten (insgesamt sechs) methodischen Prinzipien einer aktivierenden Benachteiligtenförderung zu rekonstruieren – so wie sie sich in den verschiedenen Handlungsfeldern der Jugendhilfe in einem wechselvollen Reformprozess herausgebildet haben. Im letzten Teil meiner Ausführungen werde ich dann einige Thesen zur Anwendung dieser Prinzipien in der Jugendberufshilfe formulieren.

Sechs methodische Prinzipien einer aktivierenden Benachteiligtenförderung

Herstellung von Situationen mit Ernstcharakter

Beginnen wir mit der Sozialen Gruppenarbeit, die für unseren Zusammenhang von besonderem Interesse ist. Ihre Geschichte speist sich bekanntlich vor allem aus zwei Quellen: Da sind zum einen die Ideen der Reformpädagogik, die den Wert gemeinschaftlicher Erfahrungen und die sozialisierende Funktion der Gruppenerziehung betonten; zum anderen ist da die Begegnung mit der pragmatischen angelsächsischen Tradition, aus der nach dem Zweiten Weltkrieg in Westdeutschland erste Ansätze einer kritisch-emanzipatorischen, demokratischen (für einige Zeit auch antikapitalistischen) Auffassung von Jugendarbeit und Jugendhilfe erwuchsen. Auch das, was wir heute als Soziales Training bezeichnen, entstand aus einem gesellschaftspolitischen Diskussionszusammenhang heraus. Das lässt sich etwa an Reformvorschlägen der Arbeiterwohlfahrt aus den Siebzigerjahren zeigen, die den Ausbau Sozialer Gruppenarbeit als Gegengewicht gegen die institutionslastigen Erziehungshilfen, besonders die Heimerziehung, verstanden, und sich davon einen qualitativen Neuanfang in der Jugend- und Straffälligenhilfe versprachen.

Man sprach damals noch individualisierend von Erziehungskursen, Übungs- und Erfahrungskursen u.Ä., obwohl sich in der Praxis durchaus schon weiter gefasste Konzeptionen abzeichneten, die auch Aspekte von Gemeinwesenarbeit, kritischer Mädchen- und Jungenarbeit oder systemischer Elternarbeit umfassten (vgl. Kersten/ v. Wolffersdorff 1980). Bald hatte sich die Bezeichnung „alternative Projekte" eingebürgert, um den Unterschied zu den unbeweglichen Jugendhilfestrukturen der Vergangenheit deutlich zu machen. Heute hat sich der Begriff des Sozialen Trainings durchgesetzt – übrigens auch im Bereich der Justiz, wo in letzter Zeit viele bemerkenswerte Initiativen entstanden, Jugendgefängnisse, Arrest- und Untersuchungshaftanstalten, vor allem aber die offene Straffälligenhilfe durch sozialpädagogische Arbeitsformen zu verändern. Reformorientierte Projekte und Programme, die zusammenfassend als ambulante Bewegung bezeichnet wurden, leiteten eine neue Phase der Kooperation zwischen Jugendhilfe, Justiz und Polizei ein. Konzepte wie Arbeitsweisungen, Täter-Opfer-Ausgleich, Soziale Gruppenarbeit, Anti-Gewalt-Training (das wir besser als Konflikttraining bezeichnen sollten) u.a. markieren den Weg, der dabei beschritten wurde. Wenn heute in einigen Jugendstrafanstalten viel Engagement darauf verwendet wird, so genannte Just-community-Projekte zu installieren, bei denen es um die Entwicklung moralischer Orientierungen geht, dann ist auch dies Ausdruck einer zunehmenden Qualifizierung des Sozialen Trainings.

(1) Wir können von hier aus eine erste grundlegende Einsicht, ein Prinzip ableiten, das gerade auch bei berufsbezogenen Jugendhilfemaßnahmen berücksichtigt werden muss. Wenn über „aktivierende Methoden" diskutiert wird, dann geht es um die Herstellung von Situationen mit Ernstcharakter, Situationen mit einem klaren Realitätsbezug. Es geht nicht um das oben angesprochene „Methodenfeuer-

werk", bei dem alles, was nur irgendwie interessant und anspruchsvoll klingt, in den Stand einer ausgewiesenen Methode gehoben wird.

An vorhandenen Ressourcen ansetzen und Stärken der Jugendlichen erkennen

In den zentralen Praxisfeldern der Kinder- und Jugendhilfe verbindet sich der Begriff Aktivierende Pädagogik mit dem Anspruch, die Schwerfälligkeit herkömmlicher Beratungs- und Betreuungseinrichtungen zu überwinden und durch Konzepte flexibler Betreuung zu ersetzen, bei denen nicht nur die Lernfähigkeit der KlientInnen, sondern auch die der Institutionen zur Diskussion steht. KlientInnen sollen nicht länger durch ein starres Hilfesystem mit vielen Schubfächern hindurch geschleust werden, bis endlich das passende Angebot gefunden ist. Vielmehr sollen Beratungs- und Betreuungsangebote – auch im Sinne des Dienstleistungsgedankens – so strukturiert sein, dass sie im sozialen Umfeld des Hilfe Suchenden verfügbar sind und an vorhandenen persönlichen bzw. systemischen Ressourcen ansetzen. In diesem Sinne wurde etwa in der Heimerziehung versucht, die traditionelle Fixierung auf individuelle Symptome zu überwinden und neue Organisationsformen zu finden. Heime sollen sich heute für die Bedingungen und Bedürfnisse des lokalen Umfeldes öffnen und dabei auch in eine veränderte Beziehung zu Elternhaus und Schule treten. Ihnen gegenüber kann die Institution Heim nicht mehr in einer spezialisierten Erziehungsfunktion verharren, die am Jugendlichen lediglich eine einmal gestellte Diagnose umzusetzen hat. Vielmehr müssen ErzieherInnen sich aktiv auf eine bislang ungewohnte Beratungs- und Vermittlungsrolle einlassen, bei der es um das gemeinsame Aushandeln von pädagogischen Zielen, aber auch um die Klärung vorhandener Selbsthilfepotenziale und Beteiligungsmöglichkeiten geht. Mit ähnlicher Akzentuierung haben sich in letzter Zeit auch in der Sozialpädagogischen Familienhilfe Ansätze einer aktivierenden Pädagogik entwickelt. Auch dort geht es ja um den Versuch, bislang hoch institutionalisierte Beratungssettings zu öffnen, sie flexibel zu gestalten und dabei sensibler für die Bedürfnisse und Eigenaktivitäten der Adressaten zu werden. Der Schwelleneffekt herkömmlicher Beratungsformen soll dabei vermieden, die traditionelle Komm-Struktur durch eine auf die Lebenswelt der Familien bezogene Geh-Struktur ersetzt werden.

(2) Damit ist ein zweites Prinzip benannt, dem auch die Jugendberufshilfe bei der Konzeption einer aktivierenden Pädagogik ver-

pflichtet ist: an vorhandenen Ressourcen ansetzen; Stärken des Jugendlichen erkennen statt zum hundertsten Mal nach Defiziten zu fragen; dabei neben persönlichen Ressourcen auch Unterstützungsnetzwerke in Betracht ziehen, die gezielt für eine Stützung des Jugendlichen eingesetzt werden können (so wie dies beispielsweise in Projekten zur Ambulanten Intensiven Einzelbetreuung versucht wird).

Jugendlichen Erfahrungen von Selbstwirksamkeit ermöglichen

Auch bei der Einführung der intensiven sozialpädagogischen Einzelbetreuung von sozial benachteiligten Jugendlichen (den so genannten Schwierigen) ging es darum, Alternativen zum herkömmlichen pädagogischen Defizitdenken zu finden. Ausdrücklich spricht die einschlägige gesetzliche Vorschrift (§ 35 KJHG) davon, dass es dabei um ein langfristig angelegtes Betreuungsarrangement geht, das auf die besonderen individuellen Bedürfnisse mehrfach belasteter und gefährdeter Jugendlicher bezogen sein soll. Nicht selten handelt es sich dabei um so etwas wie den letzten Versuch, junge Menschen aus dem passiven Verharren in Gefährdungsmilieus herauszuholen – Drogenszene, Straße, Prostitution, familiäre Gewalt. Anders als in der Sozialen Gruppenarbeit wird hier freilich ein konsequent individualisiertes Vorgehen angestrebt, das besondere Anforderungen an die Empathiefähigkeit, Geduld und Kraft von BetreuerInnen mit sich bringt.

(3) Spätestens hier begegnen wir einem dritten zentralen Arbeitsprinzip aktivierender Pädagogik, dessen Bedeutung auch für die berufsbezogene Jugendhilfe auf der Hand liegt. Stets geht es um den Versuch, diesen Jugendlichen Erfahrungen von Selbstwirksamkeit zu ermöglichen (Bandura 1982). Dabei heißt Selbstwirksamkeit: das Gefühl, wahrgenommen zu werden, aus eigener Kraft etwas für die Erreichung von Zielen tun zu können, dabei vor anderen sicher auftreten zu können u. a.

Vernetzung, Entwicklung eines Sozialraumbezugs und Einübung von Toleranz

Im Folgenden geht es um Beispiele, bei denen der Bezug zum Sozialraum im Mittelpunkt steht, und auch hier spielt die Frage nach aktivierenden Methoden im Umgang mit gefährdeten Jugendlichen eine wichtige Rolle. Im Bereich der mobilen Jugendarbeit und der Straßensozialarbeit (Streetwork) hat es die Jugendhilfe mit jungen Menschen zu tun, die von sich aus kaum ein Jugendzentrum oder eine Beratungsstelle betreten würden. Erfahrungen mit mobiler Jugendarbeit wurden daher vor allem in der Arbeit mit aggressiven Gruppierungen (Rocker, Fußballfans, Skinheads) sowie mit drogengefährdeten Jugendlichen gewonnen. In beiden Fällen handelt es sich um Arbeitsfelder, die in absehbarer Zukunft an Brisanz eher noch zunehmen dürften. Vor allem in der Konfrontation mit rechtsgerichteten, aggressiv fremdenfeindlichen Jugendlichen wurden in letzter Zeit nicht nur die Chancen, sondern auch die Grenzen aktivierender Methoden deutlich. Das zeigt sich etwa am Streit um die so genannte akzeptierende Jugendarbeit, die durch den Versuch, sich pädagogisch auf rechte Gruppierungen einzulassen, deren Gewaltorientierungen zugleich zu verstehen und zu bekämpfen, einer Gratwanderung gleicht. Ein Aspekt, der in diesem Überblick nicht fehlen darf, ist die Arbeit der Kinder- und Jugendnotdienste, in denen junge Menschen in Krisensituationen vorübergehende Unterkunft und Betreuung finden können. Inzwischen weist auch dieses sozialpädagogische Handlungsfeld eine recht breite inhaltliche und methodische Differenzierung auf – zu nennen sind Fanprojekte ebenso wie Ansätze im Milieu gewaltbereiter Jugendlicher, in der Drogenszene, in der Arbeit mit jungen männlichen und weiblichen Prostituierten („Stricherarbeit"), in der Unterstützung Wohnungsloser etc. (Klose/Steffan 1997, S. 66 ff.).

Auch an dieser Stelle will ich mich auf die Frage beschränken, welche Prinzipien sich aus den zuletzt angesprochenen Beispielen auf die Jugendberufshilfe übertragen lassen und bei der Gestaltung Sozialer Gruppenarbeit/Sozialen Trainings von Nutzen sein können. Es handelt sich

(4) um die Entwicklung eines Sozialraumbezugs, d. h. den Versuch, bei Trainings- und Betreuungsprojekten Kooperationsbeziehungen und Vernetzungen zu anderen relevanten lokalen Akteuren herstellen;
(5) um Respekt vor der Andersartigkeit von Fremden, Andersdenkenden, Außenseitern und die Einübung von Toleranz.

Empowerment: Vermittlung von Ichstärke und Risikokompetenz

Ein letzter Bereich, den ich in dieser Übersicht über Ansätze einer aktivierenden Pädagogik nennen möchte, ist die Suchtprävention in Schule und Jugendhilfe. Eine Schule, die sich den Aufgaben von Gesundheitsförderung und Prävention aktiv stellt, kann heute nicht länger eine Schule „jenseits des Schüleralltags" sein. Ebenso wenig kann sich eine offene Jugendarbeit, die sich dem Präventionsgedanken verpflichtet fühlt, mit einigen unverbindlichen Informationseinheiten zum Thema Alkohol und Drogen begnügen, sondern muss sich mit sozialen Erfahrungen und Lernprozessen auseinander setzen. In allen Fällen geht es um mehr als bloße Sachinformationen über die richtige Art, Risiken zu vermeiden – nämlich um den Erwerb von Kompetenzen zur Problembewältigung (Böhnisch 1998). Folglich reichen auch hier individuenzentrierte Modelle nicht mehr aus, um ein aktivierendes Konzept von Gesundheitsförderung und Suchtprävention zu formulieren. Der Versuch, daraus Elemente Sozialen Trainings zu gewinnen, wird seit einiger Zeit (zum Beispiel in Leipzig) von Schülermultiplikatoren-Projekten unternommen, die mit dem Konzept der peer-education arbeiten und insofern ebenfalls ein gutes Beispiel für das Anliegen einer aktivierenden Pädagogik darstellen.

(6) Um auch dies noch einmal zu einem zentralen Arbeitsprinzip zu verdichten: Es geht um den Versuch, jungen Menschen rechtzeitig die Ichstärke und Risikokompetenz zu vermitteln, die sie angesichts des weiter wachsenden Angebots an legalen und illegalen Alltagsdrogen benötigen. Zugleich geht es aber auch um gezielte Sachinformationen, die für eine rationale Diskussion des Problemfeldes Drogen (legal/illegal), Konsum, Sucht, Risikoverhalten etc. unabdingbar sind. Die damit verbundene Zielsetzung ist mit dem Stichwort Empowerment gut umschrieben.

Schlussfolgerungen für den Bereich der Jugendberufshilfe

Am Ende möchte ich nun einige Schlussfolgerungen für den Bereich der Jugendberufshilfe ziehen. Als ich oben auf die „optimistische Variante" des Streits um die Funktionen der Jugendberufshilfe eingegangen bin, habe ich gesagt, diese müsse sich strukturell neu verorten. Die sechs Arbeitsprinzipien, die sich aus den bisherigen Überlegungen ergeben haben, können diese allgemeine Forderung konkretisieren helfen:

(1) In der Benachteiligtenförderung geht es um Situationen mit Ernstcharakter. Die Jugendlichen, mit denen es die Jugendberufshilfe zu tun hat, wollen lernen und sich mit Inhalten auseinander setzen, aber oft haben sie das Lernen verlernt bzw. sich diese Kompetenz nur lückenhaft aneignen können. Jede Form von Sozialem Training muss dies berücksichtigen. Nichts wirkt auf diese Jugendlichen entmotivierender als Projekte, in denen Lerninhalte nur Vorwände für das Füllen von Seminarprogrammen sind. Ernstcharakter heißt dann aber auch: realistische Absprachen, Verbindlichkeit in den gegenseitigen Erwartungen, möglicherweise quasivertragliche Vereinbarungen, die während der Dauer einer Trainingseinheit eingehalten werden müssen, einschließlich verabredeter Sanktionen – kurz: Festlegung von Rechten und Pflichten als Pendant des Prinzips „Fördern und Fordern“. Dies setzt allerdings stützende Rahmenbedingungen voraus, vor allem differenzierte Kooperationsbeziehungen sowie Fachlichkeit, und beinhaltet die „Kritik an einem Übergangssystem, das das Scheitern von Jugendlichen bis hin zur sozialen Ausgrenzung hinnimmt“ (Braun 2001). Die AutorInnen des zehnten Kinder- und Jugendberichts hatten etwas Ähnliches im Sinn, als sie ihre Überlegungen zu einer Kultur des Aufwachsens formulierten.

(2) An den Ressourcen ansetzen – dies ist nur möglich, wenn ich die Persönlichkeit des Jugendlichen, seine Stärken, Schwächen und Potenziale, seinen persönlichen Hintergrund etc. auch wirklich einschätzen kann. Das ist leichter gesagt als getan. Möglicherweise kann ich dies nicht allein, sondern bin auf die Unterstützung anderer Personen angewiesen. Nimmt man die Forderung ernst, für jeden Jugendlichen einen individuellen Förderplan zu erstellen (und dies zusammen mit ihm selbst zu tun), dann liegt darin eine pädagogisch ebenso anspruchsvolle wie zeitintensive Aufgabe. Betrachtet man die persönliche Fähigkeit zu lernen in diesem Zusammenhang als Ressource, dann lässt sich sagen: Die Jugendberufshilfe muss einen Rahmen zur Verfügung stellen, in dem Jugendliche „das Lernen lernen“ können.

(3) Selbstwirksamkeit erfahrbar zu machen, ist eines der zentralen Anliegen jeglicher Form von Sozialem Training und speziell der Suchtprävention. Petermann/Petermann nennen folgende Teilfertigkeiten, die zu diesem Zweck im Rahmen spezieller Übungen bzw. Trainingseinheiten erlernt werden sollten: „Verbesserung der Selbstwahrnehmung; Erhöhung von Selbstkontrolle und Ausdauer; Schär-

fung des Einfühlungsvermögens in andere Personen; Umgang mit dem eigenen Körper und Gefühlen; Stabilisierung des Selbstbildes; Umgehen mit Kritik und Misserfolg, aber auch mit Lob und Anerkennung“ (Petermann/Petermann 1995, S. 239). Wichtig ist dabei, den Zusammenhang zwischen Selbstwahrnehmung und Fremdwahrnehmung sichtbar zu machen, denn – wie Arno Gruen dies überzeugend formuliert hat – die Angst vor dem Fremden ist stets auch die Angst vor dem „Fremden in uns“ (Gruen 2001). Übungen zur Perspektivenübernahme und zum Perspektivenwechsel können dabei hilfreich sein.

(4) Vernetzung: (a) auf der fachlichen Ebene geht es um den Versuch, unterschiedliche methodische Ansätze zu integrieren, sozialpädagogische, berufspädagogische und schulpädagogische Ansätze stärker aufeinander zu beziehen, einen integrierten Ansatz zu entwickeln; (b) auf der strukturellen Ebene geht es dementsprechend um die Verzahnung unterschiedlicher Lernorte; in diesem Zusammenhang steht die Forderung, modulare Qualifizierungsbausteine zu entwickeln und so die Rigidität des dualen Ausbildungssystems aufzulockern; (c) auf der subjektiven Ebene schließlich geht es um die Berücksichtigung einer Faustregel, die nicht immer eingehalten wird: Die Angebote/Maßnahmen sind für die Jugendlichen da – nicht die Jugendlichen zur Auffüllung von Teilnehmerplätzen in „Maßnahmen“. Erich Raab fordert in diesem Zusammenhang eine am individuellen Bedarf orientierte Vernetzung der Jugendberufshilfe in ihrem breiten Spektrum, das vom niederschwelligen Beratungsangebot bis hin zur „berufspädagogischen Intensivstation“ der Ausbildungs- und Beschäftigungswerkstatt reicht.

(5) Umgang mit Fremden, Andersdenkenden, Akzeptieren von Außenseitern: Vor allem für die Soziale Gruppenarbeit liegen hier zahlreiche Anknüpfungspunkte. „Die Jugendlichen sollen als Gruppe erfahren, dass es auch negative Auswirkungen haben kann, einen Außenseiter von vornherein oder immer auszuschließen“ (Petermann/Petermann 1996, S. 145 f.). Weitere Ziele sind das Einüben von Toleranz gegenüber andersartigen Personen sowie die Fähigkeit, auch gegen Gruppendruck an eigenen Überzeugungen festzuhalten. Bei der Konzeption sozialer Trainingseinheiten ist zu bedenken, dass die PädagogInnen den Jugendlichen eben diese Grundeinstellung auch selbst vorleben müssen. Das heißt: Respekt vor dem Eigensinn der Jugendlichen, Akzeptanz unkonventioneller Lebensentwürfe, Sensibilität für die eigenen Wege von Mädchen und Jungen – all dies betrifft nicht zuletzt die PädagogInnen selbst.

(6) Empowerment hat zum Ziel, Jugendliche für die Bewältigung belastender Situationen und Lebensumstände zu stärken, evtl. verschüttete Ressourcen für den Umgang mit Risiken und Suchtgefährdungen freizulegen und Fähigkeiten der Selbstorganisation zu entwickeln. Übungen und Trainingseinheiten, mit denen solche Fähigkeiten unterstützt werden können, sind in den zurückliegenden Jahren auch methodisch beträchtlich ausdifferenziert und nachvollziehbar beschrieben worden. Ruth Enggruber weist allerdings zu Recht darauf hin, dass ein solches Empowermentkonzept nicht auf die Person des Jugendlichen begrenzt bleiben darf, sondern „insgesamt flexibilisierte Förderungs- und Angebotsstrukturen voraussetzt, die in ersten Ansätzen bereits in Projekten aufsuchender Sozialarbeit und niedrigschwelligen Angeboten umgesetzt werden" (Enggruber, S. 5). Sich diese Erfahrungen zunutze zu machen und sie im Sinne einer aktivierenden Pädagogik weiterzuentwickeln, sollte für die Jugendberufshilfe ein vordringliches Ziel sein.

Prof. Dr. Christian von Wolffersdorff, Universität Leipzig

Literatur

Arnold, H. (2001): Ausbildung, Arbeit und Beschäftigung; in: Schröer, W./Struck, N./Wolff, M.: Handbuch Jugendhilfe, S. 234.

Bandura (1982): Self-efficacy mechanism in human agency. American Psychology, 37, S. 122–147.

Böhnisch, L. (1998): Kindheit und Devianz, in: Müller, S./Peter, H. (Hrsg.): Kinderkriminalität, S. 245–260.

Böhnisch, L./Arnold, H./Schröer, W. (1999): Sozialpolitik, Weinheim/München.

v. Bothmer, H. (2001): Einleitung zu Kap. 5, in: Fülbier, P./Münchmeier, R.: Handbuch Jugendsozialarbeit, Münster, S. 443–468.

Braun, F. (2001): Fördern und Fordern: Wege zu einer verbesserten Förderung von Jugendlichen in Projekten der Arbeitsweltbezogenen Jugendsozialarbeit, in: Fördern und Fordern – Jugendliche in Modellprojekten der Jugendsozialarbeit; Abschlussbericht zum Modellprogramm des DJI, München, S. 14.

Enggruber, R. (2001): Sozialpädagogische Skizzen zu einer „Pädagogik der Benachteiligtenförderung", in: Jugend, Beruf, Gesellschaft. Zeitschrift für Jugendsozialarbeit, 52. Jg., Heft 1, S. 2–8.

Galuske, M. (2001): Jugendsozialarbeit und Jugendberufshilfe, in: Otto, H. U./ Thiersch, H.: Handbuch Sozialarbeit, Sozialpädagogik, S. 885–893.

Gruen, A. (2001): Der Fremde in uns, Stuttgart.

Kersten, J./v. Wolffersdorff, C. (1980): „Unser Kind braucht sowas nicht" – Übungs- und Erfahrungskurse mit gefährdeten Jugendlichen, in: Böhnisch, L. u. a. (Hrsg.):

Abhauen oder Bleiben? Berichte und Analysen aus der Jugendarbeit, München, S. 258–281.

Klose, A./Steffan, W. (1997): Streetwork und Mobile Jugendarbeit in Europa, Münster.

Münchmeier, R. (2001): Jugend in der Krise der Arbeitsgesellschaft – Verantwortung von Staat, Wirtschaft und Gesellschaft, in: Fülbier, P./Münchmeier, R. (Hrsg.): Handbuch Jugendsozialarbeit, Münster, S. 428–442.

Petermann, F./Petermann, U. (1995) – in Hundsalz, A. (Hrsg.): Beratung für Jugendliche. Lebensfelder, Problemfelder, Beratungskonzepte, Weinheim/München, S. 239.

Raab, E. (1996): Jugend sucht Arbeit, München.

Süddeutsche Zeitung vom 21.8.2001, S. 5.

Teil I
Strategien
einer aktivierenden Pädagogik

Praxisbeispiele aus dem Modellprogramm „Arbeitsweltbezogene Jugendsozialarbeit 1998–2001"

1 Integration in Schule und Berufsschule

Maria Schreiber-Kittl, Haike Schröpfer

Lernangebote für schulmüde und schulverweigernde Jugendliche

Für die Abkehr junger Menschen von der Schule gibt es inzwischen viele verschiedene Bezeichnungen. Unter dem Oberbegriff Schulversäumnis werden zahlreiche Begriffe diskutiert, die von Schulmüdigkeit, Schulverdrossenheit, Schulvermeidung, Schuldistanzierung, Schulschwänzen, Schulverweigerung, Schul- bzw. Unterrichtsabsentismus bis hin zu Schulphobie und Schulaversion reichen. Gemeinsam ist all diesen Begriffen, dass sie ein Verhalten von Kindern und Jugendlichen bezeichnen, die sich der Schule entziehen. Das Fernbleiben von Schule kann dabei eine ganz unterschiedliche Intensität (beispielsweise sporadische, phasenweise oder dauerhafte Abwesenheit) aufweisen; dementsprechend werden mit der Wahl der Begrifflichkeit zugleich unterschiedliche Formen und Ausprägungen der Verweigerungshaltung gekennzeichnet. Zum besseren Verständnis werden wir im Folgenden die Bezeichnung *Schulmüdigkeit* und *Schulverweigerung* wählen.

Die phasenweise oder dauerhafte Weigerung, zur Schule zu gehen, ist in der Bundesrepublik Deutschland längst keine Ausnahmeerscheinung mehr, sondern hat in den letzten Jahren nach Meinung von Experten extrem zugenommen. Alarmierende Meldungen über steigende Zahlen von SchülerInnen, die unmittelbar nach Erfüllung der Schulpflicht die Schulen ohne einen Hauptschulabschluss verlassen, verunsichern unsere Gesellschaft[1]. Die Folgen beharrlicher Abwesenheit von der Schule und insbesondere fehlender schulischer Qualifizierung sind gravierend: Brüche und Instabilitäten im schulbiografischen Ablauf wirken sich negativ auf die künftige ökonomische und gesellschaftliche Stellung eines Individuums aus. In einer Gesellschaft, in der Arbeit noch immer ein entscheidendes Merkmal für den sozialen Status ist, haben SchulabbrecherInnen unsichere Ausbildungs- und Beschäftigungsperspektiven; eine (einigermaßen regelmäßige) Teilnahme am Erwerbsleben ist aber wiederum Voraussetzung und Grundausstattung für gesellschaftliche Teilhabe.

---

[1] 2000 verließen in der Bundesrepublik Deutschland 86.601 Jugendliche mit Beendigung der Vollzeitschulpflicht die Schule ohne Schulabschluss (Statistisches Bundesamt, Fachserie 11, Reihe 1 2000/01).

Ausgangssituation

Angesichts steigender Zahlen von SchülerInnen, die sich von der Schule abwenden, sich ihr verweigern und sie häufig ohne Schulabschluss verlassen, wird der Ruf nach Erklärungen und Abhilfen immer lauter. Das Thema Schulverweigerung beschäftigt dabei nicht nur (Bildungs-)Politiker, sondern insbesondere auch Fachorganisationen von Schule und Jugendhilfe und nicht zuletzt die Schulen selbst. Schulverweigerung ist zu einer gesamtgesellschaftlichen Herausforderung geworden.

Die Ende 2001 veröffentlichten Ergebnisse der PISA-Studie belegen, dass deutsche SchülerInnen im internationalen Schulleistungsvergleich sehr schlecht abschneiden und sich in nahezu allen Testbereichen im unteren Drittel wiederfinden. Ganz Deutschland ist aufgeschreckt, zahlreiche Schuldzuweisungen und neue Patentrezepte sind in den Schlagzeilen zu lesen. Für ExpertInnen kamen diese Ergebnisse jedoch längst nicht so überraschend, denn es gab in letzter Zeit auch andere Indikatoren für eine defizitäre Bildungspolitik. Verfolgt man beispielsweise die Schulabgängerzahlen der letzten Jahre, so stellt man fest, dass die Zahl der SchülerInnen steigt, die nach Erfüllung der Vollzeitschulpflicht die Schule ohne einen Schulabschluss verlassen (zum Vergleich: Im Jahr 1998 waren es 83.000, im Jahr 2000 bereits 86.600 SchülerInnen). Insbesondere SchulabgängerInnen ohne Hauptschulabschluss laufen aber Gefahr, dauerhaft vom Ausbildungs- und Arbeitsmarkt ausgeschlossen zu werden. Deshalb müssen während der Vollzeitschulpflicht Hilfen und Maßnahmen angeboten werden, die geeignet sind, Schulabbrüche zu verhindern.

Wenn sich ein Teil unserer Jugend aktiv (Störverhalten im Unterricht, aggressives/destruktives Verhalten gegenüber Mitschülern/Lehrkräften, gelegentliches Schuleschwänzen bis hin zu dauerhafter Abwesenheit) oder passiv (Nichtbeteiligung im Unterricht, „verdecktes“ Schuleschwänzen mithilfe von Ausreden oder Entschuldigungen) der Schule entzieht, dann liegt es nahe, die Gründe für dieses Verhalten zunächst innerhalb der Institution Schule zu suchen. Tatsächlich scheint ein nicht unerheblicher Teil der Ursachen für Schulverweigerung in der Schule selbst begründet zu sein[2]. Aber auch andere Bereiche wie die Familie und das soziale Umfeld von Schü-

---

[2] Vgl. dazu u.a. Maria Schreiber-Kittl/Haike Schröpfer: Bibliographie Schulverweigerung. München/Leipzig: Deutsches Jugendinstitut. Werkstattbericht. Arbeitspapier 2/2000 sowie Maria Schreiber-Kittl: Alles Versager? Schulverweigerung im Urteil von Experten. München/Leipzig: Deutsches Jugendinstitut. Forschungsbericht. Arbeitspapier 1/2001

lerInnen können die Entstehung von schulverweigernden Verhaltensweisen begünstigen. Die Ursachen für Schulverweigerung sind meist vielfältig; selten lassen sich Verweigerungstendenzen auf einen einzelnen Aspekt biografischer, familiärer, schulischer oder gesellschaftlicher Art reduzieren.

Viele Ursachen werden im Zeitablauf zu Folgen und umgekehrt. So führt beispielsweise das Fernbleiben von der Schule wegen schlechter Leistungen gerade wegen des Fehlens wiederum zu Schulversagen. Ein Teufelskreis entsteht, der nur noch schwer zu durchbrechen ist. Insbesondere Schulverweigerer mit langen schulischen Fehlzeiten schaffen es meist nicht aus eigener Kraft, die Phase der Verweigerung zu beenden und in die Schule zurückzukehren. Gelingt es ihnen dennoch, lösen sich häufig aufgrund von Überalterung in Fällen von Klassenwiederholungen die noch spärlich vorhandenen Kontakte zu Gleichaltrigen in der Schule auf. Die betroffenen SchülerInnen sehen oft keinen anderen Ausweg, als sich endgültig aus der Schule zu verabschieden. Außerhalb der Schule finden sie nicht selten Zuflucht in Gruppen von Gleichgesinnten, die unter Umständen ein Abgleiten in Kriminalität und/oder Drogenge- und -missbrauch begünstigen können.

Was passiert nun mit jenen SchülerInnen, die nicht mehr zur Schule gehen (wollen), aber noch der gesetzlichen Schulpflicht unterliegen, oder mit denen, die nach Erfüllung der Schulpflicht die Schule ohne Abschluss verlassen und auf den Arbeitsmarkt drängen? Obwohl die Regelschulen Schulmüdigkeit und Schulverweigerung seit mehreren Jahren als ein Problem erkannt haben, das nicht vereinzelt auftritt und auch nicht von selbst wieder verschwindet, sind sie aufgrund ihrer Strukturen und ihrer Aufgabenvielfalt nur bedingt in der Lage, Schülerinnen und Schülern zu helfen, die sich aus den unterschiedlichsten Gründen den schulischen Anforderungen aktiv oder passiv entziehen. Solange aber die Regelschulen nicht fähig sind, Schulabbruch und Schulversagen im schulpflichtigen Alter zu verhindern, sind die betroffenen SchülerInnen auf ein Hilfesystem angewiesen, das außerhalb der Regelschulen liegt und von der Kinder- und Jugendhilfe getragen wird. Das Spektrum von Lernangeboten und Hilfestellungen ist dort breit gefächert und geht meist weit über das hinaus, was die Regelschulen leisten (können).

Schulverweigerung als Handlungsfeld des Modellprogramms „Arbeitsweltbezogene Jugendsozialarbeit“ 1998–2001

Ein konkretes Angebot für schulverweigernde Heranwachsende ist die Projektarbeit von Jugendhilfeträgern. Die Ansätze solcher Projekte sehen vor, für einen begrenzten Zeitraum schulische Aufgaben zu übernehmen und durch sozialpädagogische Arbeit zu ergänzen. Dabei zwingt die gemeinsame Zuständigkeit der Institutionen Schule und Jugendhilfe zur Entwicklung komplementärer schulinterner und -externer Förderungen und Konzepte.

Auf Bundesebene gibt es das Modellprogramm „Arbeitsweltbezogene Jugendsozialarbeit“ (1998–2001), in dem acht Modellprojekte (je vier in Ost- und Westdeutschland) finanziell gefördert werden, die Lernangebote für Schulverweigerer systematisch (fort-)entwickeln und erproben. In diesen Projekten, die das Deutsche Jugendinstitut wissenschaftlich begleitet, soll herausgefunden werden, wie jugendliche Schulverweigerer durch die Verknüpfung von schul-, sozial-, berufs- und arbeitspädagogischen Methoden motiviert werden können, sich notwendige allgemein bildende und vorberufliche Fähigkeiten und Kenntnisse anzueignen. Ziel ist es, die Jugendlichen schulisch und sozial (wieder) zu integrieren. Schulische Integration bedeutet in diesem Zusammenhang, dass die Jugendlichen mithilfe spezifischer Angebote und Lernformen wieder an das (schulische) Lernen herangeführt werden. Soziale Integration als zweites, aber durchaus gleichrangiges Ziel beinhaltet die psychische Stabilisierung des Schülers, verbunden mit dem Erwerb sozialer Kompetenzen. Wesentlicher Bestandteil der Projektarbeit ist deshalb die Entwicklung von sozialen Lernprozessen, mit deren Hilfe die Jugendlichen in die Lage versetzt werden sollen, ihr soziales und berufliches Leben selbstständig und eigenverantwortlich zu meistern.

Die Gruppe der Schulverweigerer ist sehr heterogen. Das Spektrum reicht von der Nichtteilnahme am Unterrichtsgeschehen trotz physischer Präsenz bis zur totalen Verweigerung des Schulbesuchs. Bei den verschiedenen Formen der Verweigerung wird deshalb zwischen aktiver und passiver Schulverweigerung differenziert. In den meisten Projekten werden SchülerInnen betreut, die über die Schule oder die entsprechenden Behörden und Ämter als „schwierige Schüler“ oder „Schulverweigerer“ gemeldet wurden. Hauptkriterium für die Aufnahme sind in vielen Projekten die schulischen Fehlzeiten der Mädchen und Jungen, die einen bestimmten Umfang erreicht haben müssen. Das bedeutet zugleich, dass vor allem die aktiven Schulverweigerer in den Projekten betreut werden.

Ziel der Projektarbeit muss sein, Schulverweigerer zu systematischem Lernen zu motivieren, wobei die schulischen Lernanforderungen so gestaltet sein sollten, dass sie die verschiedenen Lebensbereiche der Jugendlichen berücksichtigen. Denn der größte Teil der SchülerInnen hat eine längere Phase des Fernbleibens, des Scheiterns und der Misserfolge hinter sich. Die Heranführung an regelmäßiges Lernen gestaltet sich daher zum Teil schwierig und heißt für diese Klientel: den Lernprozess initiieren, fördern und entwickeln. Die Projekte verknüpfen die Entwicklung des Leistungspotenzials mit konkreten Anforderungen und Leistungszielen. In der Regel wird auf der Grundlage einer umfassenden Istanalyse der Situation des Schülers bzw. der Schülerin ein individueller Hilfeplan erstellt, der alle Aufgaben und Ziele für bestimmte Zeiträume beinhaltet. Zu festgelegten Zeitpunkten werden dann die Ziele und Entwicklungsschritte überprüft. Im Sinne einer aktivierenden Pädagogik stehen dabei die Schulverweigerer stets als handelnde Akteure im Vordergrund. Nur so ist es den SchülerInnen möglich, eigene Fortschritte und Erfolge zu erreichen, zu erkennen und entsprechend gestärkt neue Aufgaben zu bewältigen. Aber auch die Erfahrung eigener Leistungsgrenzen und das Nichterreichen von gesteckten Aufgaben gehören zum Erfahrungslernen des Einzelnen. Diese Strategie einer aktivierenden Pädagogik hat Wirkung gezeigt: Es ist durchgängig in allen Projekten gelungen, SchülerInnen zu erreichen und zum Lernen zu motivieren, die sich bereits weit vom schulischen System entfernt hatten.

Im Modellprogramm „Arbeitsweltbezogene Jugendsozialarbeit" 1998–2001 ist für die verschiedenen Typen von Schulverweigerung ein differenziertes Spektrum von Ansätzen und Methoden entwickelt und erprobt worden:

Präventive Arbeit in der Schule

Ziel dieses Ansatzes ist es, durch präventive Arbeit in der Schule ein (späteres) Herausfallen von schulmüden Kindern und Jugendlichen aus dem Lerngeschehen bereits im Ansatz zu verhindern. Die ProjektmitarbeiterInnen führen in einer ausgewählten Schulklasse regelmäßige Unterrichtsbeobachtungen durch, die sich vorrangig auf die Kommunikations- und Interaktionsstrukturen in der Klasse konzentrieren. Anschließend diskutieren die ProjektmitarbeiterInnen die Ergebnisse der Unterrichtsbeobachtungen mit den Lehrkräften. Diese gemeinsame Reflexion dient dazu, verhaltensauffällige SchülerInnen, die potenzielle Schulverweigerer sind, zu identifizieren.

Durch frühzeitiges Erkennen sollen schnelle Hilfe und kompetente Förderung ermöglicht werden. Idealerweise sollte der Zugang zu (potenziellen) Schulverweigerern zu einem Zeitpunkt gesucht werden, an dem noch innerhalb des schulischen Umfeldes reagiert werden kann. Und das Angebot sollte möglichst frühzeitig erfolgen, damit sich bestimmte Probleme und Verhaltensweisen gar nicht erst manifestieren (siehe Beitrag von Leonhardt ab Seite 48).

Alternative Beschulung im Projekt

Manche Modellprojekte haben ein Konzept zur externen Beschulung von Schulverweigerern – also parallel zum Schulsystem – entwickelt. Die Beschulung findet in projekteigenen Räumen an einem außerschulischen Lernort statt. Der Zugang der SchülerInnen in das Projekt erfolgt in Absprache mit den Schulen und zuständigen Schul- und Jugendämtern und – soweit möglich – mit den Eltern der SchülerInnen. Der Unterricht wird durch eine Kombination von schul-, sozial-, arbeits-, berufs-, freizeit- und erlebnispädagogischen Elementen gestaltet. Die Zusammenarbeit von LehrerInnen, SozialpädagogInnen und fachlichen AnleiterInnen ermöglicht neben der Aufarbeitung schulischer Defizite vor allem die Bearbeitung persönlicher Problemlagen der Betroffenen. Zur Vermittlung des Schulstoffes werden meist kleinere Lerngruppen gebildet, wodurch dem unterschiedlichen Leistungsstand der SchülerInnen Rechnung getragen wird.

Der/die Lernende ist aktives Subjekt und erarbeitet sich im Zusammenwirken mit den ProjektmitarbeiterInnen einzelne Schritte selbst, setzt sich eigene Ziele und findet über Selbsterfahrung (z.B. via Erfolg/Misserfolg) auch eigene Stärken und Grenzen heraus. Darüber hinaus wird im Rahmen von Praktika versucht, die Praxis- und Arbeitsmarktferne des Projektalltages zu überwinden und die Anwendung des Gelernten in realen Situationen und Anforderungen mit Ernstcharakter zu ermöglichen. Der Einsatz der pädagogischen Strategie „Fördern und Fordern“ hat im Umgang mit Schulverweigerung bei der großen Mehrheit der SchülerInnen zu einer positiven Persönlichkeitsentwicklung und zur Stärkung des Selbstwertgefühls beigetragen und damit auch die Chancen für eine soziale, schulische und berufliche Integration verbessert. Es ist vielfach gelungen, die TeilnehmerInnen ohne die schulüblichen Sanktionen an den systematischen Lernprozess heranzuführen und zugleich ihre Bereitschaft zu erhöhen, sich auch „harten“ Forderungen (beispielsweise Erreichen eines Schulabschlusses) zu stellen (siehe Beitrag von Otto/Hagedorn ab S. 77).

Fernschulunterricht

Ein Projekt benutzt für die schulische Förderung das innovative Konzept der Fernschule (siehe Beitrag von Heckner/Fries ab S. 58). Das Modellprojekt zielt mit seinem aufsuchenden Schulangebot auf die Integration der Schule in die Lebenswelt der Kinder und Jugendlichen. Fernunterrricht ermöglicht einen individuellen Lernprozess: Der Lernort, die Lernzeit und die Sozialform des Lernens können flexibel bestimmt werden. Das Schulmaterial wird von ProjektmitarbeiterInnen individuell aufbereitet und in so genannten „Aufgabenpaketen" den SchülerInnen zur Bearbeitung zugesandt.

In diesem Ansatz steht das selbst organisierte Lernen im Vordergrund, und die Strategie „Fördern und fordern" kommt hier besonders stark zum Tragen: Die Lernenden sind aktive Gestalter des eigenen Lernprozesses, können ihn selbst organisieren und steuern. Sie übernehmen die Verantwortung für sich selbst, orientieren sich an eigenen Ressourcen und können durch die Rückmeldung der ProjektmitarbeiterInnen ihren jeweiligen Leistungstand beurteilen. Trotz der räumlichen Distanz zum Projektteam kann jederzeit bei Bedarf Unterstützung von den ProjektmitarbeiterInnen eingefordert werden. Der Umfang an pädagogischer Förderung im Lernprozess wird dementsprechend vom Einzelnen selbst bestimmt.

Alle im Modellprogramm vertretenen Lernangebote für schulmüde und schulverweigernde Jugendliche verstehen sich als aktivierende Jugendsozialarbeit; methodisch hat also eine Pädagogik an Gewicht gewonnen, die an den Stärken der Jugendlichen ansetzt und sie aktiviert, das eigene Leben selbst zu gestalten. Voraussetzung dafür ist eine realistische Potenzialanalyse jedes Jugendlichen und die Entwicklung eines konkreten individuellen Hilfe- und Unterstützungsplanes, der in vertraglichen Festschreibungen und Regelungen die Pflichten und Rechte aller Beteiligten fixiert. Das Prinzip „Fördern und Fordern" ist dabei eine unabdingbare Strategie der Projektarbeit zur sozialen, schulischen und beruflichen Integration, das freilich nicht immer einfach zu realisieren ist. Das Verhältnis der beiden Komponenten „Fördern" und „Fordern" zueinander wird sowohl von der Art des Ansatzes als auch von der Individualität der TeilnehmerInnen bestimmt. Während beim präventiven Ansatz die fördernde Pädagogik in den Vordergrund rückt, liegt bei der alternativen Beschulung (und hier noch verstärkter beim Fernschulunterricht) das

Gewicht auf der Komponente „Fordern“. Auch die Verweildauer der SchülerInnen im Projekt bestimmt die Gewichtung der Komponenten: Mit zunehmender Aufenthaltsdauer im Projekt nimmt der Einfluss der fördernden Pädagogik ab und der Anteil der fordernden Komponente zu.

Kooperationsformen und -partner

Neben der projektinternen Arbeit stehen projektexterne Aufgaben, denn Ansätze und Methoden zum Umgang mit Schulverweigerung können nur dann erfolgreich sein, wenn verschiedene Institutionen miteinander kooperieren und gemeinsam die Verantwortung übernehmen. Im Laufe der Zeit hat sich eine Vielzahl von Kooperationsformen gebildet. Wichtige Kooperationspartner der Projekte im Handlungsfeld „Integration in Schule und Berufsschule“ sind beispielsweise der Allgemeine Soziale Dienst (ASD), Schulen, Schulbehörden, die Arbeitsverwaltung (Berufsberatung), Einrichtungen und Stellen der beruflichen Aus- und Weiterbildung, Jugend- und Sozialamt, das Ausländeramt sowie Justiz-, Polizei- und andere Ordnungsbehörden oder Erziehungs- und Drogenberatungsstellen. Darüber hinaus gibt es insbesondere in den Projekten mit einem eher erwerbsarbeitsorientierten Ansatz häufig Verbindungen zu (Ausbildungs-) Betrieben im lokalen oder regionalen Umfeld. In den meisten Projekten wird ferner eine enge Zusammenarbeit mit den Eltern oder Erziehungsberechtigten der SchülerInnen angestrebt, die jedoch in der Praxis aus einer Vielzahl von Gründen nicht immer zufrieden stellend verläuft.

Die Erfahrungen der ProjektmitarbeiterInnen zeigen, dass Kooperation einen hohen personellen und zeitlichen Aufwand erfordert. Im Allgemeinen gibt es eine mehr oder weniger enge Zusammenarbeit mit Schulen (u.a. Hauptschulen, Schulen für Erziehungshilfe, Sonderschulen, Berufsschulen). Die Projekte sind bestrebt, einen Transfer der Erkenntnisse ihrer Arbeit an Regelschulen zu ermöglichen. Soweit Kooperation regelmäßig stattfindet, ist sie häufig auf das Engagement Einzelner zurückzuführen, die über persönliche Beziehungen versuchen, tragfähige und längerfristige Kooperationsbezüge aufzubauen. Häufig bleibt aber die Zusammenarbeit mit anderen Institutionen und Einrichtungen eher sporadisch und unverbindlich; eine institutionalisierte Kooperation ist eher die Ausnahme, die Regel sind vielmehr lose, individuelle Beziehungen zu anderen Einrichtungen und Diensten.

Das Verhältnis von Jugendhilfe und Schule ist durch eine Reihe von strukturellen Gegensätzen charakterisiert, die nicht beliebig auflösbar sind und die dazu geführt haben, dass Jugendhilfe und Schule in der Vergangenheit überwiegend nicht miteinander, sondern nebeneinander gewirkt haben. Obwohl beide Institutionen unmittelbar mit der gleichen Zielgruppe arbeiten (Kinder und Jugendliche im schulpflichtigen Alter), besteht bei den meisten Schulverweigererprojekten keine räumliche und/oder organisatorische Anbindung an die Schule, was einerseits die relative sozialpädagogische Unabhängigkeit von der Schule fördert und einen eigenständigen Jugendhilfebeitrag sicherstellt. Die notwendige Abstimmung mit der Schule erfolgt lediglich über Arbeitskreise, Gespräche und Kooperation mit LehrerInnen, SchulsozialarbeiterInnen (soweit institutionalisiert) sowie Schulleitungen. Andererseits birgt das Nebeneinander von Projekten und Schule die Gefahr in sich, dass Schule und Jugendhilfe aufgrund unterschiedlicher gesellschaftlicher Aufträge und unterschiedlicher Entwicklungsgeschichten die Notwendigkeit zur Kooperation zwar erkennen, aber aufgrund von Berührungsängsten davor zurückschrecken und mehr oder weniger erfolgreiche „Abschottungsstrategien“ entwickeln. Erfahrungen innerhalb des Modellprogramms zeigen aber, dass das Problem Schulverweigerung auf Dauer nur gelöst werden kann, wenn frühzeitig Kooperationsmöglichkeiten zwischen Jugendhilfe und Schule angestrebt und geschaffen werden, die einen hohen Grad an Verbindlichkeit aufweisen (siehe Beiträge von Otto/Hagedorn ab S. 77 und Heckner/Fries ab S. 58), und wenn außerdem Konsens darüber besteht, dass die Schule sich verändern muss, damit die (weitere) Ausgrenzung benachteiligter Jugendlicher aus dem System Schule verhindert wird (siehe Beitrag von Leonhardt ab S. 48).

Fazit

Projekte für schulmüde und schulverweigernde Kinder und Jugendliche sind selbstverständlich kein Ersatz für die Regelschule. Solange diese aber nicht in der Lage ist, Wege zu erschließen, Schulverweigerung und Schulabbrüche im schulpflichtigen Alter zu vermeiden, sind ihre SchülerInnen auf außerschulische Angebote angewiesen. Hier ist in erster Linie die Jugendhilfe gefordert. Aber auch Jugendhilfe kann die Probleme nicht alleine lösen, sondern muss mit verschiedenen Institutionen und Einrichtungen kooperieren. Kooperation bedeutet zugleich, dass die kooperierenden Institutionen sich öffnen und bereit sind, sich auf feste Strukturen und verbindliche Regeln der Zusammenarbeit einzulassen mit dem Ziel, Transparenz über die Aktivitäten und Handlungsmöglichkeiten der verschiedenen beteiligten Einrichtungen herzustellen.

Die wissenschaftliche Begleitung des Modellprogramms „Integration in Schule und Berufsschule" durch das DJI hat gezeigt, dass Schulverweigerer im Grunde die Normalität suchen. Sie sind nicht prinzipiell gegen das System Schule, sondern sie sind aus einer Vielzahl von Gründen mit diesem System nicht zurecht gekommen. Von den Projekten erwarten die Schulverweigerer bereits nach kurzer Eingewöhnungszeit schulischen Unterricht, damit der Projektaufenthalt sich auch „lohnt". Ihr Anspruch beschränkt sich also nicht auf eine einseitige pädagogische Förderung, sondern sie signalisieren durchaus die Bereitschaft, sich realen Anforderungen und Aufgaben zu stellen. Es zeigt sich durchgängig, dass die große Mehrheit der Jugendlichen in den Projekten nach ersten Anlaufschwierigkeiten gut mitarbeitet und sich selbst auf der Basis des individuellen Förderplans – mithilfe der BetreuerInnen – schulische und/oder berufliche Ziele setzt, wenngleich abzusehen ist, dass nicht alle AbgängerInnen den Übergang in die Arbeitswelt problemlos meistern werden.

Wesentlicher Bestandteil der Projektarbeit ist eine aktivierende Pädagogik, die die Entwicklung sozialer Lernprozesse fördert und mit deren Hilfe die Jugendlichen in die Lage versetzt werden sollen, ihr soziales und berufliches Leben selbstständig zu gestalten und sich eigenverantwortlich zu verhalten. Die Ergebnisse der wissenschaftlichen Begleitung zeigen, dass die Lernangebote und Arbeitsansätze der Modellprojekte die Zielgruppe erreichen und von ihr akzeptiert werden, auch wenn ein Schulabschluss nicht in jedem Fall realisiert werden kann.

Maria Schreiber-Kittl/Haike Schröpfer, Deutsches Jugendinstitut e.V. München/Leipzig

Ulrike Leonhardt

Präventive Arbeit in der Schule
Das Modellprojekt *Die Kinder des Tantalus*

Ausgangslage

Der Antrag zu dem hier vorgestellten Bundesmodellprojekt *Die Kinder des Tantalus – Integrative Angebote für schulmüde Jugendliche* erfolgte aufgrund der praktischen Erfahrungen des Trägers, der *Bildungsstätte Alte Schule Anspach e.V.* Während in den 1980er-Jahren die Jugendbildungsarbeit das hauptsächliche Anliegen des Trägers war, führten gesellschaftspolitische Veränderungen zu einer konzeptionellen Weiterentwicklung, die sich mit dem Übergang von Schule zu Beruf beschäftigte. Heute bietet der Verein mehrere Lehrgänge für Jugendliche und junge Erwachsene in diesem Bereich an. Inzwischen hat sich die Jugendberufshilfe zu einem Arbeitsschwerpunkt ausgeweitet, der 1998 in die Einrichtung der *basa-Jugendwerkstatt Hochtaunus* in Oberursel mündete.

Zunehmend wurde die Notwendigkeit deutlich, den Desintegrationstendenzen, wie sie bei Jugendlichen über Schulmüdigkeit und Schulverweigerung zum Ausdruck kommen, frühzeitig zu begegnen und Ursachenforschung zu betreiben. Nicht erst, wenn die Jugendlichen bereits aus dem schulischen Rahmen herausgefallen sind bzw. in eine Maßnahme des Arbeitsamtes vermittelt wurden, sollten Unterstützungssysteme greifen. Daher lag es nahe, auch ein Angebot zu entwickeln, das sich an eine allgemein bildende Schule richtet und präventiv wirkt.

Bereits vor Beginn der Programmphase bestanden seitens des Trägers Kontakte zu der für das Projekt ausgewählten kooperativen Gesamtschule. Schulleitung und einige Lehrkräfte konnten somit relativ kurzfristig für eine Zusammenarbeit motiviert werden.

Zielsetzung und Projektinhalt

Das Projektangebot widmete sich vorrangig dem Ziel, dem Herausfallen von SchülerInnen aus dem schulischen System frühzeitig entgegenzuwirken. Es war darauf angelegt, langfristig ein präventives und übertragbares Konzept zur Bekämpfung von Schulmüdigkeit und Schulverweigerung zu entwickeln, welches Erklärungsansätze und Handlungsmöglichkeiten impliziert. Durch den konkreten Bezugsrahmen eines individuellen Bildungshilfeplans[1] sowie die Schnittstellenfunktion, die das Projekt zwischen institutionellem Hilfeangebot der Jugendhilfe und der Schule einnimmt, sollte ein höherer Wirkungsgrad des bestehenden Leistungsangebotes erreicht werden.

Im Projektverlauf wurden verschiedene Ebenen, die für das Phänomen Schulverweigerung von Bedeutung sind, differenziert betrachtet:

- Schulische Institutionen und Gremien
- LehrerInnen
- SchülerInnen
- Eltern
- Kooperationspartner.

Der Projektansatz ging davon aus, dass gesellschaftliche, soziale, ökonomische, biografische, entwicklungspsychologische sowie innerpsychische Zusammenhänge in Bezug zueinander stehen. Ebenso sollten die unterschiedlichen Ausgangssituationen, Bedürfnislagen, Arbeitsaufträge, pädagogischen Ansätze und die damit verknüpften verschiedenen Abhängigkeits- und Beziehungsgefüge, mit denen wir es bei der Kooperation von Schule und Jugendhilfe zu tun haben, ausreichend berücksichtigt und in ihren Wechselwirkungen erkannt werden.

Unser Forschungsansatz ging von dem konkreten Schulalltag aus, von einer ausgewählten Klasse, ihrer Klassenlehrerin und den dazugehörigen FachlehrerInnen. Es ging um die Untersuchung von Konflikten, die im schulischen Kontext in Erscheinung treten und dazu führen können, dass Kinder es nicht mehr schaffen, dem Schulalltag gerecht zu werden. Wir legten die Annahme zugrunde, dass Lernen über Wissensvermittlung *und* durch Beziehung stattfindet und dass ein auffälliges Verhalten der Schülerin oder des Schülers immer auch als Ausdruck einer Beziehungsstörung verstanden werden kann, die durch Auffälligkeiten im Lern- und Sozialverhalten sichtbar und erkennbar wird.

---

[1] Der Begriff „individueller Bildungshilfeplan“ wurde 1998 von dem Referenten Schnapka (Vorsitzender des Landschaftsverbandes Rheinland) auf einer Tagung des Landesjugendamtes in Hessen vorgestellt. Diese Anregung wurde vom Träger im Rahmenkonzept aufgegriffen und durch die Erkenntnisse aus der konkreten Alltagspraxis im Projekt inhaltlich gefüllt.

Als Methode wählten wir die hermeneutische. Es ging uns darum, Prozesse zu verstehen und darüber einen Zugang zur vorliegenden Problematik zu finden. Ergänzend wurden Aspekte der qualitativen Bildungs- und Sozialforschung einbezogen. Das Vorgehen war, einer offenen Planung folgend, prozessorientiert angelegt: Theoretische Vorannahmen sowie unsere konkreten praktischen Erfahrungen sollten durch das im Verlauf des Projektes neu gewonnene Material überprüft, reflektiert, ausgewertet und gegebenenfalls revidiert oder modifiziert werden. Um diesem Anspruch gerecht werden zu können, wurden die pädagogische Gruppenarbeit, die Konfliktgespräche in Kleingruppen sowie die Einzelgespräche mit den SchülerInnen, die Elterngespräche sowie die Bildungshilfekonferenzen und Sitzungen mit der Leitungsebene protokolliert und anschließend ausgewertet. Manche Gespräche wurden auf Tonband aufgezeichnet und anschließend transkribiert. Das Material bildete jeweils die Grundlage für die weitere Konzeptentwicklung.

Unser Arbeitsauftrag orientierte sich am Forschungsansatz und an der Zieldefinition: Neben der Forschungstätigkeit und der konkreten pädagogischen Arbeit mit den SchülerInnen bot das Projektteam durch seine Schnittstellenfunktion eine begleitende und beratende Unterstützung für alle mit dem Projekt kooperierenden PartnerInnen an. Ziel dabei war es, dass die Zuständigkeiten aller Beteiligten erhalten blieben.

Die Zielgruppe und das konkrete Projektangebot

Für das Projekt wurde eine 5. Klasse im Förderstufenbereich ausgesucht. Die Auswahl der SchülerInnen erfolgte durch die Schulleitung und die pädagogische Leiterin des Projekts. Es wurde bewusst eine Klassenzusammensetzung angestrebt, die überwiegend Kinder aus einem Stadtteil vereinigte. So konnte an die bereits gewachsene Kooperation zwischen der Schule und dem *Verein für Jugend- und Kinderarbeit im Stadtteil e.V.* angeknüpft werden. Über einen Zeitraum von drei Jahren wurde der gesamte Klassenverband durch das Projektteam begleitet. Im letzten Jahr befanden sich die SchülerInnen in der 7. Klasse im Hauptschulzweig.

Das Projektangebot richtete sich jeweils an die berücksichtigende Ebene und wird hier nur in Stichpunkten aufgeführt[2].

---

[2] Eine ausführliche Darstellung findet sich im Zwischenbericht 1999/2000 des Bundesmodellprojekts sowie im Endbericht, der 2002 erscheinen wird.

Schulische Institutionen und Gremien:
- Vorstellung des Rahmenkonzeptes: Schulamt, Schulleitung, Gesamtkonferenz, Schulkonferenz, Elternbeirat sowie Staatliches Schulamt
- Vereinbarungen von verbindlichen Zuständigkeiten und Transparenz im Projektverlauf.

LehrerInnen:
- Konstituierung einer kontinuierlichen Arbeitsgruppe: AG *Tantalus*
  - Instrumentarium zur Konzeptentwicklung (z.B. Entwicklung von individuellen Bildungshilfeplänen)
  - Fallbesprechung (z.B. Einbindung in die Entwicklung von Interventionsstrategien)
- Beratung im Einzelfall.

SchülerInnen:
- Gruppenpädagogisches Angebot für den gesamten Klassenverband
- Einzelgespräche für alle SchülerInnen der Klasse
- Konfliktgespräche in Kleingruppen
- Unterrichtsbeobachtung und -begleitung
- Teilnahme an schulischen Angeboten (z.B. Wandertag)
- Bildungshilfekonferenzen
- Einleitung von Hilfemaßnahmen und Überleitung in entsprechende Institutionen.

Eltern:
- Thematische Mitgestaltung der Elternabende
- Elterngespräche in der Schule, bei den Hausbesuchen sowie in der Kleingruppe
- Beteiligung der Eltern an Bildungshilfekonferenzen.

Kooperationspartner:
- Aufbau von Kooperationsstrukturen zwischen Schule und Jugendhilfe
- Konzeptentwicklung für den Einzelfall
- Institutionalisierung von Bildungshilfekonferenzen durch verbindliche und tragfähige Kooperationsvereinbarungen
- Teilnahme an Bildungshilfekonferenzen.

Arbeitsschritte zur Umsetzung des Individuellen Bildungshilfeplans

I. Phase: Die Anamnese

Ziel: Erfassen der Problematik sowie der Ressourcen der Schülerin bzw. des Schülers

II. Phase: Erfassen von bestehenden Hilfeangeboten

Ziel: Herstellen von Transparenz und Koordination von verschiedenen Hilfemaßnahmen

III. Phase: Einleiten und Durchführen einer Bildungshilfekonferenz

Ziele: Festlegen einer adäquaten Unterstützung für die Schülerin oder den Schüler und Herstellen von Transparenz zwischen allen am Hilfeprozess beteiligten AkteurInnen sowohl bei bereits bestehenden Kooperationen zwischen Schule und Jugendhilfe als auch bei der Einleitung von Kooperationen

1. Vorbereiten der Bildungshilfekonferenz

Ziel: Festlegen der Inhalte und des beteiligten Personenkreises

2. Einladen der Beteiligten

3. Durchführen der Bildungshilfekonferenz

Ziele: Erfassen der unterschiedlichen Wahrnehmungen der Schülerin bzw. des Schülers
Überprüfen von bereits bestehenden Maßnahmen
Festlegen von Art und Umfang der zukünftigen Förderung
Festlegen von Zuständigkeiten
Festlegen von Kriterien zur Qualitätssicherung

4. Einleiten der Einzelfallmaßnahme

IV. Phase: Überprüfen des Prozessverlaufs

Ziele: Gemeinsamer Austausch über den Prozessverlauf
Modifizierung und Fortschreibung des Bildungshilfeplans

Die Tragfähigkeit einer solchen Vorgehensweise ist durch Kooperationsvereinbarungen gesichert, vorausgesetzt dass Schule und Jugendhilfe eng miteinander zusammenarbeiten möchten und Transparenz des gesamten Prozesses von beiden Seiten gewünscht ist. Die jeweiligen Phasen müssen in dieser Hinsicht koordiniert und regelmäßig überprüft werden. In diesem Zusammenhang hat sich das Projekt in seiner Schnittstellenfunktion bewährt. Nun musste noch eine Lösung gefunden werden, wie die Umsetzung des individuellen Bildungshilfeplans auch nach Projektende weitergeführt werden kann. Es lag nahe, als nächsten Schritt die Konzeptentwicklung für Kooperationsvereinbarungen zu initiieren.

Kooperationsvereinbarungen zwischen Schule und Jugendhilfe

Um Desintegrationstendenzen einzelner SchülerInnen frühzeitig entgegenwirken zu können, ist eine kooperative und fachliche Zusammenarbeit zwischen Schule, Jugendhilfe, Trägern der Jugendhilfe, Eltern, SchülerInnen und LehrerInnen notwendig. Ausgangspunkt für die Entwicklung von Kooperationsvereinbarungen waren Gespräche mit Vertretern von interessierten Institutionen, wodurch die eine Einschätzung des jeweiligen Bedarfs erfolgen konnte. Dieser Prozess wurde durch das Projektteam moderiert. Da die Kooperationsvereinbarungen unmittelbar aus der Alltagspraxis heraus und von den jeweiligen Teams selbst formuliert werden sollten, gab das Projekt lediglich eine Arbeitsstruktur vor und begleitete beratend bei Konfliktsituationen. Der einheitliche Aufbau der Vereinbarungen sollte gewährleisten, dass jederzeit mit weiteren Institutionen Verträge geschlossen werden können.

Neben dem Entscheidungsgremium, das sich aus Führungskräften der Kooperationspartner zusammensetzt, wurde eine temporäre Arbeitsgruppe gebildet, in der die Fachkräfte der beteiligten Institutionen ihre Kooperationsvereinbarung formulierten. In regelmäßigen Abständen, jedoch mindestens zweimal jährlich, finden Sitzungen mit allen am Hilfeangebot Beteiligten zur Evaluation der eingeleiteten Maßnahmen statt. Hierbei werden überprüft

- die Zieldefinition,
- die Verbindlichkeit der Vereinbarungen,
- die Zuständigkeiten,
- die Erfolge der eingeleiteten Maßnahmen.

Bei Bedarf wird eine Modifizierung der Vereinbarungen vorgenommen.

Nachdem jede Institution für sich eine Zielformulierung gefunden hatte, konnte eine allgemeine *Zieldefinition* formuliert werden, die für alle Beteiligten einen verbindlichen Charakter darstellte und in die Präambel eingearbeitet wurde:

Die Kooperationsvereinbarungen zwischen Schule und Jugendhilfe gewährleisten eine differenzierte und geplante Förderung zur schulischen und persönlichen Entwicklung von Schülerinnen und Schülern. Einem Herausfallen aus dem schulischen System soll somit frühzeitig entgegengewirkt und die Voraussetzung für eine berufliche und soziale Integration geschaffen werden. Die Unterstützung orientiert sich an dem individuellen Entwicklungsprozess der Schülerin oder des Schülers und berücksichtigt die gesetzlichen Rahmenbedingungen. Als Instrumentarium für eine adäquate individuelle Förderung dient der „Individuelle Bildungshilfeplan". Die Kooperationspartner sehen es als eine gemeinsame Verpflichtung und Zielsetzung an, die in den Vereinbarungen genannten Ziele zu erreichen.

Strukturelle Veränderungen haben sich durch die Kooperationsvereinbarungen insofern ergeben, als für jede Institution zuständige AnsprechpartnerInnen benannt wurden. Ihre Aufgabe ist es unter anderem, die nun für alle Bereiche eingeführten Überleitungsgespräche zu initiieren und den Entwicklungsprozess des Schülers bzw. der Schülerin für Schule und Jugendhilfe transparent zu halten. In der Schule bildete sich ein Schnittstellenteam, bestehend aus der pädagogischen Leiterin, dem Schulsozialarbeiter sowie dem Sonderpädagogen. Sie sind erste Anlaufstelle bei besonderen Konflikt- und Problemlagen und stehen als AnsprechpartnerInnen für die kooperierenden Institutionen zur Verfügung. Die Schule selbst hat ihr Angebot um das der „individuellen Bildungshilfekonferenzen" erweitert, somit ist nun eine gemeinsame Beratung von Schule, Jugendhilfe und Eltern institutionell verankert.

Die Kooperationsvereinbarungen befinden sich derzeit noch im Probelauf. Ende 2001 werden sie auf ihre Sinnhaftigkeit, Verbindlichkeit und Tragfähigkeit überprüft und eventuell modifiziert.

Ein vorläufiges Resümee

Die ProjektmitarbeiterInnen sowie die kooperierenden LehrerInnen sind sich der Exklusivität dieses Bundesmodellprojektes bewusst. Über einen Zeitraum von vier Jahren konnte vorrangig eine Klasse von zwei PädagogInnen mit zwei halben Stellen beratend und fördernd begleitet werden. Wir sind davon überzeugt, dass sich die in diesem Zeitraum entwickelten Konzepte auch auf andere Schulen übertragen lassen, insbesondere dann, wenn sich Lehrkräfte finden, die daran interessiert sind, die Kompetenzen der Sozialpädagogik im schulischen Kontext wirken zu lassen.

Sowohl die Einzelgespräche als auch das pädagogische Gruppenangebot haben sich als hilfreiche Unterstützungsformen für SchülerInnen mit Desintegrationstendenzen erwiesen. Die Einzelgespräche konnten etwas über das konkrete Befinden der Schülerin oder des Schülers vermitteln. Die ProjektmitarbeiterInnen wurden als Personen wahrgenommen, die in Konfliktsituationen zuhören, gegebenenfalls Maßnahmen einleiten und in diesem Zusammenhang auch von den SchülerInnen einiges fordern, ohne jedoch zu schulischen Sanktionen zu greifen. Für die Institution Schule ist es notwendig, nicht nur LehrerInnen als Vertrauenspersonen zur Verfügung zu stellen, sondern auch Fachkräfte, die nicht mit dem Schulalltag verwoben sind.

Als wichtige Gesamtaufgabe des Projektteams erwies sich die Begleitung der Kinder in verschiedenen Übergangsphasen:

- von der Kindheit zur Jugend,
- von der Grundschule zur weiterführenden Schule,
- vom Förderstufenbereich in den Hauptschulzweig.

Diese Übergänge konnten insbesondere durch das pädagogische Gruppenangebot mitgestaltet werden. Hier wurden die Kinder in ihrem Selbstwertgefühl und Wirgefühl gestärkt und gleichzeitig dazu befähigt, die Anforderungen des schulischen Alltags zu bewältigen. Positive Rückmeldungen seitens der FachlehrerInnen, z. B. über das starke Gruppengefühl in der Klasse oder eine Verbesserung der Konzentrationsleistungen unterstützten unsere Konzeptentwicklung. Dennoch gab es auch kritische Anmerkungen etwa dahingehend, dass ein solches Angebot im schulischen Kontext zu Unruhe führe anstatt zu Ruhe. Stellt nun Schule in Kooperation mit der Jugendhilfe ein gruppenpädagogisches Angebot zur Verfügung, welches das Ziel verfolgt, präventiv gegen Desintegrationstendenzen von SchülerInnen zu wirken, muss unseres Erachtens Einigkeit in folgenden Punkten erzielt werden:

Das Angebot einer pädagogischen Gruppenarbeit

- folgt einem anderen Regelwerk als das Unterrichtsgeschehen,
- wird von den SchülerInnen angstfreier erlebt, da es keiner Benotung unterliegt,
- stärkt das Selbstwertgefühl der SchülerInnen innerhalb eines Systems, in dem eine hohe Anpassungsleistung gefordert ist,

- ermöglicht dadurch eine andere Form der Auseinandersetzung mit schulischen Anforderungen.

Daraus ergibt sich eine Fragestellung, die konzeptionell erst noch verarbeitet werden muss: Wie kann die Schule damit umgehen, dass sich SchülerInnen infolge eines solchen Angebotes freier und leichter am Klassenunterricht beteiligen, möglicherweise Einzelne jedoch den an sie gestellten Anpassungs- und Disziplinierungsleistungen nicht mehr so gerecht werden können, wie die Schule dies erwartet.

Die hier beschriebenen Erfolge und Schlussfolgerungen beziehen sich insbesondere auf die Projektbegleitung im Förderstufenbereich. Ab der 7. Klasse Hauptschulzweig hat die Projektarbeit einen wesentlichen Einbruch erlitten. Die Stundenfreistellung der FachlehrerInnen für die gemeinsame Arbeitsgruppe konnte nicht weiter bewilligt werden. Auch fielen wichtige innerschulische Fördermöglichkeiten für die SchülerInnen weg, trotz der Bemühungen der LehrerInnen. Diese veränderten Rahmenbedingungen und deren Auswirkungen müssen noch einer genaueren Analyse unterzogen werden. Dennoch lässt sich bereits jetzt eine *Hauptthese* ableiten:

Stehen die beiden Komponenten des Prinzips Fördern und Fordern *nicht in einer ausgewogenen Balance, so trägt dies entscheidend zu Desintegrationstendenzen von Schülerinnen und Schülern bei.*

Diese notwendige Balance erfordert Rahmenbedingungen, die eine gegenseitige Befruchtung von Schul- und Sozialpädagogik ermöglichen und beide Bereiche gleichwertig nebeneinander bestehen lassen. Unsere Erfahrungen zeigen, dass der Prozess der Kooperation sowohl im Blick auf die im jeweiligen Prozedere beschriebenen Schritte als auch auf die zu entwickelnden Kooperationsstrukturen begleitet werden muss, um Spannungen, die aus der unterschiedlichen Perspektive der Beteiligten resultieren, der Aufarbeitung zuzuführen. Auch scheint es notwendig, hierfür Fachkompetenzen zur Verfügung zu stellen, die es möglich machen, zwischen Institutionen zu vermitteln, ohne deren Zuständigkeiten und Entscheidungsbefugnisse zu unterlaufen. Die quantitativen und qualitativen personellen Voraussetzungen sind zurzeit in Schulen nicht oder nur zufällig vorhanden.

Um präventiv und erfolgreich einer Desintegration von SchülerInnen entgegenzuwirken, bedarf es also einiger Veränderungen im Schulsystem. In diesem Zusammenhang darf man sich jedoch nicht nur mit den äußeren Rahmenbedingungen von Schule auseinander setzen. Vielmehr müssen wir auch realisieren, was sich im Inneren, das heißt im unmittelbaren Geschehen im Klassenzimmer alltäglich inszeniert. Gemeint ist hier gleichermaßen die Stoffvermittlung wie auch die Gestaltung der Beziehungen der SchülerInnen untereinander sowie das Verhältnis zwischen SchülerInnen und LehrerInnen.

Ulrike Leonhardt/Stefan Leifert (Projektleitung), basa-Jugendwerkstatt HTK Oberursel
Ruth Haueisen-Günther (Pädagogische Leitung), Gesamtschule am Gluckenstein Bad Homburg

Thomas Heckner, Michael Fries

Auf individuellem Weg zum Schulabschluss
Das Modellprojekt *Flex-Fernschule*

Als wir im Christophorus-Jugendwerk Oberrimsingen 1997 erste Überlegungen formulierten, wie junge Menschen mit Straßenkarrieren und so genannte „Schulverweigerer" mit einer Art Fernunterricht gefördert werden könnten, schlug uns eine Woge der Skepsis entgegen. Wie sollte das möglich sein? Wie könnte ein auf Eigenmotivation aufbauendes Angebot ausgerechnet für „Verweigerer" tauglich sein? Wo, wie und wann sollten die jungen Leute denn lernen? Wer würde sie dabei unterstützen und die notwendige pädagogische Betreuung übernehmen?

Diese und weitere Fragen haben die beteiligten jungen Leute im Laufe der Modellphase selbst beantwortet. Die durchschnittlich 16-jährigen Jugendlichen sind zu hoher Eigenverantwortung bereit und fähig. Die *Flex*-Fernschule ist zu einem erheblichen Teil das Ergebnis eines Kommunikationsprozesses. In diesem Prozess haben häufig wir uns als Lernende gesehen. Wir haben gelernt, wie wir die gefragte Hilfe – Unterstützung beim nachträglichen und außerschulischen Erreichen eines Schulabschlusses – leisten müssen, damit sie von der Zielgruppe angenommen werden kann.

Kurzdarstellung

Flex ist ein innovatives Hilfeangebot: Jungen Menschen, die einen schulischen Abschluss anstreben, jedoch nicht in einer Schule lernen, wird eine effektive Lernhilfe zur Vorbereitung auf die externe Hauptschul-Abschlussprüfung geboten.

Das Angebot orientiert sich am Modell einer Fernschule. Die Lernförderung und die darauf bezogene intensive Prozessbegleitung erfolgen direkt in der Lebenswelt der Zielgruppe. Auch Jugendlichen, die vor Ort wenig betreut werden, ermöglicht die speziell entwickelte Arbeitsweise von *Flex*, ihr schulisches Ziel zu erreichen.

Als aufsuchendes Angebot installiert *Flex* seine Hilfe im Auftrag der Eltern oder Erziehungsberechtigten und der örtlichen Träger der Jugendsozialarbeit und Jugendhilfe und in Kooperation mit ihnen. *Flex* lässt sich in idealer Weise mit Hilfen zur Erziehung (zum Beispiel sozialpädagogische Familienhilfe oder Erziehungsbeistandschaft) kombinieren. Durch die Arbeit an einem konkreten, vom Jugendlichen angestrebten Ziel werden diese Angebote aufgewertet.

Die *Flex*-Lernhilfe verbindet die Arbeitsweisen von Schule und Jugendhilfe. Jugendhilfe kann Schule im Allgemeinen sinnvoll ergänzen und individuelle und soziale Benachteiligung ausgleichen, die sich im schulischen Kontext deutlich zeigt und in ihm unvermeidbar verstärkt wird. Für einen Teil der jungen Menschen reicht diese ergänzende Unterstützung jedoch nicht aus. Sie benötigen eine echte Alternative zum schulischen Lernen, die geprägt ist von

- Individualisierung, d. h. Orientierung an den Ressourcen und am Lernfortschritt des einzelnen Schülers statt am Curriculum und am Klassenziel,
- ganzheitlicher Förderung, wobei die Ausbildung persönlichkeitsbezogener Kompetenzen zumindest gleichrangig neben der Lernförderung steht,
- Partizipation, also individueller Aushandlung und vertraglichen Vereinbarungen mit den jungen Menschen über Bildungsziele und Ziele der Persönlichkeitsentwicklung (Hilfeplanung) statt Orientierung am vorgegebenen Raster,
- enger Kooperation und intensiver Kommunikation aller beteiligten Personen,
- beruflicher und lebenspraktischer Orientierung und Förderung im schulischen Kontext,
- Übergängen, d. h. die Unterstützung endet nicht unvermittelt mit dem Erreichen des schulischen Bildungszieles, sondern arbeitet auf anschließende Perspektiven hin.

Die Zusammenarbeit von Jugendhilfe und Schule kann Lernvoraussetzungen ermöglichen, die diesen Kriterien entsprechen. Dabei ist eine Orientierung auf eine (Wieder-)Eingliederung in eine Regel- oder Sonderschule allerdings nicht in jedem Fall sinnvoll. Für einen Teil der jungen Menschen besteht die effektivere Hilfe darin, einen alternativen Lernort zu arrangieren.

Konzeptionelle Aspekte

Niedrigschwelliger Zugang

Nicht wenige junge Menschen verlieren aufgrund ihrer besonderen Lebenslagen den Anschluss an die schulische Bildung. Die Motivation, einen schulischen Abschluss zu erlangen, bleibt aber meistens erhalten. Sozialräumliche und niedrigschwellige sozialpädagogische Hilfen können diese jungen Menschen in der Regel gut erreichen. Sie werden aber durch *Flex* in geeigneter Weise ergänzt.

Klärung der Voraussetzungen und Einstieg

Zunächst wird die Frage der Schulpflicht geklärt und die Kostenübernahme geregelt. Danach erfolgt eine Überprüfung des Leistungsstandes der Jugendlichen. Ein differenzierter Einstufungstest gibt Auskunft über das aktuell reproduzierbare Grund- und Aufbauwissen sowie über bereits gesicherte prüfungsrelevante Kenntnisse. Um mit den jungen Menschen eine realistische Lernvereinbarung abschließen zu können, benötigt *Flex* auch einen Einblick in die jeweiligen Lernbedingungen. Folgende Fragen sind dabei zu beantworten: Wie steht es mit den Möglichkeiten zur Einrichtung fester Lernzeiten und eines festen Arbeitsplatzes? Welche Faktoren in der persönlichen Lebenssituation werden den Lernprozess fördern, welche können ihn eher behindern?

Verbindliche Lernvereinbarungen

Auf diese Informationen bauen die Vereinbarungen über die individuelle Lernförderung auf. Im wöchentlichen Rhythmus werden dann den Lernenden individuell vorbereitete Unterrichtseinheiten zur Eigenbearbeitung zugesandt. Der Prozess wird durch telefonischen Kontakt mit den Lernenden, durch schriftliche Rückmeldung und durch ein lösungsorientiertes Beratungskonzept gestützt. Besuche vor Ort sind im Einzelfall möglich.

Lehrwerk

Die schulische Förderung der Lernenden basiert auf einem komplexen Fernlehrwerk. Es umfasst eine auf die Lernziele bezogene Sammlung von eigens entwickelten Lehrbriefen, Übungsaufgaben sowie Ton- und Bildträgern, Arbeitsaufträgen für den selbst gesteuerten Wissenserwerb, Lerntipps und Arbeitshilfen sowie die Methodik für die Zusammenarbeit mit den Lernenden und ihren Helfern am Ort.

Betriebspraktika und berufliches Training

Flex regt im Rahmen des Lernprozesses betriebliche Praktika an. Dadurch soll eine berufliche Orientierung gefördert und die Weichenstellung für die Zeit nach der Prüfung eingeleitet werden.

Arbeit im sozialen Netz der Lernenden

Die individualisierte Lernhilfe bezieht konkrete Lebenshintergründe der jungen Leute mit ein. Die MitarbeiterInnen von *Flex* sind als AnsprechpartnerInnen auch für außerschulische Fragen der SchülerInnen erreichbar und vermitteln im Bedarfsfall weitere Hilfen. In solchen Situationen ist eine gelingende Kommunikation mit den Begleitpersonen vor Ort von besonderer Bedeutung. Die im Einzelfall notwendige Lernunterstützung wird von Personen im Umfeld der jungen Leute erfahrungsgemäß gerne übernommen. *Flex* arbeitet ergebnis- und lösungsorientiert mit den unterschiedlichen Begleitpersonen im Unterstützungssystem zusammen. So werden soziale Netze aktiviert und gestärkt.

Partizipation

Die Jugendlichen wirken am gesamten Prozess mit. Die damit geförderte Eigenverantwortlichkeit erhöht erfahrungsgemäß die Akzeptanz gegenüber weiteren Hilfeangeboten (Lernprozess als Anlass und Inhalt für sozialpädagogische Begleitung).

Flexible Anpassung

Flex passt sich den jeweils gegebenen Bedingungen – insbesondere den Lebensumständen der Jugendlichen – flexibel an und verlangt nicht im ersten Schritt die Anpassungsleistung vonseiten der Jugendlichen. Der Lernprozess ist individualisiert, das bedeutet, die Lernenden können arbeiten, wann, wo, und so schnell sie dies wollen bzw. wie ihre persönliche Lebenssituation dies zulässt. Hierüber werden Vereinbarungen zwischen den Jugendlichen, den Kostenträgern und *Flex* getroffen.

Hilfe zu selbstverantwortlichem Lernen

Grundlage der Steuerung des Lernprozesses ist die übersichtliche Darstellung aller prüfungsrelevanten Wissensinhalte der Schulfremdenprüfung zum Hauptschulabschluss. Dadurch lassen sich der angestrebte Prüfungstermin und die erforderlichen Arbeitsschritte in einen sachlogischen Zusammenhang bringen. Die Lernenden steuern den Lernprozess maßgeblich selbst. Sie halten den vereinbarten Lernrhythmus ein oder weichen nach oben oder nach unten davon ab. Ständige Kontrolle der Lernfortschritte sowie individuelle Förderung bei Lernschwierigkeiten dienen als Anlass, auch die soziale und persönliche Situation der jungen Menschen mit ihnen zu reflektieren und so Entwicklungsfortschritte in Gang zu setzen. Diese Form der sozialpädagogischen Intervention wird unterstützt durch kontinuierliche Zusammenarbeit mit den verschiedenen Begleitpersonen im Hilfesystem der Lernenden.

Motivation durch Entgegenkommen

Der überraschende Erfolge dieser neuen Hilfeform beruht vor allem auf der Möglichkeit, den Fernunterricht flexibel an die unterschiedlichen Lebensbedingungen der jungen Menschen anzupassen: Ein Jugendlicher, der im Straßenleben für seinen täglichen Bedarf und das nächtliche Lager zu sorgen hat, die junge Mutter, die durch persönliche Probleme und die Versorgung des Kindes überfordert ist, der in sich gekehrte, von sozialen Kontakten entfremdete junge Mann oder der im Rahmen einer individuellen Jugendhilfemaßnahme lebende Jugendliche – all diese jungen Menschen in ganz unterschiedlichen, in jedem Fall aber besonders schwierigen Lebenssituationen profitieren von der aufsuchenden individualisierten Darbietung der *Flex*-Lernhilfe. Sie können jederzeit einsteigen und in individuellem Tempo – auch mit Unterbrechungen – ihr Ziel anstreben.

Junge Menschen ernst nehmen

Die Lernenden bei *Flex* fühlen sich in hohem Maß ernst genommen. Sie haben den Anschluss an das reguläre Schulsystem verloren. Für die meisten kommt es nicht mehr in Betracht, in einer Regelschule zu lernen. Diese Realität wird von uns akzeptiert. *Flex* orientiert sich konsequent an dem, was die jungen Menschen nachfragen. Sie streben einen Schulabschluss an, und genau der Weg dorthin wird ihnen geboten.

Projektergebnisse

Von den bislang 67 ProjektteilnehmerInnen lebten 26 (ca. 40 Prozent) noch bei ihren Eltern, 44 Prozent lebten in Einrichtungen der Jugendhilfe. Insgesamt wurden etwa 60 Prozent der Lernenden von *Flex* ergänzend durch Maßnahmen der Jugendhilfe unterstützt, die teilweise bereits vorher eingeleitet worden waren. Immerhin 40 Prozent bewältigen den Prozess ohne ergänzende Jugendhilfe.

Lebenshintergründe der ProjektteilnehmerInnen bei Flex

	absolut	Prozent
Gesamt	67	100%
Bei Eltern lebend gesamt	26	39%
• ohne Juhi-Maßnahmen*	19	29%
• mit Juhi-Maßnahmen	7	10%
Allein lebend gesamt	6	9%
• ohne Juhi-Maßnahmen	1	1%
• mit Juhi-Maßnahmen	5	7%
In Juhi-Einrichtung gesamt	29	43%
• in Gruppe	10	15%
• individuell	19	29%
Auf der Straße lebend	6	9%

*Maßnahmen der Jugendhilfe

Im Projektzeitraum wurden 67 junge Menschen erreicht, 31 (46 Prozent) von ihnen haben den Hauptschulabschluss erreicht; 27 werden über die Projektphase hinaus weiter gefördert. Von den 31 HauptschulabsolventInnen

- haben 14 eine betriebliche Ausbildung aufgenommen,
- besuchen neun eine weiterführende Schule,
- befinden sich vier in einer Berufsorientierungsmaßnahme.

Weitere Projektergebnisse:

- Zulassung des Fernlehrwerks (ein Mix aus Lehrmaterialien, Methodik, Kooperationsformen und Vertragsgestaltung) durch die Zentralstelle für Fernunterricht in Köln (ZfU), Lehrwerk in allen Haupt- und Nebenfächern.
- Das Angebot wird auf der Basis des errechneten Entgelts von der Jugendhilfe akzeptiert.
- Das Angebot wurde durch erhebliche Investition des Trägers (Caritas) auf eine solide Basis gestellt und steht künftig dauerhaft für ca. 90 Lernende zur Verfügung.
- Kultusverwaltung und Jugendhilfe in Baden-Württemberg kommen zu einer Vereinbarung über eine Kostenbeteiligung des Kultusministeriums für den Anteil der schulpflichtigen Jugendlichen aus Baden-Württemberg. Die Kosten für eine Lehrerstelle werden ab dem 01.01.2002 übernommen, die Kosten für eine weitere Lehrerstelle ab dem Schuljahresbeginn im September 2002.
- Projektsteckbrief zum Ende der Projektphase: 67 Lernende, sechs Lehrkräfte, ein Sozialpädagoge, eine Verwaltungskraft (teilweise in Teilzeit).
- Präsentation der Projektarbeit in acht Fernsehbeiträgen, 18 Rundfunkbeiträgen und zahlreichen Veröffentlichungen in Fachzeitschriften, Tageszeitungen und Magazinen.
- Präsentation der Projektarbeit auf 32 Tagungen und Fachveranstaltungen im Rahmen der Jugendhilfe und Schule bundesweit.
- Drei- bis viermal jährlich Informationen zur Projektentwicklung an annähernd 700 Schulen sowie bei Einrichtungen und Trägern der Jugendhilfe und Jugendberufshilfe.

Die Möglichkeiten von Schule und Jugendhilfe zur Förderung von benachteiligten jungen Menschen wurden um ein flexibles aufsuchendes Schulangebot erweitert, das über die Projektphase hinaus besteht als

- Angebot der Schulen und Jugendhilfen in Baden-Württemberg für schulpflichtige Jugendliche in Mischfinanzierung,
- Angebot der Jugendhilfe bundesweit,
- Angebot an Selbstzahler.

Flex hat die zu Projektbeginn definierten Zielgruppen erreicht:

- Straßenkinder,
- durch Schule und Jugendhilfe nicht erreichbare junge Menschen, die im Elternhaus oder allein leben,
- junge Menschen in verschiedenen Formen der sozialpädagogischen Begleitung und in Einrichtungen der erzieherischen Hilfe,

- junge Mütter,
- junge Menschen, die Drogen konsumieren,
- psychisch kranke junge Menschen.

Die jungen Menschen haben trotz ihrer durchweg hochproblematischen persönlichen und sozialen Lebenssituation ihr Lernen mit Unterstützung von *Flex* selbst organisiert. *Flex* hat die angestrebten Ziele bei der Förderung der jungen Menschen erreicht:
- Hauptschulabschlüsse,
- Persönlichkeitsentwicklung,
- schulische und berufliche Kompetenzen,
- Nutzung vorhandener Ressourcen im sozialen Netz und Kooperation mit dem daraus gebildeten Unterstützungssystem der jungen Menschen am Wohnort,
- Integration in Ausbildung,
- Etablierung der Schule als Konstante im Leben, auch wenn die Lebensverhältnisse sich (teils mehrfach) wesentlich ändern durch Umzug, Wechsel der Betreuungsform etc.,
- *Flex* als Weg aus der Isolation und Voraussetzung zur weiteren Integration.

Haar in der Suppe

Die Einzelfallbezogene Finanzierung im Rahmen der Hilfen zur Erziehung bedeutet gegenüber der Projektfinanzierung eine erhebliche Zugangshürde, die nur von einem Bruchteil der interessierten jungen Menschen genommen werden kann. Nach unseren Feststellungen gelingt dies lediglich zehn Prozent der jungen Leute, die einer Förderung bedürfen.

Erhebliche Probleme bereitet die Frage der Zuständigkeit von Jugendhilfe oder Schule im Hinblick auf die Kostenübernahme, auch wenn in Baden-Württemberg der Einstieg in eine Lösung gefunden wurde. In den Verwaltungen tut man sich mit neuen Angeboten grundsätzlich schwer. Man greift lieber auf die etablierten Muster zurück. Dieser Praxis liegt nicht unbedingt eine inhaltliche Reflexion zugrunde. Etablierte Angebotsformen passieren die innerbehördlichen Hürden ohne Komplikationen, während neuen Angeboten mit Misstrauen begegnet wird. Die Angst vor einer Rüge bei falschen oder formal fehlerhaften Entscheidungen ist offensichtlich. Sie blockiert nach unserer Einschätzung ganz erheblich die Bereitschaft zu Innovation und zur Partizipation im Sinne der Berücksichtigung des Wunsch- und Wahlrechts der Klienten.

Fazit

Ohne die Modellförderung wäre die Entwicklung eines innovativen Angebots, wie es die *Flex*-Fernschule darstellt, nicht denkbar gewesen. Insoweit haben sich die Förderstrukturen der jetzt abgeschlossenen Modellphase sehr bewährt. Sehr hilfreich war darüber hinaus die Bewilligung durch das BMFSFJ, bereits in der laufenden Modellförderung den „Ernstfall“ erproben und im Bereich entgeltlicher Vereinbarungen mit der Jugendhilfe Erfahrungen sammeln zu können.

Auch wenn die Durchsetzung der Förderung für den einzelnen jungen Menschen mit erheblichen Hürden verbunden ist: Die *Flex*-Fernschule wird über die Modellphase hinaus als Angebot für zunächst bis zu 90 Lernende weiter bestehen und das Angebot über Baden-Württemberg hinaus auch jungen Menschen in anderen Bundesländern zur Verfügung stellen. Mittelfristig ist an die Einrichtung von „Niederlassungen“ in Schwerpunktregionen der Nachfrage zu denken.

Was sich in der Modellphase mit wenigen Jugendlichen gezeigt hat, scheint sich auch in den heute routinierter ablaufenden Förderprozessen zu bestätigen: Junge Menschen haben starkes Interesse an ihrer Integration und sie sind bereit und in der Lage, eigenständig daran zu arbeiten. Der Schulabschluss gilt ihnen selbst als erste zu überwindende Hürde. Die neu gewonnene Aussicht, ihn erreichen zu können, setzt erhebliche Energien frei.

Eine herausfordernde Aufgabe für das Team von *Flex* könnte sein, die Lernhilfe für junge Menschen durch die Nutzung des Internets noch flexibler zugänglich zu machen. Auf diese Weise soll ein Beitrag zur beruflichen Integration geleistet und zugleich der Ausgrenzung vom Zugang zur IT-Technologie entgegengewirkt werden. Sofern die entsprechenden Fördermittel bereitgestellt werden, kann im Jahr 2002 die Entwicklung dieses Angebots beginnen.

Zum pädagogischen Alltag der *Flex*-LehrerInnen

Die Beziehungen zu den SchülerInnen

Die *Flex*-LehrerInnen stehen in regelmäßigem Kontakt zu ihren SchülerInnen und versuchen, sich ein Bild von ihren Lebensumständen zu machen. Der persönliche Kontakt ist wichtig, um die Jugendlichen hinsichtlich ihrer individuellen Lernschwierigkeiten besser einschätzen und dadurch zum Lernen motivieren zu können. Der Kontakt wird über vier Wege hergestellt: per wöchentlicher Post mit einem persönlichen Anschreiben, per Telefon, per E-Mail und durch einen Besuch des Lehrers bei dem oder der Jugendlichen, der zu Beginn der Beschulung stattfinden sollte, um den Schüler bzw. die Schülerin im sozialen und räumlichen Umfeld kennen lernen und beraten zu können.

Die Beziehungen zum Unterstützungssystem des Jugendlichen

Es ist für die Arbeit der *Flex*-LehrerInnen unverzichtbar, dass sie den Kontakt zu anderen Betreuungs- und Begleitpersonen ihrer KlientInnen aufrechterhalten. Über sie kann die Unterstützung der jeweiligen SchülerInnen fachlich angeleitet werden. Außerdem gewinnen die *Flex*-LehrerInnen so ein erweitertes Bild über die einzelnen Jugendlichen.

Lernablauf/Lernmaterialien

Die SchülerInnen lernen ausschließlich mithilfe von Arbeitsblättern der *Flex*-Fernschule. Nach einer bis zu vier Wochen dauernden Eingewöhnungsphase erhalten die Jugendlichen ein Paket mit den notwendigen Büchern und Ordnern. Danach bekommen sie im Wochenrhythmus Arbeitsblätter der Fächer Deutsch, Mathematik, Gemeinschaftskunde und eventuell Englisch. Die SchülerInnen sollen die Aufgaben innerhalb einer Woche bearbeiten und an die *Flex*-Fernschule zurückschicken. Die FachlehrerInnen verfassen einen Kommentar und senden die korrigierten Aufgaben zusammen mit neuen Aufgaben an die SchülerInnen zurück. Die *Flex*-LehrerInnen arbeiten in Teams. Jede Lehrkraft betreut eine bestimmte Schülerzahl in den Fächern Deutsch/Englisch oder Mathematik/Gemeinschaftskunde, korrigiert jedoch die Aufgaben der SchülerInnen einer anderen Lehrkraft. Persönlicher Ansprechpartner bleibt die Lehrkraft aber nur für die eigenen SchülerInnen.

Der Arbeitsplatz der *Flex*-FernschullehrerInnen

Die LehrerInnen der *Flex*-Fernschule arbeiten an modern ausgestatteten Arbeitsplätzen. Jeder Lehrer besitzt einen leistungsstarken Rechner mit einer effizienten Sofwareausstattung und Internetanschluss. Mithilfe der Software kann jeder einzelne Vorgang, der die SchülerInnen vom ersten Kontakt mit *Flex* bis hin zu ihrem Hauptschulabschluss betrifft, übersichtlich festgehalten werden. Fachspezifische Listen mit den Lerninhalten der einzelnen Fächer ermöglichen einen genauen Überblick über den Stand der Bearbeitung der einzelnen Themen durch die SchülerInnen.

Thomas Heckner/Michael Fries, Flex-Fernschule Oberrimsingen

Katja Häder

Wiedereingliederung in die Regelschule
Das Modellprojekt *Reintegrationsklassen*

Konzeptioneller Hintergrund

Das hier beschriebene Projekt *Reintegrationsklassen* (Landesprogramm Sachsen-Anhalt) wird an der Hallenser Sekundarschule „Karl Liebknecht" in Kooperation mit dem Internationalen Bund (IB) Halle und der Jugendhilfe Halle/Verbund für erzieherische Hilfen durchgeführt. Die Einrichtung einer Reintegrationsklasse (RIK) ist ein alternatives Angebot für SchülerInnen im mittleren Schulalter, die die Schule generell verweigern oder nur sporadisch der Schulpflicht nachkommen. Es ist auch ein Angebot für SchülerInnen, die andere Formen des Absentismus von Schule (z.B. interne Unterrichtsverweigerung) als Bewältigungsstrategie ihrer individuellen emotionalen Problemlagen nutzen.

Letztendliches Ziel der Reintegrationsklassen ist es, diese SchülerInnen in Kooperation zwischen Schule und Jugendhilfe durch geeignete sozialpädagogische und schulische Maßnahmen wieder in den Schulprozess der Regelschule einzugliedern und ihnen Möglichkeiten zur Bewältigung ihrer Lebens- und Lernprobleme zu eröffnen.

Der Wiedereingliederungsprozess wird in drei Phasen realisiert: der Orientierungsphase, der Realisierungsphase und der Reintegrationsphase. Die Übergänge zwischen den einzelnen Phasen sind ebenfalls Bestandteile des Gesamtprozesses.

Das pädagogische Konzept zielt auf tragfähige Beziehungen der SchülerInnen untereinander sowie zwischen den SchülerInnen und dem Betreuungsteam ab. Die Betroffenen sollen schrittweise Vertrauen in die eigene Leistungsfähigkeit entwickeln, Ängste vor Misserfolg und Versagen abbauen und eine Stärkung des Selbstwertgefühls erreichen. Ein weiteres Ziel ist die Fähigkeit zu einem kritischen Umgang der SchülerInnen mit ihrem belasteten Schulschicksal sowie die Fähigkeit, reelle Zukunftschancen vor dem Hintergrund persönlicher Ressourcen zu erkennen. Dazu müssen gemeinsam Problemlösungsstrategien erarbeitet werden, die die Interessen und Bedürfnisse der SchülerInnen berücksichtigen.

Handlungsbegleitende Arbeitsprinzipien sind dem Ziel entsprechend in der Integration in die Gesellschaft zu sehen. Dem alternativen Beschulungsangebot liegt das Prinzip der Teilhabe und Mitverantwortung zugrunde. Die SchülerInnen sind in die Aushandlungsprozesse über Problemdeutung und über Lösungsansätze eingebunden. Aushandlung und Beteiligung fördern die Mitverantwortung der SchülerInnen für ihre sozialen Lernprozesse, die Entwicklung ihrer sozialen Kompetenzen und alternativer, gemeinschaftsfähiger Lösungsstrategien.

Unser Beschulungsangebot ermöglicht es, auf die Regelverletzung nicht vorrangig repressiv zu reagieren und damit Desintegrations- und Isolationstendenzen zu verstärken bzw. zu manifestieren, sondern mit dem Kind oder Jugendlichen sowie mit dem schulischen und familiären Umfeld Bedingungen zu erarbeiten, die andere als die bisher angewendeten Problemlösungsstrategien für den Betroffenen ermöglichen.

Gruppenbezogene Formen der komplexen pädagogischen Förderung ermöglichen den SchülerInnen in einem geschützten, sicheren Raum in der Interaktion mit anderen Kindern und Jugendlichen, die ähnliche Erfahrungen gemacht haben, und zugleich mit Erwachsenen Beziehungen einzugehen. Sie können sich dabei selbst Grenzen setzen und die Folgen von Grenzüberschreitungen kennen lernen, ohne dass diese Beziehungen von Abbruch oder Gewalt gefährdet werden.

Die Arbeit in der Reintegrationsklasse beinhaltet sowohl gruppenpädagogische Angebote als auch Einzelfallhilfe. Mit diesen Angeboten werden folgende pädagogische Zielsetzungen verfolgt:

- Training sozialer Fähigkeiten,
- Schulung unterschiedlicher Wahrnehmungsbereiche,
- Sensibilisierung für den Umgang mit Nähe und Distanz,
- Stärkung des Wirgefühls,
- Kooperation.

Räumliche Bedingungen

Gruppenraum

Der Gruppenraum ist das Zentrum unserer RIK. Dieser Raum verfügt über Arbeitsplätze für zwölf SchülerInnen, mehrere Arbeitsplätze zum separaten Arbeiten, Schränke zur Lagerung von Arbeitsmaterialien, Geschirr und Spielen. Außerdem hat jedes Kind ein Fach für seine persönlichen Dinge. Des Weiteren gibt es eine gemütliche Sofaecke mit Sessel und Couchtisch. Hier wird meistens gespielt. Die Küche (Kühlschrank, Spüle, zwei Elektroplatten) dient der gemeinsamen Zubereitung der Mahlzeiten. Außerdem verfügt der Raum über einen Technikschrank mit Videoanlage und einer frei zugänglichen Stereoanlage. Ausgestaltet ist der Raum zudem mit mehreren Pinwänden für Gruppenpläne, Verhaltensregeln, Geburtstagskalender u. a. Darüber hinaus hängen Plakate an, die die SchülerInnen in einer Sprühaktion selbst fertigten. Grünpflanzen sowie eine textile Deckengestaltung runden das Ganze ab. Bald werden Rollos und eine textile Fensterdekoration dazu kommen.

Kreativraum

Der Kreativraum ist geräumig, er hat viele Gruppenarbeitsplätze und eine Freifläche. Es befinden sich hier die Materialschränke zur Aufbewahrung der Gestaltungsmaterialien. Der Raum hat für die Gruppe Werkstattcharakter. Auch hier dienen Grünpflanzen als Schmuck.

Kleiner Computerraum

In diesem Raum befindet sich ein Schreibtisch mit zwei Arbeitsplätzen, wovon einer mit einem Computer ausgestattet ist. Außerdem können hier bis zu sechs SchülerInnen an einem Gruppenarbeitsplatz arbeiten. Zum Inventar gehören Schränke zur Aufbewahrung der Sportgeräte und anderer Dinge, frei zugängliche Bücherregale, in denen die verwendeten Fachbücher stehen, sowie Grünpflanzen.

Tischtennisraum

Dieser Raum befindet sich im Keller und ist mit drei Tischtennisplatten ausgerüstet. Außerdem befinden sich hier die Boxsäcke.

Durchführung und Umsetzung des Projekts

Der Schulalltag der RIK ist durch verschiedene Rituale, die den Zielen des Projekts entsprechen, strukturiert. Diese Struktur trifft auf die unterrichtsorientierten Tage zu und wird bei entsprechenden Gruppenprojekten mit sozialpädagogischem Schwerpunkt den jeweiligen Bedingungen angepasst.

Unterrichtsorientierte Tage

Jeden Morgen finden sich die SchülerInnen im Gleitzeitverfahren zwischen 8:15 und 8:30 Uhr in der Schule ein. Ein gemeinsam vorbereitetes Frühstück wird in familiär entspannter Atmosphäre im Gruppenraum eingenommen, wobei sich erste Gespräche über aktuelle Befindlichkeiten ergeben. Außerdem besteht die Möglichkeit des gegenseitigen Austausches von Informationen bezüglich des Tagesablaufs. Ergeben sich daraus keine größeren organisatorischen Maßnahmen, so bleibt Zeit für ein gemeinsames Spiel in lockerer Atmosphäre. Diesem sozialpädagogisch betreuten Teil schließen sich zwei bis drei Unterrichtsblöcke an.

Dazu wird die Klasse entsprechend den Fähigkeiten und Kenntnissen der TeilnehmerInnen in zwei Gruppen eingeteilt. Unterrichtet werden vorrangig die Kernfächer Englisch, Deutsch und Mathematik. Der Unterricht findet unter Anleitung eines Lehrers statt, wobei die Lernformen Gruppen-, Partner- und Einzellernen variieren, da sie von der jeweils aktuellen Lernsituation und den Bedürfnissen der SchülerInnen abhängen. Zusätzlich wird Unterricht in den Fächern Computeranwendung, Technik und Hauswirtschaft angeboten. Er wird durch die entsprechenden Fachlehrer erteilt, wobei diese Fächer die Schnittstelle zu lebensweltorientierten praktischen Lernangeboten darstellen und der Unterricht somit auch sozialpädagogisch orientiert ist.

Es werden Schulbücher, Arbeitshefte, Lernspiele sowie Computerprogramme und Unterrichtsvorschläge eingesetzt. Vor allem werden Schulbücher und Arbeitshefte verwendet, die an unserer Schule auch im Regelunterricht der anderen Klassen eingesetzt werden. Dies ermöglicht den SchülerInnen, die sich für den Verbleib an unserer Schule entscheiden, in der Reintegrationsphase einen leichteren Übergang in die Regelschulklasse.

Um ein individuelles Eingehen auf den Leistungsstand und den Entwicklungsstand der SchülerInnen zu erleichtern, ist es nötig, Materialien für verschiedene Alters- und Klassenstufen in der RIK anzubieten.

Außerdem sieht der Stundenplan „Unterrichtseinheiten“ vor, die stark sozialpädagogisch ausgerichtet sind. Zum einen ist das der Sportunterricht unter Anleitung einer Sozialpädagogin und einer pädagogischen Mitarbeiterin der Schule und zum anderen eine regelmäßige Gruppenstunde, die von der Klassenleiterin und der Sozialpädagogin geleitet werden.

Im Sportunterricht werden die SchülerInnen vor allem über Mannschaftsspiele mit kooperativem Charakter gefördert. Es besteht die

Möglichkeit, vorhandenen Bewegungsmangel in lustbetonten Ausdauerspielen zu kompensieren bzw. potenzielle aggressive Energien positiv im Sport auszuleben. Die spielerische Herausforderung eines gesunden Ehrgeizes kann dann als positive Erfahrung von den SchülerInnen in andere Lebensbereiche übernommen werden. Zudem wird die Stärkung eines Wirgefühls protegiert, was den Aufbau von verlässlichen Beziehungen innerhalb der Gruppe bzw. zu den BetreuerInnen unterstützt.

Der Gruppenstunde liegen mehrere Intentionen zugrunde. Sie soll von den SchülerInnen als Lernangebot begriffen werden, wobei die Inhalte dieser Gruppenstunde die Gruppe selbst bzw. die einzelnen TeilnehmerInnen sind. D.h. es besteht die Möglichkeit und die Notwendigkeit des aktuellen Austausches über bestehende Konflikte, wobei die gesamte Gruppe an der Problemlösungsstrategie mitwirkt und somit soziale Fähigkeiten trainiert werden.

Als Mittel und Methoden stehen neben der Gesprächsoffenheit vor allem Verfahren des sozialen Lernens im Vordergrund. Das gelenkte Rollenspiel etwa fördert Eigeninitiative sowie Verantwortungsübernahme und hilft, sich von erlernter Hilflosigkeit abzugrenzen. Die konkreten Inhalte stützen sich auf die gemeinsam erarbeiteten Gruppenregeln bzw. die individuellen Problemlagen der SchülerInnen. Das entspricht dem Ziel des Erlernens von angemessenem sozialen Verhalten in verschiedensten Lebenssituationen. Aber auch Gesellschaftsspiele sind ein geeignetes Mittel, sich diesem Ziel zu nähern. Als besonders günstig erweist sich die Kopplung der beiden Professionen Lehrerin und Sozialpädagogin in der Gruppenstunde. So hat zum einen die Klassenleiterin die Möglichkeit, ihre SchülerInnen in einem anderen Kontext kennen zu lernen, und zum anderen ist die gemeinsame Gestaltung dieser Gruppenstunde ein wesentlicher Bestandteil der Beziehungsarbeit zwischen den Lehrenden und den Lernenden.

Im Anschluss an die Unterrichtsblöcke finden sich die SchülerInnen täglich zur Gruppenarbeit zusammen. Diese wird im Wesentlichen von den SchülerInnen mitbestimmt und geplant. In der Folge gibt es dann meist mehrere Angebote, die von den SchülerInnen je nach individueller Situation gewählt werden. Im Wesentlichen kristallisierten sich drei Tätigkeitsfelder für die Gruppenarbeit heraus:

- Kreatives Gestalten,
- Gesellschafts-, Konzentrations- oder Strategiespiele mit didaktischem Material,
- sportliche Betätigung unter Ausnutzung der regionalen Bedingungen, z.B. Ballspiel, Badminton, Klettern, Spielplatz etc.

Der Bereich des *kreativen Gestaltens* nimmt einen weiten Raum in der Gruppenarbeit ein, da die SchülerInnen der RIK hoch motiviert sind für diese Tätigkeiten. Angeboten werden unterschiedliche Techniken des Malens, Druckens, Faltens, Bastelns mit variantenreichem Material sowie der textilen Gestaltung. Besonders zu Beginn des Projekts standen die Raumausgestaltung und die Fertigung von Plänen im Vordergrund. Auf diese Art und Weise wurde der Gruppenraum von den SchülerInnen im Wesentlichen selbst ausgestaltet. Da diese Arbeit nur als Prozess verstanden werden kann, ist sie natürlich noch nicht abgeschlossen. Es wird besonderer Wert darauf gelegt, dass sich die SchülerInnen an der Gestaltung der Räume nicht nur planerisch, sondern vor allem aktiv beteiligen, da sie erfahrungsgemäß dann auch ein größeres Interesse daran haben, die Dinge pfleglich zu behandeln. Außerdem können sie ihre eigenen Ideen verwirklichen, Kreativität entfalten und sind gefordert, sich zu einigen und Kompromisse einzugehen. Das Gemeinschaftsgefühl wird entwickelt und gestärkt. So konnte über diesen kreativen Bereich ein schon lange schwelender Konflikt in der Gruppe eine für alle Beteiligten annehmbare Lösung erfahren: Über einen längeren Zeitraum war der Geschirrspüldienst heiß umstritten und immer wieder Anlass für heftige Diskussionen und Aggressionen. Gemeinsam wurde dann die Idee, dass jeder sein Geschirr selbst spülen solle, realisiert. Da wir jedoch einheitlich weißes Geschirr verwenden, blieben auch dann die Konflikte nicht aus. Im Zuge einer Malaktion gestalteten die SchülerInnen mit Keramikfarben ihr eigenes Geschirr individuell aus. Die Effekte dieser Aktion waren zweierlei: Zum einen wurde wieder ein Stück des „Raumes" gestaltet, in dem die TeilnehmerInnen sich gern aufhalten, zum anderen erübrigen sich sämtliche Diskussionen über den oben beschriebenen Konflikt.

Perspektivisch werden in diesem Tätigkeitsfeld in Anlehnung an Jahreslauf sowie Feste und Bräuche Dinge entstehen, die die SchülerInnen stärker für sich selbst nutzen können. Angedacht sind Drachenbau, vorweihnachtliches Basteln (Karten, Geschenke), lebensgroße Schneefiguren, Karnevalsmasken, Kostüme, floristisches Gestalten u. v. m.

Im Vordergrund dieser kreativen Tätigkeit steht neben dem Produkt natürlich die Erfahrung der SchülerInnen im Umgang mit den unterschiedlichen Materialien. Konzentrations- und Ausdauerfähigkeit werden gefördert. Hinzu kommt die Erfahrung der aktiven Lebensgestaltung, die sich positiv auf eine sinnvolle Freizeitgestaltung auswirken kann.

Das Angebot der *Gesellschafts-, Konzentrations- und Strategiespiele* ist in der RIK groß und wird entsprechend vielseitig genutzt.

Gespielt wird meist in mehreren Spielgruppen, wobei deutlich zu beobachten ist, dass die Ausdauer, ein Spiel auch wirklich bis zum Ende zu spielen, oft von der Anwesenheit der Betreuenden abhängt. Für die Sozialpädagogin besteht die Möglichkeit der Einflussnahme auf das zu spielende Spiel.

Als Ausgleich zu den oben beschriebenen eher bewegungsarmen Tätigkeiten werden den SchülerInnen *Sportangebote* unterbreitet. Der Unterschied zum Sportunterricht besteht in der Freiwilligkeit der Teilnahme und in der noch stärkeren Mitbestimmung der SchülerInnen. Neben Fußball, Basketball, Tischtennis und Badminton können die SchülerInnen am Boxsack ihre kinästhetischen Fähigkeiten trainieren. In naher Zukunft besteht auch die Möglichkeit, über das Dartspiel Konzentration und Feinmotorik zu fördern.

Daneben eignet sich die Gruppenarbeit auch gut, um praktisch und möglichst lebensweltorientiert mit den SchülerInnen zu arbeiten. Dazu gehört etwa das sporadische Zubereiten von einfachen Mittagsmahlzeiten oder der Besuch der Skateboardbahn, der Kletterhalle etc.

Zum Abschluss des Schultags besteht die Möglichkeit eines Feedbacks bzw. des Austausches von Informationen. Dazu finden sich alle im Gruppenraum zur verabredeten Zeit zusammen. Das abschließende Ritual besteht in der Wiederherstellung der Raumordnung, an der sich möglichst alle beteiligen.

Gruppenprojekte mit sozialpädagogischem Schwerpunkt

Über die täglichen sozialpädagogischen Betreuungsphasen, die den Rahmen für die Unterrichtseinheiten bilden, hinaus finden erlebnispädagogisch orientierte Aktionen statt. Dazu gehören Ausflüge auf die Skateboardbahn, in die Kletterhalle oder ein Theaterbesuch. Einen besonderen Wert hatte die dreitägige Klassenfahrt im Mai dieses Jahres. Hier hatten die SchülerInnen die Möglichkeit, sich auf ganz neue Art und Weise kennen zu lernen. Ziel der Aktion war, dass die Jugendlichen sich als Gruppe wahrnehmen, nämlich bei einer erlebnispädagogisch orientierten Kletteraktion im Steinbruch unter Anleitung erfahrener Kletterlehrer. Daneben gab es kooperative, vertrauensbildende oder wahrnehmungsschulende Spiele. Beim Klettern und Spielen konnten die SchülerInnen viel über sich selbst erfahren und sich ihrer Wirkung in der Gruppe bewusster werden.

Andere Aktionen, die über den Rahmen der Gruppenstunden hinausgehen, sind die Projektwochen. Im Rahmen einer solchen wurde der Unterrichts- und Gruppenraum gemeinsam renoviert. Da die SchülerInnen von der Planung und Materialbeschaffung bis zur Endreinigung in den Prozess involviert waren, ist ein Raum entstanden, in dem sie sich wohl fühlen und der „etwas mit ihnen zu tun hat“. Dies ist für SchülerInnen der Reintegrationsklasse von besonderer Bedeutung, da die Motivation für Schule damit wesentlich erhöht werden kann.

Katja Häder, Internationaler Bund Halle

Pater Franz-Ulrich Otto, Jürgen Hagedorn

Alternative Beschulung unter Nutzung eines sozialen Netzwerks
Das Modellprojekt *Lernangebote für Schulverweigerer*

Ausgangssituation

Vor nunmehr gut zehn Jahren begann in Heiligenstadt der neu gegründete Verein *Katholische Jugendsozialarbeit im Eichsfeld e.V.* eine offene Jugendsozialarbeit auf dem von der Stadt zur Verfügung gestellten Grundstück *Villa Lampe*. Diese ehemalige Privatvilla einer Zigarrenfabrikanten-Familie namens Lampe wurde nach dem Zweiten Weltkrieg zunächst als Unterbringung für russische Soldaten, dann kurze Zeit als erstes FDJ-Jugendheim des Eichsfeldes und ab 1949 bis Ende Mai 1991 als staatlicher Kindergarten genutzt. Im August 1991 beschloss die Stadtverordnetenversammlung von Heiligenstadt, dieses Grundstück dem Verein zur Nutzung für seine offene Jugendsozialarbeit zu überlassen.

Das soziale Netzwerk „Villa Lampe"

Mithilfe vieler Jugendlicher wurde die alte Villa zunächst umgebaut und renoviert; im März 1992 konnte ein offener Jugendtreff für Jugendliche ab 14 Jahren eröffnet werden, der in den ersten Monaten an einigen Tagen in der Woche zugänglich war und seit Sommer 1992 täglich geöffnet ist. Im Haus leben drei Mitglieder der Ordensgemeinschaft „Salesianer Don Boscos“, die neben den häufigen Öffnungszeiten auch dafür garantieren, dass Jugendliche in Problemsituationen immer „rund um die Uhr“ einen persönlichen Ansprechpartner in der Villa antreffen. Grundlage des Konzepts ist bis heute, tragende Beziehungen zu jungen Menschen aufzubauen und ihnen gegebenenfalls in Problemlagen Wegbegleitung anzubieten. Die Einrichtung verstand sich von Beginn an als „Baustelle“, ganz besonders auf die inhaltliche Arbeit bezogen: Ausgehend von den konkreten Problemlagen junger Menschen soll versucht werden, adäquate Hilfe zu ermöglichen, notfalls auch entsprechende Projekte aufzubauen. Im Laufe der vergangenen zehn Jahre entwickelte sich so unter dem Namen *Villa Lampe* ein soziales Netzwerk für junge Menschen mit inzwischen 30 Außenstellen im gesamten Eichsfeldkreis. Neben der intensiv ausgebauten offenen Jugendarbeit mit zwei Jugendzentren, vielen Jugendclubs in den Dörfern und der mobilen aufsuchenden Jugendarbeit mit dem zu einem fahrenden Jugendclub umgerüsteten Omnibus ist die Beratungs- und Krisenarbeit mit ihren ambulanten und stationären Hilfen ein besonderer Schwerpunkt. Der Kinder- und Jugendschutzdienst mit Möglichkeiten der Inobhutnahme ergänzt diese Hilfen wirksam. Was an Beziehungsaufbau durch die offene Jugendarbeit vorgearbeitet wird, kann dann in Problemsituationen weiter genutzt werden.

Schulsozialarbeit

Da die Schule einen Dreh- und Angelpunkt unter den Problemlagen junger Menschen darstellt, ergaben sich sehr schnell Kontakte zu verschiedenen Schulen. Im Frühjahr 1994 konnte mithilfe eines Landesmodellprogramms die Schulsozialarbeit in Leinefelde und Heiligenstadt beginnen. Seit dieser Zeit stehen den SchülerInnen vor Ort in den Schulen sozialpädagogische Fachkräfte als AnsprechpartnerInnen in verschiedensten Lebenssituationen, ganz besonders natürlich bei schulischen Problemen, zur Verfügung. Auch hier gilt das Prinzip, vor allem tragende Beziehungen aufzubauen, ähnlich wie in der offenen Jugendarbeit. Da die MitarbeiterInnen in den Schulen ganz bewusst nicht in die Struktur der Schule integriert sind, nehmen sie eine Sonderstellung ein und genießen als sozialpädagogische Fachkräfte das besondere Vertrauen der SchülerInnen, inzwischen aber auch vieler Lehrkräfte, sodass sie oftmals zwischen LehrerInnen und SchülerInnen und teilweise auch Eltern eine Vermittlerfunktion einnehmen.

Im Laufe der Jahre rückten zunehmend SchülerInnen, die der Schule fernblieben, in das Blickfeld der MitarbeiterInnen. So manche Versuche, auf die Betreffenden einzugehen und Fehltage zu vermeiden, scheiterten; immer deutlicher wurde die Notwendigkeit, in diesem Zusammenhang neue Formen der Hilfestellung anzubieten. Als 1997 die Ausschreibung des BMFSJ im Rahmen des Modellprogramms „Arbeitsweltbezogene Jugendsozialarbeit“ vorlag, haben wir aus unseren bisherigen Erfahrungen heraus ein Konzept für „Lernangebote für Schulverweigerer“ entwickelt und mit einem Antrag auf Förderung beim Ministerium eingereicht. Wie alle sonstigen Bereiche sollte dieses Projekt ein wichtiger Baustein im Netzwerk der *Villa Lampe* werden.

Beschreibung des Modellprojekts

Standort des Modellprojekts ist das Jugendhaus *Arche* in Holungen, eine Außenstelle der *Villa Lampe*. Holungen ist ein ländlicher Ort im nordwestlichen Teil des Eichsfeldkreises, etwa drei Kilometer vom ehemaligen Kalischacht Bischofferode entfernt gelegen. Die Räume, in denen das Modellprojekt untergebracht ist, werden in den Abendstunden zum Teil für die offene Jugendarbeit und Jugendsozialarbeit der *Arche* genutzt.

Zielgruppe

Zur Zielgruppe zählen einerseits schulverweigernde und lernverstörte Kinder und Jugendliche, die in für sie ausweglosen Situationen keinen Ansprechpartner finden, besonders sozial benachteiligte und individuell beeinträchtigte Kinder und Jugendliche. Andererseits gehören auch LehrerInnen an Regelschulen und Berufsschulen, insbesondere BeratungslehrerInnen, KlassenlehrerInnen, BerufspädagogInnen, MitarbeiterInnen von Jugendamt, Schulamt, Schulleitungen sowie Eltern zur Zielgruppe. Die TeilnehmerInnen sind im Alter von 12 bis 18 Jahren und kommen aus den Förder-, Haupt- und Realschulen sowie dem Berufsschulbereich (BVJ und Förderlehrgänge). Durchgängig stammen die Jugendlichen aus sozial stark benachteiligten und/oder zerrütteten Familien. Es sind Kinder und Jugendliche mit biografischen Wunden und Knoten, beladen mit Bündeln von Problemen und Defiziten.

Schulverweigerung ist eine bereits über mehrere Wochen und Monate anhaltende und unumkehrbare Abwendung von der Schule. Die Gründe für diese Abwendung liegen in einem multifaktoriellen Ursachengefüge verborgen, welches oft einen Teufelskreislauf bildet, bei dem eine auslösende Primärursache nicht mehr eindeutig auszumachen ist. Schulverweigerung bedeutet in den meisten Fällen eine nur schwer umkehrbare Desintegration, wobei die problematische Schulkarriere fast untrennbar mit einer entsprechenden Sozialkarriere verknüpft ist. Deutlich wurde auch, dass eine manifeste Schulverweigerung Endpunkt eines seit frühester Kindheit schleichenden Entwicklungsprozesses ist. Bei fast allen TeilnehmerInnen gab es bereits in der Grundschule Probleme.

Ziele

Angestrebt wird einerseits die Reintegration von schulmüden Jugendlichen und Schulverweigerern in Schule und Berufsschule im Sinne einer sozialpädagogisch angeleiteten Rückführung. Andererseits sollen Jugendlichen, die für eine solche Rückführung nicht mehr erreichbar sind, durch Lernortverlagerung außerschulische Wege zur schulischen Qualifikation eröffnet werden, und zwar in Zusammenarbeit mit der Schule, aber losgelöst von schulischen Curricula und durch Anwendung produkt- und kompetenzorientierter Methodik. Unter Beachtung der jeweiligen Gegebenheiten und Kompetenzen werden für alle betroffenen SchülerInnen individuelle Hilfe- und Lernpläne entwickelt und in kleinen Schritten erreichbare Ziele erarbeitet. Ziel des Modellprojekts ist es somit nicht, bedingungslos Schulabschlüsse zu produzieren, sondern die Voraussetzungen für die Entstehung des Wunsches nach einem Schulabschluss herzustellen, die Stabilität dieser Voraussetzungen zu sichern und den Prozess der Verwirklichung des Wunsches nach einem Schulabschluss zu begleiten.

Diese Zielstellung hält den Zugang zum Modellprojekt niedrigschwellig und stellt sicher, dass auch und gerade diejenigen schulverweigernden Kinder und Jugendlichen nicht abgehalten oder ausgeschlossen werden, bei denen aufgrund individueller Voraussetzungen die Erreichbarkeit eines Hauptschulabschlusses nach herkömmlichen schulischen und schulbehördlichen Beurteilungsmaßstäben für unmöglich gehalten wird. Das Modellprojekt ist ein Projekt für *alle* schulverweigernden Kinder und Jugendlichen und damit auch ein Modellprojekt für nach „objektiven“ Maßstäben besonders aussichtslose Hauptschulabschluss-Kandidaten.

Aufnahme in das Modellprojekt

Anlass der Aufnahme in das Modellprojekt war in allen Fällen unterlassener Schulbesuch in einem zeitlichen Umfang von bis zu neun Monaten. In vielen Fällen zeigte sich, dass die Schule erst nach einem sehr langen Zeitraum des Fernbleibens vom Unterricht Maßnahmen ergreift. Die Schulen schöpfen zunächst ihre schulischen Instrumentarien aus (Verweise, Aussprachen, Umsetzungen, Schulwechsel u. a.), wodurch es zwischenzeitlich zu einer Manifestierung von Schulverweigerung und Schulmüdigkeit kommt.

Der Weg der Aufnahme in das Modellprojekt war nicht immer einheitlich. Folgendes Schema war jedoch am häufigsten festzustellen:

- Meldung der Schulverweigerung durch Schule, Schulamt, Jugendamt, andere Institutionen oder Eltern,
- Falldarstellung des/der Meldenden (schriftlich oder im persönlichen Gespräch),
- Kontaktaufnahme und Gespräch mit dem Gemeldeten und mit dessen Eltern/Familie/Personensorgeberechtigten über mögliche Ursachen der Schulverweigerung. Was wurde bereits zur Vermeidung oder Behebung der Schulverweigerung unternommen? Was möchte/kann die Familie tun? Vorstellung des Modellprojekts als eine Hilfemöglichkeit und Terminvereinbarung für einen Besuch in der *Arche,*
- Besuch des Gemeldeten nach Möglichkeit in Begleitung der Eltern/des Personensorgeberechtigten in der *Arche,*
- freiwillige Entscheidung des Gemeldeten über eine Teilnahme im Modellprojekt,
- Gespräche der Projektleitung mit dem Gemeldeten, mit VertreterInnen der Institution, die meldete, mit Eltern, Personensorgeberechtigten, Familienmitgliedern,
- formaler Antrag auf Teilnahme am Modellprojekt und Genehmigung der Teilnahme durch das Schulamt,
- Unterzeichnung einer Teilnahmevereinbarung durch den Gemeldeten,
- Teilnahme an der Arbeit des Modellprojekts.

Grunderfahrung

Schulverweigerung und Schulmüdigkeit sind Ausgleichsstrategien, mit denen Jugendliche auf Situationen in der Schule und im Elternhaus reagieren, die ihnen ausweglos erscheinen und zu deren Verbesserung sie keine Ansprechpartner finden. Ausgeglichen wird durch Schulverweigerung ein empfundener Verlust an Würde und Selbstwertgefühl, und deshalb ist Schulverweigerung ein subjektiv sinnvolles, rationales Verhalten.

Schlussfolgerungen aus der Projektlaufzeit

Schulverweigerer sind durchaus erreichbar. Sie haben den Wunsch und das Verlangen nach Integration und Akzeptanz. Das Modellprojekt bietet den schulverweigernden Jugendlichen die Möglichkeit, sich positiv mit anderen Jugendlichen ihres Alters vergleichen und sich ihnen gegenüber als gleichwertig erleben zu können. Für diese Kinder und Jugendlichen muss sich Bildung hinsichtlich der inhaltlich Curricula, des räumlich-zeitlichen Rahmens und der damit verbundenen Gesellungsangebote und Gemeinschaftsformen flexibilisieren, differenzieren und an Subjektivität orientieren.

Schulverweigernde Kinder und Jugendliche sind bildungsfähig, wenn ihnen durch Einzelfallhilfen und/oder durch neuartige Formen des Lernens außerhalb des normalen schulischen Settings – nicht gegen die Schule und nicht gegen das Schulamt, sondern mit deren Wissen und Unterstützung – die Möglichkeit eröffnet wird,

- reale, nicht pädagogisierte Kompetenz-, Selbstmächtigkeits- und Wirksamkeitserfahrungen zu machen,
- Anerkennung zu finden,
- Zuwendung und Zugehörigkeit als befriedigend und vorteilhaft zu erleben,
- Sinn im Tun zu erfahren.

Dennoch darf nicht außer Acht gelassen werden, dass Schulverweigerer extreme und gravierende Defizite verschiedenster Art aufweisen, die nur Schritt für Schritt aufgearbeitet werden können. Die Arbeit mit Schulverweigerern muss stark individualisiert sein. Einheitliche Ziele, Arbeitsformen und Methoden lassen sich nicht bei allen TeilnehmerInnen pauschal anwenden. Ziel und Prinzip ist: „Verschiedenes für die verschiedensten Teilnehmer im Respekt vor ihren gegebenen Verhältnissen zu tun“ (Thimm 1998, S. 110).

SchülerInnen brauchen verlässliche, kontinuierliche und ehrliche Beziehungen. Im Projekt kann deshalb nur mit relativ kleinen Teilnehmergruppen erfolgreich gearbeitet werden. Weitere wesentliche Voraussetzung für die erfolgreiche Arbeit mit Schulverweigerern ist ein langer Atem bei den Fachkräften – nur selten haben TeilnehmerInnen die Erfahrung gemacht, dass jemand sich intensiv über einen längeren Zeitraum ihrer annimmt.

Erfolge lassen sich nicht in erster Linie am großen Ziel der Reintegration in die Regelschule oder an der Zahl der erreichten Schulabschlüsse messen. Erfolg ist vor allem auch, dass diese oft extrem beziehungsgestörten jungen Menschen sich auf Beziehungen einlassen.

Die Arbeit mit Schulverweigerern und mit dahingehend gefährdeten Kindern und Jugendlichen muss, um erfolgreich sein zu können, sehr frühzeitig beginnen, sie muss präventiv ausgerichtet sein und in Form von Schulsozialarbeit angeboten werden. Familien –

insbesondere die benachteiligten und vor allem auch allein erziehende Elternteile – benötigen mehr Unterstützung in der Bewältigung ihrer Erziehungsaufgaben. Nicht zuletzt ist eine kinder- und jugendfreundlichere Gesellschaft dringend von Nöten.

Nach vier Jahren Laufzeit ist das Modellprojekt *Lernangebote für Schulverweigerer* zu einem wesentlichen Bestandteil der Jugendhilfelandschaft des Landkreises Eichsfeld geworden, das auch von der Schulaufsicht mitgetragen und unterstützt wird (siehe Beitrag von Beckmann ab S. 84). Das Projekt fängt diejenigen Jugendlichen auf, die bereits mehrfach durch die Netze des Schulsystems und der Jugendhilfe gefallen sind. Für nicht wenige TeilnehmerInnen scheint es die letzte Instanz und die letzte Chance vor dem endgültigen Abstieg zu sein. Dementsprechend sollten die Ziel- und Erfolgserwartungen, die an das Projekt und die TeilnehmerInnen gestellt werden, an die Realität angepasst und somit niederschwellig angesetzt sein. Vor allem sollten in diesem Zusammenhang der bisherige Lebensweg, die Lebensumstände und die individuellen Voraussetzungen des jeweiligen Jugendlichen berücksichtigt werden.

Festzuhalten bleibt auch, dass es in der Arbeit mit schulmüden und schulverweigernden Kindern und Jugendlichen keine endgültigen, generellen und fertigen Lösungen gibt. Vielmehr müssen Strategien immer wieder reflektiert und analysiert und in flexibler Weise auf die Jugendlichen und deren reale Situation zugeschnitten werden.

Pater Franz-Ulrich Otto, Jugendsozialarbeit im Eichsfeld e.V Heiligenstadt
Jürgen Hagedorn, Villa Lampe Heiligenstadt

Literatur

Thimm, K. (1998): Schulverdrossenheit und Schulverweigerung, Berlin.

Jürgen Beckmann

Alternative Beschulung aus Sicht des Staatlichen Schulamtes

SchülerInnen und Jugendliche mit Lern- und Erziehungsschwierigkeiten stellen auch aus Sicht der Schulämter ein in letzter Zeit immer stärker werdendes Problem dar. Die Ursachen sind vielschichtig. Viele SchülerInnen und Jugendliche aus dieser Problemgruppe verweigern schließlich der staatlich gelenkten Bildung die Gefolgschaft. Eine Reintegration in eine Lerngemeinschaft ist dann meist nicht mehr möglich. Trotz aller Versuche, diesem Phänomen entgegenzusteuern, wächst die Anzahl der Schulverweigerer laufend an.

Durch die in der Bundesrepublik Deutschland geltende Schulpflicht, die das Recht auf Bildung beinhaltet, stellen sich diese SchülerInnen jedoch gegen geltendes Schulrecht. Als Reaktion auf Schulverweigerung bleibt seitens der Schulaufsicht in der gängigen Praxis nur die Ausübung von Zwangsmaßnahmen: Schulstrafen wie Verweise, Schulwechsel, Schulzuführungen bis hin zur Verhängung von Bußgeldern. Das Resultat ist in vielen Fällen jedoch nicht die Sozialisierung der ProblemschülerInnen, sondern die Vertiefung der Schulunlust und letztlich die totale Verweigerung sämtlicher schulischer Erziehung und Bildung.

Die betreffenden SchülerInnen von der Schulpflicht zu befreien, ist jedoch nicht möglich, da dies im Widerspruch zu rechtsstaatlichen Prinzipien stehen würde. Um dieser Entwicklung Rechnung zu tragen, wird durch die Schulaufsicht das Projekt *Lernangebote für Schulverweigerer* an der *Villa Lampe* nicht nur begleitet, sondern so weit es geht auch unterstützt (siehe Beitrag von Otto/Hagedorn ab S. 77). Es ist zwar nicht zu leugnen, dass wir hier in einer rechtlichen Grauzone agieren, denn für das Projekt steht die Integration der Jugendlichen in die Gemeinschaft an erster Stelle; die schulische Entwicklung ist diesem Ziel nachgeordnet. SchülerInnen, die die Schule aus welchen Gründen auch immer verweigern, sind aber keinesfalls durch Zwang in die Schule zu integrieren. Wo kein eigener Wille vorhanden ist, da ist auch kein Weg. Daher begrüßen wir auch den Ansatz des Projekts, den Jugendlichen über die schrittweise Integration in eine Lerngemeinschaft die Notwendigkeit von Bildung deutlich zu machen.

Seitens der Schulaufsicht wird das Projekt unterstützt, indem Lehrerwochenstunden zur Verfügung gestellt werden. Diese Möglichkeiten sind jedoch begrenzt. Um auch für die Schulverweigerer die Voraussetzungen zu schaffen, einen für den weiteren Lebensweg durchaus wichtigen Schulabschluss zu erreichen, werden außerdem auch entsprechende schulinterne Maßnahmen gefördert. Denn an erster Stelle steht natürlich die schulische Ausbildung in der Schule.

Die enge Zusammenarbeit der Schulaufsicht mit dem Träger des Projekts ist Voraussetzung für den Erfolg der Maßnahme, und ein Erfolg ist es schon, wenn bei den Jugendlichen die Bereitschaft gefördert wird, die Gesellschaft, in der sie leben, zu akzeptieren. Sicher bleibt ein Schulabschluss, und hier in der Regel der Hauptschulabschluss, für alle ProjektteilnehmerInnen das Bildungsziel. Damit wäre auch der Bildungsauftrag erfüllt. Die Realität sieht leider etwas anders aus.

Der Erfolg des Projekts hängt in erster Linie vom Jugendlichen selbst ab. Um die Jugendlichen entsprechend lenken zu können, bedarf es aber der engen Zusammenarbeit der Schulaufsicht mit dem Träger der freien Jugendarbeit, in unserem Fall der *Villa Lampe*. Die gute Zusammenarbeit zwischen dem Schulamt, der *Villa Lampe* und dem Jugendamt ist auch in Zukunft notwendig, um für Schulverweigerer eine Lösung zu finden.

Jürgen Beckmann, Staatliches Schulamt Worbis

2 Der Jugendhilfebetrieb als Partner der Wirtschaft und Träger von Fördermaßnahmen

Tilly Lex

Jugendhilfebetriebe zwischen Arbeitsförderung und Marktorientierung

Problemhintergrund

Der erfolgreiche Abschluss einer beruflichen Erstausbildung ist heute wichtiger denn je, gilt sie doch als Mindestvoraussetzung für den Einstieg ins Arbeits- und Berufsleben. Ob Jugendlichen dieser Einstieg gelingt, hängt zunächst davon ab, ob sie die erste Schwelle – den Übergang von der Schule in die berufliche Ausbildung – erfolgreich bewältigen. Dieser Übergang ist mit vielen Unwägbarkeiten verknüpft: Die Wege sind länger und unübersichtlicher und die Entscheidung für einen Beruf ist im Vergleich zu der älteren Generation schwieriger geworden. Auch das alte Orientierungsmuster vom Ausbildungs- als Lebensberuf greift nicht mehr. Der rasante Wandel, den wir gegenwärtig in der Arbeitswelt beobachten, erfordert von den Arbeitskräften ein hohes Maß an Flexibilität und die Bereitschaft zu lebenslangem Lernen. Die Jugendlichen stehen am Ende der Schulzeit vor der Entscheidung, einen Beruf zu erlernen, von dem sie meist nicht wissen, ob und wie lange sie diesen überhaupt ausüben werden können. Dies macht die Berufswahl schwierig und das Berufsleben wenig kalkulierbar. Hinzu kommt eine gewisse Orientierungslosigkeit angesichts der Vielzahl von unterschiedlichen Wegen, die das Übergangssystem bereithält.

Das System beruflicher Ausbildung und Qualifizierung hat sich in den letzten zwei bis drei Jahrzehnten stark ausdifferenziert. Um der Arbeitslosigkeit und Berufsnot Jugendlicher zu begegnen, wurden auf unterschiedlichen Ebenen (Bund, Länder und Kommunen) spezielle Programme und Maßnahmen aufgelegt, die eine erfolgreiche Bewältigung des schwierigen Übergangs in Arbeit und Beruf zum Ziel hatten. Im Laufe der Zeit hat sich ein System von Unterstützungsleistungen entwickelt, welches für Jugendliche mit beruflichen Schwierigkeiten besondere Hilfen bereithält. Die Angebote sind vielfältig: Sie reichen von berufsschulischen über außerbetriebliche bis hin zu betrieblichen Qualifizierungs- und Beschäftigungsmaßnahmen. Beispiele sind Berufsvorbereitungs- und Berufsgrundbildungsjahre, einjährige Berufsfachschulen, Arbeiten und Lernen, ABM, Arbeit statt Sozialhilfe, berufsvorbereitende Maßnahmen, Betreuungsverträge, berufspraktisches Jahr. Zum Teil haben die Angebote eine spezifische Qualifizierungsfunktion wie das Nachholen von Schulabschlüssen oder den Erwerb von Teilqualifikationen, teils sollen Arbeitstugenden erworben, die Jugendlichen „sozial stabilisiert“ und Wartezeiten überbrückt werden (Braun/Lex/Rademacker 2001).

Das mit den Übergangshilfen intendierte Ziel, die berufliche Integration von Jugendlichen und jungen Erwachsenen, die auf dem Ausbildungs- und Arbeitsmarkt benachteiligt sind, zu bewerkstelligen, wurde aber in vielen Fällen nicht erreicht. Untersuchungen des Deutschen Jugendinstituts (DJI) machen auf die zwiespältige Wirkung von Maßnahmen aufmerksam (Raab 1996; Lex 1997; Felber 1997). Zum einen eröffnen sie zwar Chancen auf einen nachgeholten Berufseinstieg, bergen aber zum anderen auch das Risiko beruflicher und sozialer Marginalisierung in sich. Dieses Risiko, ins berufliche Abseits zu geraten, wächst mit der Dauer des Verbleibs benachteiligter Jugendlicher im Fördersystem. Es ist weiterhin abhängig von der Qualität der von den Jugendlichen durchlaufenen Maßnahmen. So lautet ein Vorwurf, dass benachteiligte Jugendliche in Qualifizierungs- und Beschäftigungsangeboten der Jugendberufshilfe häufig nicht mit dem Ernstcharakter von Arbeit konfrontiert würden, was aber notwendig sei, um in der Arbeitswelt von heute bestehen zu können (Lex 1997; Schäfer 1997). Die Förderung laufe vielfach in pädagogischen Schonräumen ohne Bezug zum wirklichen Arbeitsleben ab. In solchen Maßnahmen fühlten sich Jugendliche häufig unterfordert, was ihrer Motivation eher abträglich sei.

Die Frage, wie Förderangebote der Jugendberufshilfe effizienter und arbeitsmarktnäher gestaltet werden können, hat auf Initiative der Robert Bosch Stiftung erstmals eine Kommission von Fachleuten aufgegriffen. Die Kommission hat hierzu schließlich ein zukunftweisendes Organisationsmodell vorgelegt (Robert-Bosch-Stiftung 1995). Dieses Modell sieht vor, Qualifizierung und Beschäftigung für Jugendliche, deren berufliche Integration zu misslingen droht, betriebsförmig zu organisieren. Dazu sollen Betriebe (die Kommission benutzt den Begriff Jugendberufshilfebetrieb) geschaffen werden, die auch in Trägerschaft der Jugendhilfe stehen können. Aufgabe dieser Einrichtungen ist es, benachteiligte Jugendliche in eine normale betriebliche Produktion einzubinden, sie beruflich zu qualifizieren und sozialpädagogisch zu unterstützen. Um eine möglichst realistische Arbeitssituation zu schaffen, sollen Jugendhilfebetriebe ihre Produkte und Dienstleistungen vermarkten und Erträge erwirtschaften. Ein Grundgedanke des Modells ist, dass der Jugendhilfebetrieb ein realitätsbezogenes arbeitsdidaktisches Instrument bildet, durch das auch solche Jugendliche motiviert werden können, die mit den herkömmlichen Qualifizierungs- und Beschäftigungsmaßnahmen nicht mehr zu erreichen sind.

Jugendhilfebetriebe im Modellprogramm „Arbeitswelt-bezogene Jugendsozialarbeit"

Die Vorschläge der Kommission bildeten die Grundlage von Modellversuchen, in denen die Idee des Jugendhilfebetriebs konkret umgesetzt, erprobt und weiterentwickelt wurde. Das Modellprogramm „Arbeitsweltbezogene Jugendsozialarbeit 1998–2001" hat sie zum Gegenstand einer seiner drei Schwerpunkte gemacht (zu den weiteren Schwerpunkten vgl. die Beträge von Gericke ab S. 126 und Schreiber-Kittl/Schröpfer ab S. 38). Arbeitsansätze dieser acht Modellprojekte (je vier in den alten und neuen Bundesländern) im Handlungsfeld „Jugendhilfebetriebe" waren

- die Umwandlung von Qualifizierungs- und Beschäftigungsmaßnahmen zu Produktions- und Dienstleistungsbetrieben, die Erträge erwirtschaften,
- der Aufbau von Belegschaftsstrukturen, die es ermöglichen, Produkte und Dienstleistungen nach marktüblichen Standards zu produzieren und gleichzeitig leistungsgeminderte Arbeitskräfte zu fördern,
- die Entwicklung und Erprobung neuer Beschäftigungsfelder für benachteiligte Jugendliche durch Kooperation mit privatwirtschaftlichen Betrieben und professionelles Marketing.

Ein Jugendhilfebetrieb arbeitete als Dienstleistungsagentur, zwei waren im Garten- und Landschaftsbau tätig, weitere zwei im Recyclinggeschäft und bei den letzten beiden handelte es sich jeweils um eine Holz- und Möbelschreinerei.

Fördern und fordern als ein Strukturprinzip des Jugendhilfebetriebs

Das pädagogische Anliegen, benachteiligte Jugendliche so zu fördern, dass sie dabei auch gleichzeitig mit der Ernstsituation der Arbeitswelt konfrontiert werden, ist ein Strukturprinzip des Jugendhilfebetriebs. Für den fördernden Part steht das Qualifizierungs- und Beschäftigungsangebot in Trägerschaft der Jugendhilfe, das von (sozial-)pädagogischem Personal mitgestaltet wird. Dadurch soll sichergestellt werden, dass die Jugendlichen die Unterstützung erhalten, die sie benötigen, um auf dem Ausbildungs- und Arbeitsmarkt Fuß fassen zu können. Für den fordernden Part steht die Mitarbeit der Jugendlichen, die durch ihren Arbeitseinsatz zum wirtschaftlichen Erfolg des Betriebs beitragen müssen. Denn Jugendhilfebetriebe sind echte Betriebe, die Güter und Dienstleistungen produzieren und sich am Markt behaupten müssen. Benachteiligte Jugendliche lernen somit unter realistischen Bedingungen von Produktions- und Auftragsorientierung ihr Arbeitsvermögen zu entwickeln.

Das pädagogische Prinzip *fördern und fordern* gestaltet sich im Jugendhilfebetrieb nicht widerspruchsfrei. Denn der Jugendhilfebetrieb ist eben nicht nur eine pädagogische Veranstaltung, sondern gleichzeitig auch ein ökonomisches Gebilde, das eigenen Gesetzmäßigkeiten unterliegt. Mit dem Jugendhilfebetrieb sind also zwei Zielsetzungen verknüpft: eine (sozial-)pädagogische und eine ökonomische. Reibungen entstehen dort, wo es um die Herstellung von Produkten und Dienstleistungen geht, die, um am Markt Abnehmer zu finden, eine entsprechende Qualität aufweisen müssen. Unter pädagogischen Gesichtspunkten hat die Herstellung von Produkten und Dienstleistungen für den Markt die Funktion, für die Jugendlichen und jungen Erwachsenen eine Arbeitssituation mit Ernstcharakter zu schaffen, die sich positiv auf die Lernmotivation und die Entwicklung von Arbeitsvermögen auswirkt. Je näher der Jugendhilfebetrieb also am Markt agiert, umso realistischer gestalten sich die Anforderungen, mit denen die Jugendlichen konfrontiert werden (siehe Beitrag von Koch ab S. 110). Gleichzeitig erwächst gerade hieraus die Gefahr, dass unter dem Qualitäts- und Termindruck der Produktion das Lernen zu kurz kommen kann.

Mit der Marktorientierung geht auch gleichzeitig ein ökonomisches Interesse einher, das auf den Austausch von Gütern gerichtet ist, über den Erlöse erzielt werden sollen. Je umfangreicher diese Erlöse sind, umso größer werden auch die Handlungsspielräume des Jugendhilfebetriebs in der Gestaltung seiner Organisations- und Personalentwicklung. Aus dieser Doppelrolle von Wirtschaftsbetrieb einerseits und Fördereinrichtung andererseits erwachsen im Jugendhilfebetrieb widersprüchliche Anforderungen: Um am Markt bestehen zu können, müssen Jugendhilfebetriebe den privatwirtschaftlichen Betrieben vergleichbare Strukturen aufbauen. Allerdings unterliegen sie hierbei einer wesentlichen Einschränkung. Denn anders als privatwirtschaftliche Betriebe können sie ihren Arbeitskräftebedarf nicht aus dem freien Markt heraus abdecken, sondern sind auf den eingeschränkten Markt subventionierter Arbeitskräfte angewiesen. Diese Arbeitskräfte, die z.T. vorübergehend, z.T. längerfristig vom regulären Arbeitsmarkt ausgeschlossen waren, werden in der Regel deshalb dem Jugendhilfebetrieb zugewiesen, weil ihr Leistungsvermögen eingeschränkt ist. Mit in ihrer Leistungsfähigkeit eingeschränkten Arbeitskräften wirtschaftlich tätig zu werden und sich am Markt zu behaupten, ist eine Anforderung, die Jugendhilfebetriebe zu bewältigen haben. Eine andere ist es, die jungen Arbeitskräfte dabei gleichzeitig zu qualifizieren und zu fördern, also ihr Arbeitsvermögen zu entwickeln bzw. ihre Leistungseinschränkung zu reduzieren.

Die Untersuchungsergebnisse aus den Fallstudien zur wissenschaftlichen Begleitung des Modellprogramms „Arbeitsweltbezogene Jugendsozialarbeit" (Gericke/Lex/Schreiber-Kittl/Schröpfer 2001) zeigen, dass die in der Konzeption des Jugendhilfebetriebs systematisch angelegten Konfliktkonstellationen zwischen Förderung und Produktivität auf allen Ebenen spürbar werden: Bei der Rekrutierung des Fachkräftepersonals, bei der Einstellung der zu fördernden TeilnehmerInnen, in der Personalentwicklung und im Personalmanagement, bei der Gestaltung von Lernprozessen sowie der Produktentwicklung und Arbeitsorganisation. Die Strategien der Konfliktlösung variieren und hängen sehr vom Selbstverständnis des Jugendhilfebetriebs ab, ob er sich mehr in der Rolle des *fördernden* (vgl. dazu den Beitrag von Mertens ab S. 98) oder *fordernden* Parts (vgl. dazu den Beitrag von Koch) sieht.

Fachkompetenz und Pädagogik: Zur Gewinnung von Fachkräften

Für den Jugendhilfebetrieb ist die Anwerbung von Fachkräften von strategischer Bedeutung. Nur über gute Fachkräfte gelingt es, den Jugendhilfebetrieb so zu etablieren, dass er sich am Markt behaupten kann. Von ihnen hängt es häufig ab, welches Image der Jugendhilfebetrieb in Fachkreisen genießt und wie sich die Beziehungen zum ersten Arbeitsmarkt entwickeln. Zum Beispiel sind gute Kontakte zu Betrieben die Voraussetzung dafür, Jugendliche aus dem Jugendhilfebetrieb dorthin in ein Praktikum oder in Arbeit zu vermitteln. Von den Fachkräften gefordert wird nicht nur der Nachweis einschlägiger beruflicher Qualifikation und Erfahrung, sondern auch unternehmerisches Denken und Handeln. Wurde in bisher „maßnahmeförmigen" Qualifizierungs- und Beschäftigungsangeboten der Jugendsozialarbeit mehr auf die pädagogischen Fähigkeiten des Anleitungspersonals Wert gelegt, so rücken mit dem Jugendhilfebetrieb nunmehr deren fachspezifische Kenntnisse und Managementfähigkeiten gleichermaßen in das Blickfeld der Betrachtung.

Förderung und Selektion: Benachteiligte Jugendliche als Arbeitskräfte und als Adressaten von Förderung

Der Jugendhilfebetrieb muss ein Interesse daran haben, solche Jugendlichen und junge Erwachsenen zu gewinnen, für die einerseits ein besonderer Förderbedarf besteht, die aber andererseits Voraussetzungen mitbringen, die sie für den spezifischen Arbeitseinsatz im Jugendhilfebetrieb als geeignet ausweisen. Dabei strukturieren Tätigkeitsfelder sowie die Art der Produkte und Dienstleistungen die Zugangswege. Jugendhilfebetriebe können in diesem Rahmen allerdings nicht ganz frei entscheiden; sie sind an die Vorgaben von Finanzierungsinstrumenten und -bedingungen gebunden. Wichtig in diesem Zusammenhang ist, ob sie gegenüber den Förderinstanzen einen hinreichenden Handlungs- und Gestaltungsspielraum erwirken können. Gelingt ihnen dies, so können sie die Zusammensetzung von Belegschaften durchaus beeinflussen. Um das Risiko von Fehlbesetzungen und Fluktuation durch Abbrüche gering zu halten, bedienen sich Jugendhilfebetriebe oft aufwendiger Auswahlverfahren. Das formale Einstellungsgespräch reicht in der Regel nicht aus. Es finden systematisierte Auswahlverfahren wie z. B. Arbeitserprobungsphasen, Vorschaltmaßnahmen und Verfahren des Assessment Anwendung. Bei den Auswahlkriterien spielen sowohl Förder- als auch Produktivitätsaspekte eine Rolle. Es geht schließlich darum, zu einer Belegschaft zu gelangen, die markt- und auftragsbezogen arbeitet.

Förderung in Ernstsituation: Stärkung der Starken – Schwächung der Schwachen?

Die Belegschaftsstruktur des Jugendhilfebetriebs muss der Besonderheit des jeweiligen Produkts bzw. der angebotenen Dienstleistung entsprechen. Je anspruchsvoller das Produkt oder die Dienstleistung ist, desto größer sind auch die Anforderungen an das fachliche Know-how der Belegschaft. Je geringer die Anforderungen an die Qualität des Produkts oder der Dienstleistung sind, desto niedriger ist der Anspruch an berufliche Vorerfahrungen, Fähigkeiten und Kenntnisse der Arbeitskräfte. Einfache Tätigkeiten erfordern weniger, anspruchsvolle Tätigkeiten mehr Sorgfalt auch bei der Auswahl der TeilnehmerInnen.

Die durch die Auftragsarbeit hergestellte Markt- und Kundenbindung eröffnet benachteiligten Jugendlichen Lernchancen. Doch es sind vor allem die Leistungsstarken, die durch die Auftragsarbeit und -abwicklung häufig Ansporn und Bestätigung erfahren. Kundenkontakt, Verhandlungsgeschick, qualitätsbewusstes und termingerechtes und auch weitgehend selbstständiges Arbeiten fordern die Leistungsstarken heraus. Unverkennbar ist die Gefahr, dass unter dem Leistungs- und Termindruck von Auftragsabwicklung die schwächeren Jugendlichen deutlich weniger zum Zuge kommen und an den Rand gedrängt werden. Denn hohe Anforderungen im Hinblick auf Qualität und Termintreue können zur Folge haben, dass Arbeitsaufträge entsprechend der aktuellen Leistungsfähigkeiten der Jugendlichen verteilt oder im ungünstigsten Fall alleine von den Fachkräften bewältigt werden. Es erfordert eine umsichtige Planung von Betriebs- und Arbeitsabläufen, um sowohl den Kundenwünschen nach Qualität und termingerechter Ausführung der Arbeit als auch den berechtigten Anliegen der Jugendlichen – etwa ausreichende Einarbeitungszeit zur Verfügung zu haben – nachzukommen.

Qualifizierung: Berufliche Qualifizierungsprozesse und betriebswirtschaftliches Kosten-Nutzen-Kalkül

Im Jugendhilfebetrieb wird eine neue Verbindung zwischen Qualifizierung und Beschäftigung geknüpft. Der Lernprozess ist in die Auftragsarbeit eingebunden und muss in den Produktions- und Arbeitsablauf integriert werden. Für die Gestaltung von Lernprozessen spielen zwei Faktoren eine entscheidende Rolle: Finanzierungsinstrument und Produktionsbedingungen. Der Jugendhilfebetrieb ist in der Regel auf eine Finanzierung der TeilnehmerInnen angewiesen. Diese regelt nicht nur die Höhe der Entlohnung oder Vergütung der Jugendlichen im Jugendhilfebetrieb, sondern sie bestimmt auch Inhalte und Ziele der Förderung. Während das eine Förder- und Finanzierungsinstrument mehr auf (qualifizierende) Beschäftigung zielt, betont ein anderes spezifische Bildungs- und Ausbildungselemente wie das Nachholen von Schulabschlüssen oder den Erwerb von Teil- oder Vollqualifikationen. Jugendhilfebetriebe müssen dies berücksichtigen und mit den eigenen Förderzielen in Einklang bringen.

Die Lernprozesse sind in den Arbeitszusammenhang integriert und lassen je nach Auftragslage, Arbeitsorganisation und Arbeitsplatzgestaltung unterschiedliche Spielräume in der Lernorganisation erkennen. Je stärker der Jugendhilfebetrieb allerdings vom Auftragsgeschäft abhängt und je mehr dieser den Betriebsablauf dominiert, umso mehr gerät auch der Lern- und Qualifikationsprozess in die Sogwirkung von Kriterien der Produktivität. Unverkennbar ist die Tendenz zu praxisbezogener Qualifizierung (siehe Beitrag von

Koch). Diese darf sich aber nicht nur auf das Einüben von Arbeitstugenden (Disziplin, Pünktlichkeit usw.) beschränken, sondern muss auch Elemente systematischen Lernens umfassen. In diesen Kontext gehört auch der Erwerb von auf dem Arbeitsmarkt anerkannten und verwertbaren Zertifikaten. Wie es gelingen kann, benachteiligte Jugendliche in den Arbeitszusammenhang von Produktion und Dienstleistung einzubinden und sie dabei auch noch anspruchsvoll zu qualifizieren, zeigen die Beiträge von Mertens ab S. 98 und Gerdsmeier ab S. 188.

Fazit: Jugendliche im Jugendhilfebetrieb als geförderte und geforderte Arbeitskräfte

Jugendhilfebetriebe tragen dazu bei, die Praxis- und Arbeitsmarktferne maßnahmeförmig organisierter Förderung zu überwinden, indem die zu fördernden Jugendlichen Produkte und Dienstleistungen erarbeiten, die auf dem Markt Abnehmer finden müssen. Kennzeichnend für den Jugendhilfebetrieb ist der doppelte Status der TeilnehmerInnen: Sie sind einerseits Adressaten von pädagogischen Leistungen, also Personen, deren Arbeitsvermögen entwickelt und gefördert werden soll; zum anderen sind sie aber auch Arbeitskräfte, die mit ihrem Einsatz zum wirtschaftlichen Erfolg des Jugendhilfebetriebs beitragen müssen.

Der Ernstcharakter von Arbeit im Jugendhilfebetrieb bietet benachteiligten Jugendlichen die Möglichkeit einer an den Anforderungen der realen Arbeitswelt ausgerichteten Förderung. Diese Förderung erhöht ihre Chancen, auf dem Arbeitsmarkt einen Ausbildungs- oder Arbeitsplatz zu finden erheblich.

Damit die Jugendlichen die betriebliche Herausforderung auch tatsächlich als Chance der beruflichen Entwicklung wahrnehmen können, ist eine umfassende pädagogische Förderung nötig, die auch Elemente von organisiertem und systematischem Lernen umfasst. Die Produktionsprozesse und Arbeitsabläufe müssen so gestaltet sein, dass sie ausreichend Freiräume für Einarbeitung, Anlernung und fachliche Qualifizierung ermöglichen.

Dem Förderauftrag entsprechend sollten benachteiligte Jugendliche mit arbeitsmarktrelevanten Qualifikationen ausgestattet werden. Jugendhilfebetriebe können sich daher nicht auf den Erwerb von Arbeitserfahrungen und die Vermittlung von grundlegenden Kompetenzen des Sozialverhaltens beschränken. Sie haben darüber hinaus Lernprozesse zu initiieren, die den Erwerb von am Arbeitsmarkt anerkannten Zertifikaten über fachliche und fachübergreifende Qualifikationen zum Ziel haben.

Die schwierige Gratwanderung zwischen Ernstsituation von Arbeit unter Produktionsbedingungen auf der einen und der Übungs- und Lernsituation auf der anderen Seite müssen Jugendhilfebetriebe bewältigen, denn Jugendliche dürfen nicht deshalb scheitern, weil sie unter Produktionsbedingungen zu wenig gefördert, vom Arbeitsumfang überfordert oder nur mit monotonen, qualifikatorisch anspruchslosen Tätigkeiten beschäftigt werden, die ihrer Entwicklung nicht dienlich sind. Die Jugendlichen benötigen eine Förderung, die an den individuellen Voraussetzungen ansetzt und sie mit dem Grad an Ernstcharakter von Arbeit konfrontiert, den sie brauchen, um den beruflichen Anschluss zu finden.

Jugendhilfebetriebe sollten sich künftig auf den Einsatz von Entwicklungs- oder Förderplänen verpflichten (siehe Beitrag von Kretschmer ab S. 202). Diese individuell zu vereinbarenden Pläne sind vorab gemeinsam mit den Jugendlichen verbindlich für beide Seiten festzulegen. Damit wird der Qualifizierungsprozess insgesamt transparenter, da die individuellen, auf die spezifischen Bedürfnisse von Einzelnen bezogenen notwendigen Qualifizierungsschritte nachvollzogen werden können.

Im Modellprogramm waren die Zielgruppen des Jugendhilfebetriebs im Hinblick auf Bildungsvoraussetzungen, Arbeitserfahrungen und Lebensumstände heterogen. Bei der Auswahl der BewerberInnen mussten die Jugendhilfebetriebe widersprüchliche Zielsetzungen verbinden, d. h. einerseits Arbeitskräfte finden, die den betriebswirtschaftlichen Erfordernissen gerecht wurden, andererseits TeilnehmerInnen auswählen, die in besonderer Weise der Förderung bedurften und mit den Möglichkeiten des Jugendhilfebetriebs optimal gefördert werden konnten. Das Risiko einer betriebswirtschaftlich motivierten Auslese zulasten leistungsschwächerer Jugendlicher liegt dabei auf der Hand, ist aber durch die Entwicklung zielgruppengerechter Förderkriterien kontrollierbar.

Die Arbeitsplätze und die Arbeitsorganisation im Jugendhilfebetrieb lernfördernd zu gestalten ist eine wichtige Voraussetzung für eine gelungene Umsetzung des pädagogischen Prinzips *fördern und fordern*. Beide Komponenten sind – wenn auch nicht widerspruchsfrei – in die Konzeption des Jugendhilfebetriebs integrierbar.

Dr. Tilly Lex, Deutsches Jugendinstitut e.V. München

Literatur

Braun, F./Lex, T./Rademacker, H. (Hrsg.) (2001): Jugend in Arbeit. Neue Wege des Übergangs Jugendlicher in die Arbeitswelt. Opladen.

Felber, H. (Hrsg.) (1997): Berufliche Chancen für benachteiligte Jugendliche? Orientierungen und Handlungsstrategien. Arbeitsweltbezogene Jugendsozialarbeit. Band 2. München.

Gericke, T./Lex, T./Schreiber-Kittl, M./Schröpfer, H.: Fördern und fordern. Jugendliche in Modellprojekten der Jugendsozialarbeit. Ergebnisse aus der wissenschaftlichen Begleitung und dem Monitoring des Modellprogramms „Arbeitsweltbezogene Jugendsozialarbeit 1998–2001", München/Leipzig 2001.

Lex, T. (1997): Berufswege Jugendlicher zwischen Integration und Ausgrenzung. Arbeitsweltbezogene Jugendsozialarbeit. Band 3. München.

Raab, E. (1996): Jugend sucht Arbeit. München.

Robert Bosch Stiftung (Hrsg.) (1995): Jugendhilfe und Arbeitsförderung. Neue Wege der beruflichen Integration benachteiligter Jugendlicher. Empfehlungen einer Fachkommission. Stuttgart.

Schäfer, H. (1997): Abgedrängt – Der Einfluß des Übergangssystems auf die Marginalisierungsprozesse junger Männer am Arbeitsmarkt. In: Felber, H. (Hrsg.): Berufliche Chancen für benachteiligte Jugendliche. Orientierungen und Handlungsstrategien. Arbeitsweltbezogene Jugendsozialarbeit. Band 2. München.

Martin Mertens

Erwerb von arbeitsmarktrelevanten Teilqualifikationen im Jugendhilfebetrieb
Das Modellprojekt *Recyclingwerkstatt*[1]

Konzeption

1983 wurde der Kasseler Verein *BuntStift* gegründet. Zielsetzung war die Förderung lebensorientierter Bildung und Ausbildung für sozial benachteiligte Jugendliche und junge Erwachsene. Die Produktionsschule *BuntStift* ist seit 1992 in Betrieb. Hier werden ausbildungsvorbereitende Maßnahmen in den Bereichen Holzwerkstatt und Metallwerkstatt sowie Büro/Verwaltung und Hauswirtschaft durchgeführt; in diesen vier Bereichen erfolgen zudem Berufsausbildungen. Der im Rahmen des Modellprogramms initiierte Jugendhilfebetrieb Recyclingwerkstatt *BuntStift* ist ebenfalls eingebettet in das Konzept der Produktionsschule. Als Einrichtung im Bereich vorberuflicher Bildung intendiert die Produktionsschule die Verbindung von Arbeiten und Lernen, um für die Jugendlichen damit folgende Ziele zu erreichen:

- Persönlichkeitsförderung,
- Unterstützung bei der Berufsorientierung,
- Motivierung zur (Berufs-)Ausbildung und Erwerbstätigkeit,
- (Re-)Integration in Arbeit und Gesellschaft,
- Einkommenssicherung durch Arbeit.

Die Produktionsschule begegnet mit ihrer Arbeit aktuellen Defiziten im allgemein bildenden und beruflichen Bildungssystem, deren Folgen gerade an jener Klientel deutlich werden, die bei *BuntStift* arbeitet und lernt: Für einen bedeutenden Teil der Jugendlichen äußern sich die Defizite in einer unzureichenden beruflichen Orientierung. Zudem scheitern sie häufig an der Dominanz kognitiver Lernprozesse – insbesondere dann, wenn dabei die symbolische Repräsentation (Sprach- und Schriftlastigkeit) betont wird, wie das in den Regelschulen üblich ist. Schließlich zeigen sich bei den Jugendlichen auch die Folgen einer unzureichenden Förderung der sozialen und

---

[1] Die Abfassung dieses Textes wurde nachhaltig von Michael K. Brandt und Marcus Vogt unterstützt, denen an dieser Stelle gedankt sei.

emotionalen Kompetenzen. Die pädagogischen Leitlinien der Produktionsschule knüpfen vor allem an folgenden Grundsätzen an:

- Zentralität von Produktion und Arbeit,
- Orientierung an der und auf die Realität der Arbeitswelt,
- Ganzheitlichkeit bezüglich der auszuübenden Arbeitsprozesse und der verschiedenen Lebenswelten der Jugendlichen sowie im Hinblick auf deren gesamte Persönlichkeitsentwicklung.

Ein produktiver und betriebsnaher Ansatz, wie ihn *Buntstift* gewählt hat, muss fortwährend eine Reihe von Kriterien beachten. Bei *Bunt-Stift* gelten derzeit folgende Regeln:

- Die Produkte/Dienstleistungen erfüllen professionelle Qualitätsansprüche.
- Für die Produkte und Dienstleistungen gibt es einen gesellschaftlichen Bedarf und einen Markt, an dem sich die Preise orientieren.
- Die Jugendlichen und jungen Erwachsenen erhalten eine Vergütung, die ihnen ein eigenständiges und existenzgesichertes Leben ermöglicht.
- Die wöchentliche Arbeitszeit der TeilnehmerInnen beträgt 38,5 Stunden.

Eine Produktionsstätte als Jugendhilfebetrieb zu organisieren, hat auch erhebliche Konsequenzen für die betriebliche Arbeitsorganisation. Berufspädagogen, Meister und Geselle leiten die jungen Arbeitskräfte an, produktive Teams zu bilden, die Auftragsarbeiten so erledigen müssen, dass die Produkte am Markt bestehen können. Zusammen mit den Jugendlichen und jungen Erwachsenen bemühen sich die Ausbilder um die Akquisition von Aufträgen, um den Aufbau und die Pflege von Kundenkontakten und um die Entwicklung von Strategien der Vermarktung (Produktionsarbeiten). Die ProduktionsschülerInnen sollen dabei die komplexe betriebliche Struktur kennen lernen, die betrieblichen Organisationsabläufe verstehen, mit den Schnittstellen ihres Arbeitsplatzes vertraut werden und vor allem den Sinn ihrer Tätigkeit begreifen.

Recyclingwerkstatt *BuntStift*

Mit der Recyclingwerkstatt sollte ein völlig neuer Arbeitsbereich innerhalb von *BuntStift* aufgebaut und etabliert werden, nämlich ein Jugendhilfebetrieb mit einer hohen Selbstfinanzierungsquote. Weiterhin sollten die so geschaffenen Arbeitsplätze den Teilnehmer-

Innen sinnvolle und zukunftsweisende Möglichkeiten der weiteren beruflichen Integration bieten.

Das Recyclingprojekt zielt auf eine dezentrale umweltfreundliche Entsorgung so genannter „Weißer Ware“ und anderer Elektrogeräte ab, deren Abfuhr die privaten Haushalte bei den Stadtreinigern der Stadt Kassel beantragen. Darüber hinaus wird von Endverbrauchern und Händlern Elektro- und Metallschrott jeglicher Art mit Ausnahme von Nachtspeicherheizungen angenommen. Um die Abfuhr zu gewährleisten, wird ein Abholservice für private Kunden betrieben. Die Zusammenarbeit im Rahmen eines Kooperationsvertrages mit den Stadtreinigern Kassel (ein Eigenbetrieb der Kommune) ist das derzeit wichtigste Standbein für den Betrieb der *BuntStift*-Recyclingwerkstatt.

Vorrangiges Ziel von *BuntStift* ist die Vermittlung der TeilnehmerInnen in den ersten Arbeitsmarkt bzw. in eine Berufsausbildung. Ein adäquater Ausbildungsberuf im Recyclingbereich existiert derzeit noch nicht, sodass wir uns an dem breiten Spektrum der existierenden Metall- und Elektroberufe (MetallbauerInnen, AnlagenelektronikerInnen, KFZ-MechanikerInnen) orientieren. Durch die vielfältigen Tätigkeiten in der Recyclingwerkstatt ergibt sich als Lern- und Ausbildungsziel eine breite Palette beruflicher Fertigkeiten.

Zielgruppen

Mit ihrem Bildungs- und Berufsorientierungsangebot richtet sich die Recyclingwerkstatt an Jugendliche und junge Erwachsene, die einen besonderen Förderbedarf aufweisen. Angesprochen sind beispielsweise Personen zwischen 17 und 27 Jahren,

- die keinen Ausbildungsplatz finden oder eine Ausbildung abgebrochen haben,
- die mit einer sofortigen Ausbildung überfordert wären,
- die aufgrund von Sprachschwierigkeiten Probleme beim Einstieg in das Berufsleben haben,
- die längere Zeit arbeitslos sind,
- die sozial auffällig geworden sind.

Innerhalb dieser Zielgruppe stellt *BuntStift* im Vergleich zu anderen Maßnahmen der Jugendsozialarbeit relativ hohe Anforderungen an die TeilnehmerInnen: Die BewerberInnen werden zwar z. B. über das Arbeitsamt vermittelt, müssen sich allerdings direkt bei *BuntStift* bewerben und werden auch direkt von *BuntStift* ausgewählt. Chancen auf einen der zwölf Plätze in der Recyclingwerkstatt hat nur, wer erkennbares Interesse zeigt. Alkoholsüchtige und Konsumenten harter Drogen gehören nicht zur Zielgruppe. Bevorzugt werden Interessenten mit Vorkenntnissen und Vorerfahrungen, die z.B. aus einer abgebrochenen Berufsausbildung im Elektro- und Metallbereich oder aus entsprechenden Arbeitserfahrungen resultieren können. Auch der Besitz des Führerscheins ist ein Auswahlkriterium. Insofern kommen bei *BuntStift* Auswahlverfahren und Zusatzkriterien zum Zuge, die in den üblichen Bewerbungsverfahren so nicht auftreten.

Die Gründe dafür, ein solches Anforderungsprofil zu verwenden, sind bereits angedeutet worden. Sie resultieren daraus, dass sich die Recyclingwerkstatt in einem existierenden Markt behaupten muss: *BuntStift* nimmt Elektroaltgeräte an, die entweder repariert und wieder (mit Garantie) verkauft oder, sofern sie irreparabel sind, manuell sortenrein getrennt und der Wiederverarbeitung zugeführt werden. Zurzeit werden durch die Erlöse aus dem Verkauf von Produkten und Dienstleistungen zehn bis zwölf Prozent des gesamten Finanzvolumens erwirtschaftet. Das Ziel für die nächsten Jahre besteht darin, diesen Anteil durch Ausweitung des Gebrauchtgeräteverkaufs zu erhöhen.

Betriebliche Organisation

Problematisch ist in diesem Zusammenhang die Preisgestaltung, denn Neugeräte werden im Handel eher billiger als teurer. Bei den zerlegten Geräten besteht die Schwierigkeit, dass die höhere Sortenreinheit der Recyklate, die bei dem von *BuntStift* verwendeten manuellen Verfahren ermöglicht wird, sich kaum im Marktpreis widerspiegelt. Allerdings scheidet eine rein betriebswirtschaftliche Betrachtung ohnehin dadurch aus, dass der Fokus der Recyclingwerkstatt nicht auf dem Erwirtschaften von Gewinnen, sondern auf der Qualifizierung der TeilnehmerInnen liegt. Somit ist das arbeitsintensive, manuelle Zerlegungsverfahren alternativlos.

Über das Reparieren und Zerlegen hinaus sind die TeilnehmerInnen an der Akquisition neuer Aufträge beteiligt. Weiterhin gehören – wie in allen Werkstätten von *BuntStift* – Kundenkontakte und die Mitwirkung bei der Entwicklung von Verkaufsstrategien zu ihren Aufgabenfeldern.

Mit den TeilnehmerInnen wird ein sozialversicherungspflichtiger Arbeitsvertrag mit der bei *BuntStift* üblichen Wochenregelarbeitszeit abgeschlossen. Sie erhalten eine Vergütung, die eine eigenständige, wenn auch bescheidene Existenz sichert. Nehmen Fehlzeiten bei einem Teilnehmer überhand, drohen Abmahnungen und schließlich die Kündigung.

Letztlich bewegt sich die Recyclingwerkstatt zwischen den Polen der „harten" betrieblichen Praxis und einem notwendigen Schonraum für die persönliche und soziale Stabilisierung der TeilnehmerInnen. Das Lernen findet überwiegend unmittelbar beim Umgang mit den Produkten, z. B. einer Waschmaschine oder einem Fernseher, statt. Die Jugendlichen und jungen Erwachsenen sind gefordert, den gesamten Arbeitsprozess innerhalb ihrer Arbeitsgruppe durchzuführen. Der ganzheitliche Arbeitsprozess umfasst die Tätigkeiten

- Abholung des Altgerätes beim Kunden,
- Sicht- und Funktionsüberprüfung des Gerätes,
- Entscheidung (Entsorgung, Reparatur oder Demontage diverser Ersatzteile),
- Aufbereitung des Gerätes im Falle der Reparatur (Reinigung, Lackieren, Funktion),
- Lagerverwaltung im Falle der Ersatzteil-Demontage (Funktionsprüfung),
- manuelles Zerlegen im Falle der Entsorgung,
- sortenreines Separieren.

Zusätzliche Qualifizierungsmaßnahmen

BuntStift begrenzt seine Konzeption des „produktorientierten Lernens" dabei keineswegs darauf, benachteiligte Jugendliche und Erwachsene vorrangig zu beschäftigen und lediglich Lernprozesse in die Tätigkeit einzuweben. Angeboten werden in Verbindung mit der Arbeit auch umfangreiche Qualifizierungsmaßnahmen. Beispielsweise erhalten die TeilnehmerInnen die Möglichkeit, einen Gabelstapler-Führerschein zu erwerben oder sich mit allgemein bildendem Unterricht auf das Nachholen des Hauptschulabschlusses vorzubereiten. Aussiedlern und Ausländern mit Sprachschwierigkeiten werden Sprachkurse angeboten.

Außerdem wurde für die Recyclingwerkstatt ein fachspezifischer Unterricht entwickelt. Ein im Rahmen des Modellprogramms „Arbeitsweltbezogene Jugendsozialarbeit 1998–2001" in Zusammenarbeit mit dem Fachbereich Berufsbildung-, Sozial- und Rechtswissenschaften der Universität Gesamthochschule Kassel eigens erarbeitetes Curriculum liegt diesem Unterricht zugrunde (siehe Beitrag von

Gerdsmeier ab S. 188). Merkmal des Lehrplans ist sein arbeits- und prozessorientierter Charakter.

Martin Mertens, *BuntStift* e.V., Kassel

Herbert Marschelke

Bedingungen und Voraussetzungen für den Erwerb von zertifizierten Teilqualifikationen

Die Idee der Teilqualifikation

Ausgangspunkt der Überlegungen der IHK Kassel war die Feststellung, dass es eine Reihe von jungen Erwachsenen (über 18 Jahre) gibt, die keine abgeschlossene Berufsausbildung haben und auch nicht in der Lage sind, ohne weiteres eine Berufsausbildung zu absolvieren. Für solche Jugendlichen bot die Bildungslandschaft keine Alternative, die zu einem verwertbaren Qualifikationsabschluss führen würde. Es gab sozusagen zwischen „0" (keine formale Qualifikation) und „100" (Ausbildung in einem anerkannten Beruf) keine Zwischenlösung.

Die Problematik ist nicht neu und wurde schon früher von der IHK-Organisation deutlich gemacht, verbunden mit verschiedenen Forderungen, u.a. derjenigen, für eher „praktisch Begabte" adäquate Qualifizierungsmöglichkeiten und -abschlüsse zu schaffen. Unter arbeitsmarkt- und bildungspolitischen Gesichtspunkten erhielt diese Forderung zunehmendes Gewicht und breitere politische Aufmerksamkeit. So wurden entsprechende Fragen u.a. im Beschäftigungspolitischen Aktionsplan der Bundesregierung von 1998 und im Bündnis für Arbeit thematisiert und auch Gegenstand diverser Ansätze auf Länderebene.

In Hessen wurden die Chancen, zumindest für Teile der eingangs genannten Zielgruppe Möglichkeiten der Qualifizierung mit einer gewissen Anerkennung zu finden, 1999 in dem Arbeitskreis „Koordination von Fördermaßnahmen" erörtert, in dem die Landesregierung, die Arbeitsverwaltung, die Industrie- und Handelskammern, die Handwerkskammern, Arbeitgeberverbände und Gewerkschaften vertreten sind. Hier wurden die Teilqualifikationen definiert und ihre Umsetzung, Finanzierung und Anerkennung festgelegt.

Konkretisierung

In dem Bewusstsein, dass formale Abschlüsse zwischen „0 und 100" ein formelles Entwicklungsverfahren voraussetzen, das sich damals (und im Wesentlichen bis heute) aber als nicht durchsetzbar erwies, wurde ein Weg gewählt, der mehr bietet als eine unverbindliche Bescheinigung über die Teilnahme an irgendeiner Maßnahme, und der sich in seiner rechtlichen Qualität in den gegenwärtig gegebenen Grenzen bewegt. Die für Hessen zwischen Industrie- und Handelskammern, Handwerkskammern und der Arbeitsverwaltung vereinbarte und ab Frühjahr 2000 umgesetzte Lösung sieht wie folgt aus:

Teilqualifikationen werden inhaltlich definiert als Teile der Inhalte von anerkannten Ausbildungsberufen. Das heißt konkret: Es werden gewisse Lernziele aus dem Rahmenstoffplan so zusammen gestellt, dass sie zu einer Qualifikation führen, die von Unternehmen nachgefragt wird, also arbeitsmarktfähig ist.

Beispiel: Für die Teilqualifikation Lagerwirtschaft/StaplerfahrerIn wurden aus dem Rahmenstoffplan für den Beruf „Fachkraft für Lagerwirtschaft“ die Lernziele mit den Ziffern 4, 5, 7, 9, 10 ausgewählt, sodass die AbsolventInnen einer solchen Teilqualifikation in einem Lager einsetzbar sind und dort auch als StaplerfahrerInnen tätig werden können.

Gegenwärtig sind folgende Teilqualifikationen definiert:
Lagerwirtschaft/StaplerfahrerIn
Gastgewerbe/Küche
Gastgewerbe/Service
Gastgewerbe/Wirtschaftsdienst
Gastgewerbe/Warenwirtschaft
Metall/TeilezurichterIn
Recycling/Elektro und Metall
Industrie/Lebensmitteltechnik
Industrie/Chemie
Industrie/Elektro
Gebäudetechnik/Elektroanlagen
Gebäudetechnik/Heizung-Klima-Sanitär
Druck/Drucken
Druck/Druckweiterverarbeitung
Handel/Floristik
Handel/Verkauf
Verwaltung/Büro
HelferIn im Garten- und Landschaftsbau

Die Teilqualifikation soll in einem Betrieb erworben werden, der die angegebenen Teile der Ausbildungsordnung zu vermitteln im Stande ist. Die Länge der Maßnahme ist auf sechs Monate angesetzt. Die aus der Betreuungsklientel der Arbeitsverwaltung vorgeschlagenen TeilnehmerInnen werden von dem beauftragten Bildungsträger in einer meist vierwöchigen Einführungs- und Motivationsphase vorbereitet und auch während der Maßnahme im Betrieb betreut.

Die Inhalte der Teilqualifikation sind Bestandteil des Vertrages zwischen dem Betrieb und dem beauftragten Bildungsträger. Der Betrieb verpflichtet sich, die genannten Inhalte während der sechs Monate zu vermitteln. Die Verträge werden bei der zuständigen Kammer registriert. Die TeilnehmerInnen führen einen Tätigkeitsnachweis, der vom Betrieb gegengezeichnet wird. AusbildungsberaterInnen der registrierenden Kammern können die Einhaltung des Vertrages überwachen. Nach Ablauf der sechs Monate erhalten die TeilnehmerInnen eine Bescheinigung der IHK oder der HWK, dass sie an der beschriebenen Maßnahme teilgenommen haben. Voraussetzung für den Erhalt dieser Bescheinigung ist, dass der Betrieb den vertragsgemäßen Ablauf bestätigt und eine Leistungsbeurteilung abgegeben hat und der Tätigkeitsnachweis ordnungsgemäß geführt wurde. Die Bescheinigung enthält zusätzlich den Passus, dass die Teilqualifikation auf eine evtl. folgende „reguläre" Berufsausbildung mit bis zu sechs Monaten angerechnet werden kann, wenn die Vertragspartner dies so vereinbaren.

Bedingungen für die Zertifizierung von Teilqualifikationen durch die IHK

An die Industrie- und Handelskammern wird immer wieder von verschiedenen Seiten der Wunsch herangetragen, dass sie diese und jene Qualifizierungsergebnisse zertifizieren mögen. Die IHKs sehen dies als Zeichen dafür an, dass von ihr bestätigte oder ausgegebene Zertifikate Wertschätzung und Anerkennung genießen. Die Antragsteller berücksichtigen jedoch nicht, dass die Industrie- und Handelskammern vom Gesetzgeber als „zuständige Stellen" im Sinne des Berufsbildungsgesetzes eingesetzt wurden, woraus sich ihre besondere Stellung ergibt. Das bedeutet, dass diese besondere Stellung sich nur auf die Befugnisse bezieht, die ihr das Gesetz gibt. Dies betrifft in diesem Zusammenhang insbesondere die öffentlich-rechtlichen Prüfungen und die daraus resultierenden Zeugnisse, die den gleichen Status wie staatliche Zeugnisse haben.

Im Übrigen können die Kammern Prüfungsleistungen nicht bescheinigen, wenn sie an der Leistungsfeststellung nicht beteiligt waren. Diese Tatsache zeigt sich im Falle der Teilqualifikationen darin, dass die IHK zwar registriert hat, dass ein Qualifizierungsvertrag mit festgelegten Inhalten abgeschlossen wurde. Mit der Bescheinigung, dass die Maßnahme durchlaufen wurde, bestätigt die IHK aber nicht, in welchem Maße und mit welchem Erfolg die TeilnehmerInnen tatsächlich qualifiziert wurden.

Was die IHKs darüber hinaus an Bildungsangeboten bereitstellen und durch Teilnahmebescheinigungen bzw. bei mit Prüfung abzuschließenden Lehrgängen durch Zertifikate bestätigen, gewinnt seine Wertschätzung daraus, dass die IHKs als Körperschaften des öffentlichen Rechts sich hohe Ansprüche an Qualität von Lehre, Prüfung und Bewertung auferlegen.

Teilqualifikationen in den Bereichen Recycling, Elektro und Metall: Das Beispiel *BuntStift e.V.*

Der Ansatz der Kasseler Produktionsschule *BuntStift e. V.*, bei ihr betreute Jugendliche im Rahmen eines integrierten, am Markt operierenden Betriebes auf dem Gebiet des Recyclings zu qualifizieren, umfasst auch das Ziel, diese Qualifikation zugunsten der Zukunftschancen der TeilnehmerInnen mit einer adäquaten Abschlussbestätigung zu versehen (siehe Beitrag von Mertens ab S. 98). *BuntStift* wandte sich mit diesem Anliegen an die IHK Kassel, die feststellte, dass es weder einen Berufsabschluss „Recycling“ oder Ähnliches gibt, noch die Struktur der bei *BuntStift* entwickelten Qualifizierungsmaßnahme dem üblichen Ablauf einer anerkannten Berufsausbildung entspricht. Immerhin aber rückt das Konzept mit dem marktorientierten „Ernstcharakter“ des Betriebes nahe an die Bedingungen dualer Berufsausbildung heran. Die Möglichkeit, einen Abschluss nach § 48 BBiG (Berufsausbildung behinderter Menschen) zu entwickeln, wurde mit Blick auf die angestrebten Chancen für eine Beschäftigung auf dem ersten Arbeitsmarkt nicht weiter verfolgt.

Die Entwicklung der o.g. Teilqualifikationen ließ bei der IHK Kassel die Idee entstehen, das *BuntStift*-Konzept „Recycling/Elektro und Metall“ so anzupassen, dass es der Struktur der Teilqualifikationen entspricht, und so den Katalog der akzeptierten Teilqualifikationen um den „Recyclingwerker“ zu erweitern. Beides wurde erreicht.

Die Inhalte der Teilqualifikation „Recycling/Elektro und Metall“ wurden den Rahmenstoffplänen der Berufe des Industriemechanikers und des Elektroinstallateurs entnommen und wie folgt festgelegt:

- Arbeitssicherheit, Umweltschutz, Datenschutz und Energieverwendung,
- Berufsbildung,
- Transportieren und Sichern,
- Kontrollieren und Prüfen,

- Grundlagen der Elektroinstallation,
- Demontieren und Montieren,
- Lagern von Gütern,
- Konstruieren und Fertigen,
- betriebliche Organisation, Kommunikation und Kooperation.

Die Handhabung bei *BuntStift* unterscheidet sich insofern von Teilqualifikationen in anderen Betrieben, als hier zum einen die TeilnehmerInnen nicht nur über die Arbeitsverwaltung kommen, zum anderen kein sonstiger Bildungsträger mit der Betreuung der Maßnahme (einschl. Einführungs-/Motivierungsphase) beauftragt werden muss, weil die entsprechenden Kapazitäten und Kompetenzen bei *BuntStift* selbst vorhanden sind. Ferner ist die Dauer der Maßnahme auf ein Jahr festgelegt.

Erfahrungen mit Teilqualifikationen

Was schon vorher bekannt war, haben die Erfahrungen vielfach bestätigt: Motivation, Arbeitsfähigkeit und Bildungsfähigkeit der Zielgruppe sind gering ausgeprägt und überwiegend schwer zu wecken. Dies wird auch daran deutlich, dass sich die beauftragten Bildungsträger teilweise schwer taten, die TeilnehmerInnen auf die praktische Zeit im Betrieb angemessen vorzubereiten. Viele Jugendliche und junge Erwachsene gaben vorzeitig auf.

Die Qualifizierung auf der Grundlage eines Vertrages, aber ohne abschließende Prüfung setzt einen besonders verantwortungsvollen Umgang des Bildungsträgers und insbesondere des qualifizierenden Betriebes mit den jungen Leuten voraus; diese Vorgabe wurde nicht in jedem Fall eingelöst.

Auch an denen, die schließlich ihre Teilqualifikation bescheinigt bekamen, wurde vielfach deutlich, dass für diese Zielgruppe oft auch dann der Schritt zu einer Ausbildung in einem anerkannten Beruf immer noch zu groß ist und es „dazwischen“ angesiedelter Abschlüsse bedürfte, damit sie nicht wieder ohne anerkannte geprüfte Qualifikation im Leben stehen.

In der Zusammenarbeit mit *BuntStift* hatten wir aufseiten der IHK den dezidierten Eindruck, dass an Konzept und Umsetzung mit viel Sorgfalt, Kompetenz und Engagement gearbeitet wurde. Es wurde darauf geachtet, nur solche TeilnehmerInnen für eine Bescheinigung vorzuschlagen, bei denen man es im Sinne der Wertigkeit der Teilnahmebescheinigung wirklich verantworten kann. Zudem wurde deutlich, dass die sozialpädagogische Betreuung und die Qualifizierung anhand eines eigens für die Qualifikanten des Jugendhilfebetriebs entwickelten Curriculums sich positiv auswirken.

Ausblick

Erfahrung der beteiligten Institutionen bei der Auswahl, Betreuung und fachlichen Qualifizierung benachteiligter Jugendlicher lässt höhere Erfolgsquoten bei Teilqualifikationen erwarten. Die generelle Forderung nach beruflicher Qualifizierung *aller* Jugendlichen wird sich jedoch auch mit diesem Instrument nicht erfüllen lassen, weil es unter den benachteiligten Jugendlichen auch solche gibt, deren Motivation, Arbeitsfähigkeit und Bildungsfähigkeit für eine Teilqualifikation mit den oben beschriebenen Inhalten und Zielen nicht ausreichen.

Eine Evaluation der bisherigen Ergebnisse steht noch aus. Es wäre empfehlenswert zu prüfen, ob Jugendlichen unter 18 Jahren als zusätzliche Alternative zu bestehenden Berufsvorbereitungen ebenfalls Teilqualifikationen angeboten werden könnten.

Dr. Herbert Marschelke, Industrie- und Handelskammer Kassel

Andreas Koch

Lernen und arbeiten an einem Großauftrag
Das Modellprojekt *Come On*

Jugendberufshilfebetrieb – eine Begriffsbestimmung

Die Jugendarbeitslosigkeit ist ein bedrückendes Problem. Junge Menschen ohne berufliche Perspektive empfinden sich als Angehörige einer Generation ohne Zukunft. Jugendliche mit schlechten oder fehlenden Schulabschlüssen sind am häufigsten von Arbeitslosigkeit bedroht. Ihre Qualifikation reicht oft nicht aus, um einen der knappen Ausbildungsplätze zu bekommen. Sie verirren sich im Dschungel außerbetrieblicher Fördermaßnahmen und haben kaum Möglichkeiten, wichtige betriebliche Erfahrungen zu sammeln oder sich in der Arbeitswelt zu bewähren.

Um diese Jugendlichen zu stärken und zu motivieren, sich trotz unsicherer Zukunftsperspektiven beruflich zu qualifizieren, bedarf es neuer Wege. Im Modellkonzept „Jugendberufshilfebetriebe“ sollen Angebote eröffnet werden, die zwischen klassischen Beschäftigungsmaßnahmen ohne jede „Erlöserzielungsabsicht“ und einem Arbeitsverhältnis in einem normalen Wirtschaftsbetrieb stehen. Eine Grundbedingung dafür ist, dass die Jugendlichen innerhalb betrieblicher Strukturen unter den normalen Anforderungen des Marktes qualifiziert werden. Die langfristige berufliche Integration der Jugendlichen wird so erheblich verbessert.

Der Jugendberufshilfebetrieb agiert daher konsequent am Markt, führt keine Sandkastenspiele, sondern Auftragsarbeiten unter Einhaltung gängiger Qualitätsstandards durch und deckt einen Teil seines Finanzbedarfes durch Eigenerlöse ab. Die Jugendlichen lernen einerseits den Umgang mit Kunden und deren Qualitätsvorstellungen kennen und erkennen andererseits den bleibenden Wert der von ihnen geschaffenen Produkte.

Zielsetzung

Das Modellprojekt will beweisen, dass eine betrieblich organisierte Jugendberufshilfe die Integration in den Regelarbeitsmarkt verbessert. Die Trennung zwischen dem so genannten ersten und dem zweiten Arbeitsmarkt soll im Jugendberufshilfebetrieb aufgehoben werden. Er versteht sich als Teil des normalen Marktgeschehens und soll langfristig als Regelpraxis der Jugendberufshilfe übernommen werden. Im Rahmen der Marktbetätigung sollen außerdem Dauerarbeitsplätze für die Zielgruppe entstehen, die längerfristige Perspektiven für die befristet Beschäftigten bieten.

Strategie

Die Umsetzung der Konzeption „Jugendberufshilfebetrieb" im Modellprojekt *Come On* erforderte die Nutzung herkömmlicher Förderprogramme, da die Modellförderung vom finanziellen Umfang her bestenfalls als Anschubfinanzierung zu verstehen war und der Modellansatz auch nicht den weltfremden Anspruch verfolgte, gänzlich ohne Subventionierung auskommen zu können. Da die Förderbedingungen anderer Arbeitsmarktprogramme (z.B. Zusätzlichkeit, Gemeinnützigkeit bei ABM etc.) leider nicht ignoriert werden können, kam der Auswahl der am besten geeigneten Förderprogramme eine für den Erfolg vorentscheidende Bedeutung zu. Um möglichst nah an den idealtypischen Umsetzungsvorschlägen der Kommission der Robert-Bosch-Stiftung zu bleiben, die eine Poolung von Fördermitteln bei einem regionalen Treuhänder vorschlägt, sollte ein virtueller „Runder Tisch" aller relevanten möglichen Finanziers eingerichtet werden. Diese Runde sollte gemeinschaftlich die Finanzierung des Projekts „zusammenpuzzeln" (Poolungssimulation), den Projektträger beraten und bei der Umsetzung unterstützen. Gleichzeitig sollte der Runde Tisch als Lobbyist für das Projekt wirken.

Als Standort des Projektes wurde ein Stadtteil mit besonderem Erneuerungsbedarf gewählt (starke Bautätigkeit in der Wohnumfeldverbesserung und hoher Einsatz öffentlicher Mittel). Weiterhin hatte der Standort den Vorteil, dass ein Architekturbüro, das im Verbund mit der GrünBau GmbH Dortmund arbeitet, die planerische Realisierung der Wohnumfeldverbesserung übernommen hatte und die Ruhr-Lippe Wohnungsgesellschaft den größten Wohnungsbestand im Viertel hat. Für die Ruhr-Lippe hatte GrünBau in der Vergangenheit bereits vorher erfolgreich Auftragsmaßnahmen durchgeführt.

Umsetzung

Räumliche Voraussetzungen

Die erste Phase des Projektes war der „Stadtteilerkundung“ gewidmet. Die städtebauliche und soziale Struktur des Stadtteils wurde untersucht. Wichtige Multiplikatoren, Kunden und andere Stadtteilakteure wurden identifiziert und kontaktiert. Die geplante Maßnahme wurde Stadtteilpolitikern ebenso vorgestellt wie der Nachbarschaftsversammlung. *Come On* wurde ins Gemeinwesen implantiert.

Die Großsiedlung Dortmund Hörde-Clarenberg gehört zu den so genannten „Stadtteilen mit besonderem Erneuerungsbedarf“. Das Zusammenspiel sozialer und baulicher Defizite macht diese Stadtteile häufig zu so genannten „städtischen Problemquartieren“. Die Verbesserung der Lebenssituation in diesen Stadtteilen wird durch das Land NRW darum besonders gefördert. Teil des Konzeptes ist, dass die Jugendlichen, die bei *Come On* arbeiten, aus diesem Stadtteil kommen und selbst an seiner Umgestaltung und Verbesserung mitarbeiten. Dadurch sollen sie sich sowohl mit „ihrem“ Stadtteil als auch mit dem Umgestaltungsprozess identifizieren. Eine positive soziale Kontrolle wird aktiviert, Vandalismusschäden gehen zurück und die lokale Ökonomie im Viertel wird positiv beeinflusst. Auch die Projekträumlichkeiten befinden sich daher im Viertel.

Runder Tisch

GrünBau installierte den geplanten „Runden Tisch“. Folgende Institutionen bildeten die „treuhänderische Steuerungsrunde“: Jugendamt, Sozialamt, Stadtplanungsamt, Wirtschafts- und Beschäftigungsförderung, Arbeitsamt, Ruhr-Lippe Wohnungsgesellschaft, LEG NRW (Steuerung der Erneuerungsmaßnahmen), Stadtbüro (wissenschaftliche Begleitung des Projekts). Später kam noch der Sozialdienst Katholischer Frauen hinzu (Kooperationspartner, soziale Betreuung der Jugendlichen).

In mehreren Sitzungen im Jahr 1998 wurde folgende Finanzkonstruktion für *Come On* am „Runden Tisch“ entwickelt:

Bei mehreren dieser Finanzierungsbausteine zeigten sich deutlich die Probleme der Kompatibilität zwischen Modellförderung und Regelprogrammen. Die KJP-Förderung hat keine „Liberalisierung“ der Ausführungsbestimmungen zur Folge gehabt, ist aber dennoch entscheidender „Türöffner“ für die Akquise anderer Fördermittel gewesen.

Finanzkonstruktion für *Come On*

Modellentwicklung, Projektleitung, Qualitätsmanagement, wissenschaftliche Begleitung	KJP des BMFSFJ unter Kofinanzierung des Landesjugendplans und Eigenmitteln des Trägers
Teilnehmerlöhne	Sozialamt im Rahmen des Landesprogramms „Arbeit statt Sozialhilfe"
Sozialpädagogische Begleitung	Extern vom SKF durchgeführt mit ABM-Mitteln des Arbeitsamtes Dortmund
Anleitung	Erwirtschaftete Eigenmittel und RWE-Jugendstiftung
Sachkosten	RWE-Jugendstiftung und Wirtschafts- und Beschäftigungsförderung (in 2001)
Investitionskosten (Maschinen etc.)	Wirtschafts- und Beschäftigungsförderung, RWE-Jugendstiftung
Einrichtung der Räumlichkeiten	Stadtplanungsamt
Umbau der Räumlichkeiten und Mietverzicht	Ruhr-Lippe-Wohnungsgesellschaft
Auftragsvergabe	Ruhr-Lippe-Wohnungsgesellschaft, später auch andere

Das Programm „Arbeit statt Sozialhilfe" wurde vom Runden Tisch sehr schnell als Basisfinanzierung identifiziert. Es erwies sich als flexibler als z.B. eine ABM-Förderung, lieferte jedoch keine Möglichkeit, die Sach- und Investitionskosten, die Qualifizierung, die Fachanleitung und die sozialpädagogische Betreuung zu finanzieren. Es war jedoch möglich, erwirtschaftete Eigenmittel als Kofinanzierung für diese ungedeckten Kosten einzusetzen. Da der Jugendberufshilfebetrieb diese Kosten aber nicht alle selbst erwirtschaften kann, erwies sich dieser Finanzierungsbereich als der problematischste. Das Arbeitsamt sah sich aufgrund des „Erwirtschaftungsansatzes" und der „Förderung mit anderen Bundesmitteln" nicht in der Lage,

AnleiterInnen und PädagogInnen als ABM oder mittels „freier Förderung" zu finanzieren.

Die Anleiterkosten für zwei Jahre übernahm im Zuge einer Anschubfinanzierung die RWE-Jugendstiftung. Hier wiederum hat die Bundesmodellförderung sich als positives Akquiseargument herausgestellt. Die Übernahme der Sach- und Investitionskosten konnte ebenfalls problemlos am „Runden Tisch" geklärt werden.

Als das Projekt bereits startete, war die Frage der sozialpädagogischen Begleitung immer noch nicht geklärt. Schließlich wurde von der Steuerungsrunde ein Kooperationsprojekt zwischen der GrünBau GmbH und dem SKF initiiert, einem Träger, der im Viertel bereits eine Stadtteilberatung betrieb. Der SKF stellte den ABM-Antrag und betreut im Zuge seiner Gemeinwesenarbeit die Jugendlichen im *Come-On*-Projekt. Diese Konstruktion war einerseits aus der Not geboren: Die Klippe „ABM und wirtschaftliche Ausrichtung des Projekts" wurde umschifft. Andererseits wurden konzeptionelle Bestandteile des Betriebskonzeptes konsequent umgesetzt: Die Jugendlichen gehen wie im „richtigen Leben" morgens auf die Baustelle der GrünBau GmbH. Nach Feierabend regeln sie ihre privaten Angelegenheiten und gehen zur Beratungsstelle im Nachbarschaftsbüro. Die Verzahnung der beiden Elemente erfolgt durch regelmäßige Teilnahme der Sozialpädagogin an der interdisziplinären Teamsitzung des Projektes sowie durch die Teilnahme an den berufsspezifischen Workshops aller SozialpädagogInnen bei GrünBau. Diese Konstruktion hat sich bewährt. Sie wurde in einigen Elementen zur Regelpraxis bei GrünBau. Auch in anderen Projektteilen wird die Sozialberatung mittlerweile außerhalb der Arbeitszeit angeboten.

Drei Qualitätsziele

Ausgehend von der Aussage „Der Kunde ist König" lassen sich für das Betriebskonzept des Jugendberufshilfebetriebs folgende Qualitätsansprüche formulieren:

(1) Die bewusst ganzheitliche Beschäftigungs- und Qualifizierungsarbeit der GrünBau GmbH orientiert sich an der Lebenswelt und den besonderen Problemlagen ihrer MaßnahmeteilnehmerInnen. Gemeinsames Kriterium für eine Einstellung bei der GrünBau GmbH ist, dass die Jugendlichen auf dem so genannten ersten Arbeitsmarkt keine Arbeit finden konnten. Da die oft lang andauernde Arbeitslosigkeit häufig Probleme sozialer Destabilisierung mit sich bringt, sind neben der beruflichen Qualifizierung auch soziale Beratung und

Betreuung notwendig, um das Ziel der Integration in ein Dauerarbeitsverhältnis zu erreichen. Erstes Qualitätsziel der GrünBau GmbH ist daher, die Wünsche der arbeitslosen Kunden (Maßnahmeteilnehmerlnnen) nach beruflicher und sozialer Integration so gut wie möglich zu erfüllen.

(2) Die finanziellen Mittel zur Durchführung der Beschäftigungs- und Qualifizierungsmaßnahmen kommen von unterschiedlichen Zuwendungsgebern, die an den Dienstleister „GrünBau“ mit der finanziellen Förderung Erwartungen und Anforderungen formulieren. Das ist vor allem – auch mit Blick auf die Öffentlichkeit und den Steuerzahler – die Forderung nach größtmöglicher Effektivität der eingesetzten Fördermittel: „Möglichst preiswert möglichst vielen Arbeitslosen helfen, ohne staatliche Alimentierung zu leben“ (hohe Integrationsquoten). Zweites Qualitätsziel der GrünBau GmbH ist daher, die Kundenwünsche der „Förderer“ bestmöglich zu erfüllen, indem man sich bei der beruflichen Qualifizierung im „sozialen Berufshilfebetrieb“ an der Realität des ersten Arbeitsmarktes orientiert. Arbeiten unter Laborbedingungen schaden der Motivation der Teilnehmerlnnen und laufen einer Integration zuwider. Die marktnahe Qualifizierung wird daher „hart an der Grenze“ der gesetzlichen Bestimmungen (siehe oben) auftragsbezogen durchgeführt.

(3) Die dritte Kundengruppe, die *Come On* zufrieden stellen muss, sind also private und öffentliche Auftraggeber, die handwerkliche Dienstleistungen im Garten- und Landschaftsbau nachfragen und damit gleichzeitig eine „Übungsbaustelle“ zur Verfügung stellen. Drittes Qualitätsziel ist somit eine möglichst hochwertige Durchführung dieser übernommenen Auftragsarbeiten.

Diese drei unterschiedlichen Zielsetzungen können in Zielkonflikte geraten. Die Interessen der Institutionen, die Beschäftigungs- und Qualifizierungsmaßnahmen finanzieren, und die Interessen der Arbeitslosen, die an solchen Maßnahmen teilnehmen, sind zwar teilweise identisch (Arbeitslosigkeit beenden), aber auf dem Weg dahin gibt es Interessenkollisionen, und die machen sich am Geld fest. So benötigt ein Langzeitarbeitsloser z.B. eine ausreichende Qualifizierungsdauer für eine erfolgreiche Stabilisierung, er braucht gute Lehrerlnnen, Anleiterlnnen und Sozialarbeiterlnnen sowie eine moderne Betriebsausstattung. Außerdem möchte er oder sie während der Maßnahme vernünftig bezahlt werden, um den Lebensunterhalt zu sichern. Das alles kostet Geld, und davon möchte der Zuwendungsgeber – in der Regel der Staat – möglichst wenig ausgeben, vor allem in Zeiten knapper Kassen und hoher Arbeitslosigkeit. Im Extremfall kann das dazu führen, dass die bewilligte Maßnahmedauer und -ausstattung nicht mehr ausreicht, um das Ziel der Integration in den ersten Arbeitsmarkt zu erreichen.

Ein Kunde, der seinen Garten umgestaltet haben möchte, erwartet eine zügige, saubere Durchführung der Arbeiten und ein hochwertiges Endprodukt. Ein Normalbetrieb versucht diese Kundenforderungen zu erfüllen, indem er möglichst gut qualifiziertes Personal einsetzt. Der Berufshilfebetrieb muß die Forderungen mit gering Qualifizierten erfüllen, die für ihre berufliche Qualifizierung Zeit benötigen. Die Kundenforderungen zu erfüllen, ist unter diesen Umständen schwierig. Es ist daher von enormer Wichtigkeit, den Kunden vorab über die Besonderheiten des Betriebes zu informieren. In der Regel benötigt GrünBau zusätzliches Personal und eine erheblich längere Zeit für die Baudurchführung und muss auch gelegentlich Arbeiten nachbessern. Am Schluss aber stimmt die Qualität des Produktes.

Ein spezielles Qualitätsmanagementsystem für den Berufshilfebetrieb aufzubauen und zu pflegen, das alle drei Kundengruppen zufrieden stellt, war das zweite Ziel im Modellprojekt der GrünBau GmbH. Es wurde im Juni 2001 mit der Zertifizierung nach DIN ISO 9001:2000 durch die DQS erfolgreich installiert. Die notwendige Verzahnung der Prozesse zu einem optimierten Betriebsablauf bringt einen hohen Abstimmungsaufwand mit sich, dem durch zahlreiche disziplinär (z. B. Treffen der SozialpädagogInnen) und interdisziplinär besetzte Teamsitzungen (LehrerInnen, GärtnerInnen, SozialpädagogInnen etc.) und Arbeitsbesprechungen Rechnung getragen werden muss.

Arbeiten und Lernen im Rahmen eines Großauftrags

Als GrünBau sich mit dem *Come-On*-Betrieb 1999 um den Auftrag bemühte, Maßnahmen der Wohnumfeldverbesserung für die Ruhr-Lippe Wohnungsgesellschaft durchzuführen, hatten Geschäftsführung und Projektleitung von einem zehnprozentigen Anteil am Gesamtkuchen geträumt. Der erschien realistisch, weil das Land NRW seinen Förderansatz für Stadterneuerungsmaßnahmen erhöht, wenn eine solche Maßnahme mit zehnprozentiger Teilhabe eines B+Q-Trägers durchgeführt wird. Als die Ruhr-Lippe Wohnungsgesellschaft aber beschloss, den Gesamtauftrag in vier Bauabschnitten in mehrfacher Millionenhöhe an den Berufshilfebetrieb zu vergeben, musste die gesamte Projektstruktur verändert werden, wenn nicht die Interessen der Jugendlichen geopfert werden sollten. Trotz anfänglicher

Bedenken wurde beschlossen, das Vorschussvertrauen des Auftraggebers zu rechtfertigen.

Im Jugendberufshilfebetrieb waren zu Beginn (1999) 15 Jugendliche und junge Erwachsene beschäftigt. Sie erhielten den Lohn eines Hilfsarbeiters und wurden durch einen Gartenbautechniker und einen Vorarbeiter (einen ehemaligen Teilnehmer aus einer anderen Maßnahme) angeleitet und qualifiziert. Komplettiert wurde das Team durch den Projektleiter (Dipl.-Ing. Raumplanung und gelernter Gärtner) und eine halbe Verwaltungskraft.

Mit der Abwicklung des Großauftrags in dieser Personalkonstellation wäre die Enttäuschung aller Beteiligten vorprogrammiert gewesen. Am Beginn der harten Bauphase wurden deshalb auf der Grundlage der kalkulierten Bauerlöse zusätzliche Anleiter und Vorarbeiter eingestellt. In der Hochphase des ersten Bauabschnitts fanden 16 MaßnahmeteilnehmerInnen und elf Stammkräfte einen Arbeitsplatz im Projekt. Unter den zusätzlich gewonnenen Personen befanden sich hoch qualifizierte Fachleute (Dipl.-Ing. Landschaftspflege, Gärtnermeister), Facharbeiter, aber auch drei ehemalige Maßnahmeteilnehmer, denen eine wichtige motivierende Funktion für die Gruppe zukommt, die als Vorarbeiter tätig sind und z. B. nach entsprechender Qualifizierung Baumaschinen bedienen. Für die TeilnehmerInnen ist das ein Signal: „Wenn ich gute Leistungen bringe, habe ich nicht nur draußen auf dem ersten Arbeitsmarkt, sondern auch im Betrieb selbst eine Zukunftsperspektive." Das ist ein Schritt weg vom Image des „Durchlauferhitzers", der Beschäftigungsmaßnahmen anhaftet.

Ein weiterer Schritt, dem Auftragsdruck zu begegnen, war die Vergabe von Spezialarbeiten ohne Qualifizierungsanteile an Fremdfirmen. Diese Fremdfirmen mussten sich im Gegenzug bereit erklären, Praktikumsplätze für die MaßnahmeteilnehmerInnen zur Verfügung zu stellen.

Notwendiger Bestandteil der Personalentwicklung im Jugendberufshilfebetrieb ist die Mitarbeiterqualifizierung, um einerseits die Bauqualität zu sichern und andererseits die Ausbildungsqualität zu gewährleisten. Während die Hochsaison durch „learning-by-doing" bestimmt wurde, standen in der auftragsschwachen Winterzeit zertifizierte Module im Angebot. Das heißt in der Sommerzeit konnten vor allem die Arbeitstugenden (Arbeiten unter Zeitdruck; Stress; Lärm und Schmutz; Sauberkeit; Teamfähigkeit; Kundenorientierung) eingeübt werden und im Winter wurden sozusagen außerbetrieblich die handwerklichen Kenntnisse gezielt erweitert. Alle TeilnehmerInnen erhielten Zertifikate über die erworbenen Fähigkeiten. Praktika in einem Unternehmen, nach Wunsch der Beschäftigten mit einer qualifizierten Beurteilung durch den Betrieb, runden das Qualifizierungskonzept ab.

Dennoch darf nicht verschwiegen werden, dass das Konzept des Berufshilfebetriebs erheblichen Aufwand in der Koordination und Durchführung von Qualifizierungsmodulen erfordert. Qualifizierung kostet doppelt Geld: Die Leute fehlen auf der Baustelle und erwirtschaften nichts, die Durchführung der Lehrgänge kostet ebenfalls. Mit diesem Problem befinden sich die Berufshilfebetriebe in der guten Gesellschaft aller Betriebe des ersten Arbeitsmarktes. Auch dort wird im Zuge von „lebenslangem Lernen (LLL)" über Möglichkeiten der betrieblichen Qualifizierungsförderung nachgedacht. Jobrotation kann eine Antwort für die beschriebene Problematik sein: Für den Qualifikanten wird eine subventionierte Ersatzperson eingestellt.

Fazit

Mit der erfolgreichen Abwicklung des Großauftrags für die Ruhr-Lippe Wohnungsgesellschaft hat der Jugendberufshilfebetrieb *Come On* alle im Vorfeld formulierten Qualitätsziele erreicht:

Erfolgreiche Dienstleistungsprozesse

Alle Beschäftigten des Berufshilfebetriebes haben zertifizierte, beruflich verwertbare Teilqualifikationen erworben. Drei junge Erwachsene wurden vom Berufshilfebetrieb nach Ablauf der Maßnahme auf eigene Kosten weiterbeschäftigt. Einer ist noch heute nach entsprechender Qualifizierung als Baumaschinenführer beschäftigt. Über 80 Prozent der Beschäftigten konnten nach der Maßnahme erfolgreich integriert werden. Das spricht für die Qualifizierung unter Marktbedingungen im Jugendberufshilfebetrieb, die vor allem auch die Schlüsselqualifikationen fördert und fordert.

Soziale Stabilisierung

Die sozialpädagogische Betreuung wurde erstmals extern bei einem anderen Träger angesiedelt, um dem Betriebskonzept gerecht zu werden. Die Zusammenarbeit in der Kooperation ist bisher erfolgreich. Die endgültige Bewertung der Externalisierung ist jedoch noch nicht möglich. Vieles wird davon abhängen, ob es gelingt, eine aufsuchende Arbeit mit der „Komm-Struktur" der Beratung zu verknüpfen, ohne die Trennung von „Arbeit" und „Sozialpädagogik" aufzugeben. Wichtig ist in diesem Zusammenhang die personelle Kontinuität, die mit der bisherigen ABM-Finanzierung nicht möglich ist. Die hohe Vermittlungsquote spricht aber dennoch für eine gelungene Stabilisierung und Qualifizierung.

Auftragsabwicklung

Der Jugendberufshilfebetrieb erwirtschaftet 50 Prozent seiner Kosten (in den letzten zwei Jahren ca. 2,3 Mio. DM) selbst. Bei den Bauabnahmen durch den Auftraggeber wurden keine Mängel festgestellt, Gewährleistungsfälle sind nicht aufgetreten, die Auftragsbücher sind voll. Das alles spricht für eine zufriedene Kundschaft.

Erfolgreiche Managementprozesse

Für das Projekt *Come On* bedeutet das die erfolgreiche Umsetzung des Modellkonzepts durch geeignete strategische Maßnahmen. Die Ziele sind nachhaltig erreicht worden. Der Berufshilfebetrieb am Standort Clarenberg wird auch über die Modelllaufzeit hinaus bestehen können. Das Konzept soll um weitere Maßnahmen der „sozialen Stadterneuerung" abgerundet werden (Betrieb einer Spielgeräteausleihe, Aufbau eines „Concierge-Service" in der Großsiedlung). Zukünftige Aufgabe der Geschäftsführung wird es auch weiterhin sein, das „Betriebsmodell" mit der Förderschiene „kompatibel zu machen", um rechtliche Risiken, die sich aus dem Gemeinnützigkeits- und Subventionsrecht und der Ordnungspolitik ergeben (Geschäftsführung im Balanceakt zwischen „Knast und Knete"), auszuräumen.

Zweites Zukunftsziel ist, weiterhin für eine Entsplitterung des Förderwesens im Rahmen einer Poolfinanzierung zu werben. Das erfordert eine intensive Lobbyarbeit und einen langen Atem. Dennoch sind erste Erfolge sichtbar. Die Modellförderung des BMFSFJ war ein wichtiger Meilenstein zur Realisierung der Utopie des „Idealkonzepts Jugendberufshilfebetrieb" der Robert-Bosch-Kommission.

Andreas Koch, GrünBau GmbH Dortmund

Barbara Resch

Vom Sozialhilfebezug zur selbstständigen Lebensführung

Die Arbeitsgruppe *Berufliche Integration statt Sozialhilfe* im Sozialamt der Stadt Dortmund vermittelt sozialhilfebeziehende Bürger in den ersten Arbeitsmarkt, ohne dass Lohnkostenzuschüsse gezahlt werden. Außerdem akquiriert und plant die Arbeitsgruppe bedarfsgerechte Beschäftigungs- und Qualifizierungsmaßnahmen. Das gesamte Bewilligungsverfahren, das Controlling und die Abrechnung der Maßnahmen werden in der Arbeitsgruppe abgewickelt, die sich als zentrale Servicestelle für die 13 dezentralen Sozialhilfedienste (SHD) in Dortmund versteht.

Im Sozialamt Dortmund hat vor einigen Jahren ein Paradigmenwechsel stattgefunden. Während früher eher die Zahlbarmachung der Sozialhilfeleistungen im Vordergrund stand, versuchen die Sozialhilfedienste nun durch Hilfeplanung und Fallmanagement den sozialhilfeberechtigten BürgerInnen ein von Sozialhilfe unabhängiges Leben zu ermöglichen. Mit Erstellung des *Hilfeplanes* wird u. a. die Entfernung des Einzelnen zum Arbeitsmarkt eingeschätzt, seine Stärken werden herausgearbeitet und berufliche Perspektiven für ihn entwickelt. Sollte eine direkte Eingliederung in den ersten Arbeitsmarkt nicht realistisch erscheinen, wird mit dem Kunden gemeinsam überlegt, welche Beschäftigungs- oder Qualifizierungsmaßnahme geeignet ist, um darüber eine dauerhafte berufliche Integration zu erreichen.

Arbeitsmarktnahe Organisationsform

Das Sozialamt hat bereits an der Konzeption von *Come On* mitgearbeitet, um sie schon in der Planungsphase im Sinne der eigenen Zielgruppe gestalten zu können (siehe Beitrag von Koch in diesem Band). Erfahrungen haben gezeigt, dass eine Maßnahme umso erfolgreicher ist, je stärker sie am Arbeitsmarkt orientiert und als „Echtbetrieb“ organisiert ist. Potenzielle MaßnahmeteilnehmerInnen lehnen Maßnahmen ab, wenn sie in Werkstätten beschäftigt werden und keinen Nutzen ihrer Arbeit sehen. Durch eine möglichst arbeitsmarktnahe Organisationsform sollen sozial benachteiligte BewohnerInnen eines Stadtteils eine qualifizierende Beschäftigung finden, durch die ihre Chancen auf Ausbildung und Arbeit steigen. *Come On* richtet sich in erster Linie an Jugendliche und junge Erwachsene aus dem Stadtteil Dortmund Hörde-Clarenberg. Die Maßnahme soll auch einen Beitrag zur Verbesserung der „sozialen Stadtteilbilanz" leisten, indem durch die Einbindung der Jugendlichen und jungen Erwachsenen in die Sanierungsarbeit der Kriminalität und dem Vandalismus vorgebeugt werden soll.

Landesprogramm Arbeit statt Sozialhilfe

In der Wohnsiedlung Clarenberg ist der Anteil sozialhilfebeziehender BürgerInnen besonders hoch. Bei diesem Personenkreis ist die Zielgruppe der AussiedlerInnen stark vertreten. Mit der Beschreibung der Zielgruppe und den vorgesehenen Maßnahmeelementen war am Runden Tisch recht schnell klar, dass das Landesprogramm *Arbeit statt Sozialhilfe* das geeignete Instrument für die TeilnehmerInnenfinanzierung war. Das Landesprogramm schreibt folgende Kriterien für die Bewertung beantragter Stellen vor:

- Arbeitsmarktrelevanz,
- Vermittlung persönlicher Basisqualifikationen,
- fachliche Qualifizierung,
- Zertifizierung der Qualifikation,
- Praktikum,
- Eingliederungserfolge vorangegangener Maßnahmen.

In einer gemeinsamen Bewertung des Sozialamtes mit dem Arbeitsamt und der Wirtschafts- und Beschäftigungsförderung wird festgelegt, welche Beschäftigungsfelder in Dortmund arbeitsmarktrelevant sind. Bei einer positiven Bewertung sollten die folgenden Maßnahmeelemente Inhalt der Maßnahmekonzeption sein:

- Vorgeschaltete Orientierungs-, Motivierungs- und Feststellungsmaßnahmen,
- Angebote zur Sicherung und Verbesserung der beruflichen Qualifizierung, der berufsbezogenen Allgemeinbildung, der Sprachkompetenz, sowie persönlicher Basisqualifikationen,
- soziale Begleitung sowie im Einzelfall Kinderbetreuung,
- Nachbetreuung mit dem Ziel der beruflichen Integration,
- Betriebliche Praktika zur Heranführung an den allgemeinen Arbeitsmarkt.

Folgende Teilziele (die ausnahmslos von *Come On* erreicht werden) wurden definiert, wobei die Reihenfolge gleichzeitig eine Rangfolge ist:

- Übergang in Beschäftigung oder betriebliche Berufsausbildung auf dem ersten Arbeitsmarkt,
- Erwerb von allgemein anerkannten (Teil-)Qualifikationen, die einen Übergang in Umschulung oder Fortbildung im Anschluss an die Maßnahme erleichtern,
- Erstellung eines beruflichen Entwicklungsplanes und Abarbeitung erster Schritte während der Maßnahme.

Bei allen Maßnahmen wird eine Arbeitserprobung vorgeschaltet. Die Arbeitserprobung läuft auf der Basis eines gemeinnützigen Einsatzes und wird mit 1,50 DM (0,77 €) pro Stunde als Mehraufwand zusätzlich zur Sozialhilfe vergütet. Nach der positiv verlaufenen Arbeitserprobung, die sich in der Regel auf vier bis sechs Wochen erstreckt, beginnt die eigentliche Maßnahme.

Das Landesprogramm *Arbeit statt Sozialhilfe* kann unter Berücksichtigung der dargestellten Kriterien inhaltlich flexibel ausgestaltet werden. Nachteilig sind die festen Beginntermine des Programms zum Ende des Jahres. Generell wären flexible Beginndaten gerade beim Garten- und Landschaftsbau wünschenswert, denn die im Prinzip hohe Motivation der TeilnehmerInnen schwächt sich häufig ab, wenn zu Beginn der Maßnahme aufgrund der Schlechtwetterphase zunächst theoretische Einheiten und vorbereitende Tätigkeiten durchgeführt werden.

Künftig ist geplant, die Arbeitsmarktpolitik zu regionalisieren. Diese Entwicklung ist zu begrüßen, da die lokalen Akteure vor Ort den Arbeitsmarkt am besten einschätzen können. Unabdingbar ist aber, dass die Finanzvolumina zu 100 Prozent mit in die Region gegeben werden.

Barbara Resch, Sozialamt der Stadt Dortmund

Uta Schütte

Chancen und Risiken der Jugendberufshilfebetriebe: zehn Thesen

1. Jugendberufshilfebetriebe und Beschäftigungs- und Qualifizierungsträger haben vor allem deshalb eine Chance am Markt, weil das Landesprogramm des Landes Nordrhein-Westfalen für „Stadtteile mit besonderem Erneuerungsbedarf“ die Integration von Qualifizierung und Beschäftigungsförderung zur grundsätzlichen Förderbedingung gemacht hat.
2. Jugendberufshilfebetriebe und Beschäftigungs- und Qualifizierungsträger müssen mit unqualifizierten und problembelasteten MitarbeiterInnen die gleiche Qualität erzielen wie ein Regelbetrieb, der sich für die Zielerreichung die besten MitarbeiterInnen suchen wird. Qualitätsabstriche kann und will sich der Auftraggeber bei vergleichbaren Kosten nicht leisten.
3. Es wird keine Rücksicht auf die Besonderheit des Betriebes genommen. Eine längere Bearbeitungszeit für einen Auftrag wird nur dann in Kauf genommen, wenn keine wirtschaftlichen Nachteile daraus entstehen.
4. Unter starkem wirtschaftlichen Druck muss der Jugendhilfebetrieb agieren wie ein Regelbetrieb. In diesem Fall kann keine Rücksicht darauf genommen werden, dass Aufträge längere Bearbeitungszeiten erfordern.
5. Jugendberufshilfebetriebe und Beschäftigungs- und Qualifizierungsträger müssen insofern besser sein als ein Regelbetrieb.
6. Von den Kunden der Jugendberufshilfebetriebe ist in der Regel kein Verständnis für die Besonderheit des Betriebes zu erwarten. Die Besonderheit wird in der Regel auch nicht betont, um Stigmatisierungseffekte zu vermeiden.
7. Jugendberufshilfebetriebe haben aufgrund der erschwerten Bedingungen eine höhere Identifizierung mit den Maßnahmen. Dieser besondere Aspekt macht sich nicht selten in der Qualität bemerkbar.
8. Jugendberufshilfebetriebe und Beschäftigungs- und Qualifizierungsträger können für benachteiligte Quartiere wichtige stabilisierende Faktoren sein, an denen ein Auftraggeber ein hohes Interesse haben kann.
9. Jugendberufshilfebetriebe und Beschäftigungs- und Qualifizierungsträger bieten die Chance für den Auftraggeber, sich als ein

verantwortungsvolles und sozial engagiertes Unternehmen darzustellen.

10. Jugendberufshilfebetriebe und Beschäftigungs- und Qualifizierungsträger können wertvolle Beiträge zu positiven Synergieeffekten schaffen. Die Chance, mit gemeinsamen Problemen vor Ort kreativ umzugehen, sollte genutzt werden.

Uta Schütte, Ruhr-Lippe Wohnungsgesellschaft mbH Dortmund

3 Betriebliche Berufsausbildung Benachteiligter – Möglichkeiten und Grenzen eines Ansatzes

Thomas Gericke

Projekte der Jugendberufshilfe als professionelle Dienstleister für Jugendliche und Betriebe

Die in den letzten Jahren zu beobachtende Erosion des Betriebes als Lernort für benachteiligte Jugendliche und die damit verbundenen Schwierigkeiten einer nachhaltigen beruflichen und sozialen Integration dieser Jugendlichen hat verstärkt dazu geführt, den Betrieb als Lernort für benachteiligte Jugendliche wieder zurückzugewinnen. Das geschah vornehmlich im Rahmen von Modellprogrammen wie dem der „Arbeitsweltbezogenen Jugendsozialarbeit" des Bundesministeriums für Familie, Senioren, Frauen und Jugend (BMFSFJ), aber auch im Rahmen gemeinsamer lokaler Anstrengungen von Trägern der Jugendhilfe, zuständigen Stellen und politischen Gremien. Vereinzelt sind aber auch in Großbetrieben aus unternehmerischer Verantwortung heraus Anstrengungen zur betrieblichen Förderung benachteiligter Jugendlicher erwachsen.

Die Gründe dafür, warum der Betrieb wieder verstärkt zum Lernort auch für benachteiligte Jugendliche werden sollte, sind in der Fachpraxis hinlänglich bekannt und diskutiert worden: Die Vorteile einer Ausbildung in der realen Arbeitswelt, das breite Spektrum der Ausbildungsberufe und die im Vergleich zu einer außerbetrieblichen Ausbildung besseren Übernahme- und Erwerbschancen werden beispielsweise genannt (Braun 1995, Gericke 1999, 2001). Und die Stichhaltigkeit dieser Begründungen erfährt mit jeder neuen Berufsbildungsstatistik ihre Bestätigung (Bundesministerium für Bildung und Forschung: Berufsbildungsbericht 2001, S. 196).

Der Kompetenzansatz wird dabei weitgehend vernachlässigt und damit gleichzeitig ein förderpädagogisches Argument ignoriert, dessen Berücksichtigung in der Benachteiligtenförderung eine zentrale Normierung darstellen sollte: Die bisher modellhaften Erfahrungen, die in der Benachteiligtenförderung mit dem Betrieb als Lernort für Benachteiligte gemacht wurden, belegen, dass es offensichtlich unter den Benachteiligten Jugendliche gibt, die mit ihren Kompetenzen und Ressourcen z.B. in einer außerbetrieblichen Berufsausbildung unterfordert sind, den Anforderungen einer betrieblichen Berufsausbildung – von der Bewerbung bis zum erfolgreichen Ausbildungsabschluss – aus eigener Kraft jedoch nicht standhalten könnten.

Berufsbiografisch nachhaltige Förderung dieser Jugendlichen verlangt also vor allem nach sozialpädagogischer und fachlicher Unterstützung, Hilfe und Begleitung in der betrieblichen Berufsausbildung. Damit wird eine „förderpädagogische Lücke“ zwischen der außerbetrieblichen Qualifizierung bzw. Berufsausbildung und der „normalen“ dualen Ausbildung geschlossen, die vor allem den Jugendlichen helfen kann, ihre Chancen auf berufliche Integration zu verbessern, „die für Maßnahmen zu stark und für den Markt zu schwach sind“.

Die erfolgreiche Umsetzung dieses Ansatzes hängt von zweierlei ab:

- Erstens: Aus der Gruppe der Benachteiligten sind diejenigen herauszufinden, die tatsächlich über das Potenzial verfügen, einer betrieblichen Berufsausbildung mit Hilfe und Unterstützung standzuhalten.
- Zweitens: Die Betriebe müssen für die Berufsausbildung Benachteiligter (wieder-) gewonnen werden.

Für die Lösung beider Aufgaben verfügt die Jugendsozialarbeit traditionell über Instrumente und Erfahrungen: Bei der überwiegenden Anzahl von Maßnahmen wird die Eignung der potenziellen TeilnehmerInnen erörtert bzw. ermittelt, und auch die Gewinnung von Betrieben als Partner der Jugendsozialarbeit für Praktika im Kontext von Orientierungs- und Qualifizierungsangeboten hat eine lange Tradition. Eignungsprüfungen und Auswahlverfahren für eine betriebliche Berufsausbildung und Strategien zur Gewinnung von Ausbildungsbetrieben müssen allerdings höheren Ansprüchen gerecht werden und eine größere Verbindlichkeit haben, als dies bei herkömmlichen Maßnahmen und Praktika der Fall ist. Gleichzeitig sind spezifische, die Berufsausbildung begleitende Angebote für die Jugendlichen, aber auch für die Betriebe zu entwickeln. Die jeweiligen Angebote sind als Dienstleistungen für die Jugendlichen *und* die Betriebe zu konzipieren und umzusetzen und bedingen damit die Entwicklung der Träger zu professionellen Dienstleistern bei der Förderung Benachteiligter.

Dienstleistungen für Jugendliche: Beraten, vorbereiten, vermitteln und unterstützen

Die Leistungen, die Träger der Jugendberufshilfe für Benachteiligte in einer betrieblichen Berufsausbildung entwickeln und umsetzen müssen, ergeben sich aus den sozialen und schulischen Defiziten dieser Jugendlichen. Denn diese Defizite sind der Grund dafür, dass es den Jugendlichen aus eigener Kraft nicht gelingt, sich auf dem Ausbildungsstellenmarkt zu behaupten.

Die in diesem Feld arbeitenden Träger wählen die TeilnehmerInnen aus und bereiten sie auf die Ausbildungsaufnahme vor, indem sie sie nach einer ganz grundsätzlichen Beratung an die Anforderungen eines strukturierten Tagesablaufes (wieder) heranführen, eventuelle Bildungsdefizite ermitteln und (noch einmal) den Berufswunsch der Jugendlichen evaluieren. Dazu diskutieren sie den Berufswunsch anhand der individuellen Interessen und Eignungen der Jugendlichen und erörtern gleichzeitig die regionalen Verwertungsbedingungen des angestrebten Ausbildungsberufes. Durch die Auswahl- und Vorbereitungsverfahren erhalten die ProjektmitarbeiterInnen eine sehr präzise Vorstellung von den mentalen Potenzialen und den Leistungspotenzialen der Jugendlichen, aber auch von deren Erwartungen an die Ausbildung. Mit diesem Wissen können sie ein für jeden Jugendlichen speziell zugeschnittenes Set an Hilfs- und Unterstützungsmaßnahmen konzipieren, und sie werden versuchen, den Jugendlichen nicht in irgendeinen, sondern in den Betrieb zu vermitteln, der passt.

Die Beratung und Vorbereitung auf die Berufsausbildung sind dabei in den letzten Jahren methodisch weiterentwickelt worden. Weil die Beratung und die Vorbereitung auf die Berufsausbildung von so entscheidender Bedeutung für den Ausbildungsverlauf sind, werden dafür inzwischen Verfahren (Assessment-Center-Verfahren, Potenzialanalysen, mehrstufige, strukturierte Aufnahmegespräche) eingesetzt, mit denen die Ressourcen der Jugendlichen, ihre Erwartungen an die Berufsausbildung und der jeweilige Hilfebedarf sehr genau ermittelt werden können (siehe Beiträge von Mähler und Müller in diesem Band). Je präziser die Träger an dieser Stelle arbeiten, desto einfacher gestaltet sich auch die Zusammenarbeit mit potenziellen Ausbildungsbetrieben, die ihrerseits genaue Vorstellungen von den Jugendlichen haben, die bei ihnen eine Berufsausbildung aufnehmen können (vgl. hierzu auch GATE 1999, Goepfert 1999).

In Gesprächen mit Ausbildungsbetrieben wird immer wieder deutlich, dass die Auswahl- und Vermittlungsleistung der Träger für die Betriebe eine reale Dienstleistung ist. Professionell arbeitende Träger bedenken inzwischen bei der Vermittlung von Jugendlichen beispielsweise, ob der Jugendliche eher die soziale Dichte eines Familienbetriebes oder die Anonymität eines mittelständischen Unternehmens bevorzugt, ob dem Jugendlichen in seiner Entwicklung die Führung durch einen Handwerksmeister oder die eher offene Führungsstruktur einer jungen Firma nützt.

Von zentraler Bedeutung für eine erfolgreiche Berufsausbildung ist die fachliche und sozialpädagogische Begleitung durch den Träger. Wie genau das Set der Unterstützungs- und Hilfeangebote für den einzelnen Jugendlichen aussieht, ergibt sich aus den Auswahlverfahren, die ja neben den Stärken auch die Defizite des Jugendlichen ermitteln. Danach wird gemeinsam mit dem Jugendlichen ein individueller Förder- oder Hilfeplan erarbeitet (siehe Beitrag von Kretschmer ab S. 202). Die dynamische Handhabung dieses Förderplanes – d.h. seine ständige Überprüfung und Fortschreibung – sichert, dass während der Berufsausbildung auf fachliche und sozialpädagogische Probleme und Krisenlagen mit entsprechenden Interventionen reagiert werden kann. Dazu gehören ausbildungsbegleitende Hilfen, Stützunterricht und sonstige berufstheoretische Hilfen sowie freizeitpädagogische Angebote. Der Jugendliche selbst kann andererseits durch die dynamische Handhabung des Förderplanes seinen Entwicklungsfortschritt erkennen. Wichtig ist, dass der Jugendliche einen festen Ansprechpartner hat und so entstehenden Problemen immer rechtzeitig begegnet werden kann. Dazu ist eine funktionstüchtige Kommunikation zwischen allen Lernorten notwendig. Bisherige Praxiserfahrungen zeigen allerdings, dass sich die Berufsschule in diese Kommunikation nur schwer einbinden lässt. Das ist umso kritischer zu bewerten, als die fachtheoretische Berufsausbildung eine häufige Quelle des Scheiterns in der Berufsausbildung ist. Hier gibt es dringenden Erprobungsbedarf.

Dienstleistungen für Betriebe: Auszubildende akquirieren und Betriebe entlasten

Die fachliche und sozialpädagogische Ausbildungsbegleitung ist für die Betriebe ein wichtiges Argument für die Übernahme von Ausbildungsverantwortung. Die Strategien der Jugendsozialarbeit im Umgang mit Betrieben als Lernorte für Benachteiligte konzentrieren sich auf zwei zentrale Aspekte:

- die Gewinnung von Betrieben für die Berufsausbildung Benachteiligter und
- die Gestaltung der arbeitsteiligen Kooperation zwischen Betrieb und Jugendsozialarbeit während der Berufsausbildung.

Beide Aspekte lassen sich nicht voneinander lösen: Die Gewinnung von Betrieben als Lernort für Benachteiligte hängt auch immer mit der Gestaltung der arbeitsteiligen Kooperation und mit den Dienstleistungsangeboten zusammen, die die Träger gegenüber den Betrieben entwickeln und anbieten. Es sind häufig diese Kooperationsangebote, die begleitenden Hilfen und Unterstützungen in der Berufsausbildung Benachteiligter, die die Betriebe zu einem Teil von den Risiken der Berufsausbildung entlasten und wieder Ausbildungsverantwortung übernehmen lassen.

Die Gewinnung von Betrieben als Ausbildungsorte für Benachteiligte beginnt mit der Frage, was die Betriebe ganz allgemein und was den einzelnen Betrieb speziell von der Berufsausbildung abhält. Im Modellprogramm „Arbeitsweltbezogene Jugendsozialarbeit 1998 bis 2001“ konnten dazu folgende Typen von Betrieben unterschieden werden:

1. Betriebe, deren optimierte betriebliche Strukturen und Abläufe eine Ausbildung unmöglich machen und/oder die (zurzeit) keinen Personalentwicklungsbedarf haben und deshalb nicht ausbilden.
2. Betriebe, die über die betrieblichen Voraussetzungen für die Berufsausbildung verfügen, aber das Risiko der Berufsausbildung und die formalen und organisatorischen Belastungen der Ausbildung scheuen.
3. Betriebe, die in wirtschaftlich instabilen Lagen agieren und die vor allem die Kosten von der Berufsausbildung abhalten.
4. Betriebe, die eigentlich ausbilden wollen, aber bisher aus eigener Kraft keinen Zugang zur beruflichen Ausbildung Jugendlicher gefunden haben.

Alle Anstrengungen bei der Gewinnung von Ausbildungsplätzen für benachteiligte Jugendliche sind nur dann erfolgreich, wenn sie diese betrieblichen Argumentationen und die dahinter stehenden betrieblichen Bedingungen aufgreifen und sich damit auseinander setzen. Ziel muss es sein, auf der Grundlage einer grundsätzlichen Kooperationsbereitschaft eine Dienstleistungsbeziehung zwischen Trägern der Jugendberufshilfe und Betrieben im Interesse Benachteiligter herzustellen. Die konkrete Ausgestaltung dieser Dienstleistungsbeziehung ist allerdings von den konkreten betrieblichen Bedingungen abhängig. Die tragende Grundidee dieser Dienstleistungsbeziehung ist: Die Träger der Jugendberufshilfe übernehmen bei der Berufsausbildung Benachteiligter gegenüber den Betrieben Unterstützungs- und Serviceaufgaben und entlasten die Betriebe damit zu einem Teil. Gleichzeitig stärken sie die Jugendlichen. Im Gegenzug bringen die Betriebe (wieder) ihre berufsbildenden Ressourcen ein und werden durch die Inanspruchnahme dieser Dienstleistungen in die Lage versetzt, Benachteiligte ausbilden zu können (Gericke 1999; Goepfert 1999).

Dieser Ansatz einer kooperativen betrieblichen Berufsausbildung ist im Modellprogramm „Arbeitsweltbezogene Jugendsozialarbeit“ –

aber nicht ausschließlich dort – erprobt worden. Das Spektrum der Betriebe, die bisher in diese kooperative Berufsausbildung eingebunden werden konnten, ist hinsichtlich Größe, Branche, Modernisierungsstand und Marktpositionierung sehr heterogen. Es finden sich in diesem Feld traditionelle Handwerksbetriebe neben jungen Firmen der IT-Branche, Arztpraxen neben Einzelhandelsgeschäften und mittelständische Unternehmen neben Familienbetrieben. Es sind Betriebe, die traditionell schon immer Lernorte für Benachteiligte sind, aber auch Betriebe, zu denen benachteiligten Jugendlichen der Zugang bisher fast unmöglich war. Trotz dieser betrieblichen Vielfalt lassen sich vier typische Konstellationen erkennen:

Erstens: Kleine, traditionelle Handwerks- oder Dienstleistungsbetriebe in klassischen Handwerksdomänen wie Friseur-, Maler- oder Bäckerhandwerk, häufig mit offensichtlichen Modernisierungsrückständen und meist auch in wirtschaftlich instabilen, wenn nicht sogar prekären Situationen, nachfolgend „Die Traditionellen".

Auf die Betriebe dieser Gruppe trifft vor allem im Osten Deutschlands zu, dass sie von ihren Inhabern nicht selten vor dem Hintergrund der komplizierten Arbeitsmarktlage – sozusagen als selbst organisierte Arbeitsbeschaffungsmaßnahme und unter Inanspruchnahme umfangreicher Fördermittel – gegründet wurden. Für diese Betriebe ist die Berufsausbildung generell ein Weg des Personalmanagements und die (meistens) geförderte Ausbildung Benachteiligter darüber hinaus eine Form der Subventionierung. Daraus ergeben sich auch die konkreten Erwartungen an die Träger der Jugendberufshilfe: Die Auswahl geeigneter Jugendlicher und deren fachliche und sozialpädagogische Begleitung während der Ausbildung sowie der Zugang zu Fördermitteln über die Träger.

Zweitens: Marktorientierte, „abgerundete" Handwerks- und Dienstleistungsbetriebe mit einer ausgeprägten Betriebs- und Produktphilosophie, nachfolgend „Die Marktorientierten".

Diese Betriebe sind meist größer als ein Familienbetrieb und haben – vor allem wenn es sich um Betriebe der Nahrungsmittelbranche handelt – meist mehrere Filialen. Die Unternehmen investieren kontinuierlich in die technische und Vertriebsausstattung und entwickeln ihre Produkte und die Produktpalette weiter. Sie konzentrieren sich auf ein betriebswirtschaftlich begründetes Wachstum, ohne die Dimensionen eines kleinen mittelständischen Unternehmens zu überschreiten. Die Berufsausbildung Jugendlicher ist für Betriebe dieser Gruppe integratives Element der Betriebsphilosophie, Ausdruck sozialer Verantwortung und eigenverantwortlicher Personalentwicklung. Viele dieser Betriebe sind lokal stark verankert und sehen in der Ausbildung auch praktische Strukturpolitik „von unten". Trotzdem unterliegt die Berufsausbildung betriebswirtschaftlichen Erwägungen, die – auch unter Einflussveränderter Rahmenbedingungen – zu einem (befristeten) Aussetzen der Berufsausbildung führen können. Auch diese Betriebe wollen durch die Vorauswahl der Jugendlichen durch einen Träger von einem wichtigen Ausbildungsrisiko entlastet werden und schätzen die bedarfsorientierte Ausbildungsbegleitung. Fördermittel sind willkommen, aber nicht entscheidend.

Drittens: Kleine, meist junge Firmen und Unternehmen im Bereich der New Economy, nachfolgend „Die Newcomer".

Hierzu gehören sowohl Firmen der Computerbranche, Softwareentwickler und Internetdienstleister als auch Videoproduktionsfirmen oder Dienstleister im Show- und Eventmanagement. Dieser Typus spielt für die Berufsausbildung Benachteiligter bisher quantitativ die geringste Rolle; gleichzeitig aber bewegt er sich im derzeit dynamischsten Markt. Betriebe dieses Typs bemühen sich meist schon länger um den Zugang zur Berufsausbildung, sind aber mit ihren eigenen Bemühungen um geeignete BewerberInnen und an der Zuweisungspraxis der Arbeitsverwaltungen gescheitert. Typisch für Betriebe dieser Gruppe ist, dass sie auch jenseits der zertifizierten Schulleistungen sehr präzise Erwartungen an die fachliche und motivationale Eignung der Auszubildenden haben, vor allem im Bereich der modernen Kulturtechniken (z. B. Umgang mit Computern). Diese Betriebe sehen in den MitarbeiterInnen der Jugendberufshilfeprojekte vor allem professionell agierende „Talent-Scouts". Abweichend von anderen Ausbildungsbetrieben gibt es in diesen Betrieben nur selten stark ausgeprägte Hierarchien; Teamwork ist das vorherrschende Organisationsmodell.

Als problematisch empfinden die Ausbildungsbetriebe dieses Typs, deren Inhaber oder Geschäftsführer häufig über Berufsabschlüsse verfügen, die die Ausbildungsberechtigung nicht einschließen (Ingenieure, Informatiker, Physiker), den hohen zeitlichen und finanziellen Aufwand zum Erlangen der formalen Ausbildungseignung. Die finanzielle Förderung der Berufsausbildung Benachteiligter hat von Betrieb zu Betrieb eine unterschiedliche Bedeutung, ist aber in jedem Fall der Gewinnung geeigneter Jugendlicher nachgeordnet.

Viertens: Mittelständische Unternehmen mit starker lokaler Verankerung und Tradition in der Berufsausbildung, nachfolgend „Der Mittelstand".

Die Gruppe dieser Ausbildungsbetriebe ist nach Branche und Größe sehr heterogen. Zu ihr gehören sowohl Betriebe der industriellen Fertigung als auch Garten- und Landschaftsbaubetriebe oder große Kaufhäuser. Die Betriebe dieser Gruppe zeichnet aus, dass sie betriebsintern über Ausbildungsstrukturen (Ausbildungsleiter, Lehrmeister oder Lehrfacharbeiter in den einzelnen Abteilungen, Lehrlingswerkstatt, Durchlauf- oder Ausbildungspläne) verfügen und dass die Berufsausbildung als eigenständige Abteilung auch immer unter betriebswirtschaftlichen Gesichtspunkten betrachtet wird. Gleichzeitig ist die Berufsausbildung – auch die Benachteiligter – für diese Betriebe die selbstverständliche Wahrnehmung unternehmerischer Verantwortung, die allerdings unter ungünstigen betriebswirtschaftlichen Konstellationen auch reduziert oder ausgesetzt werden kann.

Vor diesem Hintergrund ist die Akquise von Ausbildungsplätzen für Benachteiligte durch die Projekte der Jugendberufshilfe relativ unproblematisch. Die eigentliche Berufsausbildung weist gegenüber anderen Betriebstypen allerdings einige Besonderheiten auf, die vor allem aus der Existenz separater Ausbildungsstrukturen resultieren. Die Ausbildung Benachteiligter wird in die „normale" Ausbildung integriert und gemeinsam mit den anderen Azubis absolviert. Bei auftretenden fachlichen oder sozialen Problemen greift der Betrieb zuerst auf sein Instrumentarium zurück. Die Hilfe- und Interventionsmöglichkeiten der Projekte sind dadurch eingeschränkt oder kommen nur verzögert zur Anwendung. Gleichzeitig erfolgt die eigentlich praktische Ausbildung auf einem hohen Niveau, nicht ausschließlich „on the job", sondern auch in Lehrwerkstätten oder -abteilungen.

Vor dem Hintergrund dieser Typologie kann die Gewinnung von Ausbildungsbetrieben durch die Träger der Jugendberufshilfe in einem zentralen Punkt professionalisiert werden, indem betriebsspezifisch differenzierte Strategien zur Anwendung kommen. Das Spezifische besteht dabei in der Entwicklung eines Dienstleistungsangebotes, das die realen Bedürfnisse der Betriebe im Kontext von Berufsausbildung aufgreift. Der Schwerpunkt liegt in jedem Fall auf der Auswahl geeigneter Jugendlicher und ihrer fachlichen und sozialpädagogischen Begleitung bis zum erfolgreichen Abschluss der Berufsausbildung. Wichtig ist dabei, dass durch die Kooperation mit einem

Träger der Jugendberufshilfe in den Betrieben keine zusätzliche sozialpädagogische „Arbeitsebene“ installiert wird und trotzdem die notwendige Hilfe und Unterstützung der Jugendlichen in der Berufsausbildung gewährleistet ist.

Der „Lernort Betrieb“ im Modellprogramm „Arbeitsweltbezogene Jugendsozialarbeit 1998–2001“

Im Rahmen des Modellprogramms „Arbeitsweltbezogene Jugendsozialarbeit“ erprobten sieben Modellprojekte die betriebliche Berufsausbildung Benachteiligter. Die einzelnen Projekte arbeiteten dabei mit unterschiedlichen Zielgruppen (jungen Frauen, SonderschülerInnen, Jugendlichen ohne Schulabschluss) und verfolgten unterschiedliche Ansätze wie z. B. die Ausbildung im Verbund oder die kooperative Ausbildung von Betrieb und Träger. Die Modellprojekte konnten insgesamt über 100 Betriebe zur Berufsausbildung Benachteiligter gewinnen und verbesserten damit die Chancen dieser Jugendlichen auf soziale und berufliche Integration nachhaltig.

Zentrale Ergebnisse des Modellversuchs im Handlungsfeld „Lernort Betrieb“ sind:

- Es gibt unter den Benachteiligten Jugendliche, die auch den Anforderungen einer betrieblichen Berufsausbildung standhalten, wenn sie fachlich und sozialpädagogisch bedarfsgerecht begleitet werden.
- Voraussetzung für den Ausbildungserfolg ist, dass aus der sehr heterogenen Zielgruppe diejenigen benachteiligten Jugendlichen ermittelt werden, die die Potenziale für eine betriebliche Berufsausbildung mitbringen. Das sind meist Jugendliche, die für den Markt zu schwach, aber für eine Maßnahme zu stark sind.
- Die Verfahren, die die Träger bei der Auswahl einsetzen, reichen vom gründlichen, meist gestuften Auswahlgespräch bis zu hoch standardisierten Verfahren wie Potenzialanalysen und Assessment-Center. Dabei werden die Eignung für und die Erwartungen der Jugendlichen an die Berufsausbildung ermittelt.
- Entgegen traditionellen Vorurteilen lassen sich auch unter den Bedingungen eines gesättigten Ausbildungsmarktes Betriebe als Ausbildungsorte für Benachteiligte (wieder-)gewinnen, wenn sie aus der Zusammenarbeit mit einem Träger der Jugendberufshilfe einen „Mehrwert“ ziehen können.
- Nur wenige Betriebe sehen diesen „Mehrwert“ ist in erster Linie in der finanziellen Förderung. Die Betriebe erwarten vielmehr vor

allem eine Entlastung von den Risiken der Berufsausbildung, die in fachlichen und sozialen Problemen bestehen und zum Abbruch der Ausbildung führen können.

Die modellhafte Erprobung hat auch gezeigt, dass tendenziell jüngere Jugendliche wie z.B. Absolventen von Sonderschulen oder Jugendliche ohne Schulabschluss den Anforderungen einer betrieblichen Berufsausbildung auch mit Begleitung und Unterstützung nur sehr selten standhalten können. Auch für ihre individuelle Entwicklung benötigen diese Jugendlichen meist eine vorgeschaltete berufsorientierende Maßnahme.

Nachhaltigen Erprobungsbedarf gibt es bei der Einbindung des Lernortes Berufsschule in den Ansatz. Das Scheitern in der berufstheoretischen Ausbildung ist der häufigste beeinflussbare Grund für Ausbildungsabbruch. Die Erfahrungen des Modellprogramms belegen, dass rechtzeitige Kommunikation zwischen der Berufsschule und den Trägern den Ausbildungsabbruch verhindern kann. Die Erfahrungen zeigen aber auch, dass es bisher keine strukturell verankerte Kooperation zwischen Trägern und Berufsschule gibt, die über einzelne informelle Kontakte hinausgeht.

Dr. Thomas Gericke, Deutsches Jugendinstitut e.V. Leipzig

Literatur

BBJ Potsdam: Arbeitsunterlagen des Modellprojektes „BATMAN“, veröffentlicht unter: www.bbj-potsdam.de.

Braun, F. (1995): Förderung von benachteiligten Jugendlichen in privatwirtschaftlichen Betrieben: Anforderungen an eine Kooperation von Jugendhilfe und Betrieben. DJI München. Arbeitspapier 8/1995.

Bundesministerium für Bildung und Forschung (BMBF) (2001): Berufsbildungsbericht 2001. Berlin.

GATE – Chancen im Handwerk (1999): Erfolgsbericht Modellprojekt „Chancen im Handwerk“. 18 Monate Dienstleistungen für Betriebe und Benachteiligte, Hamburg (unveröffentlicht).

Gericke, T. (1999): Kooperative Handlungsfelder von Jugendsozialarbeit und Betrieb. In: Jugend – Beruf – Gesellschaft (50) 3, S. 140–144.

Gericke, T. (2001): Die Wiedergewinnung des Betriebes als Ausbildungsort für Benachteiligte. Strategien und Leistungen der Jugendberufshilfe. DJI München/Leipzig, Arbeitspapier 3/2001.

Goepfert, R. (1999): Kooperative Handlungsfelder von Jugendsozialarbeit und Betrieb. In: Jugend – Beruf – Gesellschaft 1999 (50) 3, S. 145–152.

Bettina Heeren, Rudolf Schulz

Lernort Betrieb im ortsnahen Übergangssystem Schule–Beruf
Das Modellprojekt *Pro Beruf*

Ziele und Zielgruppen

Vor dem Hintergrund langjähriger Erfahrungen des Trägers *Soziale Gruppeninitiative e.V.* Hannover mit stadtteilbezogenen Projekten der Jugendsozialarbeit und auf der Basis intensiver Kooperationsbeziehungen mit drei Schulen im Stadtteil im Rahmen von Berufsorientierungsseminaren (in Zusammenarbeit mit der örtlichen Berufsberatung) wurde das Modellprojekt *Pro Beruf* 1997/1998 konzipiert. Ursprüngliches Ziel war, für einzelne besonders benachteiligte SchülerInnen aus den Abschluss- und Abgangsklassen allgemein bildender Schulen aus dem Nordosten Hannovers betriebliche Perspektiven zu eröffnen. Noch nicht beruflich gescheiterte schulpflichtige SchülerInnen sollten über die Erschließung des Lernortes Betrieb in Ausbildung und Arbeitsmarkt integriert werden.

Da dieses anspruchsvolle Ziel vom Träger nicht aus eigener Kraft zu realisieren war, wurde vor Projektbeginn mit Akteuren, die beim Übergang Schule–Beruf relevant sind, schriftlich eine Kooperation vereinbart mit dem Ziel, an der Schnittstelle Schule–Beruf zusammenzuarbeiten und so Ausbildungs- und Arbeitslosigkeit für besonders benachteiligte Jugendliche im Stadtteil zu verhindern. Erstunterzeichner der Kooperationsvereinbarung waren u. a. alle allgemein bildenden Schulen im Stadtteil (zwei Hauptschulen, eine Sonderschule, eine Integrierte Gesamtschule), das Arbeitsamt (Abteilung Berufsberatung) und das Amt für Jugend und Familie.

Arbeitsweise

Die einzelfallbezogene inhaltliche Arbeit bei *Pro Beruf* umfasst folgende Schwerpunkte:

- Erweiterung des Berufswahlspektrums benachteiligter Jugendlicher durch berufliche (Um-)Orientierung,
- Beratung und sozialpädagogische Begleitung benachteiligter Jugendlicher beim Übergang Schule–Beruf,

- Erschließung des „Lernortes Betrieb“ für Schulpraktika und Ausbildung benachteiligter Jugendlicher,
- Aufspüren verdeckter freier Ausbildungsplätze für die Zielgruppe,
- Unterstützung der Betriebe beim Umgang mit der Zielgruppe.

Pro Beruf ist Bindeglied zwischen den verschiedenen Akteuren und den TeilnehmerInnen im Übergangsfeld Schule–Beruf. Das Modellprojekt lotst Jugendliche durch ihnen unbekanntes Terrain und Jugendliche finden in *Pro-Beruf*-MitarbeiterInnen verlässliche AnsprechpartnerInnen bei Problemen in unterschiedlichen Bereichen. *Pro Beruf* verbindet sämtliche Bereiche im Übergangsfeld Schule–Beruf und sichert somit Kontinuität und bietet Verlässlichkeit und Stabilität für die Jugendlichen.

Zielmodifizierung

Ziemlich schnell stellten wir in der Arbeit mit den besonders benachteiligten SchülerInnen fest, dass trotz einer intensiven sozialpädagogischen Berufsorientierung viele SchülerInnen am Ende ihrer Schulzeit weder berufswahlreif noch ausbildungsfähig, also nicht reif für eine Vermittlung in Ausbildung waren. Die Alternativen der sozialpädagogischen Arbeit hießen: Berufsorientierung oder Ausbildungsbegleitung.

Nach intensiven Diskussionen im *Pro-Beruf*-Team, mit der internen wissenschaftlichen Begleitung, den Schulen und der Berufsberatung, entschieden wir uns für einen Mittelweg: *Pro Beruf* erweiterte den Beratungsansatz, der ursprünglich nur die Vermittlung in Ausbildung und Ausbildungsbegleitung umfasste; der modifizierte sozialpädagogische Ansatz lässt sich folgendermaßen zusammenfassen:

- Berufsorientierende Beratungsarbeit mit besonders benachteiligten Jugendlichen führt bei *Pro Beruf* in die Ausbildung, wobei eine Ausbildungsbegleitung auf die Probezeit konzentriert ist.
- *Pro Beruf* kümmert sich auch um solche Jugendlichen, die noch nicht berufswahlreif und ausbildungsfähig sind (Erweiterung der Zielgruppe).
- Berufsorientierende Beratungsarbeit führt bei *Pro Beruf* für bestimmte Jugendliche zu einer Alternativwegplanung, d.h. nicht zwingend in eine Ausbildung, aber in eine verlässliche und tragfähige Anschlussperspektive.

Erkenntnisse

Die Einschätzung, dass sich mit sozialpädagogischer Unterstützung von *Pro Beruf* zusätzliche Ausbildungsplätze für benachteiligte Jugendliche finden lassen („Türöffnerfunktion"), hat sich bestätigt. Durch die Berufsorientierung, Hilfen im Bewerbungsprozess und insbesondere durch die Praktikumsbetreuung kann den Jugendlichen Zugang zu Betrieben eröffnet und können Vorbehalte bei Firmen gegenüber benachteiligten Jugendlichen abgebaut werden.

Nur auf der Basis einer tragfähigen partnerschaftlichen Beziehung zwischen den Jugendlichen und *Pro-Beruf*-MitarbeiterInnen können Probleme und Konflikte in der Berufseinmündungsphase frühzeitig erkannt und erfolgreich bewältigt werden. Dazu sind klare Abmachungen mit den Jugendlichen (im Sinne eines Veränderungsauftrags) im Hinblick auf die Unterstützung während der Ausbildungsplatzsuche notwendig; bei Ausbildungsbeginn müssen erneute Absprachen über die Form und den Umfang der Ausbildungsbegleitung getroffen werden.

Benachteiligte Jugendliche sind nur unter bestimmten Voraussetzungen in Ausbildung zu bringen und zu halten. Neben einer individuellen Berufsorientierung und Motivierung für eine Ausbildung gehört dazu eine intensive und kontinuierliche Begleitung in allen Phasen und in allen Bereichen der Berufseinmündung. Aber auch unter diesen Voraussetzungen lässt sich nur bei einem Teil der benachteiligten Jugendlichen eine tragfähige Ausbildungsmotivation, Berufswahlreife und Ausbildungsfähigkeit erreichen.

Die Dienstleistung „Ausbildungsbegleitung" ist klar von dem Ausbildungsauftrag der Betriebe abzugrenzen. Die Kooperation mit den Betrieben hat sich auf einer professionellen, gleichberechtigten Basis zu bewegen, um nicht das Image des Defizitverwaltens und -kompensierens entstehen zu lassen. Ausbildungsbegleitung darf sich nicht auf Berufsschulbetreuung und -überwachung sowie auf Krisendienste für persönliche und Ausbildungskonflikte beschränken.

Um eine tragfähige Beziehung aufzubauen und Orientierung, Kontinuität und Stabilität in einer verunsichernden Lebensphase zu bieten, muss das Unterstützungsangebot ganzheitlich angelegt sein und institutionsspezifische Eingrenzungen (z.B. auf eine Berufsausbildung, die Berufsschule und den betrieblichen Alltag) vermeiden. Eine besondere Bedeutung hat in diesem Zusammenhang die Alternativwegplanung, und zwar vor allem, aber nicht ausschließlich für Jugendliche, bei denen es zu einem Ausbildungsabbruch kommt. Bei Abbruch der Ausbildung wird der/die TeilnehmerIn in eine andere Ausbildung vermittelt oder eine (andere) Anschlussperspektive erarbeitet. Ob eine Ausbildungsalternative oder aber andere – berufliche oder schulische – Zielsetzungen anzustreben sind, leitet sich aus der Besonderheit des Einzelfalls ab.

Es ist die Spezifik des Jugendalters, dass die Erarbeitung einer eigenständigen Identität nur über eine Distanz gegenüber den „ausgetretenen" (Berufs-)Wegen der Elterngeneration verläuft. Dies erfordert in der sozialpädagogischen Arbeit eine besondere Toleranz gegenüber Unklarheit und (scheinbarer) Bewegungs- und Interesselosigkeit. Darüber hinaus bringen sozial benachteiligte Jugendliche mit den teilweise negativen Arbeitserfahrungen ihrer Elterngeneration (schlecht bezahlte Helfertätigkeiten, prekäre Beschäftigungsverhältnisse, Erwerbslosigkeit) eine zusätzliche Hypothek für die eigene Berufsorientierung mit. Die Beratungsarbeit braucht insofern eine professionelle Distanz gegenüber mittelschichtsorientierten Ansichten über Arbeit und Beruf. Hier kann der (systemisch-lösungsorientierte) Grundsatz, dass der/die BeraterIn Verantwortung für den Prozess und dessen (Be-)Förderung, der/die KlientIn jedoch Verantwortung für die Zielfindung und letztlich auch die Zielerreichung hat, gegen einen bildungsorientierten (Über-)Eifer schützen.

Fazit und Forderungen

Die Erkenntnisse von *Pro Beruf* hinsichtlich des Projektziels Berufsintegration von benachteiligten Jugendlichen sind zwiespältig: Zum einen verdeutlichen sie, dass es mit den Methoden der Jugendsozialarbeit gelingt, benachteiligten Jugendlichen Zugang zum bisher verwehrten Lernort Betrieb zu verschaffen und ihnen durch Berufsorientierung und Begleitung den Weg zu einer qualifizierten betrieblichen Ausbildung zu ebnen. Im Rahmen des Regelangebots von Schule und Berufsberatung sind die Probleme dieser Jugendlichen nicht zu bewältigen. Um dieser Zielgruppe dennoch berufliche Chancen zu eröffnen, ist eine Intensivierung und Ausweitung der Kooperationsbeziehungen zwischen Jugendhilfe, Schule und Berufsberatung sowie die Etablierung von Schulsozialarbeit an den Schulen geboten. Land und Kommune müssen die dafür notwendigen Mittel bereitstellen. Kommunalpolitik hat insbesondere die institutionelle Kontinuität der Träger der freien Jugendhilfe zu sichern. Nur so wird Jugendhilfe ein gleichberechtigter und verlässlicher Partner von Schule. Temporäre Projekte führen nur zur (Selbst-)Entwertung der Jugendhilfe. LehrerInnen allgemein und berufsbildender Schulen sollten offensiv für benachteiligte Jugendliche Hilfen von öffentlichen und freien Trägern der Jugendhilfe einfordern.

Zum anderen zeigen die Erfahrungen von *Pro Beruf*, dass viele Jugendliche am Ende der Schulzeit (insbesondere in den Haupt- und Sonderschulen) weder berufswahlreif noch ausbildungsfähig sind – oft vor dem Hintergrund psychischer, psychosozialer und gesundheitlicher Probleme. Für diese Jugendlichen sind – aller sozialpolitischen Rhetorik zum Trotz – nicht fehlende Ausbildungsplätze das Problem. Den Jugendlichen eine Art Moratorium anzubieten, in dem sie sozial reifen können, mag in einigen Fällen die Lösung sein. Eine andere Möglichkeit, diese Jugendlichen zu unterstützen, ist eine frühzeitigere und noch intensivere Berufsorientierung. Die Vielzahl orientierungsloser Jugendlicher lässt auf allgemein veränderte Sozialisationsbedingungen schließen. Im Lichte der Arbeitsweltanforderungen erscheint diese Orientierungslosigkeit als Defizit, das als Massenphänomen selbst mit intensiver (sozial-)pädagogischer Beratungsarbeit nicht auszugleichen ist. Dennoch müssen Schule und Jugendhilfe gemeinsam mit diesen Jugendlichen verlässliche berufsbezogene Anschlussperspektiven entwickeln.

Das Modellprojekt *Pro Beruf*
Ergebnisse in Zahlen

TeilnehmerInnen

In der Projektlaufzeit wurden 498 Jugendliche vorwiegend im Alter zwischen 15 und 18 Jahren beraten und begleitet. 61 Prozent davon waren Jungen, 39 Prozent Mädchen, zwei Drittel waren deutscher, ein Drittel ausländischer Nationalität. Bei *Pro Beruf* wurden Jugendliche aus insgesamt 28 verschiedenen Ländern begleitet. In der Beratung ergab sich, dass ihre größten Handikaps Sprachprobleme und Probleme beim Zugang zu Betrieben sind. Zusätzlich sind diese Jugendlichen häufig durch Kriegs- und Fluchterfahrungen traumatisiert, viele haben psychische Probleme und Ängste. In den Familien vor allem von Jugendlichen aus Vorder- und Mittelasien ist der Abschluss einer betrieblichen Ausbildung oft kein vorrangiges Ziel, entsprechend fehlt dort die Unterstützung. Dies gilt keineswegs nur für Mädchen.

Bei den türkischen Jugendlichen ergeben sich die Probleme im Übergang Schule–Beruf oft aus der Fehleinschätzung der eigenen Fähigkeiten in Bezug auf die Anforderungen in bestimmten Berufen. Für viele Jugendliche scheint eine Ausbildung auch deshalb nicht attraktiv zu sein, weil die Ausbildungsvergütung als nicht ausreichend zur Deckung des Finanzbedarfs und zum Erwerb notwendiger Statussymbole eingeschätzt wird. Außerdem findet die Ausbildungs- und Arbeitsplatzsuche oft über informelle Kontakte statt und/oder es wird erwartet, dass die Jugendlichen im Familienbetrieb mitarbeiten.

Der überwiegende Teil (56 Prozent) der Jugendlichen konnte einen Hauptschulabschluss vorweisen, der allerdings teilweise in der 10. Klasse der Schule für Lernhilfe erworben wurde. 12 Prozent der TeilnehmerInnen hatten gar keinen Abschluss oder einen Sonderschulabschluss. Immerhin 15 Prozent hatten einen Realschulabschluss, der aber i.d.R. über den Besuch der 10. Klasse einer Hauptschule erworben wurde.

Vermittlung in Ausbildung

130 Jugendlichen wurde mit Unterstützung von *Pro Beruf* eine betriebliche Ausbildung vermittelt. Die Merkmale Geschlecht und Staatsangehörigkeit (deutsch/nicht deutsch) beeinflussen die Erfolgsquote zwar kaum; deutlich wird aber, welche Auswirkungen unterschiedliche Problemlagen, Werte und Normen auf den Vermittlungserfolg haben: Der Anteil der Jugendlichen aus den ehemaligen GUS-Staaten an den vermittelten Jugendlichen ist z.B. relativ hoch. Sie zeichnen sich aus durch eine hohe Motivation und die Perspektive, in Deutschland bleiben zu können. Ausbildung gilt in ihren Familien als erstrebenswertes Ziel. Der Anteil der in Ausbildung vermittelten Jugendlichen aus Vorder- und Mittelasien ist dagegen sehr gering. Sie weisen oft die konträren Merkmale auf: Unsicherheit über Aufenthaltsstatus und -dauer, psychische Probleme, Ausbildung für die Kinder gilt in den Familien als weniger erstrebenswert.

Für den Vermittlungserfolg ist vor allem das Merkmal Schulabschluss maßgebend. 70 Prozent der AusbildungsbeginnerInnen haben einen Haupt-, 26 Prozent einen Realschulabschluss. Von den Jugendlichen ohne Schulabschluss konnte keiner in eine betriebliche Ausbildung vermittelt werden. Bei diesen Jugendlichen war Ausbildungsreife (noch) nicht gegeben. In der Beratung ergab sich als angestrebtes Ziel entweder der Erwerb eines Schulabschlusses oder die Förderung der Ausbildungsreife. Vermittelt wurden diese Jugendlichen in berufsvorbereitende Maßnahmen oder Maßnahmen zur Erreichung eines höheren Schulabschlusses.

Alle drei AusbildungsbeginnerInnen mit Sonderschulabschluss haben ihre Ausbildung abgebrochen oder es wurde ihnen gekündigt; sie wurden anschließend in eine Berufsvorbereitungsmaßnahme oder eine überbetriebliche Ausbildung vermittelt.

Alternativen zur betrieblichen Ausbildung

Von den knapp 500 Jugendlichen, die von *Pro Beruf* beraten und begleitet wurden,

- gingen 107 (21 Prozent) in Maßnahmen der Berufsgrund- und -fachbildung (22 BGJ, 85 Berufsfachschule),
- gingen 56 (11 Prozent) in Maßnahmen der Berufsvorbereitung (32 BVJ, 24 Arbeitsamtsmaßnahmen),
- strebten 58 (12 Prozent) einen höheren Schulabschluss an (8 HSA-Kurs, 2 RSA-Kurs, 48 weiterführende Schule),
- gingen 21 (4 Prozent) direkt in Arbeit (18 am ersten Arbeitsmarkt, 3 über ABM),
- wiesen 10 (2 Prozent) sonstige Verbleibe auf (Mutterschaft, Wehr-/Zivildienst, Haftstrafen),
- haben 56 (11 Prozent) die Beratung abgebrochen und sind 60 (12 Prozent) noch in Beratung.

Soziodemografische Struktur der Pro-Beruf-TeilnehmerInnen

	Absolut	Prozent
Gesamt	498	100%
Geschlecht		
• männlich	304	61%
• weiblich	194	39%
Nationalität		
• deutsch	332	67%
• andere	166	33%
Geburtsland		
• Deuschland	288	59%
• ehemalige UdSSR	72	14%
• Vorder-/Mittelasien	45	9%
• Polen	31	6%
• Türkei	30	6%
• ehemaliges Jugoslawien	14	3%
• EU-Staaten	12	2%
• sonstige	6	1%
Schulabschluss		
• ohne Schulabschluss	35	7%
• Sonderschulabschluss	23	5%
• Hauptschulabschluss	285	56%
• (erw.) Realschulabschluss	81	16%
• Abitur	1	0%
• noch SchülerIn	73	15%
Letzter Verbleib		
• in Ausbildung	130	27%
• Berufsgrund-/-fachbildung	107	21%
• Berufsvorbereitung	56	11%
• Maßnahme zur Erreichung eines höheren Schulabschlusses	58	12%
• in Arbeit	21	4%
• sonstiger Verbleib	10	2%
• Beratung abgebrochen	56	11%
• noch in Beratung	60	12%

Bettina Heeren/Rudolf Schulz, Soziale Gruppeninitiative e.V. Hannover

Rita Müller

Das Geheimnis des Ansatzes: Identifizierung geeigneter Jugendlicher und passgenaue Vermittlung
Das Modellprojekt *BATMAN*

BATMAN steht für *Betriebliche Ausbildung (von benachteiligten Jugendlichen) mit Anspruch und Niveau* und ist vor vier Jahren angetreten, um zu beweisen, dass Betriebe als Lernort der Erstausbildung für benachteiligte Jugendliche wiedergewonnen werden können, wenn umfassende Dienstleistungen eines Jugendberufshilfeträgers den Gesamtprozess flankieren. Die *BATMAN*-Idee nutzt die Vorzüge einer Erstausbildung in am Markt agierenden Unternehmen – Ernstcharakter der Arbeit, breites Berufsfeldspektrum, bessere Übernahmechancen – und verbindet sie mit dem bewährtem Know-how der Jugendhilfe – Kompetenzen in der individuellen Hilfe- und Berufswegeplanung, Konfliktbewältigung sowie Einzel- und Gruppenarbeit.

Höchstmögliche Normalität in der Ausbildung

Durch die Verbindung von betrieblicher Ausbildung und Jugendhilfe entsteht eine innovative Kombination, die an den tatsächlichen Bedürfnissen der benachteiligten Jugendlichen *und* der ausbildungswilligen Betriebe ansetzt. Die Jugendlichen erleben im *BATMAN*-Modell höchstmögliche Normalität in der Erstausbildung, was nach unseren bisherigen Projekterfahrungen einen großen Stellenwert bei jungen Menschen besitzt. „Normalität" macht sich u.a. an den Kategorien Ausbildungsvergütung, Berufswahlmöglichkeit, „richtiger" Betrieb, Auftragsarbeiten sowie Kollegen fest. „Betriebliche Normalität" schafft Zusammenarbeit, selbst verdientes Geld, Vertrauen, Arbeitsfortschritte, Begeisterung, Abwechslung, Anerkennung, Stolz, Verantwortung, Erfolg und Perspektive – und dies alles motiviert, auch wenn einiges im betrieblichen Alltag temporär demotivierend sein kann.

BATMAN bewegt sich im Spannungsfeld zwischen „Normalität" und „Entproblematisierung" betrieblicher Ausbildung und bietet Unternehmen eine verbindliche Partnerschaft für die gesamte Ausbildungszeit. *BATMAN* stützt darüber hinaus den pädagogischen

Gesamtprozess innerhalb der Berufsausbildung aus einer gewissen Distanz heraus, ist neutraler Mittler für Jugendliche und Unternehmen, sorgt für Lösungen in besonderen Problemlagen, die eine Ausbildung gefährden können (Wohnungssorgen, Schulden u. a.). Und *BATMAN* unterstützt ausbildungsbereite Betriebe, aber entlastet nicht von der Hauptverantwortung eines Ausbildungsbetriebs für die Berufsausbildung.

Aktivierende Sozialpädagogik

Die Erarbeitung eines eigenen pädagogischen Verständnisses für die Arbeit mit benachteiligten Jugendlichen war uns von Beginn an sehr wichtig und macht u. a. das Besondere eines Trägers der Jugendberufshilfe aus. Wie ein roter Faden zieht sich das pädagogische Selbstverständnis durch unsere Modellprojekte, wirkt in Akquise, Curriculaentwicklung, Konfliktmoderation und Öffentlichkeitsarbeit. Unsere Leitgedanken für eine aktivierende Sozialpädagogik und Jugendsozialarbeit sind

- Betrieblichkeit des Angebots sichern,
- Höchstmaß an Normalität garantieren,
- Eigenverantwortlichkeit fordern und fördern,
- stärkenorientiert ansetzen,
- Berufswahlmöglichkeiten schaffen,
- Freiwilligkeit in der beruflichen Integration,
- Transparenz sicherstellen,
- Transnationalität anbieten.

Dieses Verständnis vom pädagogischen Gesamtprozess wird allen AkteurInnen (Jugendlichen, Betrieben, Kooperationspartnern) vermittelt und macht wesentlich das „Geheimnis" des Ansatzes aus. Ein klares pädagogisches Grundkonzept kann Jugendliche neugierig auf Zusammenarbeit mit dem Träger machen, trifft auf Zustimmung bei den Unternehmen und auf Interesse bei Zuwendungsgebern. Und es spricht – personalpolitisch gesehen – eine ganz bestimmte Gruppe von Mitarbeitern und Mitarbeiterinnen an. Das Konzept basiert auf folgenden Grundsätzen:

- *BATMAN* betreut nicht, sondern begleitet.
- *BATMAN* fordert Eigeninitiative, wird aber selbst aktiv.
- *BATMAN* regt Konfliktlösungen an, mischt sich aber auch ein.
- *BATMAN* moderiert, bereitet vor und nach, nimmt den HauptakteurInnen die Entscheidungen aber nicht ab.

In diesem Sinne ist der *BATMAN*-Ansatz Ausdruck einer *aktivierenden Jugendsozialarbeit*, die von Jugendlichen angenommen wird, die Jugendliche befähigt, selbst etwas für die berufliche Zukunft zu tun und die Verantwortung nicht an andere abzugeben. Der Jugendliche, der sich bewusst für etwas entscheidet und mitgestaltet, wird sich stärker im Projekt engagieren – auch wenn es in der Folgezeit Probleme bei der Berufsausbildung gibt.

BATMAN fordert und fördert – ganz wie es heute in aller Munde ist. Es geht nicht darum, einen Druck aufzubauen, dem der Jugendliche nicht standhalten kann. Es geht uns um die Befähigung Jugendlicher, Ziele zu entwickeln, die eigenen Stärken herauszufinden, nicht zertifizierte Potenziale zu entdecken, selbst Entscheidungen zu treffen, aktiv auf andere zuzugehen, Konflikte anzusprechen und eigene Reserven zu mobilisieren.

Dienstleistungen für Jugendliche und Betriebe aus einer Hand

BATMAN bietet Jugendlichen und Unternehmen ein Dienstleistungspaket, das weit über die bisherigen Konzepte für ausbildungsbegleitende Hilfen hinausgeht und neue Wege in der Jugendberufshilfe beschreitet. Bei der konzeptionellen Entwicklung unseres Dienstleistungspaketes waren vor allem zwei Fragen zu klären:

- Gibt es benachteiligte Jugendliche, die mit unserem Ansatz erfolgreich ausgebildet werden können?
- Gibt es Unternehmen, die dem als geeignet identifizierten Jugendlichen einen zusätzlichen Ausbildungsplatz einrichten und sich auf unser Konzept einlassen?

Die Jugendlichen

Es gibt benachteiligte Jugendliche, die „zu stark für eine außerbetriebliche Ausbildung und zu schwach für eine unbegleitete Ausbildung“ sind (vgl. Beitrag von Gericke ab S. 126) und nach dem *BATMAN*-Modell erfolgreich beruflich integriert werden können. Das zeigt sich in der Projektstatistik (Stand November 2001):

- 30 Auszubildende in vier Ausbildungszügen,
- 1 Abbrecher,
- 3 Betriebswechsel,
- 4 bestandene Prüfungen bei den zuständigen Kammern,
- ca. 100 Erstberatungen jährlich

Die Jugendlichen, mit denen wir arbeiten, sollten die Vollzeitschulpflicht erfüllt haben. Ihre Erfahrungen mit Benachteiligungen im Ausbildungsbereich sind naturgemäß recht differenziert, ebenso ihre Vorerfahrungen mit verschiedenen Maßnahmen der Jugendberufshilfe. Sie kommen aus sehr unterschiedlichen Berufsfeldern mit leichter Tendenz zu Dienstleistungsberufen. Es handelt sich meist um BezieherInnen von Sozialhilfe und vorwiegend um „Einzelkämpfer" und Individualisten mit negativen Gruppenerfahrungen. Sie sollten motiviert sein, an ihrer Situation etwas zu ändern, d.h. aus dem „Benachteiligtenmilieu" auszusteigen.

Wir sind sicher: Der Lernort Betrieb ist ein guter Sozialisationsort für unsere Jugendlichen und motiviert zum Durchhalten. Eine abgeschlossene Berufsausbildung hat einen hohen Stellenwert für Jugendliche und ist eine gute Eintrittskarte in die Arbeitswelt.

Die Unternehmen

Es hat sich gezeigt, dass es Unternehmen gibt, die trotz der insgesamt angespannten Ausbildungssituation im Bundesland Brandenburg Benachteiligten eine Chance geben und mit der Jugendhilfe eine Partnerschaft eingehen. Die mehr als 30 *BATMAN*-Betriebe haben das Angebot des Trägers (BBJ Servis gGmbH Potsdam) genutzt, zusätzliche Ausbildungsplätze für junge Leute in schwierigen Lebenslagen eingerichtet und gemeinsam mit *BATMAN* Neuland in der Kooperation von Jugendhilfe und Wirtschaft betreten. Sie haben sich auf das Serviceangebot der Sozialberater eingelassen – auch in der Hoffnung, dass die Ausbildung dadurch ganz „normal" verlaufen würde.

Die meisten *BATMAN*-Betriebe sind kleine und Kleinstbetriebe in den Bereichen Handwerk und Dienstleistung mit Empathie für sozial Schwache und junge Leute, haben bereits Ausbildungserfahrung und den Wunsch nach einem „Problemlöser" in allen Fragen der Ausbildung. Die Betriebe erwarten vor allem eine finanzielle Kompensation der zusätzlichen Aufwendungen sowie eine gesellschaftliche Anerkennung ihrer Integrationsleistung.

Die meisten Ausbildungsverhältnisse wurden nach eher ruhigem Start im Laufe der dreijährigen gemeinsamen Zeit doch arg strapaziert: Durch Krisen, Konflikte, Insolvenzen, Schwangerschaft, häufige Krankmeldungen etc. Da aber das Vorbereitungs- und Begleitangebot dem tatsächlichen Bedarf der Unternehmen entsprach, würden fast alle wieder mit der Unterstützung durch *BATMAN* ausbilden.

In der Kooperation des Jugendberufshilfeträgers mit den Betrieben haben sich neue Formen der Sozialpartnerschaft entwickelt, die übliche Marketingstrategien der Wirtschaft aufgreifen und weiterentwickeln. Dazu gehören Weihnachts- und Neujahrsgrüße, ein jährliches Dankeschön-Event mit allen Firmen, eine ausführliche persönliche Abschlussrunde mit dem Unternehmer, die schriftliche Wertschätzung der unternehmerischen Leistung am Ende eines Ausbildungsverhältnisses und eine gemeinsame Öffentlichkeitsarbeit mit Jugendlichen und Betrieben.

BATMAN arbeitet stark nachfragebezogen. Zwar findet keine Betriebsakquise auf Vorrat statt, es werden aber permanent Jugendliche angesprochen. Alle Angebote an die Jugendlichen im Vorfeld der Berufsausbildung sind freiwillig, Einzelfallberatung und Betriebspraktikum aber müssen sein. Im Fördervertrag sind Rechte und Pflichten aller *BATMAN*-Beteiligten geregelt und damit verbindlich, es besteht jedoch viel Raum für individuelle Lösungen.

Die MitarbeiterInnen

SozialberaterInnen und SozialpädagogInnen in einem Projekt mit starkem Bezug zur Wirtschaft erfüllen eine wichtige und schwierige Aufgabe, die von der Akquise von Jugendlichen und Betrieben bis zum Zuhören und Vermitteln bei Konflikten reicht. Die Palette der Tätigkeiten erfordert weit mehr als derzeit an Fachhochschulen gelehrt wird und gelehrt werden kann. Das Studium der Sozialpädagogik oder der Sozialarbeit sollte deshalb durch Zusatzqualifikationen ergänzt werden. Vorerfahrungen wie z.B. eine abgeschlossene Berufsausbildung oder eigenes unternehmerisches Handeln unterstützen den Prozess der Betriebsauswahl und -beratung.

Das Projektteam *BATMAN* hat ein Anforderungsprofil für die „idealen“ SozialberaterInnen in Projekten der Jugendberufshilfe entwickelt:

- Akquiseerfahrung mit kleineren und mittleren Unternehmen (KMU) und Jugendlichen (auch Telefonakquise),
- umfangreiche Kenntnisse des deutschen Berufsbildungssystems,
- Kenntnis von Berufsbildern und Ausbildungsrahmenplänen,
- sicheres Zeitmanagement,
- Marketingkenntnisse,
- sicherer Umgang mit Verträgen und Anträgen,
- professionelle Distanz zu KlientInnen,
- Teamfähigkeit,

- Bekenntnis zur aktivierenden Pädagogik,
- Erfahrungen in Konfliktmanagement und Krisenintervention,
- Moderatorische und mediatorische Fähigkeiten („Allparteilichkeit"),
- Netzwerkkompetenz,
- sicheres Auftreten,
- Verhandlungsgeschick,
- Gefühl für situationsgerechtes Outfit,
- Führerschein für PKW,
- Kenntnisse in Microsoft Office,
- Fremdsprachenkenntnisse (Englisch).

Transfer der Projektidee

BATMAN hat in der Fachwelt großes Interesse erfahren, wie zahlreiche Anfragen beim Träger BBJ bestätigen. Wir haben gemeinsam mit Arbeitsamt und Sozialamt erste Wege zur kommunalen Weiternutzung der Modellerfahrungen gefunden und möchten unsere Methoden und Konzepte weiterentwickeln und diskutieren. Via Internet wird dies im so genannten Onlineforum durch die Nutzer unserer CD-ROM möglich sein. Projektträgern, die mit unserem erfolgreichen Ansatz arbeiten möchten, geben wir folgende Hinweise und Empfehlungen:

- Für die Umsetzung der Projektidee von *BATMAN* ist eine enge Zusammenarbeit mit allen Partnern der Jugendberufshilfe unabdingbar. Unsere Erfahrungen zeigen, wie wichtig es ist, auch die Jugendhilfe nach § 13 SGB III verlässlich im Boot zu haben, damit nicht weitere Zielgruppenkriterien (wie Sozialhilfebezug) die ohnehin schon schwierige Teilnehmerauswahl zusätzlich erschweren. Wir haben die örtliche Jugendhilfe als fachlich interessiert, aber tendenziell finanzschwach erlebt, was uns in der Modellzeit erhebliche Probleme bereitete und die Anregung weiterer Übertragungsmodelle erschwert.
- Die Projektträger sollten mit einem erheblichen Aufwand und entsprechend hohen Kosten bei der Identifizierung von geeigneten Jugendlichen rechnen. Das Verhältnis von Erstgesprächen zu erfolgreichen Vermittlungen liegt bei etwa 10:1. Die Prozesse der Erstansprache von Jugendlichen, die anschließende Kompetenzprofilermittlung und die gemeinsame Berufswegplanung sollten durch so genannte Case-Worker aus einer Hand erfolgen, um Frustration bei Jugendlichen zu senken, ein abgestimmtes Vorge-

hen zu garantieren und Zeit zu sparen. Aus unserer Sicht gibt es unbedingten Handlungsbedarf, was die Zusammenarbeit von Ämtern und freien Trägern sowie eine Qualitätsverbesserung der Jugendberufshilfe betrifft.

- *BATMAN*-Folgeprojekte sollten von Anfang an für durchfinanzierte Ausbildungszüge plädieren, die eine spätere alljährliche Mittelakquise überflüssig machen. Verlässlichkeit – auch bei der Zahlung der Kompensationsleistungen an die Unternehmen – ist eine Tugend, die Unternehmen von der Jugendhilfe erwarten – zu Recht, wie wir meinen. Die Hauptschwierigkeit im Kostenkonstrukt von *BATMAN* ist der Produktivitätsverlustausgleich. Diese finanzielle Kompensationsleistung für den zusätzlichen Ausbildungsaufwand der Betriebe in der Benachteiligtenförderung ist nach wie vor nur durch die Jugendhilfe (SGB III § 13) oder die Sozialhilfe im Rahmen von Hilfen zur Arbeit leistbar. Sie ist zwar nicht ausschlaggebend für die Einstellung benachteiligter Jugendliche zum Zwecke der Erstausbildung, hat aber eine so genannte *Türöffnerfunktion*. Unsere Empfehlung für die Höhe des finanziellen Ausgleichs ist eine jährliche Fördersumme von 3.000 € je Ausbildungsplatz.
- Alle *BATMAN*-Dienstleistungen werden bei uns ab sofort aus einer Hand angeboten – auch die fachliche Ausbildungsbegleitung in Form der Lernunterstützung. Für die ersten drei Ausbildungszüge wurde der Stützunterricht zwar extern – bei einem anderen Bildungsträger – offeriert. Mit dem vierten Ausbildungszug tritt *BATMAN* aber selbst als Dienstleister von zusätzlichem allgemein bildenden und fachspezifischen Unterricht auf, weil so zusätzliche Wege und AnsprechpartnerInnen für die Jugendlichen vermieden werden.
- Für den Projekterfolg ist ein umfangreiches Trägernetzwerk von entscheidender Bedeutung. Nur durch gewachsene und wachsende Kooperationsbeziehungen ist die *BATMAN*-Dienstleistung qualitativ und quantitativ zu garantieren. Von der Teilnehmergewinnung bis zur Nachbetreuung der ehemaligen Azubis gilt es, komplexe Wechselbeziehungen in den Feldern Arbeitsförderung, Jugendhilfe, Sozialhilfe und berufliche Bildung zu beachten und im Interesse einer passgenauen Vermittlung Jugendlicher zu moderieren.

Zum Abschluss unserer Überlegungen möchten wir die Gelegenheit nutzen und allen Förderern und Begleitern der *BATMAN*-Idee für ihr Engagement während der Modellzeit danken.

Rita Müller, BBJ Servis gGmbH Potsdam

Christiane Mähler

Potenzialanalyse für Jugendliche mit sozialen Benachteiligungen

Assessment Center (AC) und Potenzialanalysen (PA): Ziele und Methoden

Assessment Center (englisch *to assess* = abschätzen, *center* = Ort, Gebäude, Zentrum oder Mittelpunkt) und Potenzialanalysen werden seit Mitte der 1950er-Jahre von Organisationen und Institutionen als systematische Verfahren zur Personalauswahl (AC) oder zur Analyse der Potenziale ihrer MitarbeiterInnen (PA) eingeführt. Bei beiden Verfahren handelt es sich um eine qualifizierte Feststellung von Verhaltensleistungen und Verhaltensdefiziten. Das Ziel dieser multiplen Verfahrenstechniken, zu denen mehrere eignungsdiagnostische Instrumente und/oder leistungsrelevante Aufgaben zusammengestellt werden, ist die Einschätzung der aktuellen Kompetenzen und – davon abgeleitet – eine Prognose der künftigen beruflichen Entwicklung und Bewährung der teilnehmenden KandidatInnen.

Die Grundlage der speziellen Potenzialanalysekonzeption für Jugendliche in Projekten der BBJ Servis gGmbH Potsdam mit dem Schwerpunkt „emotionale Intelligenz/soziale Kompetenz“, wie beispielsweise *BATMAN* (siehe Beitrag von Müller ab S. 144), bildet eine Reihe ausgewählter Testverfahren und Übungen. Bestimmte beruflich relevante Fertigkeiten und Kompetenzen der Jugendlichen können einerseits sichtbar gemacht, andererseits gleichzeitig auch trainiert werden. Als solche beobachtbaren Potenziale gelten z. B. so wichtige Kompetenzen wie die Fähigkeit zur Kooperation innerhalb eines Teams, Selbstbewusstsein, Arbeitstempo, Initiative, Begeisterungsfähigkeit, Einfühlungsvermögen, Ausdauer und Belastbarkeit, Kreativität und praktisches Geschick, Konflikt- und Kritikfähigkeit, Führungs- und Dominanzverhalten in der Gruppe. Des Weiteren können kommunikative Kompetenz, Verhandlungsgeschick, Flexibilität und Lernbereitschaft ebenso wie analytisches und logisches Denkvermögen erfasst werden.

Vor allem Jugendliche, die in ihrem Leben immense Frustrationen bezüglich ihrer sozialen, emotionalen und materiellen Versorgung erlebt haben, fühlen sich beim Übergang zum Erwachsensein und – damit verbunden – beim Eintritt in das Berufsleben häufig stark überfordert. Neben den vielfältigen Maßnahmen der Beratung, Be-

Potenzialanalyse für Jugendliche
Musterablaufplan

09:00 – 09:15 Uhr	Begrüßung der TeilnehmerInnen durch eine Vertreterin der BBJ und die Moderatorin Vorstellung des Ablaufplanes Erläuterung: Was ist eine Potenzialanalyse? Was erwartet die TeilnehmerInnen heute? Themen Schweigepflicht und Datenschutz Fragen der TeilnehmerInnen klären
09:15 – 09:30 Uhr	T-D-M-Kurztest
09:30 – 09:40 Uhr	Selbsteinschätzungsfragebogen
09:40 – 10:40 Uhr	Übung I: Selbstpräsentation (Thema: „Steckbrief“ kreieren)
10:40 – 10:55 Uhr	Kurzpause
10.55 – 11:25 Uhr	Übung II: Gruppendiskussion (Thema: Der/die ideale Azubi/JungarbeitnehmerIn)
11:25 – 12:00 Uhr	Übung III: Kreativübung (Thema: Bastelübung)
12:00 – 12:15 Uhr	Kurzpause
12:15 – 12:45 Uhr	Übung IV: Gruppen-/Konstruktionsübung (Thema: „Turmbau“) Verabschiedung der KandidatInnen als Gruppe
12:45 – 13:15 Uhr	Mittagspause
13:15 – 15:15 Uhr	Beobachterkonferenz Evtl. Alternativaufgaben für die KandidatInnen
ab ca. 15:30 Uhr	Feedbackgespräche (jeweils ca. 20–30 Minuten pro TeilnehmerIn)
ca. 18:30 Uhr	Ende des Potenzialanalysetages

treuung und Begleitung dieser Jugendlichen durch die MitarbeiterInnen der BBJ Potsdam wurde inzwischen ein spezielles Verfahren im Sinne der „beruflichen Orientierungsberatung“ wiederholt eingesetzt: eine auf die jeweilige Gruppe maßgeschneidert abgestimmte Potenzialanalyse mit dem Schwerpunkt „Soziale Kompetenz“.

Das 1999 als Pilotprojekt gestartete und inzwischen mehrfach durchgeführte Verfahren wurde von den Jugendlichen zunächst mit Skepsis, später mit viel Enthusiasmus und Begeisterung angenommen. Die eintägige Potenzialanalyse läuft dabei nach dem Muster ab, wie es in dem ersten eingerahmten Text auf S. 152 zusammengefasst ist.

Die vielfältigen Aufgabenstellungen an diesem Tag setzen sich z. B. aus einem Persönlichkeitstestverfahren oder einem Arbeitsstil- und Typentest sowie einem Selbsteinschätzungsfragebogen zusammen. Es folgen meistens eine Einzel- oder Paarübung zur Vorstellung vor der Gruppe sowie daran anschließend zwei im Team zu bewältigende Aufgaben (z. B. eine führerlose Gruppendiskussion und/oder eine Kreativitäts- und/oder eine Konstruktionsübung).

Die Jugendlichen werden im weiteren Tagesverlauf von MitarbeiterInnen und/oder KooperationspartnerInnen der BBJ Servis gGmbH beobachtet, die im Vorfeld durch eine Beobachterschulung trainiert wurden. Sie rotieren dezent (nach jeder Übung), um so die Stärken und Schwächen aller TeilnehmerInnen und deren Sozialverhalten in einer Gruppe beobachten und bewerten zu können. Dies geschieht mithilfe spezifischer Beobachtungsbögen, auf denen die verschiedenen Beobachtungsdimensionen codiert einzuschätzen sind (s. zweiten Text im Rahmen auf S. 154).

Auszug aus einem Muster-Auswertunsgbogen

GRUPPENÜBUNG

TeilnehmerIn:________________ BeobachterIn:________________

Teamfähigkeit 1___2___3___4___5___6___7
Arbeitet kooperativ
Kann sich in die Gruppe gut integrieren

Überzeugungskraft 1___2___3___4___5___6___7
Durchsetzungsvermögen
Gruppe übernimmt Beitrag des TN
Kann sich Akzeptanz verschaffen

Initiative 1___2___3___4___5___6___7
Bringt neue Vorschläge ein
Übernimmt bereitwillig Aufgaben

Organisation und Planung 1___2___3___4___5___6___7
Beachtet alle Vorgaben
Gliedert Aufgabe sinnvoll

Ergebnisse der Potenzialanalyse

Am Ende des Tages und im direkten Anschluss an die Beobachterkonferenz erhalten die Jugendlichen in einem vertraulich geführten „Feedbackgespräch“ Rückmeldung über ihr Verhalten, das mit den Ergebnissen der Testverfahren kombiniert und in Relation zur Selbsteinschätzung und zu den Berufswünschen der KandidatInnen betrachtet wird. Oft werden die TeilnehmerInnen in ihren Vorstellungen hinsichtlich ihrer beruflichen und persönlichen Kompetenzen gestärkt; es können aber auch neue, bisher unbeachtete Ressourcen aufgezeigt werden. Mithilfe dieser maßgeschneiderten Potenzialanalysekonzeption für die in Projekte der BBJ Potsdam eingebundenen Jugendlichen können Fähigkeiten in mehreren Bereichen sichtbar gemacht werden:

- Soziale und persönliche sowie methodische und planerisch-operative Kompetenzen,
- intellektuelle Leistungsfähigkeit.

Zentraler Bestandteil der Konzeption ist ein differenziertes Feedback, damit sich die KandidatInnen hinsichtlich ihrer Kompetenzen, Stärken und Schwächen selbst einschätzen können. Diese Einschätzung basiert auf quantifizierbaren Aussagen und Beobachtungen mehrerer geschulter ExpertInnen. Vertiefende Einzelgespräche im Anschluss an die Potenzialanalyse sollen zusätzlich klären, ob der/die TeilnehmerIn für das von ihr/ihm selbst gewählte zukünftige Aufgaben- und Ausbildungsgebiet qualifiziert erscheint, oder ob aufgrund der beobachteten Kompetenzen auch noch andere, bisher nicht in Betracht gezogene Bereiche möglich wären.

Die Konzeption soll allen Beteiligten (TeilnehmerInnen und BeobachterInnen) außerdem die Vorteile und Stärken (ggf. auch Nachteile und Schwächen) eines solchen Potenzialanalyse-Verfahrens im Vergleich zu klassischen herkömmlichen Vorgehensweisen im Rahmen der Ausbildungs- und beruflichen Orientierungsberatung deutlich machen.

Fazit

Auf nationaler und internationaler Ebene sind heute bei allen führenden Institutionen und Organisationen integrierte Assessment Center und Potenzialanalysen bei der Personalauswahl und Personalplanung die Norm. Es bleibt zu wünschen, dass auch in anderen Institutionen beispielsweise im Bereich der berufsbezogenen Jugendsozialarbeit über den Einsatz solcher quantifizierenden Einschätzungsverfahren nachgedacht wird, denn auf dieser Basis können Fördermaßnahmen besser begründet und gezielter eingesetzt werden.

Christiane Mähler, Berlin-Zehlendorf

Melanie Nassauer

Das Projekt *BATMAN* aus der Sicht des Arbeitsamtes

Das Modellprojekt *BATMAN* der BBJ Servis gGmbH hat sich zum Ziel gesetzt, Betriebe als Lernorte der Erstausbildung für benachteiligte Jugendliche zu gewinnen. *BATMAN* bietet Jugendlichen und ausbildungswilligen kleinen und mittleren Unternehmen (KMU) ein umfangreiches Dienstleistungsangebot (siehe Beitrag von Müller ab S. 144), das über die bisherigen Konzepte für ausbildungsbegleitende Hilfen (abH) hinausgeht. Mittels einer speziellen Potenzialanalyse (siehe Beitrag von Mähler ab S. 151) werden geeignete Jugendliche identifiziert und passgenau in Ausbildungsbetriebe vermittelt. Über 30 Betriebe haben bislang das Angebot von *BATMAN* genutzt und mit Unterstützung der SozialberaterInnen des Trägers zusätzliche Ausbildungsplätze für junge Menschen in schwierigen Lebenslagen eingerichtet.

Förderrechtliche Voraussetzungen

Die Konzeption der BBJ Servis gGmbH sah vor, im Rahmen des Modellprogramms „Arbeitsweltbezogene Jugendsozialarbeit" einen zum SGB III parallelen, betriebsbezogenen Ansatz der Benachteiligtenförderung modellhaft zu erproben, um

- Ansatzpunkte zu finden, wie insbesondere KMU-Betriebe als Lernorte auch für „schwierige" Jugendliche gewonnen werden können,
- Probleme der zweiten Schwelle zu mindern, die mit der SGB-III-geförderten außerbetrieblichen Berufsausbildung Jugendlicher einhergehen können und
- für Bewegung in den Strukturen der Benachteiligtenausbildung zu sorgen.

Förderrechtlich stand die Finanzierung des Projektes durch das BMFSFJ im Vordergrund; außerdem sollten Mittel nach dem BSHG und KJHG akquiriert werden. Zur Gewinnung von ausbildungswilligen Betrieben war als Anreiz eine degressiv nach Lehrjahren gestaffelte Kompensationszahlung vorgesehen. Basis der Be-

rechnungen bildeten die durchschnittlichen Erträge durch ein Ausbildungsverhältnis für den Betrieb, wie sie vom Bundesinstitut für Berufsbildung (BIBB) ermittelt wurden.
Als Kooperationspartner zur Durchführung des Projektes *BATMAN* war das Arbeitsamt zunächst nicht im engeren Blick des Trägers. Erst als die kommunale Kofinanzierung der Stadt Potsdam nicht wie geplant sichergestellt werden konnte, trat die BBJ Servis gGmbH an das Arbeitsamt heran und bat um Prüfung einer Förderung nach § 10 SGB III für die sozialpädagogische Begleitung im Projekt. Um das Scheitern des Modellprojektes zu vermeiden, trat das Arbeitsamt Potsdam nach längeren Verhandlungen in die Projektförderung nach § 10 SGB III bis zum Ende der Programmlaufzeit ein.

Zielgruppe und Gewinnung der TeilnehmerInnen

Über die Zielgruppe und die Gewinnung der TeilnehmerInnen wurde in enger Abstimmung mit den lokalen Partnern in einem Planungsworkshop beraten. Die Zielgruppe orientiert sich am Benachteiligtenbegriff des SGB III und des KJHG. Die Gewinnung der TeilnehmerInnen erfolgt über die Berufsberatung des Arbeitsamtes und nachgelagerte Träger der Berufsvorbereitung oder der aufsuchenden Sozialarbeit nach Artikel 11 des Jugendsofortprogramms der Bundesregierung und über das Jugendamt der Stadt Potsdam und dessen nachgelagerte KJHG-Träger zur Berufsvorbereitung. Jugendliche, die das Auswahl- und Zugangsverfahren bei *BATMAN* nicht erfolgreich durchlaufen oder nach begonnener Ausbildung abbrechen, werden über die Berufsberatung des Arbeitsamtes in BA-finanzierte außerbetriebliche Ausbildung oder einen Grundausbildungslehrgang vermittelt, wenn dies im Einzelfall sinnvoll und möglich erscheint. Ein Projektbeirat, dem alle lokalen Partner angehörten, konstituierte sich zur inhaltlich konstruktiven Begleitung des Projekts.

Weiterführung des Projekts als abH

Seit Frühsommer 2001 verhandelt das Arbeitsamt Potsdam mit dem Träger BBJ mit dem Ziel, den im Modellzeitraum erprobten Ansatz von *BATMAN* auch nach Ablauf der Modellphase weiterzuführen. Eine weitere Projektförderung über § 10 SGB III ist allerdings nicht möglich. Es besteht jedoch die Chance, die Erkenntnisse und Erfahrungen des Trägers mit dem Modellprojekt *BATMAN* im Rahmen einer ausbildungsbegleitenden Hilfe (abH) als initiatives Angebot zu nutzen. In Ergänzung zur ursprünglichen Konzeption wird auch daran gedacht, in Zusammenarbeit mit Trägern der außerbetrieblichen Ausbildung den Übergang in betriebliche Ausbildung nach dem ersten Ausbildungsjahr zu ermöglichen.

Um dem hohen Betreuungsbedarfen (Stützunterricht, Krisenprävention und -intervention in Zusammenarbeit mit dem Betrieb, Einzel- und Gruppenbetreuung) der Jugendlichen gerecht zu werden, wird die abH-Maßnahme auf 24 TeilnehmerInnen begrenzt, denn in den im Rahmen des Modellprojektes *BATMAN* geförderten Ausbildungszügen sind die Problemlagen der Jugendlichen vielfältig und oft gehäuft ausgeprägt. Es finden sich darunter beispielsweise Aussiedler mit schwierigen Eingliederungsverläufen, Ausbildungsabbrecher, Straffällige, durch Familienhilfe und Sozialhilfe Betreute, junge, z.T. allein erziehende Mütter mit teilweise mehrjährigem Erziehungsurlaub.

Mit der Förderung der Jugendlichen durch abH beim Träger BBJ verbindet das Arbeitsamt Potsdam die Erwartung, dass die Übernahme der Jugendlichen nach der Ausbildung oder ihre Eingliederung in ein anderes Beschäftigungsverhältnis weitgehend nahtlos gelingen wird. Die Maßnahmeart abH würde sich dann als brauchbares und hinreichend flexibles Instrument für die betriebliche Ausbildung von Jugendlichen mit besonderem Betreuungsbedarf erweisen. Ob es mittelfristig notwendig bleibt, den Betrieben qua Anreiz über eine Kompensationszahlung („Produktivitätsverlustausgleich") die Einstellung solcher Jugendlicher zu entgelten, wird sich – angesichts der zu erwartenden rückläufigen Schülerzahlen bis zum Ende dieses Jahrzehnts und des daraus resultierenden Rückgangs von BewerberInnen für Ausbildungsplätze – zeigen. Aus Finanzierungsgründen haben sich bereits während des Modellprojektzeitraums die monatlichen Ausgleichszahlungen an die Betriebe erheblich vermindert. Erfreulicherweise haben die Kürzungen aber keine Firma bewogen, die Ausbildung der Jugendlichen abzubrechen.

Melanie Nassauer, Arbeitsamt Potsdam

Teil II
Methoden einer aktivierenden Jugendsozialarbeit

1 Individuelle Förderplanung

Henner Stang

Arbeitsberatung Soziales – ein Anti-Blockier-System

Die Produktionsschule *BuntStift*[1]

Definition

Arbeitsberatung Soziales (ABS) ist eine Form arbeitsweltbezogener Supervision zur Reflexion und Gestaltung der sozialen Beziehungen im unmittelbaren Arbeitsprozess der Berufsausbildung, Beschäftigung und vorberuflichen Qualifizierung. Wesentliches Ziel der ABS ist die Förderung und Entwicklung der sozialen Kompetenz der persönlichen, individuellen und gemeinschaftlichen Handlungsfähigkeit im und ausgehend vom Arbeitsprozess.

Im Rahmen der verschiedenen Projekte der Produktionsschule *BuntStift* (siehe Beitrag von Mertens ab S. 98), d. h. ihrer unterschiedlichen Unterrichtsprojekte und fachpädagogischen Settings der Berufsvorbereitung und Ausbildung, ist die ABS ein seit mehreren Jahren erprobter Ansatz einer psychosozialen Begleitung und Beratung. Diese Form der für Jugendliche und Ausbilder gemeinsamen Supervision versucht die fach- und berufsbezogene Qualifizierung mit einer sowohl individuellen, klientenzentrierten als auch prozess- und gruppenorientierten (sozialpädagogischen), oft auch sozialtherapeutischen Förderung zu verbinden. ABS ist ausdrücklich weder eine produkt- noch leistungsorientierte, mithin auch keine unterrichtsähnliche Veranstaltung. Die Psychodynamik dieser Prozesse abzubilden und zu beschreiben, kann nur höchst fragmentarisch gelingen, ebenso wie die Darstellung der Soziogenese einzelner Fälle.

Konzeption

Der Arbeitsalltag und die Unmittelbarkeit des gemeinsamen Arbeitens, Lernens und Lebens fordert von jungen Menschen, Gemeinschaftsfähigkeit, Kooperation und Teamfähigkeit als wesentliche Elemente moderner Arbeitsprozesse zu begreifen und zu erproben.

---

[1] Der voliegende Text kam in Zusammenarbeit mit allen Mitarbeitern und Jugendlichen zustande.

Indem die „Produktionsschüler“ (Auszubildende, Hauptschüler und Teilnehmer an diversen Maßnahmen) sich im Arbeitsprozess technisch und organisatorisch notwendigerweise aufeinander beziehen, erfahren sie, dass persönliche Vorurteile, Fremdenfeindlichkeit und soziale Diskriminierung oft Ausdruck von Ichschwäche, kulturellen Ritualen, kulturellen Verwerfungen und Brüchen, Angst und sozialer Orientierungslosigkeit sind und damit kontraproduktiv wirken und gute Arbeitsergebnisse und Lernprozesse verhindern. In der ABS kommen genau diese zumeist familiären „Weltanschauungen“ zur Sprache und können in Bezug auf die Erfahrungen im gemeinsamen Wertschöpfungsprozess bearbeitet werden. Diese „Weltanschauungen“ sind ideologische Werkzeuge gesellschaftlicher Arbeitsteilung und Eigentumsverhältnisse, die in der Mikrowelt des Betriebs als Planungsfaktoren, Maßstabsungenauigkeit, Rezeptlosigkeit, schlechte Ablagesysteme und Kalkulationsunsicherheit durchschaubar werden und deren Funktion als Widerstand und Störfaktor, als Redundanzen und „soziales“ Rauschen kommunizierbar sind. So erfahren die Jugendlichen z.B., dass Teamfähigkeit und Kooperation keine pädagogisch imperativen Forderungen sind, sondern dem Arbeitsprozess zugrunde liegende technische Notwendigkeiten.

Einmal wöchentlich finden halbstündige Gruppensitzungen in den Abteilungen Holz, Metall, Büro, Hauswirtschaft und Recycling mit jeweils zwischen sechs und zwölf Teilnehmern statt. Hier können die Produktionsschüler, AnleiterInnen und PädagogInnen gemeinsam unter Anleitung eines externen Arbeitsberaters/Supervisors aktuelle, im jeweiligen Arbeits- und Lernfeld erkennbare Konflikte, Krisen, persönliche Spannungen, Missverständnisse, aber auch Kooperationsmöglichkeiten und Veränderungs- und Gestaltungsvorschläge reflektieren und konkrete Lösungsmöglichkeiten miteinander entwickeln. Sie können für die Regelung ihrer Arbeits- und Sozialbeziehungen einvernehmlich Konzepte, Vereinbarungen und Absprachen entwerfen, z.B. für die Werkzeugausgabe, für Abteilungsversetzungen, Pausenregelungen, für außerbetriebliche Einsatzorte und auch bei Krankmeldungen und Urlaubsregelungen. Zusätzlich werden bei Bedarf auch Einzelgespräche geführt, die auch als Schnittstellen zu den unterschiedlichsten professionellen Beratungsstellen fungieren können (z.B. Arbeitsamt, Jugendamt, Jugendwohngemeinschaften, Therapieeinrichtungen, Drogenberatung). Insbesondere können diese Beratungsgespräche die soziale Integration von ausländischen Jugendlichen und AussiedlerInnen unterstützen. In dem Maße wie psychosoziale und vor allem soziokulturelle Komponenten in den alltäglichen Projektabläufen zu „entdecken“ sind, können sie verstärkt berücksichtigt und bearbeitet werden.

Fallbeispiel für die psychosoziale Komponente

Benjamin – er heißt nicht nur so, er ist in der Holzwerkstatt tatsächlich auch der Jüngste, und in der Familie war er von zwei Brüdern der jüngere. Der ältere Bruder – er war auch bei BuntStift *– ist verstorben. Es scheint so, als ob Benjamin dessen Familienaufträge auf seinem eigenen Rücken weiter mitschleppen muss. Die Folge: Er kann sich auf seine eigenen Arbeitsaufträge nie richtig konzentrieren. Er ist weder bei der Sache noch bei sich. In diesem Fall bietet die ABS zwar Gelegenheit zur Diagnose, kann aber Therapie nicht ersetzen. Immerhin konnte Benjamin seinen Hauptschulabschluss nachholen.*

Fallbeispiel für die soziokulturelle Komponente

Adonai – er ist der Jüngste von sieben Geschwistern einer eritreischen Familie. Sein Name bedeutet auf Tigrinia: der Herr, Gott oder ein anderer Name Gottes. Adonai will weder in der Metallwerkstatt noch im Büro tätig werden. Er will nicht arbeiten, „das ist nichts für mich", sondern mehr Unterricht, obwohl er von allen Schulen geflogen ist. „Chef zu sein", das wäre was, aber der Weg dahin interessiert ihn nicht. Dass ihn sein Vater schon im Alter von drei Jahren grün und blau geschlagen hat, findet er für eritreische Familiensitten „normal". Sich selbst rumprügeln hat zu Schulverweisen und schließlich Strafanzeigen geführt, „nützt also auch nichts". Meint er nun, mit mehr Unterricht den arbeitslosen, hühnenhaften Vater endlich übertrumpfen zu können? Endlich „Chef" werden zu können?

Das Rollenverhalten der Jugendlichen in den Arbeitsgruppen spiegelt – wie aus diesen Beispielen deutlich werden kann – familiäre Strukturen, eingefahrene Beziehungsmuster und starke Emotionen wider. Im geschützten Raum der ABS können alle Hoffnungen und Wünsche, Sorgen und Ängste, objektivierbaren Arbeitserfahrungen und subjektiv persönlichen Einschätzungen und Gefühle zur Sprache kommen. Das Einverständnis der Beteiligten vorausgesetzt, kann einfach über alles geredet werden.

Soziale Kompetenz und technisches Know-how

Basis des Ansatzes der ABS ist die Hypothese von sich gegenseitig überschneidenden Feldern und bedingenden Faktoren technischer Fertigkeiten und Fähigkeiten – also z. B. Fräsen, Fehlersuche, Zeichnung oder Bilanzen lesen – einerseits und sozialen Kompetenzen und Kenntnissen – also z.B. Umrisse und Grenzen ermessen können, Kritik und Kompromissfähigkeit auszuloten, präzise Maßstabsgerechtigkeit bei der Selbst- und Fremdwahrnehmung sowie Planungssicherheit bei Arbeitsteilung und Fähigkeit zu Kooperation – andererseits. Im Begriff der Kooperation verbinden sich die materiellen, technischen Parameter der Produktion mit sozialen, emotionalen Notwendigkeiten im Umgang miteinander zur Erreichung der Produktionsziele.

Kooperation ist also kein außerhalb des direkten Arbeitsprozesses angesiedeltes Verhalten, das etwa auf der Basis von Sympathie, Freundschaft, richtiger Hautfarbe oder korrektem Verhalten zwischen den Geschlechtern zustande kommt. Kooperation gehört als Ursache und Folge zu den objektiven Faktoren des Produktionsablaufes selbst.

Kooperation ist das bewusste, reflektierte Zusammenwirken unterschiedlicher persönlicher Eigenschaften und Qualifikationen auf der Matrix der mit den technischen Entwicklungen korrespondierenden Sinne und Wahrnehmungstätigkeiten sowie der entsprechende kommunikative zwischenmenschliche Austausch.

Kooperation ist deshalb ebenso wie die technische Seite von Produktion und Dienstleistung rhythmisch, kontinuierlich, gegliedert und proportional. In diesen mathematisch-systemischen Parametern jedes Produktionsprozesses finden wir die technische Entsprechung der geforderten Persönlichkeitsmerkmale:

- Rhythmisch heißt: Im „Takt“ zu bleiben, „taktvoll“ miteinander umzugehen, zuverlässig und ausdauernd mit Konzentration seinen Part zu spielen.
- Kontinuierlich heißt: Stetigkeit in personalen Beziehungen und Arbeitsprozessen zu gewinnen, fortlaufend „dranbleiben“, Lernen und Leistung als Prozess zu sehen.
- Gegliedert heißt: Sich als Glied einer Kette zu verstehen, mit Zeitbudget (Pünktlichkeit) und Raumordnung (Ordnungssinn) richtig umzugehen, für sich und andere Verantwortung zu übernehmen.
- Proportional heißt: Die Maßstäbe für die passenden Verhältnisse zu gewinnen, bei berechtigter Kritik die Verhältnismäßigkeit zu wahren, Widersprüche und Konflikte austragen zu lernen, bei aller Regelhaftigkeit kreativ und flexibel zu bleiben.

In der ABS können und sollen diese Analogien zur Sprache gebracht werden. Denn gerade in der Phase der adoleszenten Persönlichkeitsentwicklung und Identitätsbildung kommt bei der Orientierung auf eine anerkannte Berufsausbildung der richtigen, d.h. „maßstabsgerechten" Verbindung von einerseits technischer (d.h. auch bürotechnischer und hauswirtschaftlicher) und andererseits sozialer Handlungskompetenz eine herausragende Bedeutung zu. Nicht zufällig definieren z.B. die Begriffe Flexibilität und Mobilität ursprünglich Eigenschaften von Stoffen und technischen Prozessen und sind jetzt Charakteristika des erwünschten sozialen Berufsverhaltens. „Flexibel" muss ich sein im Umgang mit Kollegen und Chefs, „mobil" bei Bewerbung und Weiterbildung.

Im zielgenauen Arbeitsprozess, d.h. im geplanten Umgang mit Werkstoffen und Werkzeugen bis hin zum Aufräumen von Werkstatt, Küche und Büro, spiegeln sich also soziale Umgangsformen und umgekehrt spiegeln diese sich in den technischen „Skills". In der ABS kann dieser Zusammenhang jeweils bezogen auf den konkreten Arbeitsauftrag reflektiert werden: Wer hat den Chef gespielt? Wer hat sich vor der Arbeit gedrückt? Im Sozialverhalten zeigen sich die fachlichen Stärken und Schwächen. Die Jugendlichen können sich dann in den ABS-Gesprächen in der Gruppe gegenseitig den Spiegel vorhalten und so am Sozialverhalten ihre fachlichen Kenntnisse oder Wissenslücken erkennen. Erst muss man sich vielleicht schämen, aber die angemessene Fremdeinschätzung eröffnet auch einen Weg zur Stärkung des Selbstwertgefühls.

Der Erwerb fachlicher Fertigkeiten, Fähigkeiten und Kenntnisse stellt das leistungsbezogene, vom Arbeitsmarkt geforderte, anerkannte und gewohnte Ziel betrieblicher Berufsausbildung und vorberuflicher schulischer Qualifizierung dar. Darüber hinaus aber fordert die technische und organisatorische Komplexität der modernen Arbeitswelt jungen Menschen zunehmend Entscheidungen ab, die Alltags- und Daseinskompetenz (Handlungsfähigkeit), Verantwortung, Gemeinschaftsfähigkeit, also den „Durchblick" in zwischenmenschlichen, sozialen, gesellschaftlichen Beziehungen voraussetzen. Die ABS schärft den Blick für innerbetriebliche Beziehungsstrukturen, „Hackordnungen" oder arbeitsteilig notwendige Hierarchien und betriebliche Sozialparameter. Die Jugendlichen lernen zwischen Macht und Kompetenz zu unterscheiden. Ohne diesen alltagstechnischen „Durchblick" kann ich den Sinn des Ganzen im technischen und sozialen Prozess der Arbeit nicht mehr sehen und meinen Platz im Betrieb, meinen Status in meiner Altersgruppe, in der Nachbarschaft und in der Gesellschaft nicht finden. Dann bleibt mir nichts anderes übrig, als soziale Beziehungen zu manipulieren, statt für mich und andere Verantwortung zu übernehmen.

Beim Feedback, in der supervisionsüblichen Rückmelderunde, kann aufgedeckt werden, ob jemand probiert hat, Beziehungen zu manipulieren, und schließlich kann dann trotz aller Kränkungen vielleicht auch gemeinsam darüber gelacht werden. Und auf den Berater kann man auch mal sauer oder wütend sein und ihm das zeigen. Der Supervisor bietet Angriffsflächen und ist „gut" für die unterschiedlichsten Projektionen. Man braucht keine Angst zu haben, seine Aufmerksamkeit und grundlegende Empathie zu verlieren. Seine Professionalität gestattet es ihm, sich nicht „getroffen", „enttäuscht" oder „ausgetrickst" zu fühlen. Dieses Rollenangebot darf ihn selbstverständlich nicht dazu verführen, nur den „guten Sheriff" zu spielen und etwa den verbindlichen Ausbildungsauftrag der Ausbilder/Chefs zu konterkarieren.

Der Industriemechaniker lernt an der Bohrmaschine, dass „mit Gewalt nichts geht". In der ABS kann er das auch für die sozialen Beziehungen begreifen. „Dicke Bretter zu bohren", fordert nicht nur technische Präzision und Kontinuität, sondern auch Stetigkeit, Regelmäßigkeit und Eindeutigkeit als Elemente sozialer Handlungskompetenz wie z. B. Verbindlichkeit in Erfüllung des Ausbildungsvertrages. Diese Zusammenhänge erfahrbar zu machen, z. B. über die gemeinsame Lektüre von Arbeits- und Ausbildungsverträgen (also von übersichtlichen und transparenten Vereinbarungen, die auf Gegenseitigkeit beruhen), ist eine der Aufgaben und Möglichkeiten von ABS.

Ungleichzeitigkeit von technischer und sozialer Kompetenz

Beklagt wird heute – nicht nur in den Ausbildungsabteilungen vieler Betriebe – ein Klima der sozialen Kälte, der individuellen Isoliertheit, des Motivationsmangels, der geringen Solidarität, der Angst vor dem anderen als Fremdem. Beklagt werden ebenso vermeintlich typische Verhaltensweisen der „heutigen" Jugend: Trotz und Verweigerung, Fremdenfeindlichkeit und brutale Konkurrenz, Apathie, Aggression und Angst, mangelnde Konzentration und Ausdauer und schließlich neben falscher Anpassung eine hohe Gewaltbereitschaft als Reaktionen auf befürchteten Statusverlust. Sind diese psychischen Werkzeuge unveränderliche Determinanten jugendlichen Sozialverhaltens? Oder sind sie oft nur dem fehlenden Training sozialer Erziehung am Arbeitsplatz geschuldet, wo man eigentlich die Wechselwirkung zwischen technischer und sozialer Kompetenz gewissermaßen am eigenen Leib erfahren und in der Gruppe reflektieren könnte?

Eine weitere Hypothese, die der ABS zugrunde liegt, besagt, dass – neben anderen Faktoren wie struktureller Arbeitslosigkeit, sozialer Unsicherheit, Unübersichtlichkeit und Orientierungslosigkeit – die Ungleichgewichtigkeit und Ungleichzeitigkeit zwischen technischer und sozialer Kompetenz eine der Ursachen für die Verschärfung der sozialen, zwischenmenschlichen Konflikte (nicht nur) am Arbeitsplatz ist. Eine destruktive, häufig krank machende Mischung aus allgemeiner Zukunftsangst und ausgrenzender persönlicher Rivalität anstelle von Sinn stiftenden Perspektiven und sozialer Kooperation, gewonnen aus dem Prozess der Arbeit selbst, ist die Folge dieser Diskrepanz. Bei Krankmeldung, Fehlzeiten und Verspätungen bekommt man auf die Frage: *Warum fehlen Sie?* oft keine befriedigende Antwort. Fragt man in der ABS dagegen, wozu jemand es braucht, zu spät zu kommen, dann werden aus der Antwort oft ethnische und soziale Rituale erkennbar, die auch tief liegende persönliche oder familiäre Konflikte offenbaren. Ethnische Besonderheiten, familiäre Hypotheken, persönliche Schuldenberge sind abzutragen, die nicht sogleich durch die geforderte Disziplin und den Ertrag eines Lohnarbeitsverhältnisses aufzufangen sind. Häufig ist man zu stolz, „feiert lieber krank“ oder nimmt gar Sanktionen für Verspätungen in Kauf als über familiäre und persönliche „Hypotheken“ (Benachteiligungen) zu sprechen, hinter denen sich psychische und soziale Kränkungen und Störungen verbergen. In der ABS versuchen wir, die Ungleichzeitigkeit zwischen technischer und sozialer Kompetenz in den Arbeitsaufgaben und Alltagsanforderungen sichtbar zu machen und auf den Begriff zu bringen – zum Beispiel an der subtilen Dialektik zwischen Über- und Unterforderung, wie an folgendem Fall deutlich werden kann.

Fallbeispiel für gleichzeitige Über- und Unterforderung

Ein 18-jähriger junger Mann türkischer Abstammung beginnt seine Ausbildung als Bürokaufmann. Er fällt auf wegen seiner guten kognitiven und sprachlichen Fähigkeiten, unter anderem soziale und politische Zusammenhänge zu erkennen und zu beschreiben – eine soziale Stärke. In Bezug auf diese Fähigkeiten wirkt er bei seiner Bürotätigkeit manchmal unterfordert. Einerseits wären ihm durchaus Real- oder Gymnasialabschluss zuzutrauen. Dann aber wieder versagt er beim Durchblick büro-„technischer“ Prozesse. Offenkundig eine eher praktische „technische“ Schwäche. Für die Ausbilder stellt sich die Frage: Ist er über- oder unterfordert in der Ausbildung als Bürokaufmann?

Im Zusammenhang mit Fehlzeiten und Verspätungen kann er während der ABS schließlich über seinen Drogenkonsum berichten. Er bricht die Ausbildung ab, beginnt aber eine Therapie. Der Drogenkonsum kann auf dieser Stufe auch als Selbstmedikation im Dienst einer Überlebensstrategie zur Integration seiner eigenen Kompetenzen und Widersprüche gedeutet werden. So paradox das auch klingen mag, sein Verhalten ist in diesem Sinne durchaus positiv, denn im Substanzmissbrauch können sich Über- und Unterforderung subjektiv aufheben.

Nach der stationären Therapie kommt er wieder zu BuntStift *und beginnt nun eine Schreinerlehre. Diesmal kann er etwas umsetzen, was er schon beim Heimaufenthalt seit frühester Kindheit gelernt hat: sich als Anführer durchboxen und an die Spitze setzen. (Auf sein immer wieder durchbrechendes Aggressionspotenzial im Sinne einer „destruktiven" Überlebensstrategie kann hier nicht eingegangen werden). Er kandidiert als Jugendvertreter und wird auch gewählt. „Nur" Schreiner zu werden, scheint ihm – jetzt wieder Unterforderung – nicht auszureichen.*

Doch selbst im mittlerweile dritten Lehrjahr liegen seine praktischen Fähigkeiten noch unter denen anderer Azubis im ersten Lehrjahr. Er ist großmäulig, kann seine eigenen technischen Fähigkeiten und handwerklichen Fertigkeiten nicht richtig einschätzen und muss deswegen in den ABS-Sitzungen kleinlaut über misslungene Holzlangverbindungen berichten. Seine technische Planungskompetenz bei Arbeitsaufträgen entspricht nicht seinem sozialen Kompetenzanspruch, als Ausbildungsältester in der Werkstatt für Ordnung zu sorgen, z. B. beim Aufräumen. Wegen technischer Selbstüberschätzung kann er seinem sozialen Selbstauftrag als Ältester oft nicht gerecht werden. Dies führt in Wechselwirkung wieder zu technischem Versagen. Während der ABS können diese Widersprüche immer wieder zur Sprache kommen. Behutsam können auch biografische und kulturelle „Brüche" angesprochen werden. Behutsam, weil diese „Kränkungen" nicht zur Stigmatisierung in der Gruppe führen dürfen.

Dabei wird auch für die Meister deutlich, dass sich hinter der Diskrepanz zwischen sozialer und technischer Kompetenz nicht persönliche Unfähigkeit – etwa Eigensinn und Trotz – verbirgt, sondern ein seelischer Konflikt, der wegen Maßstabslosigkeit im Technischen wie im Sozialen immer wieder zu Selbstüberschätzung oder Depression aufgrund von Versagensängsten führt. Richtige Maßstäbe braucht man für Holzverbindungen ebenso wie für soziale Beziehungen.

Allmählich kann er sich einer Konsequenz stellen: Die handwerkliche Ausbildung muss durch eine therapeutische Begleitung zur Klärung der sozialen und psychischen Beziehungsstörungen ergänzt werden. So kann er zu einer maßstabsgerechten, realitätsangemessenen Lebensplanung kommen. Maßstabskorrektheit in der Lebensplanung kann in der Holzwerkstatt ihre technische Entsprechung u. a. beim Herstellen von Holzverbindungen finden. Begleitend können Großmäuligkeit und sentimentaler Kleinmut in der ABS immer wieder zur Sprache kommen, ohne dass er im Prozess dieser Identitätsbildung das Gesicht verliert.

Ökonomische Verortung: der betriebswirtschaftliche Nutzen der ABS

Für die besonderen Zielgruppen von *BuntStift* – sozial und individuell benachteiligte Jugendliche mit hohem Ausländer-, Aussiedler- und Zuwandereranteil – erwächst daraus immer die betriebliche, d. h. ökonomische, also nicht nur soziale und pädagogische Notwendigkeit, solche Strukturen für die Ausbildung zu gestalten, die „Nachreifungsprozesse" bei der individuellen Persönlichkeitsentwicklung ermöglichen und die gleichzeitig auch die soziale Verortung als Kern persönlicher Identitätsbildung in diesem Nachreifungsprozess ermöglichen. Damit die Experimente in der Arbeitswelt einen Sinn ergeben, nachhaltig und rentabel sind, müssen Berufsleben und Lebenssinn – das neue (Leben) und die eigene Vergangenheit – zusammenwachsen. Sich in der Arbeit (Lohn) und nicht nur auf der Straße (Sozialhilfe) auszukennen, ist doch „ein starkes Stück" gegen soziale Orientierungslosigkeit. Und das ist eben auch ökonomisch, d. h. unter betriebswirtschaftlichen Gesichtspunkten sinnvoll. Die Fähigkeiten, die Eigenheiten des Einzelnen nicht zu kennen, lohnt sich weder für den Betrieb, noch lohnt es sich für den Einzelnen, wenn er das eigene Kapital, seine Kapazitäten, persönlichen Potenziale und auch die Kompetenzen der anderen in seiner Werkstatt-/Büro-/Arbeitsgruppe nicht kennt, nie bilanziert, nie einer Gewinn- und-Verlust-Rechnung unterzogen hat. Für staatliche Fördermaßnahmen bedeutet das schließlich, dass sie sich dann lohnen, wenn „Nachreifungsprozesse" beim Erkennen des Unterschieds von Arbeitslohn und staatlichen (familiären) Substitutionen möglich sind.

Für diese sozialen „Nachreifungsprozesse" im Sinne einer ökonomischen Verortung zwischen alten Kindheitsmustern und neuen Lebensgrundrissen bietet ABS Zeit und einen geschützten Rahmen. Manchmal kann es sogar in der ABS gelingen, die scheinbar oft alles dominierende Fixierung auf Geld und Reichtum durch eine Bearbeitung der dahinter sich versteckenden Gefühle und sozialen Lagen zu thematisieren. Die Diskussion über Lohn, Preis, Profit, Betriebsmittelkosten, Sozialleistung und Sozialversicherung, betriebliche Ausbildungskosten – „Woher kriege ich mein Geld?“ – kann diese ökonomische Verortung erleichtern.

Ethnische Verortung: Sprache und sozialer Nachreifungsprozess

Ganz spezifische Problemlagen ergeben sich in Bezug auf die ausländischen ArbeitnehmerInnen. Für Zuwanderer aus Drittländern, vor allem auch für Kinder und Jugendliche aus Aussiedlerfamilien, sind die fachlichen Qualifikationen nicht der alleinige Lerninhalt des komplizierten Berufsfindungs- oder Ausbildungsprozesses. Die in der Arbeitswelt moderner Industriegesellschaften erforderlichen Fachkenntnisse und Arbeitstugenden sind Resultate der Traditionen der Arbeitswelt, der Handwerksbräuche und Industrienormen des jeweiligen Herkunfts- und Aufnahmelandes. Für die jungen Zuwanderer ist es deshalb erforderlich, sich mit für sie oft ungewohnten Kulturtechniken und fremden Arbeitstugenden auseinander zu setzen. Während der ABS kann man ohne (sprachliche) Hemmungen von alten Sitten und familiären Feiern berichten, neue Worte für alte Kulturtechniken und Tugenden finden, und man lernt neue Tugenden und Techniken kennen, die vielleicht auch anderer Steuer- und Regelungstechniken bedürfen. Dafür bietet das zumeist nur familiär weitergegebene Brauchtum (Moral und Sitten) nicht genügend Sicherheit. Das gilt in besonderer Weise für jugendliche Zuwanderer und Spätaussiedler. Der Verlust der Werte und Güter des gewohnten soziokulturellen Milieus kann durch den Gewinn neuer produktiver persönlicher Fähigkeiten (capacities and skills) aufgefangen werden. Umgekehrt kann es für die „Einheimischen“ durchaus ein (ökonomischer) Gewinn sein, den „Wert“ der Arbeit im modernen Arbeitsprozess in Bezug auf das eigene soziokulturelle Milieu aus fremdem Blickwinkel betrachtet zu sehen.

Im Arbeitsalltag, an der Werkbank, in Büro und Küche kann man dem Fremden ins Gesicht sehen und wie in einem Spiegel das eigene Fremde im anderen entdecken. Der Rentabilitätsbetrachtung „ökonomisch“ bewusst geplanten Handelns eröffnet die ABS-Sitzung nicht selten die Chance zu einer neuen Ichwahrnehmung und Ichstärke, die als rentable Investition in die eigene Geschichte gesehen werden kann. Dieser Prozess verläuft zunächst nicht immer bewusst und muss deswegen seine eigene Sprache durch viele Muttersprachen hindurch finden, z. B. wenn man während der ABS-Gespräche seinen

Heimatort auf der Landkarte zeigen soll oder wenn man die Differenz zwischen aktivem oder passivem Wortschatz mit der (russischen) Metapher „das ist so, wie zwischen Herr und Hund“ zu verstehen sucht.

Biografische Überlebensstrategien und soziale Handlungsalternative

Das ABS-Konzept orientiert sich zuvorderst nicht an subjektiv als Schwäche und Defizit erscheinenden Auffälligkeiten der Teilnehmer, sondern an den Stärken individueller Eigenheiten als entwicklungsfähigem persönlichen Potenzial. In den ABS-Sitzungen gilt es nach Überwindung erster Fremdheiten und Widerstände immer wieder, diese Eigenheiten – hervorgegangen aus biografischen Elementen und entsprechendem subjektiv als notwendig erlebtem Verhalten – wahrzunehmen, denn in diesen Eigenheiten verkörpern sich immer auch in Kindheit oder Adoleszenz mit anderen erprobte soziale Überlebensstrategien, denen das als Schicksal oder Zwang erfahrene Leben in der Familie oder auf der Straße subjektiv scheinbar keine Alternative zu nur sozial inadäquatem oder auch kriminellem Verhalten gelassen hat. In der ABS wird niemand denunziert, auch wenn er ein „Knasti“ oder „Picco“ ist. In der ABS geht es darum, diese Überlebensstrategien bewusst zu machen, damit die Betroffenen dann selbst zwischen sozial positiven oder negativen Handlungsalternativen entscheiden können.

Den Teilnehmern mit häufig gering oder gar nicht ausgebildeten demokratischen, entscheidungsoffenen und hinterfragbaren Verhaltensweisen bieten die ABS-Sitzungen ein Übungsfeld: Die Forderungen des neuen Arbeitslebens und die Elemente der Ausbildung werden nicht mehr bloß als Schicksal oder Zwang erlebt, sondern können durch die Mitbestimmung bei den Gesprächsthemen der ABS mitgestaltet werden. So kann man auch im Prozess psychodynamischer Veränderung durch eine neue Sicht auf die persönlichen Eigenheiten sich selbst als Handelnder begreifen.

Dagegen stehen allerdings oft objektive, die Biografie massiv beeinträchtigende soziale, ethnische und kulturelle Verwerfungen und Brüche wie Übersiedlungen, Verschleppung, Trennung, Flucht und Tod, Krankheiten, Sucht, familiäre Konflikte, Unterbrechung der Berufsausbildung und Schulkarriere etc., deren Bearbeitung in der ABS Moderation und Anleitung erfordern. Mangelnde Realitätseinschätzung ist häufig sowohl Ursache wie Folge solcher, in ihrer Psychogenese und Psychodynamik zu diagnostizierender und zu bearbeitender sozialer Extremlagen. Psychische Störungen und Beeinträchtigungen wie Sucht, Depression, Zwangshandlungen, Angstneurosen, Hyperaktivität bis hin zu psychotischen Episoden (manchmal aber nur schlicht unentdeckter Analphabetismus) und die entsprechenden Effekte der bekannten Verdrängungs- und Verleugnungsdynamik sind keine Seltenheit bei *BuntStift*. Solche psychische Beeinträchtigungen (Kränkungen) stehen oft unentdeckt im Dienst problematischer Selbstheilungsversuche oder sogar Selbstmedikationen. „Ich muss am Abend kiffen, sonst habe ich Angst, kann nicht schlafen. Ich will doch bei der Arbeit normal sein, endlich so wie die anderen." Ist das schon Sucht oder noch subjektiv erfolgreiche Selbstmedikation im Sinne der Überlebensstrategien? Auf der Grundlage solcher Erfahrungen haben wir als Bestandteil der Arbeits- und Ausbildungsverträge z. B. eine betriebsinterne „Vereinbarung zum Suchtmittelmissbrauch" formuliert.

Die subjektiven und objektiven Stärken und Schwächen so genannter Benachteiligung repräsentieren mithin Widersprüche, die individuell bereits zu sozialen Stärken und paradoxen Überlebensstrategien umformuliert worden sind. Insoweit kann die ABS auch der Diagnose und Exploration der genannten psychischen Beeinträchtigungen dienen, die im Einzelfall zur Überweisung in eine externe psychotherapeutische Beratung und Begleitung führen kann.

Hypertrophe, massive Fehleinschätzungen der eigenen Fähigkeiten als Ursache „ver-rückter", unrealistischer, oft überzogener Berufs- und Lebenserwartungen sind im Grunde nur einer allgemeinen Orientierungslosigkeit als Orts- und Geschichtslosigkeit geschuldet. Diese individuellen Verwirrungen aus persönlicher und sozialer Geschichtslosigkeit spiegeln sich aber gerade nicht in einer Gesichtslosigkeit wider. Wir erleben sehr lebendige, manchmal allzu lebendige, aber auch verschlossene, starre und depressive Persönlichkeiten – junge Menschen mit besonderen, manchmal extremen Eigenheiten und auch starkem Eigensinn, in deren Gesichtern und Geschichte es sorgfältig zu lesen gilt, umso mehr, als sie von einer ihnen selbst noch unbewussten und noch nicht entwirrten Vergangenheit geprägt sind. Diese Vergangenheit in den Blick zu nehmen, versuchen wir in der ABS. Die Jugendlichen ernst zu nehmen, ihnen auf gleicher Augenhöhe in den ABS-Sitzungen ins Gesicht zu schauen, bedeutet Respekt zu haben vor ihrer Vergangenheit, ihrem Schicksal und ihrer Persönlichkeit Akzeptanz entgegenzubringen. Die jungen Menschen müssen bei allen sozialen und therapeutischen Interventionen und Eingriffen in ihr Leben auch die Chance behalten, ihr Gesicht zu wahren.

Die Ausbilder

Allen Mitarbeitern von *BuntStift* bieten die ABS-Sitzungen die Chance, vor dem beschriebenen Hintergrund manuelle und handwerkliche, technische und kognitive, soziale und emotionale Stärken und Schwächen ihrer KlientInnen neu wahrzunehmen, in Beziehung zur eigenen beruflichen Entwicklungen zu setzen und in Bezug auf die eigenen Affekte neu zu bewerten. Im vermeintlichen Fehlverhalten der Jugendlichen können auch die Projektionen eigener Wünsche und Ängste von Mitarbeitern ausgeleuchtet werden. Das Verhalten von Jugendlichen, die Dynamik aktueller Konfliktsituationen im Gesamtbetrieb spiegelt auch die aktuelle emotionale Situation von Mitarbeitern wider, die in der Regel an den ABS-Sitzungen teilnehmen.

Mitunter eingefahrene Reaktionsmuster und rein technische Handlungsstrategien können so auch für die Fachkräfte zu neuen sozialen Lernfeldern bezüglich Kommunikation und Kooperation werden. Ihre persönlichen Interessen und Motivationslagen geraten aus der Black Box der subjektiven Einschätzungen, der Gefühle von Enttäuschung, Kränkung und der Angst, „ausgetrickst“ zu werden, auf die Ebene objektiver Wahrnehmung von Persönlichkeitsfacts and -figures. Eine gute und förderliche Arbeitsteilung zwischen Fachkräften und externer Beratung ist dabei Aufgabe und Zielsetzung, birgt aber auch Konkurrenz- und Konfliktpotenzial. Vor- und Nachbereitung in Form von Fallbesprechungen erwiesen sich in diesem Zusammenhang nicht nur bei der individuellen Hilfeplanung für die Jugendlichen, sondern auch bei der Überwindung von Problemen der Ausbilder als förderlich.

„Wir haben die positive Erfahrung gemacht, dass die gemeinsame Reflexion über Arbeitsprozesse, organisatorische Strukturen, persönliche Verhaltensweisen, wiedererlebte Familienstrukturen, Beziehungen, Konkurrenzen usw. in den Arbeitsalltag hineinwirken, dort ihre Spuren hinterlassen, Wahrnehmungs- und Handlungsweisen verändern. In der ABS entwickeln sich intensive Beziehungen, die in anderen Bereichen als förderliche soziale Rituale weitergeführt werden. Emotional stabil sind die Beziehungen, „angedockt", „eingeschrieben" hat man sich als „*BuntStift*", wenn wenigstens in Umrissen Klarheit über familiäre, ethnische, rechtliche und emotionale „Altlasten" besteht. Wenn über diese Altlasten aktuell und dauerhaft auf den verschiedenen Feldern und Sprachen wie üblicherweise in jeder arbeitsplatzbezogenen Supervision kommuniziert werden konnte, und sie nicht über unklare, rätselhafte Affekte und Projektionen die Arbeit, den Alltag beeinträchtigen. Wenn offen emotionale und verbindliche soziale Beziehungen zwischen Mitarbeitern und Jugendlichen entstehen können. Anders als beim Arbeiten und Lernen kann ABS einen Rahmen für Gespräche und Beziehungen bilden, wo kein objektives, gegenständliches Drittes dazwischen, sondern Unmittelbarkeit im Sozialen und Emotionalen gegeben ist" (Maßarbeit – Freiwilliges Jugendengagement, *BuntStift*, Seite 5).

Zehn Beratungsleitsätze der ABS

1. BeraterInnen sollten über gute Kenntnisse der Jugendkultur – auch Szenekenntnisse jugendlicher Subkultur (Musik, Drogen, Mode, Pop) – verfügen. Sie sollten keine Angst vor der Erinnerung an den IRR-WITZ der eigenen Jugend haben.
2. BeraterInnen müssen Respekt vor fremden Lebensentwürfen und ungewöhnlichen jugendlichen Überlebensstrategien haben. Dazu gehört auch die Akzeptanz der Eigenheiten jugendlicher Persönlichkeiten. Es gilt, junge Menschen, aber auch sich selbst ernst zu nehmen, den eigenen Standpunkt auch in Form von ausdrücklicher Abgrenzung nicht zu verleugnen.
3. Finanzielle und organisatorische Unabhängigkeit ist wichtig für die Weisungsungebundenheit von Beratungstätigkeit. Beratung sollte deshalb von externer Position aus erfolgen.
4. Beratung ist die Herstellung einer tragfähigen und vertrauensvollen Beziehung; vergleichbar einem therapeutischen Bündnis muss sie sich aber auch die „Beziehung einer Nichtbeziehung“ (Fürstenau) erhalten.
5. Sozialwissenschaftliche Kenntnisse sollten beim Berater zum Handwerkszeug gehören, um kulturelle, soziale, produktionstechnische, arbeitssoziologische und psychologische Gesichtspunkte differenziert zueinander in Beziehung setzen zu können.
6. Therapeutische Vorkenntnisse sind keine notwendige, aber eine wünschenswerte Voraussetzung für Beratung auch an den Schnittstellen etwa zu Jugendwohngruppen, zur Kinder- und Jugendpsychiatrie oder zur Suchtberatung. Systemische oder auch psychoanalytische Ansätze können hilfreich sein, die Wechselwirkung von seelischen, familiären, schulischen und anderen sozialen Feldern zu begreifen.
7. Im Sinne einer gelingenden Ichstärkung wird an den wie auch immer ausgeprägten Stärken angesetzt, nicht an den Schwächen der jungen Menschen, ihren Defekten, Devianzen und Defiziten.
8. Gemeinsam entwickelte, nachhaltige und für alle akzeptable Regeln und Absprachen sind die Basis jeder Beratung. Diese „Verträge“ sollten eindeutig, verbindlich, übersichtlich und transparent sein.
9. Einer Lebensberatung im Sinne von ABS ist kein Gegenstand, kein Inhalt zu gering, wenn die Auseinandersetzung darüber hilft, bessere soziale Beziehungen zu gestalten.
10. Die Beratung hat zum Ziel, Jugendliche zur Entdeckung eigener Lösungen zu führen.

Henner Stang, Jugendhilfebetrieb Recyclingwerkstatt *BuntStift e.V.* Kassel

Petra Druckrey

Assessmentverfahren im praktischen Einsatz
Das Assessment-Center-Verfahren *Start* des IMBSE als Element der Berufswegeplanung

Nach Fend (2001) verlassen etwa 50 Prozent aller SchülerInnen die Schule, ohne zu wissen, wohin sie sich beruflich orientieren möchten. Dabei fehlt es den Betreffenden häufig an Wissen über die Vielzahl möglicher Berufe sowie an Wissen über die Inhalte und Tätigkeiten und die damit verbundenen Anforderungen der Berufsfelder. Ebenso fehlt den Jugendlichen Wissen über ihre persönlichen Neigungen, Fertigkeiten und Fähigkeiten; gleichwohl sollen sie wichtige Berufsentscheidungen treffen.

Das am Institut für Maßnahmen zur Förderung der beruflichen und sozialen Eingliederung (IMBSE)[1] in Moers entwickelte Assessment-Center-Verfahren *Start* versucht dieser Tatsache Rechnung zu tragen, indem es Jugendlichen die Chance bietet, verschiedene Berufsfelder und die damit verbundenen Inhalte, Tätigkeiten und Anforderungen in einem berufsfeldspezifischen Setting kennen zu lernen und dabei gleichzeitig etwas über die eigenen Neigungen und Kompetenzen zu erfahren.

Das Assessment-Center-Verfahren *Start* stellt ein Element der Kompetenzfeststellung dar, die am IMBSE mit Jugendlichen im Übergang von der Schule in den Beruf durchgeführt wird. Die Kompetenzfeststellung dient uns als Grundlage der Berufswegplanung. Gleichzeitig bilden die Ergebnisse der Kompetenzfeststellung die Grundlage für die Ausgestaltung eines ersten individuellen Förderplans. Individuelle Förderpläne sind somit eine Methode, um die Berufswegplanung zu realisieren.

Auf den folgenden Seiten wird speziell das am IMBSE entwickelte Assessment-Center-Verfahren *Start* vorgestellt. Zum besseren Ver-

---

[1] Das IMBSE ist ein Bildungsträger, der seit 1983 in Moers am linken Niederrhein und seit 1992 an verschiedenen Standorten in Mecklenburg-Vorpommern in der Benachteiligtenförderung aktiv ist. Jährlich werden ca. 1000 Jugendliche in eigenen Werkstätten auf eine Ausbildung vorbereitet, ausgebildet oder betriebliche Ausbildungen durch ausbildungsbegleitende Hilfen flankiert. Parallel dazu führt das IMBSE Modellprojekte im Bereich der beruflichen Bildung durch.

ständnis wird der praxisorientierte Bericht über die Entwicklungshintergründe und den Ablauf des Verfahrens um einige theoretische Ausführungen zur Entwicklung und Methodik von Assessment-Centern ergänzt.

Assessment-Center in der Arbeit mit Jugendlichen im Übergang Schule/Beruf

Durch einen Runderlass der Bundesanstalt für Arbeit (BA) wurde 1996 die Arbeit mit individuellen Förderplänen als verpflichtendes Element berufsvorbereitender Maßnahmen aufgenommen. Auch am IMBSE begann die Diskussion darüber, was unter individueller Förderung zu verstehen sei, wie eine solche Förderung aussehen müsste und mit welchen Methoden die Arbeit mit individuellen Förderplänen am besten zu realisieren sei.

Über einen Entwicklungszeitraum von zwei Jahren hinweg wurde in der Zusammenarbeit aller Abteilungen der „integrierte, individuelle Förderplan des IMBSE e.V." entwickelt, der seit 1998 in allen berufsvorbereitenden Bildungsmaßnahmen (BvB) und ab 1999 in den außerbetrieblichen Ausbildungsgängen (BaE) sowie in den ausbildungsbegleitenden Hilfen (abH) verpflichtend eingeführt wurde. Seither bildet dieser Förderplan die pädagogische Fördergrundlage aller am IMBSE qualifizierten Jugendlichen.

Die Berufsvorbereitungslehrgänge beginnen normalerweise Anfang August. Für jeden Jugendlichen soll zunächst ein individueller Förderplan erstellt werden; dafür gilt es herauszufinden bzw. zu entscheiden:

- Welche Voraussetzungen/Bedingungen liegen vor?
- Welche Stärken und Kompetenzen bringt der/die Jugendliche mit?
- Welches Berufsfeld ist geeignet?
- Was möchte der/die Jugendliche?
- Welche Förderung braucht der/die Jugendliche?
- Welche Kooperationspartner sind wichtig, um den Prozess der beruflichen Orientierung zu sichern?

All diese Fragen zu beantworten braucht Zeit, und so vergehen nicht selten drei bis vier Monate, bis für jede Jugendliche und jeden Jugendlichen ein individueller Förderplan erstellt ist. Eine Zeit, die für eine zielgerichtete, individuelle Förderung verloren geht, und nicht selten brechen Jugendliche bereits in dieser Anfangszeit ihre Maßnahme ab.

Die intensiven Auseinandersetzungen mit Fragen individueller Förderung und die ersten Erfahrungen in der praktischen Umsetzung der Förderplanarbeit führten am IMBSE deshalb zu zwei Fragestellungen:

- Wie kann die Phase der Eingangsdiagnostik gestrafft und effektiver gestaltet werden, um im Sinne der Jugendlichen rascher zu erkennen, welche individuelle Förderung verfolgt werden soll?
- Wie kann die diagnostische Kompetenz der MitarbeiterInnen insbesondere in den berufsvorbereitenden Bildungsmaßnahmen verbessert werden, um dadurch die Prognosegüte der Eingangsdiagnostik zu erhöhen?

Die Antwort, die wir am IMBSE fanden, lautete: Assessment-Center.

Was sind Assessment-Center?

Nach Sarges (1996) sind Assessment-Center (AC) Gruppenprüfverfahren, in denen mehrere Kandidaten (meist acht bis zwölf) von mehreren geschulten BeobachterInnen in einer Vielzahl von Beurteilungssituationen (Übungen, Tests, Interviews, Rollenspielen etc.) über einen längeren Zeitraum (meist zwei bis drei Tage) im Hinblick auf wichtige Kriterien (siehe unten) nach festen Regeln beurteilt werden.

AC dienen der Auswahl interner oder externer BewerberInnen, der Potenzialerfassung und der Laufbahnplanung, der Trainingsbedarfsanalyse und dem Training, der Trainingsevaluation, der Teamentwicklung und der Berufsberatung.

Warum Assessment-Center?

AC legen eine systematisierte und standardisierte Beobachtung zugrunde, sie bieten allen TeilnehmerInnen vergleichbare Bedingungen und sie stellen ein anerkanntes Instrument in der Potenzialerfassung, Berufsberatung und Laufbahnberatung dar. Außerdem gelten AC als die validesten eignungsdiagnostischen Instrumente. Dabei dienen sie der Einschätzung derzeitiger Kompetenzen (= Diagnose) und der Einschätzung zukunftsbezogener Potenziale (= Prognose).

In den Niederlanden werden AC seit Jahren erfolgreich in der Vermittlung Arbeitsloser und in der beruflichen Orientierung und Qualifizierung (Jugendlicher) eingesetzt. Gute Gründe also, sich dem

Thema „AC und benachteiligte Jugendliche" zu nähern. Darüber hinaus arbeiten AC mit handlungsorientierten Methoden, die sich in der Arbeit mit benachteiligten Jugendlichen bestens bewährt haben (BMBF 1998).

Was leisten die am IMBSE entwickelten Assessment-Center?

AC, so wie sie in *Start* eingesetzt werden, gestatten es Jugendlichen, ihre individuellen beruflichen Fähigkeiten, Fertigkeiten, Stärken und Vorlieben zu erkennen und etwas über ihre Fertigkeiten und Kompetenzen in der Alltagsbewältigung sowie im Bereich sozialer Kompetenz zu erfahren. AC ermöglichen den Jugendlichen außerdem, in kurzer Zeit typische Handlungsfelder verschiedener Berufsbereiche kennen zu lernen. Sie geben Jugendlichen die Gelegenheit, sich beruflich zu orientieren und zu stabilisieren, liefern den MitarbeiterInnen eine Vielzahl wichtiger diagnostischer und prognostischer Ergebnisse, dienen den MitarbeiterInnen und Jugendlichen zur Planung von Qualifizierungswegen und -zielen, erlauben die Ausgestaltung eines ersten individuellen Förderplans, tragen dazu bei, Förderzeiten individuell zu gestalten und effektiv zu nutzen, ermöglichen eine effektive Eingangs- und Eignungsdiagnostik, steigern die diagnostische Kompetenz der MitarbeiterInnen und leisten langfristig einen Beitrag, Abbruchquoten in berufsvorbereitenden Bildungsmaßnahmen zu verringern.

Entscheidung für einen berufsspezifischen Ansatz

Während der konzeptionellen Überlegungen zu *Start* führten sowohl die Auseinandersetzungen mit verschiedenen AC-Verfahren, die in der Bundesrepublik und den Niederlanden eingesetzt werden, als auch der Fokus auf die Arbeit mit benachteiligten Jugendlichen, die sich beruflich orientieren möchten, zu zwei Annahmen:

- Die Fähigkeit der Jugendlichen, über abstrakte Aufgaben und abstrakte Materialien eine Vorstellung über konkrete Berufe zu entwickeln, ist gering ausgeprägt.
- Die Arbeit mit Jugendlichen im Rahmen konkreter Berufsfelder schafft einen hohen motivationalen Rahmen und ermöglicht es den Jugendlichen, sich gut zu präsentieren.

Um diesen Annahmen Rechnung zu tragen, haben wir uns entschlossen, in *Start* einen berufsspezifischen Ansatz zu wählen und für verschiedene Berufsfelder eigene AC zu entwickeln[2]. Auch aus pädagogischer Sicht sprechen verschiedene Argumente für den berufsspezifischen Ansatz: Gerade in der Arbeit mit benachteiligten Jugendlichen haben sich handlungsorientierte Methoden bewährt, die umso erfolgreicher eingesetzt werden können, je dichter sie an realen Aufgaben orientiert sind. Ein berufsspezifisches AC bietet beides: Handlungsorientierung und die Simulation realer Anforderungen.

Entwickelt wurden AC für zwölf verschiedene Berufsfelder: Büro, Floristik, Gartenbau, Hauswirtschaft, Holz, IT-Bereich, Maler/Lackierer, Metall, Multimedia, Pflege, Textil und Verkauf. Zusätzlich gibt es ein AC „Aspekte Sozialer Kompetenz", in dem ausschließlich solche sozialen Kompetenzen beurteilt werden, die zur Bewältigung des (Berufs-)Alltags und im Umgang mit KundInnen erforderlich sind[3].

Berufsspezifische Assessment-Center

Für alle in *Start* entwickelten berufsspezifischen AC wurden folgende Schritte berücksichtigt:

- Erheben von Anforderung für das jeweilige Berufsfeld nach der CIT (Critical-Incident-Technique) von Flanagan,
- Entwickeln eines ersten Anforderungsprofils,
- Überprüfen des Profils durch interne und externe ExpertInnen,
- Überarbeiten des Profils und erneutes Überprüfen,
- Entwickeln berufsspezifischer Übungen entsprechend des Anforderungsprofils[4],
- Erstellen der jeweiligen Beobachtungsprofile,
- Erarbeiten der Unterlagen für die TeilnehmerInnen,
- Erarbeiten der Unterlagen für die Anleiter- und BeobachterInnen,
- erster Probelauf,
- Überarbeitung des AC/„Feintuning",

---

[2] Damit wird auch der Tatsache Rechnung getragen, dass bestimmte Merkmale wie beispielsweise „Feinmotorik" in verschiedenen Berufen ganz unterschiedlich beschrieben wird: So ist die Feinmotorik, die beim kunstvollen Verzieren einer Torte verlangt wird, eine ganz andere als die, die beim Verdrahten einer Schaltung in einer Schalterdose erforderlich ist.

[3] Aufbauend auf dieses AC wird ein spezielles Trainingsprogramm entwickelt.

[4] Pro Berufsfeld gibt es zwischen vier und acht Aufgaben.

- weitere Erprobung,
- erneutes „Feintuning".

Unterschiedliche Schwierigkeitsniveaus

Um den individuellen Unterschieden in intellektuellen Fähigkeiten und kognitiven Kompetenzen bei den TeilnehmerInnen Rechnung zu tragen, wurden nahezu alle in *Start* entwickelten Übungen zusätzlich in drei verschiedene Niveaus differenziert. Das heißt, die Jugendlichen haben jeweils die Möglichkeit, eine leichte, eine mittlere und eine schwierige Bearbeitungsstufe zu wählen. Haben die Jugendlichen sich falsch eingeschätzt, so ist ein Wechsel innerhalb der Aufgabe möglich. Diese Differenzierung ermöglicht eine exakte Feststellung vorhandener Kompetenzen und erlaubt dadurch eine gezielte Förderung im Anschluss an das AC.

Der Ablauf eines berufsspezifischen Assessment-Centers

Jedem der zwölf Berufsfelder liegt ein dreitägiges AC zugrunde. Im Berufsfeld „Verkauf" erwarten die TeilnehmerInnen beispielsweise folgende Aufgaben im AC:

1. Tag: Verkaufen, Verpacken, Sondertisch, Theke
2. Tag: Tagesabrechnung, Kassenbuch
3. Tag: Wareneingang

Der Ablauf der einzelnen Aufgaben ist über alle zwölf Berufsfelder ähnlich:

- Einführung in die Aufgabe durch den Anleiter/die Anleiterin,
- TeilnehmerInnen erhalten die Unterlagen,
- TeilnehmerInnen entscheiden sich für einen Schwierigkeitsgrad,
- TeilnehmerInnen bearbeiten die Aufgabe,
- dabei werden die TeilnehmerInnen von den BeobachterInnen nach zuvor festgelegten Kriterien beobachtet,
- TeilnehmerInnen füllen den Selbsteinschätzungsbogen aus,
- TeilnehmerInnen bekommen Feedback von den BeobachterInnen,
- BeobachterInnen erstellen ein individuelles Fähigkeitsprofil.

Nachdem die Jugendlichen Feedback von den BeobachterInnen erhalten haben, wenden sie sich der nächsten Aufgabe zu.

Die Beobachtung und ihr Kategoriensystem

Während die Jugendlichen die Aufgabe bearbeiten, werden sie von den AssessorInnen nach den festgelegten Kriterien beobachtet. AC basieren auf systematischen Verhaltensbeobachtungen. Das heißt, berufliche Anforderungen wie „Teamarbeit", „Feinmotorik" oder „Problemlösen" werden so operationalisiert, dass sie zu eindeutig beobachtbarem Verhalten werden („Plant gemeinsame Schritte vor Arbeitsbeginn mit PartnerIn", „legt das Band an das Papier an", „findet eine Terminlösung, die sowohl dem Kunden als auch den betrieblichen Belangen gerecht wird"). Da die Anforderungen in einem Berufsfeld in der Regel sowohl fachliche und methodische als auch soziale Fähigkeiten bzw. Schlüsselqualifikationen umfassen, finden sich für all diese Anforderungen entsprechende Verhaltensbeschreibungen in den Beobachtungsprofilen, die den AssessorInnen für die jeweils zu beobachtende Aufgabe als Grundlage dienen.

Immer wieder wird darauf hingewiesen, dass die Qualität der Verhaltensbeobachtung unmittelbar mit dem Kategoriesystem zur Protokollierung des beobachteten Verhaltens und mit der Qualität des Beobachtungstrainings in Beziehung steht. Deshalb wurde für *Start* ein Kategoriesystem konzipiert, das auf langjährig erprobten und validen Systemen basiert[5]. Das System weist über alle zwölf Berufsfelder hinweg fünf zentrale zu beobachtende Merkmale auf (z.B. kognitive und soziale Merkmale, Art der Arbeitsausführung). Hinter diesen fünf übergeordneten Merkmalen verbergen sich insgesamt 20 Einzelmerkmale (z.B. Auffassung/Vorstellung, Problemlösen, Kontaktfähigkeit, Kritisierbarkeit, Teamarbeit). Diesen Einzelmerkmalen werden je nach Aufgabe berufsspezifische Verhaltensbeschreibungen (s. o.) zugeordnet. Pro Aufgabe werden maximal sieben Merkmale beobachtet. Beispiel AC Verkauf:

- Übung – Verkaufen,
- „Übergeordnetes Merkmal" – „Soziale Merkmale",
- Einzelmerkmal aus dem Bereich „Soziale Merkmale" – Kontaktfähigkeit,
- Verhaltensbeschreibung für das Einzelmerkmal „Kontaktfähigkeit" – „Vermittelt dem Kunden seine Warenkenntnis".

---

[5] Das IMBSE stützt sich u. a. auf das System Melba (Merkmalsprofile zur Eingliederung Leistungsgewandelter und Behinderter in Arbeit), ein Instrument zur beruflichen Rehabilitation und Integration, das im Auftrag des BMA an der Universität-Gesamthochschule Siegen entwickelt wurde.

Das Fähigkeitsprofil

Die berufsspezifischen AC laufen täglich von 8:00 bis 14:00 Uhr. Im Anschluss daran werten die AssessorInnen ihre Beobachtungen aus. Für jede Jugendliche und jeden Jugendlichen gilt es pro Aufgabe ein Fähigkeitsprofil zu erstellen. Das heißt, aufgrund der Notizen werden die berufsspezifischen Verhaltensbeschreibungen den entsprechenden Merkmalen zugeordnet und ausgewertet. Je nachdem, in welchem Maß und in welcher Güte die geforderten Anforderungen gezeigt wurden, erhalten die Jugendlichen Werte zwischen eins und fünf[6]. Am Ende eines dreitägigen AC liegen – je nach Berufsfeld – zwischen vier und acht Fähigkeitsprofile vor. Dann kommen alle BeobachterInnen, die in den zurückliegenden drei Tagen in diesem bestimmten Berufsfeld Jugendliche beobachtet haben, zur Beobachterkonferenz zusammen, um sich für jede Teilnehmerin und jeden Teilnehmer auf ein abschließendes Fähigkeitsprofil zu verständigen.

Da die Jugendlichen am IMBSE mehrere AC durchlaufen, liegen am Schluss auch mehrere Fähigkeitsprofile vor. Zu Beginn einer BvB etwa absolvieren die Jugendlichen ein zehntägiges AC, bestehend aus einem Einführungstag und drei berufsspezifischen AC à drei Tage. Am Ende dieses AC-Durchlaufs liegen pro TeilnehmerIn drei Fähigkeitsprofile für drei verschiedene Berufsfelder vor, hinter denen sich jeweils eine Fülle von Einzelergebnissen und Informationen verbergen. Im Sinne einer umfassenden Eingangs- und Eignungsdiagnostik erhalten die MitarbeiterInnen so ein differenziertes Ergebnis über die verschiedenen Berufsfelder hinweg. Dadurch lassen sich Präferenzen ebenso erkennen wie besonders ausgeprägte Kompetenzen. Andererseits sind durch das differenzierte Ergebnis auch besondere Förderbedarfe festzustellen.

Förderempfehlung und individuelle Förderung

Am Ende des gesamten AC-Durchlaufs (im oben beschriebenen Fall also nach zehn Tagen) gilt es, alle Ergebnisse auszuwerten. Dazu zählen die Ergebnisse der drei berufsspezifischen AC, das Ergebnis des AC „Soziale Kompetenzen“ und die Ergebnisse der Deutsch- und Mathematiktests sowie weitere Beobachtungen, die während des Durchlaufs gemacht wurden. Uns interessiert:

---

[6] Dieses Rating einzuüben ist Bestandteil des Beobachtungstrainings.

- Welche beruflichen Kompetenzen und Potenziale lassen sich erkennen?
- Welche beruflichen Empfehlungen können wir geben?
- Gibt es Besonderheiten, die für den weiteren Förderverlauf von Bedeutung sind?

Dann folgt ein abschließendes Auswertungs- und Rückmeldegespräch mit der Teilnehmerin bzw. dem Teilnehmer. Neben der Rückmeldung ist es das Ziel des Auswertungsgesprächs, sich auf einen gemeinsamen zukünftigen Weg zu verständigen. Im Anschluss an das Auswertungsgespräch schreiben wir deshalb für jede Teilnehmerin und jeden Teilnehmer eine Förderempfehlung. Sie fasst die Ergebnisse des AC zusammen, nennt berufliche Qualifizierungsziele und gibt Hinweise auf erste Förderschritte. Die Förderempfehlung wird einerseits dem Arbeitsamt zugeschickt, andererseits wird sie an die KollegInnen weitergeleitet, die nun weiterhin mit der bzw. dem Jugendlichen arbeiten.

Die in der Regel zwei- bis dreiseitigen Förderempfehlungen, die Gutachtencharakter haben, können dem Arbeitsamt als Entscheidungshilfe dienen, welches Qualifizierungsziel und welche Qualifizierungsinhalte für die/den Jugendliche(n) empfehlenswert scheinen. Die zuständigen Fachkräfte im Arbeitsamt müssen dann herausfinden, wo es das für die/den jeweilige(n) Jugendliche(n) beste Qualifizierungsangebot gibt. Das AC dient dem Arbeitsamt also dazu, Jugendliche in eine individuell maßgeschneiderte Qualifizierung zu vermitteln, wodurch vorhandene Qualifizierungsangebote effektiv genutzt werden können.

Die Förderempfehlung dient aber auch MitarbeiterInnen eines Trägers von Qualifizierungs- und Fördermaßnahmen, denn sie enthält einerseits Hinweise, die unmittelbar umgesetzt werden können. Andererseits können sich die MitarbeiterInnen auf der Grundlage der Förderempfehlung mit dem Jugendlichen über den weiteren Förderverlauf verständigen (Erstellen eines ersten individuellen Förderplans).

Prozessdiagnostik – oder nach dem AC ist vor dem AC

Mit dem hier beschriebenen AC-Verfahren werden ebenso wie mit anderen Kompetenzfeststellungsverfahren Fähigkeiten und Fertigkeiten zu einem bestimmten Zeitpunkt gemessen. Im Anschluss daran gilt es, spezielle Förderprozesse zu initiieren, um die festgestellten Kompetenzen weiterzuentwickeln bzw. um Wissenslücken zu schließen. Das heißt, nach einem AC muss eine Trainingsphase folgen (im Sinne der Personalentwicklung). In einer BvB „Verkauf" kann das beispielsweise ein Qualifizierungsbaustein „Kundenorientierung" sein, im Bereich „Holz" ein Qualifizierungsbaustein „Flächenberechnung". Um festzustellen, ob durch die Trainingsphase ein Wissenszuwachs stattgefunden hat, bietet es sich an, zu einem entsprechenden Zeitpunkt eine erneute Überprüfung durchzuführen[7]. Diese Überprüfung ist auch nötig, um das erfolgreiche Absolvieren eines Qualifizierungsbausteins zertifizieren zu können. Je nach Kontext kann diese Überprüfung ein Test, ein Rollenspiel oder eine Arbeitsprobe sein. Auf alle Fälle aber müssen der Überprüfung die Beobachtungs- und Bewertungskriterien zugrunde gelegt werden, die in der ersten Feststellung auch benutzt wurden. Andernfalls ist eine saubere Messung des Zuwachses nicht möglich. Um einen Zuwachs an Kompetenzen zu messen, müssen ferner solche Aufgaben gewählt werden, mit denen die inhaltsrelevanten Aspekte in einem neuen Setting abgefragt werden. Dahinter verbirgt sich die Auffassung, dass Kompetenz die Fähigkeit ist, Erlerntes in unterschiedlichen Situationen – und eben nicht allein in der (simulierten) Lernsituation – erfolgreich anzuwenden.

Drei positive Aspekte einer so verstandenen Prozessdiagnostik sollen hier genannt werden:

- Vereinbarte Förderziele können überprüft werden, um im Anschluss daran neue Fördervereinbarungen zu treffen (Fortschreiben individueller Förderpläne).
- Der Erfolg pädagogischen Handelns wird sichtbar, wodurch gegebenenfalls frühzeitige Interventionen erfolgen können.
- Indem zur Überprüfung Verfahren gewählt werden, wie sie auch in einem AC angewendet werden (Test, Rollenspiel, Arbeitsprobe) und auch die Beobachtungs- und Bewertungskriterien des AC zum Tragen kommen, erhalten die Jugendlichen erneut die Chance, sehr handlungsorientiert und mit einer von ihnen in hohem Maße akzeptierten Methode eine Bewertungs- bzw. Prüfungssituation zu durchlaufen. Dabei kann es sich um Einzel- oder Gruppenprüfverfahren handeln, die entweder unter Anleitung

[7] Der Zeitpunkt dieser Überprüfung kann bereits im Förderplangespräch mit der/dem Jugendlichen vereinbart und im Förderplan festgelegt werden.

oder in Eigenverantwortung der Jugendlichen durchgeführt werden[8].

Beobachtungstraining am IMBSE

Im *Start*-Projekt wurde nicht zuletzt deshalb die Methode AC gewählt, weil AC eine systematisierte und standardisierte Beobachtung zugrunde legen und allen TeilnehmerInnen vergleichbare Bedingungen bieten. Um diese Charakteristika von AC einzulösen bedarf es einer Schulung derjenigen, die im AC als BeobachterInnen oder AssessorInnen zum Einsatz kommen. Denn die Qualität des Trainings entscheidet auch über die Qualität der AC-Ergebnisse. Von zentraler Bedeutung ist es, im Beobachtungstraining die Unterscheidung von Beobachtung und Interpretation einzuüben, unsystematische Beurteilungsfehler (z. B. unzureichendes Verständnis der Beobachtungskategorien) oder systematische Beurteilungsfehler (z. B. Halo-Effekt, Milde-Fehler) kennen und vermeiden zu lernen.

Das Beobachtertraining „Sehe ich das, was du auch siehst ..." wurde von MitarbeiterInnen des Projekts *Start – Entwicklung und Erprobung von Assessment-Center-Verfahren im Übergang Schule und Beruf* konzipiert, um Menschen, die bislang nicht in AC gearbeitet haben, für die Arbeit als AssessorIn in einem Assessment-Center zu schulen. Es handelt sich um ein berufsfeldunabhängiges Training, das die TeilnehmerInnen in drei Tagen für allgemeine Wahrnehmungsprozesse sensibilisiert, in die systematische Verhaltensbeobachtung einführt, diese einübt und sich mit Fragen systematischer und unsystematischer Beobachtungsfehler beschäftigt. Darüber hinaus lernen die TeilnehmerInnen beobachtetes Verhalten einzuordnen und sich im Team auf eine gemeinsame Beurteilung zu verständigen.

Schlussbemerkung

Im Rahmen der Evaluation des *Start*-Projekts wurden die geschulten AssessorInnen von externer Stelle interviewt. In der Zusammenfas-

---

[8] Damit entspricht die hier beschriebene Prozessdiagnostik den „Empfehlungen zur Verknüpfung von schulischer und außerschulischer Ausbildungs-/Berufsvorbereitung und Berufsausbildung", wie sie von der Arbeitsgruppe „Aus- und Weiterbildung" im Bündnis für Arbeit, Ausbildung und Wettbewerbsfähigkeit" beschlossen wurden. Beschluss vom 6. Oktober 1999. Punkt 2.4.

sung der Ergebnisse dieser Interviews wird darauf hingewiesen, dass durch das AC Bewertungen verhaltensnah vorgenommen werden können. Die Möglichkeit der genauen Wahrnehmung und kriterienorientierten Beobachtung (als Basis für die Förderplanarbeit) sowie der Verzicht auf wertende Beobachtungen werden als sehr positiv eingeschätzt. Das AC gilt insgesamt als nützliche Methode, weil es recht zuverlässige Diagnosen von Leistungen und Fähigkeiten der Jugendlichen erlaubt und sie somit bei ihrer beruflichen Orientierung unterstützt. Auch wird das Verfahren aufgrund seiner Praxisnähe geschätzt. Für viel AssessorInnen ergibt sich ein persönlicher Nutzen durch neue Erfahrungen und Impulse für die eigene Arbeit (IMBSE 2000).

Das hier vorgestellte Assessment-Center-Verfahren *Start* wurde von August 1998 bis Juli 2001 durch das Programm „Förderung neuer Wege der Arbeitsmarktpolitik" des Bundesministeriums für Arbeit und Sozialordnung gefördert. Dieses Modellprojekt „Entwicklung und Erprobung von Assessment-Center-Verfahren für benachteiligte Jugendliche im Übergang Schule–Beruf" wurde durch einen Fachbeirat begleitet. In diesem Fachbeirat arbeiteten VertreterInnen der BA, des Landesarbeitsamtes (LAA), des örtlichen Arbeitsamtes sowie ProfessorInnen verschiedener Fachhochschulen und Universitäten als ExpertInnen für die Bereiche Arbeits-, Betriebs- und Organisationspsychologie, Personalentwicklung und Assessment-Center, berufliche Aus- und Weiterbildung, Sozialpädagogik, Jugend(berufs)hilfe und interkulturelle Pädagogik, ferner eine Mitarbeiterin des Programms Arbeitsweltbezogene Jugendsozialarbeit des DJI München sowie Vertreter der IHK Duisburg und des Regierungspräsidiums in Düsseldorf. Der Fachbeirat bewertete das Projekt positiv wegen der guten Evaluationsergebnisse sowie aufgrund der Tatsache, dass sich *Start* an den Qualitätsstandards des Arbeitskreises Assessment-Center[9] orientiert.

Petra Druckrey, Institut für Maßnahmen zur Förderung der beruflichen und sozialen Eingliederung (IMBSE), Moers

---

[9] Der „Arbeitskreis Assessment-Center" besteht aus einer Gruppe von PersonalexpertInnen und -verantwortlichen aus privatwirtschaftlichen Unternehmen und Organisationen des öffentlichen Dienstes in der Bundesrepublik Deutschland, Österreich und der Schweiz. Im Arbeitskreis werden die Erfahrungen aus über 20-jähriger Arbeit im Bereich Auswahl und Entwicklung von Führungskräften zusammengeführt. Ziele sind der Know-how-Transfer und die Weiterentwicklung bestehender Verfahren.

Literatur

Arbeitskreis Assessment-Center e. V. (Hrsg.) (1996): Assessment-Center als Instrument der Personalentwicklung. Hamburg.

BBJ CONSULT INFO. III – (2000): Verfahren zur Kompetenzermittlung. Dokumentation des Workshops am 9. Juni 1999 in Berlin.

BMBF (1998): Berufliche Qualifizierung benachteiligter Jugendlicher. Bonn.

Bündnis für Arbeit, Ausbildung und Wettbewerbsfähigkeit, Arbeitsgruppe „Aus- und Weiterbildung (1999): „Empfehlungen zur Verknüpfung von schulischer und außerschulischer Ausbildungs-/Berufsvorbereitung und Berufsausbildung". Beschluss vom 6. Oktober 1999. Bonn.

Fend, H. (2001): Entwicklungspsychologie des Jugendalters. 2. A. Opladen.

Fisseni, H.-J./Fennekels, G. P. (1995): Das Assessment Center. Göttingen.

hiba (Hrsg.) (1999): transfer 1/99. Assessment-Center für Arbeitslose. Heidelberg.

INBAS (1999): Zwischenbericht zur Evaluierung der durch das Land NRW geförderten Modellprojekte. Frankfurt am Main.

IMBSE (Hrsg.) (1999): Der integrierte individuelle Förderplan des IMBSE. Moers.

IMBSE (Hrsg.) (2000): Assessment-Center am IMBSE. Auswertung der Interviews zur Evaluation des AC-Verfahrens des IMBSE Moers.

Klieme, E./Funke, J./Leutner, D. et al. (2000): Problemlösen als fächerübergreifende Kompetenz. Berlin.

Mielke, R. (1988): Lernen und Erwartung. Zur Selbst-Wirksamkeits-Theorie von Albert Bandura. Göttingen.

Sarges, W. (Hrsg.) (1996): Weiterentwicklungen der Assessment Center Methode. Göttingen.

Universität-Gesamthochschule Siegen: Forschungsprojekt MELBA. Siegen o. J.

Gerhard Gerdsmeier

Didaktisches Konzept für ergänzende Zertifizierungen
Konstruktion und Erprobung eines Curriculums

Ausgangslage

Die Konzeption des Recyclingprojekts von *BuntStift* (vgl. Beitrag von Mertens ab S. 98) sah zunächst vor, die Arbeits- und Bildungsmaßnahme *Recyclingwerkstatt* mit einem formalen Ausbildungsabschluss zu verbinden. Diese ursprüngliche Idee musste jedoch rasch aufgegeben werden, denn ein einschlägiger Ausbildungsberuf (Recyclingwerker) ist für die Jugendlichen derzeit nicht verfügbar. Es zeigte sich ferner, dass den Vorarbeiten zu einem Ausbildungskonzept für Recyclingwerker oder Erprobungen bei einigen wenigen Kammern der Bundesrepublik Deutschland kein schneller Erfolg beschieden sein würde und die Ausbildungszeiträume zudem mit der Verweildauer der Jugendlichen bei *BuntStift* inkompatibel waren. Bei anderen Maßnahmeträgern wiederum, wo die Laufzeiten von Maßnahmen ähnlich lang sind, gelten ganz andere Auswahlkriterien und Fördergrundsätze (vgl. Beitrag von Marschelke ab S. 104).

Da nun bei der Auswahl der Teilnehmer einerseits vergleichsweise hohe Anforderungen gestellt worden waren, andererseits beim Recycling und Reparieren „Weißer Ware“ bemerkenswerte inhaltliche Überschneidungen mit den Ausbildungsinhalten der Metall- und Elektroberufe festzustellen sind, lag der Gedanke nahe, die praktische Arbeit und das daran anknüpfende Lernen so zu systematisieren und um theoretische Inhalte so zu ergänzen, dass zumindest bei einem Teil der Jugendlichen in der *Recyclingwerkstatt* nach einem Jahr gute fachliche Grundkenntnisse und -fähigkeiten (unbeschadet der sonstigen Förderziele) entwickelt sind. Dabei wurde von Anbeginn der Wunsch verfolgt, für diesen Leistungsstand eine Zertifizierung durch die Kammern zu erreichen. Hintergrund dieser Intentionen bildeten folgende Überlegungen:

Viele Schüler im gewerblichen Bereich scheitern am Theorieunterricht. Wenn man den Teilnehmern des Recyclingprojekts, denen später der Sprung in eine reguläre Berufsausbildung gelingt, einen verstehenden Zugang zu diesen Grundlagen eröffnen könnte, dann wäre der schulische Theorieunterricht möglicherweise nicht mehr die große Barriere. Eine Zertifizierung des Leistungsstandes am Ende der Maßnahme könnte sich auf die Arbeits- und Lernhaltungen der Jugendlichen positiv auswirken und schafft klare Rahmenbedingungen. Es ist in Erinnerung zu rufen, dass die in der Maßnahme geförderten Jugendlichen sich in erster Linie als bezahlte Arbeitnehmer auf Zeit verstehen und weniger als Teilnehmer an einer Bildungsmaßnahme.

Ein Zertifikat sollte nicht nur die ausgeübten Tätigkeiten und Lerninhalte ausweisen, sondern dem künftigen Ausbildungsbetrieb die Berechtigung einräumen, die Ausbildungszeit im Einvernehmen mit dem Auszubildenden um sechs Monate zu verkürzen. Es ist zwar nicht davon auszugehen, dass Betriebe davon merklich Gebrauch machen. Das Zertifikat zeigt ihnen aber, wie hoch die Ausbilder von *BuntStift* die Leistungsfähigkeit des betreffenden Jugendlichen einschätzen. Das könnte den betreffenden Jugendlichen gerade bei ihren teilweise problematischen Biografien helfen, einen regulären Ausbildungsplatz zu bekommen. Die Zertifizierung sollte dazu führen, dass ein Ausbildungsbetrieb einem übernommenen Jugendlichen später tatsächlich die Ausbildungszeit verkürzt und dass dieser Jugendliche erfolgreich dem schulischen Unterricht folgen kann. Darüber hinaus sollen die Jugendlichen, die an der Maßnahme teilnehmen, hinsichtlich der zentralen Ziele von *BuntStift* gefördert werden.

Didaktische Problemstellung

Es ist offensichtlich, dass mit diesen Intentionen eine neuartige didaktische Ausgangslage für *BuntStift* gegeben war. *BuntStift* verfügt in einigen seiner Werkstätten, die u. a. auch als Ausbildungsbetriebe fungieren, sehr wohl über Ausbildungserfahrungen, überlässt aber den Kern der theoretischen Unterweisung der regulären Berufsschule. In anderen Werkstätten, wo *BuntStift* Jugendliche auf der Basis der Produktionsschulidee ohne diesen Ausbildungshintergrund fördert, stellt sich das Problem der Vermittlung theoretischer Inhalte in dieser Form in der Regel nicht.

Die Schwierigkeit ist von so grundsätzlicher Bedeutung und wird durch unpräzise Ausdrucksweise häufig so unscharf abgebildet, dass sie etwas genauer ausgeführt werden soll. Unscharf ist vor allem die Verwendung des Gegensatzpaars „Theorie und Praxis“, dies umso mehr, als es häufig als gleichbedeutend mit „Wissenschaft und Betrieb“ aufgefasst wird. Für die Diskussion des Problems ist es hilfreich, diese beiden Paare entschieden zu trennen und sie als unabhängige Skalen zu einer 4-Felder-Matrix zu kombinieren.[1]

Tab. 1. Theorie-Praxis-Diskussion

	Theorie	Praxis
Wissenschaft	A Wissenschaftswissen, spezifische Aussagensysteme, spezielle Begriffe, Modelle (Objektbereich ist D)	B Spezielle Methoden/ Verfahren; spezielle Einrichtungen; spezielle Denkstile; bestimmte Methodologien
Betrieb/Ökonomie	C Expertenwissen, relativ heterogen je nach Erfahrungshintergrund; Detailkenntnisse und Zusammenhangsvorstellungen von Machern (Objektbereich ist D)	D Betriebliche Abläufe, Institutionalisierungen und Handlungen, spezielle Informations- und Steuerungsinstrumente; Fülle verschiedener (bereichsspezifischer) Kontexte

Wissenschaft besteht also nicht nur aus Theorien, sondern ebenfalls aus einer Fülle von Praxen und Regularien, aus denen dann diese sehr spezifischen Aussagengebilde erwachsen, die am Ende das Wissenschaftswissen ausmachen. Betriebe haben umgekehrt nicht nur Praxen. Praxis erzeugt vielmehr und benötigt sogar mit ihr verbundene Theorien, die hier als Expertenwissen bezeichnet werden.

Aufgrund der sehr unterschiedlichen Entstehungsweisen bestehen zwischen dem Wissenschafts- und dem Expertenwissen – auch wenn sie sich auf denselben Anwendungsbereich beziehen – bemerkenswerte begriffliche, strukturelle und teilweise sachliche Differenzen, die vielfach zu einem Abreißen der Kommunikation zwischen den in diesen Bereichen Tätigen geführt haben. Es gibt auch tatsächlich keine simplen Übergänge zwischen den Wissensarten (was die eigentliche Quelle des bekannten Entweder-oder-Denkens bzw. der Ja-aber-Rechthabereien ist). Sie können nur unter günstigen Bedingungen (fruchtbar) in Beziehung gesetzt werden. Und dieses Aufeinanderbeziehen ist auch zu wünschen, weil beide Wissensarten wertvoll und unverzichtbar sind. Beide enthalten wichtige Formen des Zusammenhangwissens, die jeweils ganz spezifische Möglichkeiten eröffnen.

[1] Diese Anregung geht auf eine Arbeit von Otfried Kießler zurück.

Leider ist die Diskussion über das Verhältnis von Theorie und Praxis überwiegend destruktiv und kurzsichtig. Wenn immer wieder von der Theorie-Praxis-Kluft gesprochen wird (obwohl diese beiden Komponenten gar nicht vergleichbar sind und die Kluft nur zwischen den zwei Wissensarten besteht), dann hat man es letztlich fast immer mit der Verschleierung von Hegemonieansprüchen oder – wie bei der Annahme des Erwachsens der Theorie aus der Praxis – leicht mit einer pädagogischen Lebenslüge zu tun. Im ersten Fall möchte man sich entweder mit Verweis auf die behaupteten quasinaturgesetzlichen Evidenzen der Praxis vor einer kritischen Hinterfragung des eigenen Handlungswissens schützen (die *Sache* „spricht" vorgeblich und nicht die Person), oder aber dem in methodisch sehr reflektierter Weise gewonnenen Wissen wird aufgrund seiner Entstehung a priori eine Geltung in einem spezifischen praktischen Kontext zugewiesen. Im zweiten Fall wird unterstellt, dass das Reden mit Jugendlichen über ihr Tun und ihre Aufgaben ganz naturwüchsig über kurz oder lang dazu führe, dass diese wissenschaftsbestimmte Begriffe bilden (und nutzen, wenn sie bestimmte Ausdrücke/Terme übernehmen). Beides sind keine sonderlich hilfreichen Vorstellungen.

Man sieht vor diesem Hintergrund genauer, wo der Ansatzpunkt und die Stärken eines Jugendhilfebetriebs wie *BuntStift* liegen. Unterstützt von Ausbildern erwerben Jugendliche, in deren Lernbiografie häufig ein Scheitern am wissenschaftsbestimmten Schulwissen auffällig ist, Zusammenhangwissen, das Kernpunkte eines Expertenwissens enthält. Die dabei gewonnenen positiven Erfahrungen können durchaus dazu motivieren, sich nochmals wissenschaftsbestimmten (Teil-)Curricula zuzuwenden.

Demgegenüber ist festzuhalten, dass wissenschaftsorientierte Unterweisungen an Schulen in ihrer reduktionistisch-instruierenden Machart für Schüler oft nicht oder nur schwer verstehbar sind und häufig nicht einmal dem Wissenschaftswissen gerecht werden. Es ist gegenwärtig zwar ein Paradigmenwechsel hin zu Unterrichtsverfahren zu beobachten, die didaktisch konstruktivistische Ideen verfolgen; diese Entwicklung hat aber die Schulen bisher nur in Ansätzen erreicht.[2]

---

[2] Anzumerken bleibt, dass in den Berufsschulen mit den neuen, nach Lernfeldern strukturierten Lehrplänen und mit dem Nachdenken über Lernortkooperationen eine stärkere bis starke Orientierung am Expertenwissen einzusetzen scheint. Dabei wird anscheinend häufiger das Kind mit dem Bad ausgeschüttet, weil nicht wirklich über die bisherigen Mängel schulischer Unterrichte nachgedacht wird. Insgesamt ist jedoch positiv zu vermerken, dass die Regelschulen im Rahmen ihrer Möglichkeiten

Es sollte nunmehr klar sein, dass *BuntStift* sich mit dem Plan, zertifizierungsfähige Lerninhalte in einem durch Arbeitshandlungen und erfahrungsorientiertes Lernen bestimmten Alltag unterzubringen, eine ungemein schwierige Aufgabe gestellt hatte und sich dieser Schwierigkeiten stets bewusst war. Die entscheidenden Fragen bei der Entwicklung eines zertifizierungsfähigen Curriculums waren, wie man erstens die Stärken von *BuntStift* bei der Verfolgung bisheriger Ziele (diverse Förderungsaspekte, Anbahnung von Expertenwissen) mit der Intention verbinden kann, auch Wissenschaftswissen zu vermitteln, und wie zweitens das Wissenschaftswissen strukturiert werden muss, damit diese schwierige Gruppe Jugendlicher die Bereitschaft und die Fähigkeit ausbildet, sich damit zu befassen.

Das didaktische Konzept

Vorüberlegungen

Das Konzept setzt, obwohl es um Zertifizierungen geht, auf einen Primat des Expertenwissens – oder, um es aus der Perspektive der Jugendlichen zu beschreiben, es betont den Vorrang von Erfahrungswissen, das durch pädagogische Betreuung und Kultivierung bei den Jugendlichen entsteht. Für diese Setzung gibt es mehrere Gründe:

Einmal ist an jene innerhalb der Gruppe der Jugendlichen zu denken, die aufgrund ihrer Leistungsgrenzen am Ende für eine Zertifizierung nicht infrage kommen, aber dennoch die gleichen Lernangebote erhalten und auch unabhängig von Zertifizierungen Förderung erfahren sollen. Zum anderen liegen auch bei den leistungsstärkeren Jugendlichen die Förderungschancen im Bereich des Erfahrungswissens. Drittens entspricht es dem erprobten didaktischen Ansatz bei *BuntStift*, Lernprozesse und Förderungen überwiegend mit konkreten Handlungsabläufen zu verbinden. Und viertens trägt die Entscheidung für einen Primat des Expertenwissens einem kognitionspsychologischen Gesichtspunkt Rechnung, dass nämlich viele kognitive Strukturen sich um Vorgänge, Handlungen, Ereignisse usw. herum bilden. Das durch Verben Bezeichnete rückt quasi ins Zentrum des Denkens (und dort befinden sich weniger die im Schulwissen so präferierten klassifikatorischen, lexikalischen, synoptischen und

---

offensichtlich Ideen aufgreifen, die von Produktionsschulen längst entwickelt und umgesetzt worden sind.

sonst wie geordneten Informationen).[3] Man kommt Jugendlichen in der Arbeitswelt demnach entgegen, wenn man berufliche Handlungen (oder andere Vorgänge) zum Ausgangspunkt des Curriculums macht.

Das dabei zu gewinnende Wissen gehört dem Typ nach zum Erfahrungs- bzw. Expertenwissen. Die Schwierigkeit besteht dann darin, zugleich Zugänge zum anders strukturierten Wissenschaftswissen zu schaffen. Deshalb ist bei einer Curriculumentwicklung vor allem zweierlei zu leisten: Das in bestimmten stofflichen Routen abgelegte Wissenschaftswissen ist zu verflüssigen und (vorgangsbezogen) so zu reorganisieren, dass sich thematische Berührungen ergeben. Für die so gebildeten Themen sind Aufgabenstellungen zu (er-)finden, die für die Lernenden als sinnhaft erkennbar bleiben und ihnen konstruktivistische[4] Möglichkeiten des Weltverstehens eröffnen.

Der Umgang mit dem ersten Schritt, die Suche nach Verknüpfungsmöglichkeiten von Erfahrungs- und Wissenschaftswissen, soll nachstehend beschrieben werden. Andere Punkte, die im Ansatz des didaktischen Modells für ergänzende Zertifizierungen eine Rolle spielen, sind nur angedeutet, wie auch das letztlich entstandene Curriculum nur punktuell illustriert wird.[5]

---

[3] Vgl. dazu die handlungstheoretische Sichtweise bei Aebli (1980 und 1981).

[4] Die konstruktivistische Didaktik enthält keineswegs ganz neue Überlegungen, sie gewinnt aber aufgrund neuartiger und intensiv gebündelter Begründungen nachvollziehbar an Bedeutung. Bei den konstruktivistischen Auffassungen darüber, wie gelehrt und gelernt werden sollte, wenn das dabei entstehende Wissen auf Verstehen beruhen und gute Chancen haben soll, von den Lernenden künftig aktiv verwendet zu werden, lässt sich vereinfacht in der Vorstellung zusammenfassen, dass ausgelöst durch Anlässe, die von den Lernenden als problemhaltig und sinnhaft erlebt werden, Deutungen gefunden werden, an deren Konstruktion die Lernenden maßgeblich beteiligt sind (Eigenmodellierungen). Es bleibt dann das didaktische Problem einer potenziellen Differenz zwischen den Eigenmodellierungen und den fachlich akzeptierten Auffassungen (Fremdmodellierungen), die z. T. das Resultat jahrhundertelanger Bemühungen darstellen (Gerdsmeier 1999, S. 243ff.). Der im Unterrichtsalltag entscheidende Punkt besteht darin, dass eine Eigenmodellierung der Jugendlichen über Instruktionen der Ausbilder, die sich an Fremdmodellierungen orientieren, letztlich nicht erstickt wird.

[5] Die Notwendigkeit zu Eingrenzungen ist unvermeidlich. Der Problementfaltung und der Darstellung des Lösungswegs wurde der Vorrang vor der Darstellung von Ergebnissen eingeräumt, weil die Problemstellung für ziemlich ubiquitär gehalten wird, zu der man sich aber sehr wohl verschiedene „Lösungen“ vorstellen kann.

Ansatz

Ausgangspunkt für die Erstellung eines Curriculums waren folgende Überlegungen: Bei der beruflichen Tätigkeit lassen sich *exemplarische* Handlungen/Vorgänge (Grundtätigkeiten; dargestellt durch „exemplarische Verben"), die einen unmittelbaren Bestandteil der beruflichen Facharbeit darstellen, und *universale* Vorgänge (Grundfunktionen: dargestellt durch „universale Verben"), die ein allgemeines technisches Prinzip charakterisieren, unterscheiden. Die Grundfunktionen (Universalien) kennzeichnen einerseits einzelne allgemeine Kategorien technischer Systeme wie z.B. das „Wandeln und Rückwandeln", andererseits gehört zu jeder Grundfunktion (z.B. Umwandlung) eine Vielzahl technischer Realisierungen wie z.B. der Transformator für Spannungsumwandlung, die Batterie für elektrochemische Umwandlung oder der Elektrokoppler als möglicher Baustein für eine elektrooptische Umwandlung.

Darstellungen dieser Grundfunktionen wie der Wirkungsweise ihrer Anwendungen bedienen sich des Wissenschaftswissens. Konkrete Ausformungen der Grundtätigkeiten lassen sich demgegenüber überwiegend im Erfahrungswissen abbilden. Auf beiden Ebenen geht es um Vorgänge, die sich in Beziehungen setzen lassen. Hier wird deshalb eine mögliche Scharnierstelle vermutet, Experten- und Wissenschaftswissen zu verknüpfen.

Während die Beschäftigung mit den Universalien beruflich dazu beitragen kann, ein Verständnis grundlegender technischer Prinzipien und berufsrelevante Orientierungen sowie Suchhaltungen zu entwickeln, verlangt die Ausbildung beruflicher Handlungskompetenz unverzichtbar die Auseinandersetzung mit konkreten technischen Aufgabenstellungen. Deshalb bildeten nicht die Grundfunktionen, sondern die an der unmittelbaren technischen Praxis orientierten Grundtätigkeiten den Ausgangspunkt der curricularen Überlegungen.

Jede Grundtätigkeit wie z.B. das „Demontieren" stellt eine allgemeine berufliche Handlung dar, die sich wiederum in einzelne Arbeitsschritte aufteilt. Bei der Analyse der einzelnen Arbeitsschritte, die in den folgenden Abschnitten auch als „Teilaspekte" bezeichnet werden, wurden Anknüpfungspunkte erarbeitet, an denen es möglich erscheint, auf die allgemeinen technischen Prinzipien bzw. Universalien überzuleiten.

Die Grundtätigkeiten ergeben sich aus der Analyse des Arbeitsablaufs innerhalb der Bildungsmaßnahme *Recyclingwerkstatt* bei *BuntStift* (siehe Abb. 1).

Abb. 1. Arbeitsablauf der Recyclingwerkstatt im Jugendhilfebetrieb *Buntstift*

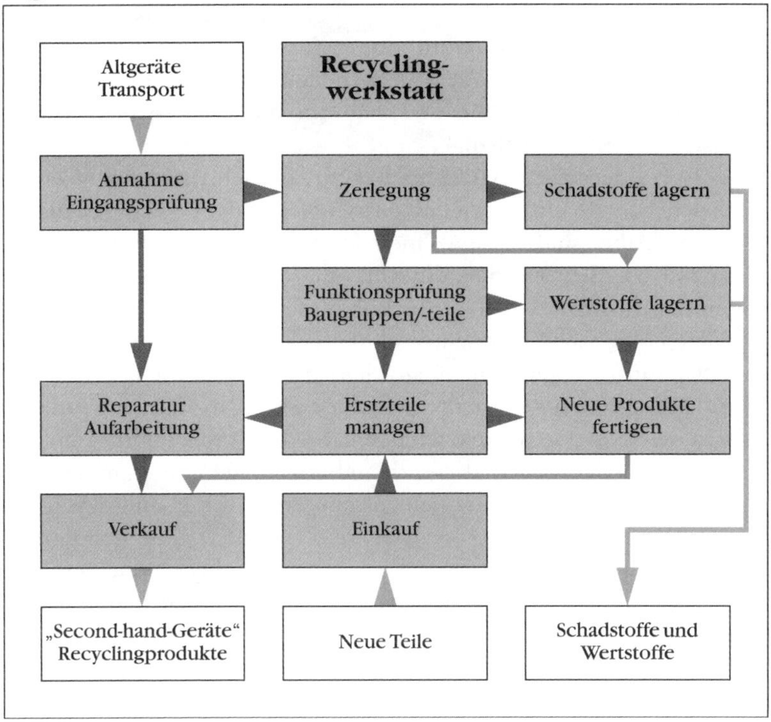

Aus dem Arbeitsablauf der *Recyclingwerkstatt* lassen sich folgende Grundtätigkeiten ableiten:

- Transportieren/Weiterleiten (Annahme von Altgeräten; Verkauf von Gebrauchtgeräten; betriebsinterne Transportwege),
- Kontrollieren/Prüfen (Altgeräte, Gebrauchtgeräte; Baugruppen, Bauelemente),
- Demontieren/Montieren (Altgeräte, Gebrauchtgeräte),
- Reparieren (gegebenenfalls Instandsetzen der Altgeräte),
- Sortieren/Ordnen (Entsorgung, Recycling),
- Lagern (Ersatzteile),
- Konstruieren/Fertigen (nach Kundenauftrag),
- Kommunizieren/Kooperieren (betriebsinterne Kommunikationsstrukturen und Arbeitsorganisation),
- Schützen (Arbeitssicherheit, Unfallverhütung).

Die didaktische Grundidee besteht nun darin, Lernen bei den Grundtätigkeiten bzw. deren Teiltätigkeiten beginnen zu lassen, dabei aber stets die Option zu haben, über das Einbeziehen der damit korrespondierenden Grundfunktionen (nach Koller[6]) sich das theoretische Feld zu eröffnen, in dem man dann so weit gehen kann, wie die Jugendlichen mitgehen und sich auf diese Weise bedeutsames Transferwissen erschließen.

Um die Idee curricular fruchtbar zu machen, ist dann in einem nächsten Schritt ein spezielles curriculares Suchsystem entwickelt worden. Dabei sind die einzelnen Grundtätigkeiten jeweils in ihre Teilaspekte zerlegt worden, die man mit ganz konkreten beruflichen Handlungen gleichsetzen kann. Für diese Handlungen, die ja eher das Wie einer Sache betonen, sind dann didaktisch motivierte Problematisierung vorgenommen worden, die in mehrfacher Hinsicht Warum-Fragen aufwerfen, deren Beantwortung das Zusammenhangwissen des Experten tendenziell überschreitet. Einmal wird nach dem Sinn, den Bedeutungen dieser Handlungen gefragt, zum anderen wird das begründende Möglichkeitsspektrum für Handlungen, wie es eine spezielle Fachtheorie beschreibt, in den Blick genommen. Und von diesen fachtheoretischen Zwischenschritten her ergeben sich dann auch Übergänge zu den Grundfunktionen und zu deren Transferpotenzial (vgl. Abb. 2).

Aus der Reflexion der zwei Bereiche (dem Sinn und der Fachtheorie) sowie aus der Überleitung zu den Universalien resultiert u. E. idealiter ein begründeter und nachvollziehbarer Lösungsansatz für die jeweiligen praxisrelevanten Fragen beruflicher Facharbeit, deren Bearbeitung durch die Jugendlichen zur Ausprägung ihrer beruflichen Handlungskompetenz führen soll. Diese curriculare Vorkehrung eröffnet zwar für die Schüler ein Transferpotenzial; ob der einzelne Schüler aber tatsächlich in der Lage ist, das reflektierte exemplarische Wissen auf neue technische Probleme zu übertragen, ist weitgehend von individuellen Faktoren abhängig und lässt sich anhand des Konzepts nicht bestimmen.

---

[6] Nach Koller gibt es insgesamt 19 dieser Grundfunktionen, mit denen sich alle technischen Prozesse in Form einer systemtheoretischen Struktur eindeutig beschreiben lassen. Vgl. Die Berufsbildende Schule (1991), S. 447 und Pahl (Hrsg.) (1997), S. 43ff.

Abb. 2. Curriculares Suchsystem am Beispiel der Demontage einer Waschmaschine

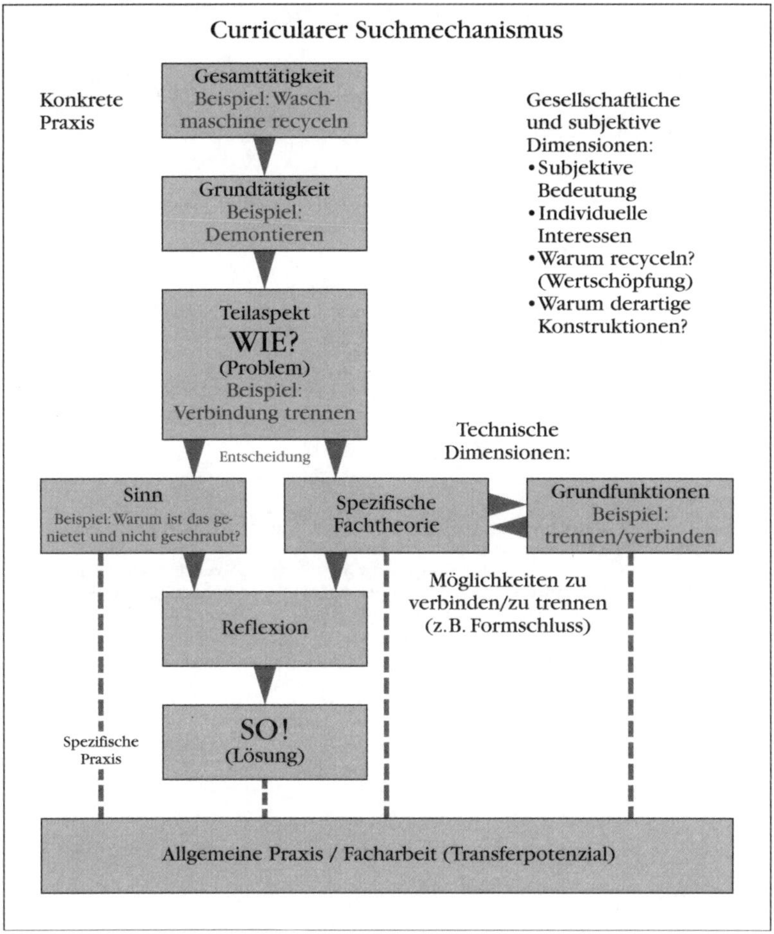

Das curriculare Suchsystem versteht sich nicht als Lehrstruktur im Unterricht oder am Arbeitsplatz. Es versucht, den Ausbildenden für die Thematisierung eines bestimmten technischen Sachverhalts eine Hilfestellung zu geben; es ist eine Reflexionshilfe. Abb. 3 zeigt eine mögliche Anwendung dieses Reflexionsinstruments auf das Beispiel Waschmaschine. Der Ausbildende kann relativ leicht Fragestellungen, Typen von Zusammenhangswissen und strukturelle Übergänge überblicken und eine situativ geeignete Auswahl und Route festlegen.

Abb. 3. Grundtätigkeiten und Teilaspekte des Lehrgangs „Recyceln einer Waschmaschine“

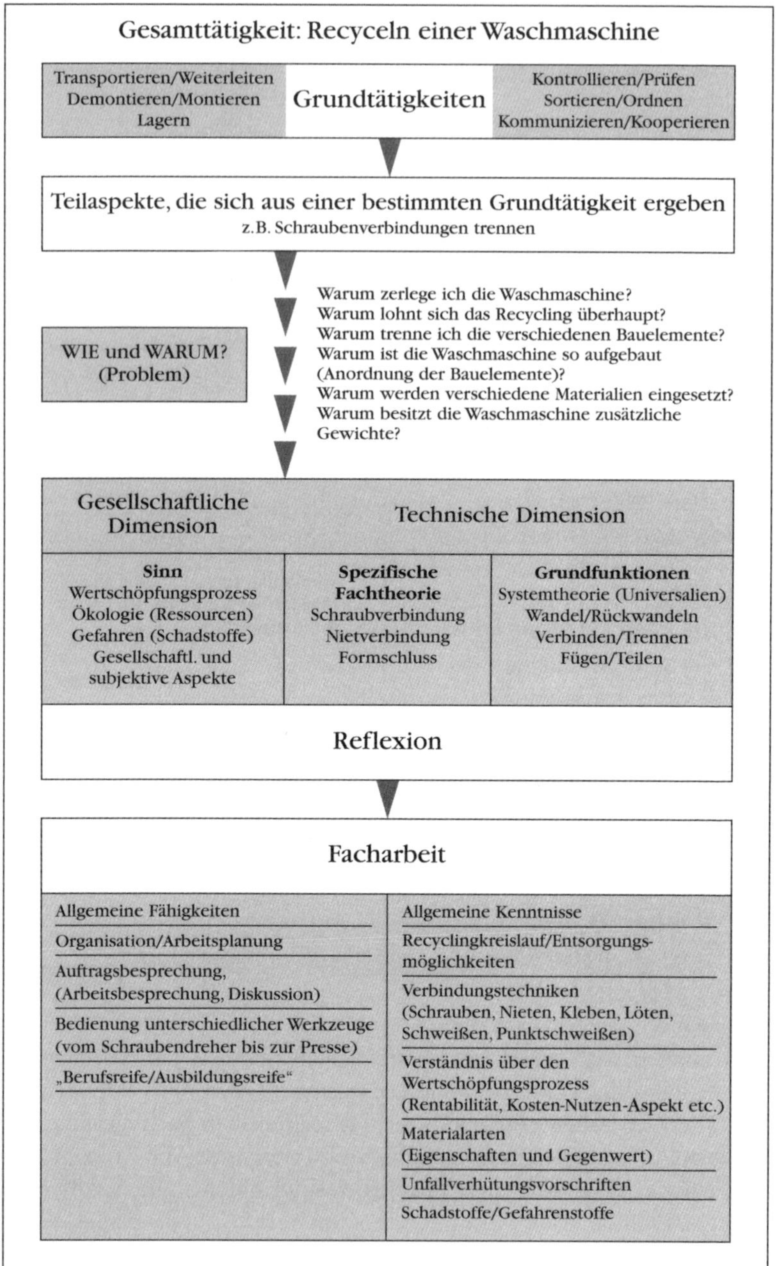

Tab. 2. Auszug aus dem Lehrplan „Recyclingwerkstatt“

<table>
<tr><th colspan="4">Sortieren und Ordnen</th></tr>
<tr><th>Teilaspekt</th><th>Praktische Facharbeiten</th><th>Elektrotechnische Inhalte</th><th>Metalltechnische Inhalte</th></tr>
<tr><td>Entscheidung treffen: Recyceln bzw. Entsorgen oder Lagern</td><td>Elektrische und mechanische Bauelemente: Sichtprüfung (Allgemeinzustand) und Funktionsprüfung) ggf. am Experimentiertisch oder Prüfstand testen)</td><td>Elektrische Funktionsfähigkeit: Durchgang Prüfen (ggf. Spannung anschließen und elektrische Funktionsweise überprüfen)</td><td>Mechanische Funktionsfähigkeit: Einschränkung der Funktionsweise durch Korrosionsschäden; Zustand der Lager und Wellen</td></tr>
<tr><td rowspan="2">Werkstoffe sortenrein trennen; Gefahrenstoffe erkennen und sortieren</td><td rowspan="2">Erkennen und Fraktionieren von metallischen und nicht metallischen Werkstoffen; Erkennen und Sortieren von Bauteilen und sachgerechtes Sortieren der Bauteile; Erkennen und Entsorgen von Schadstoffen: PCB-verdächtige Kondensatoren, asbesthaltige Dichtungsstoffe, NiCd-haltige Akkumulatoren, LCD-Anzeigen usw. erkennen, fachgerecht demontieren und in entsprechende Behälter einlagern; Handhabung von Containern und Gitterboxen mit Gabelstapler.</td><td>Werkstoffe der Elektrotechnik: Elektronische, mechanische und thermische Eigenschaften, ökonomische und ökologische Aspekte bei der Materialauswahl, elektrische Wirkung bei der Verbindung unterschiedlicher Materialien (Korrosion), beschichtete elektronische Werkstoffe (durch Galvanisieren, Aufdampfen etc.).

Bestandteile des Elektronik- und Elektroschrotts: Platinen, Motoren, Pumpen, Kupferleitungen, Heizplatten und Heizstäbe, Schalter, Leitungsarten etc.</td><td>Werkstoffe der Metalltechnik: Metalle und Nichtmetalle, Eisen- und Nichteisenmetalle, Leicht- und Schwermetalle, Kunststoffe, Verbundwerkstoffe, Schneidstoffe, Hilfsstoffe etc. Aufbau metallischer Werkstoffe; Normbezeichnung verschiedener Werkstoffe.

Werkstoffprüfung: Probe- und Prüfverfahren für das Erkennen von unterschiedlichen Metallen und Nichtmetallen.

Eigenschaften und Anwendungsmöglichkeiten von Werkstoffen: Physikalische, technologische und chemische Eigenschaften (Festigkeit, Härte, Umformbarkeit, Korrosionsbeständigkeit etc.)</td></tr>
<tr><td colspan="2">Wirtschaftliche, gesundheitliche und ökologische Aspekte: Kosten und Verfügbarkeit von elektronischen und metalltechnischen Werkstoffen, Gesundheitsgefährdung, Entsorgung, Wiederverwendbarkeit (Recycling) und Rohstoffgewinnung; Kreislaufwirtschaft, Ressourcen, Verwertungshierarchie.

Schadstoffe und Schadstoffträger: Gefährdungspotenzial von Schadstoffen (PCB, Quecksilber, NiCd, Asbest, Blei etc.)</td></tr>
</table>

In dieser Form war das Curriculum noch nicht abgleichbar mit den Inhalten, die von den Rahmenplänen der Schulen für das erste halbe Jahr vorgesehen sind. Aus diesem Grund wurden die mit den eben beschriebenen Instrumenten identifizierten Inhalte nochmals neu erfasst und auf andere Art beschrieben, ohne dass damit die didaktischen Grundideen aufgegeben worden wären. Als Gliederungsprinzip wurde der Aspekt der Grundtätigkeiten beibehalten. Ein kleiner Ausschnitt aus dem auf diese Weise zusammengestellten „Lehrplan" findet sich für die Grundtätigkeit „Sortieren und Ordnen" in Tab. 2. Die neu entstandenen Pläne genügen nunmehr den fachtheoretischen Anforderungen der staatlichen Pläne für die ersten sechs Monate im Bereich Metall- bzw. Elektrotechnik.

Erfahrungen

Seit Herbst 2001 läuft der dritte Durchgang der *Recyclingwerkstatt*, zwei der jeweils einjährigen Maßnahmen sind abgeschlossen. In allen Fällen sind die Arbeiten in der Recyclingwerkstatt in der für *Bunt-Stift* typischen Weise mit Lehr-Lern-Situationen verbunden worden: Einzel- oder Gruppenbesprechungen am Arbeitsplatz und Lernen in Seminarräumen zu fest vorgegebenen Zeiten. Die Wahl der Themen und der Erarbeitungsformen lag durchgängig bei den Ausbildern. Die Beurteilung der Entwicklung und des Leistungsstands der Jugendlichen war ebenfalls Aufgabe der Ausbilder. Die wissenschaftliche Begleitung hat in größeren Zeitabständen evaluiert, inwieweit das vorgeschlagene Curriculum umgesetzt werden konnte und welches Lehrarrangement die Ausbilder dabei bevorzugt hatten.

Bei dieser Überprüfung der Umsetzbarkeit des Curriculums hat sich gezeigt, dass ein großer Teil der „theorielastigen" Themen nicht in Seminarsituationen angesprochen worden ist, wie das erwartet worden war. Gleichwohl betonen die Ausbilder, dass auch die Themenbearbeitung am Arbeitsplatz wissenschaftsbestimmtes Wissen einbezogen habe. Die Überprüfung hat ergeben, dass tatsächlich fast alles behandelt worden ist, was im Plan steht.

Die Ausbilder haben außerdem herausgestellt, dass das Curriculum in seiner spezifischen Machart sehr wohl Anregungen biete, die vorherige Ausbildungspraxis zu überdenken und zu ergänzen. Angesichts der Schwierigkeiten einzelner Jugendlicher und damit z.T. auch der Konflikte mit diesen Jugendlichen verliere sich phasenweise aber eine Orientierung am Curriculum. Außerdem wird immer wieder betont, dass der im Curriculum ausgedrückte Anspruch gegenwärtig durch geeignete Medien nicht unterstützt werde. Hinzuzufügen ist, dass die Ausbilder unter täglichem Handlungsdruck stehen und es dadurch an der nötigen Muße fehlt, bewährtes pädagogisches Expertenwissen aufgrund wissenschaftsbestimmter Reflexionen, die die didaktischen Ideen des Curriculums gezielt aufgreifen, zu verfeinern.

Erfolge und Wirkungen des Curriculums sind schwer zu beschreiben. Ein Teil der Jugendlichen (zwischen 20 und 30 Prozent) hat nach Einschätzung der Ausbilder einen Leistungsstand erreicht, der eine Zertifizierung rechtfertigte. Diese Zertifikate sind auch ausgestellt worden. Inwieweit das dabei erworbene Wissenschaftswissen sich günstig auf den Erwerb weiteren schulischen Wissens auswirkt, ist im Augenblick noch nicht untersucht.

Durch die Zertifizierungsbestrebungen, die in die Maßnahme *Recyclingwerkstatt* eingeflossen sind, haben allem Anschein nach diejenigen, die kein Zertifikat von der Kammer erhalten haben, keinen Nachteil erfahren. Viele haben mittlerweile Arbeits- oder Ausbildungsplätze. Und die anderen, das haben Gespräche und Erhebungen ergeben, fühlen sich zu weiteren eigenen Bemühungen aufgrund ihrer Erfahrungen in der Maßnahme durchaus ermutigt.

Prof. Dr. Gerhard Gerdsmeier, Universität Gesamthochschule Kassel

Literatur

Aebli, H. (1980): Begabung und Lernen. Stuttgart.

Aebli, H. (1981): Grundformen des Lernens. Stuttgart.

Die Berufsbildende Schule (1991) Nr. 43, Ausgabe 7/8.

Gerdsmeier, G. (1999): Problembereiche kaufmännischer Unterrichte und das Lösungspotential lernfeldstrukturierter Lehrpläne. In: Huisinga, R. u. a. (Hrsg.): Lernfeldorientierung. Konstruktion und Unterrichtspraxis. Frankfurt/Main.

Pahl, G. (Hrsg.) (1997): Konstruktionslehre. Methoden und Anwendungen. Berlin.

Susanne Kretschmer

Berufswegeplanung als strategische Methode der beruflichen Integration von Jugendlichen mit Benachteiligungen

Individuelle Berufswegeplanung ist eine der zurzeit am häufigsten diskutierten Methoden, um benachteiligte, arbeitslose junge Menschen in den Arbeitsmarkt zu integrieren. Diese anscheinend neue Methode reiht sich ein in eine ganze Reihe von Instrumentarientrends, die seit Beginn der 1980er-Jahre die arbeitsmarktpolitische Diskussion bestimmen.

Modetrends bergen immer die Gefahr in sich, dass sie quasi als „Zaubermittel" herhalten müssen, um der Ohnmacht angesichts der nach wie vor hohen Jugendarbeitslosigkeit entgegenzutreten und neue Wege aufzuzeigen. Die Erwartungshaltung ist dementsprechend groß; bleiben aber durchschlagende Erfolge aus (was aufgrund des hohen quantitativen Ausmaßes der Jugendarbeitslosigkeit kaum zu vermeiden ist), werden die Konzepte oft enttäuscht beiseite geschoben (anstatt sie sinnvoll zu integrieren und weiterzuentwickeln) und die Suche nach *dem* Erfolg versprechenden Rezept beginnt von vorne.

Arbeitsmarktpolitische „Hits"

Arbeitsmarktpolitische „Hits" der letzten 20 Jahre waren beispielsweise ab 1980 die Installierung außerbetrieblicher Ausbildungseinrichtungen (Benachteiligtenprogramm) und ab 1985 die quantitative Ausweitung von Beschäftigungsmaßnahmen im gemeinnützigen Sektor (ABM/§ 19 Abs. 2 BSHG). Anfang der 1990er-Jahre wurden die Lohnkostenzuschüsse an Unternehmen salonfähig und Mitte der 1990er-Jahre konzentrierten sich schließlich alle „innovativen" Projekte auf die „Arbeitsvermittlung" auf den „ersten" Arbeitsmarkt. Berufswegeplanung gehörte eigentlich immer mit zum Instrumentarium, auch wenn dadurch die berühmten „Maßnahmekarrieren" kaum verhindert werden konnten.

Zugegeben: Diese Sichtweise ist etwas überspitzt, sie soll jedoch dazu dienen, dem Instrument der „individuellen Berufswegeplanung" ein realistisches Gewicht zu verleihen. Individuelle Berufswegeplanung ist ein sinnvolles und notwendiges Puzzlestück in

Integrationskonzepten, kann aber nur durch geeignete Rahmenbedingungen im System zum Erfolg führen.

Politischer Hintergrund der Hochkonjunktur individueller Berufswegeplanung

Berufswegeplanung an sich ist nichts Neues. Berufsberatung ist ein Standardangebot des Arbeitsamtes, individuelle Förder- bzw. Hilfepläne sind seit langem gesetzlich verankert (Hilfeplanverfahren nach § 36 SGB VIII, Gesamthilfeplan im BSHG). Wie ist es nun zu erklären, dass die Methode „Individuelle Berufswegeplanung" Hochkonjunktur erfährt? Mehrere Gründe sind dafür maßgebend:

- Kritische Bestandsaufnahme bisheriger Arbeitsmarkt- und Jugendpolitik
  In den letzten Jahren ist eine zunehmend selbstkritische Auseinandersetzung mit den Instrumentarien der Jugendberufshilfe und der Arbeitsmarktpolitik generell zu verzeichnen. Dabei ist deutlich geworden, dass viele Instrumente eher auf quantitative als auf qualitative Aspekte ausgerichtet sind.
- Bündelung und Straffung der finanziellen Ressourcen
  Angesichts knapper werdender finanzieller Mittel der öffentlichen Hand werden geeignete Verfahren gesucht, die vorhandenen Mittel effizienter einzusetzen und mehr Synergien zwischen den Programmen zu erzielen.
- Stärkere Ergebnisorientierung
  Die Bewertung sozialpädagogischer Konzepte hat sich verändert. Sich wandelnde Rahmenbedingungen (Ablösung kameralistischer Systeme in der öffentlichen Verwaltung und Entwicklung hin zu betriebswirtschaftlichen Verfahren, Wettbewerbsstrukturen im sozialen Dienstleistungssektor u. a.) setzen den Fokus auf konkrete Ergebnisse und Erfolge des sozialpädagogischen Handelns. Systematische individuelle Berufswegeplanung verspricht einen höheren Integrationserfolg für den Einzelnen und gleichzeitig einen ökonomischeren Einsatz öffentlicher Mittel.
- Mehr fachlich-konzeptionelle Einflussnahme durch Förderprogramme
  Konsequenterweise werden die Zielsetzungen der Förderprogramme konkreter abgefasst. Statt der Formulierung allgemeiner Fördergrundsätze finden Teilnehmerwettbewerbe oder Ausschreibungen nach der Vergabeordnung statt. Abgeleitet aus kritischen Bestandsaufnahmen bereits durchgeführter Programme werden

Methoden und Inhalte von Fördermaßnahmen detaillierter und zielgerichteter als bisher den Trägern vorgegeben. Jüngste Beispiele hierfür sind das Job-AQTIV-Gesetz als Weiterführung des SGB III, das neue Modellprogramm BQF (Berufliche Qualifizierung für Zielgruppen mit besonderem Förderbedarf) des Bundesministeriums für Bildung und Forschung (BMBF) (vgl. Beitrag von Schulte ab S. 331) und die letzten Modellprogramme des Bundesministeriums für Familie, Senioren, Frauen und Jugend (BMFSFJ) wie das E&C-Programm (Entwicklung und Chancen), das Freiwillige Soziale Trainingsjahr (vgl. Beitrag von Förster u.a. ab S. 312) und das 2002 startende Modellprogramm „Kompetenzagenturen“ im Bereich „Arbeitsweltbezogene Jugendsozialarbeit“ (vgl. Beitrag von Kupferschmid ab S. 341). In all diesen Programmen spielt die Erarbeitung eines individuellen Förderplanes eine wesentliche Rolle als Basis für weiterführende Aktivitäten.

Berufswegeplanung ist ein Stufenmodell

Berufswegeplanung ist ein Prozess und keine Momentaufnahme. Diese Aussage ist umso wichtiger, als in der derzeitigen Diskussion Berufswegeplanung häufig mit einmaligen, zeitlich begrenzten Assessmentverfahren, Kompetenzfeststellungen o. Ä. gleichgesetzt wird. Diese Verfahren können jedoch nur den Einstieg in den Prozess der Berufswegeplanung darstellen.

Berufswegeplanung beginnt mit einer Bestandsaufnahme:

(1) Istaufnahme

- ➢ Lebenssituation
- ➢ Schule/Bildung
- ➢ Kompetenzen
- ➢ Wünsche
- ➢ Interessen
- ➢ Realität am Arbeitsmarkt

Diese Bestandsaufnahme dient der Feststellung sowohl vorhandener Kompetenzen und Interessen der jungen Menschen als auch der vorhandenen Rahmenbedingungen, die Einfluss auf den zukünftigen Berufsweg ausüben können. Die Intensität dieser Bestandsaufnahmen und der dazugehörigen Verfahren werden kontrovers diskutiert. Auf der einen Seite erscheint es sinnvoll, sich wesentlich ausführlicher als bisher mit der Ausgangssituation der jungen Menschen auseinander zu setzen und möglichst detailliert ihre Stärken und Schwächen zu definieren. Auf der anderen Seite werden hier Daten erhoben, deren Objektivität und Brauchbarkeit schwierig zu beurteilen sind. Der Detailliertheit der Informationen stehen nicht in gleichem Maße spezialisierte Fördermaßnahmen gegenüber; der junge Mensch entwickelt sich weiter, die erhobenen Daten sind nach einiger Zeit veraltet.

Mindestens so wichtig wie das Assessment ist deshalb eine intensive Beratung bei der Berufswahlentscheidung. Verfahren, die Berufsorientierung beinhalten, bewähren sich am besten:

(2) Orientierung und Entscheidungsfindung

- ➢ Welche Berufsfelder?
- ➢ In welcher Form?
- ➢ In welchem Zeitraum?
- ➢ Mit welchem Ziel?

Erfahrungen zeigen, dass den jungen Menschen in der Regel eine Vorstellung von der Berufsvielfalt und der Arbeitswelt fehlt und sich ihre Fantasie häufig auf die Bereiche konzentriert, die sie aus Familie und Bekanntenkreis kennen. Berufswahlunterricht in der Schule, Besuche im Berufsinformationszentrum und beim Arbeitsamt haben eher abstrakten Charakter. Auch die verschiedenen Formen, Zeitspannen und Zertifikate/Abschlüsse der Berufsvorbereitung, Ausbildung und Beschäftigung sind für die Jugendlichen nicht transparent, sodass keine echte eigene Entscheidungsfindung möglich ist, sondern sie vom Rat Dritter abhängig sind.

Gerade für Jugendliche aber, die nicht unbedingt einen geraden Weg in die Arbeitswelt gehen können und/oder wollen, ist ein „maßgeschneidertes“ Konzept sinnvoll und zunehmend möglich:

(3) Step by Step
Erwerb/Verfestigung von

- ➢ Basisqualifikationen
- ➢ Schlüsselqualifikationen
- ➢ Fachpraxis
- ➢ Fachtheorie
- ➢ Zusatzqualifikationen
- ➢ Sprachkenntnissen
- ➢ Auslandserfahrung
- ➢ Freiwilligem Engagement

Erforderliche Qualitätsansprüche bei Feststellungsmaßnahmen:

Feststellungsmaßnahmen müssen neben der Erhebung von verwertbaren Informationen vor allem Akzeptanz bei den angesprochenen Jugendlichen finden. Wesentliche Prämissen hierfür sind:

- Nicht *über* den Jugendlichen urteilen, sondern mit ihm *gemeinsam*.
  Gerade an diesem Punkt wird für die Jugendlichen sichtbar, inwieweit sie mit ihren Wünschen und Möglichkeiten ernst genommen werden. Davon hängt wiederum ab, ob sie die Ergebnisse annehmen und damit für sich weiterarbeiten wollen.
- Nur Daten erheben, mit denen auch sinnvoll gearbeitet werden kann.
  Welche Konsequenz im Berufswegeplan zieht ein festgestellter Mangel an „Sorgfalt" nach sich? Ist der Mangel an „Sorgfalt" tatsächlich permanent gegeben oder eher einer langweiligen Schulungssequenz geschuldet?
- Einsatz von fachlich geschultem Personal und kontinuierliche selbstkritische Reflexion der angewendeten Verfahren.
  Alle Verfahren müssen sich dem Problem der Subjektivität von Wahrnehmungen stellen. Wie schnell kann „objektive" Beobachtung gelernt werden?

Die letzte Prämisse entscheidet über den Erfolg des „Vorlaufverfahrens", in dem bereits damit begonnen werden sollte, weitere mögliche Schritte aufzuzeigen und alternative Berufswege zu entwickeln.

Die durch die Komplexität der erhobenen Daten suggerierte Chance eines individuell maßgeschneiderten Berufsweges stellt hohe Anforderungen sowohl an das weitere Begleitsystem für den Jugendlichen als auch an das Instrumentarium des zur Verfügung stehenden Bildungs- und Fördersystems.

Erforderliche Rahmenbedingungen im Bildungs- und Fördersystem

Das eigentlich Innovative an der „neuen" individuellen Berufswegeplanung liegt nicht allein in den vorgeschalteten Verfahren, sondern auch in der Abkehr von (gruppen-)maßnahmenorientierten Angeboten und der Hinwendung zu individualisierten Qualifizierungswegen, alternierend zwischen betrieblichen und außerbetrieblichen Lernorten und abgestimmt auf individuelle Lebensverläufe. Um diese Richtungsänderung praktisch umzusetzen, bedarf es einiger struktureller Veränderungen in den vorhandenen Rahmenbedingungen:

- Kontinuierliche und kompetente Beratungs- und Orientierungsangebote
  Jugendliche sind mit dem System von Förderprogrammen und Qualifizierungsangeboten häufig überfordert. Um Beratung annehmen zu können, brauchen sie Vertrauen in das Beratungsangebot; Vertrauen entsteht durch kontinuierliche Beratungspersonen bzw. -institutionen und umfassende und nicht zufalls- bzw. trägerabhängige Informationen. Daraus leitet sich zum einen die Forderung nach einer besseren Schulung der Beratungspersonen, zum anderen die Notwendigkeit einer permanent zugänglichen Anlaufstelle ab.
- Wahlmöglichkeiten für den Jugendlichen
  Eine bewusste Entscheidung für einen bestimmten Berufsweg vermeidet Abbrüche und Frustrationen bei den Jugendlichen. Deshalb ist mehr Transparenz der vielfältigen Wahlmöglichkeiten nötig (z.B. durch qualifizierte Beratungsangebote, durch Vereinfachung von Förderstrukturen). Nur so können die Jugendlichen zu eigenen, bewussten Entscheidungen kommen.
- Individualisierbare Bildungswege
  Individuelle Bildungswege brauchen überschaubare Zeiträume, Möglichkeiten der Wiederholung oder des Nachholens. Sie sollen unnötige Dopplungen verhindern. Hier bieten modularisierte Bildungssysteme die geeigneten Rahmenbedingungen. Um sie flächendeckend anbieten zu können – und nur dann bieten sie eine Alternative zum herkömmlichen Bildungsweg –, müssen sich die Strukturen von Fördereinrichtungen und Bildungsträgern in weiten Teilen grundlegend verändern (zeitlich überschaubare, aufeinander aufbauende Qualifizierungseinheiten; regionale Standards/Transparenz in der Modularisierung, um eine Durchlässigkeit der Maßnahmen zu gewährleisten u.a.). Erste Schritte werden durch das SGB III vorgegeben, um die Zielsetzungen des Job-AQTIV-Gesetzes nach stärkerer individueller Förderung überhaupt umsetzen zu können.
- Nachvollziehbare Perspektiven
  „Motivation“ ist das Schlüsselwort, an dem so viele scheitern. Nachvollziehbare Perspektiven, d.h. ein auch auf Umwegen erreichbarer anerkannter Abschluss, ein Arbeitsplatz, Lernen, das verwertet werden kann, sind erforderlich, um die Sinnhaftigkeit eines Berufsweges deutlich machen zu können.

- Anerkannte Dokumentation/Zertifizierung der erworbenen Kompetenzen
  Anerkannte Zertifikate, auch unterhalb des Berufsabschlusses, stellen eine solche Perspektive dar. Sie sind wesentliches Produkt der Modularisierung, da sie für Dritte nachvollziehbar erworbenes praktisches und theoretisches Wissen in Teilschritten darstellen, z. B. durch eine Modulprüfung. In einem *Qualifizierungspass* können diese Zertifikate festgehalten werden und schließlich beispielsweise als Nachweis für die Zulassung zur Externenprüfung nach § 40 Abs. 2 BBiG (Berufsbildungsgesetz) genutzt werden.

Berufswegeplanung als Chance für junge Menschen

Die Vorteile einer systematischen Berufswegeplanung liegen auf der Hand. Sie sollten im Übrigen nicht nur den so genannten benachteiligten Zielgruppen zugute kommen, sondern grundsätzlich für alle Anwendung finden. Denn auch Gymnasiasten haben Probleme bei der richtigen Berufswahl, das zeigen u. a. die hohen Zahlen an Schul- und Studienabbrechern und arbeitslosen Akademikern. Eine systematische Berufswegeplanung bietet mehr und bessere Hilfestellung bei der Berufswahl, eine stärkere Berücksichtigung der eigenen Interessen und Fähigkeiten sowie die Möglichkeit, den Berufsweg selbst zu gestalten.

Berufswegeplanung als Chance für die Politik

Die Berufswegeplanung ermöglicht vor allem einen sinnvolleren Einsatz der Fördermittel. Inwieweit sie das Massenproblem der Jugendarbeitslosigkeit beheben kann, bleibt fraglich. Sie kann jedoch verhindern, dass die Fähigkeiten und die Hoffnung der Jugendlichen verkümmern.

Wie eingangs erwähnt bleibt die systematische Einführung der Methode „Berufswegeplanung“ nicht ohne Risiken:

- Individualisierung des Problems Arbeitslosigkeit – Berufswegeplanung als Alibifunktion
  In dem Moment, in dem jeder Jugendliche einen „Plan“ in der Hand hat, wie es weitergehen soll, kann schnell vergessen werden, dass es nicht nur auf den Jugendlichen selbst ankommt, sondern auch auf das zur Verfügung stehende Angebot.

- Planung (und Hoffnung) laufen ins Leere
  Ein detaillierter Plan weckt Erwartungen und Hoffnungen. Ein adäquates Angebot bereit zu halten, stellt hohe Anforderungen, die nicht immer und schon gar nicht schnell zu erfüllen sind, da sich das Fördersystem erst noch anpassen muss. Die Folge sind Frustrationen, Planungen verlieren mit der Zeit ihren Wert.
- Der „gläserne Mensch" – Missbrauch der erhobenen Daten
  Was passiert mit den zahlreichen Daten, wer erhält Einsicht, kann der Jugendliche darüber die Kontrolle behalten? Inwieweit werden datenschutzrechtliche Aspekte in der Praxis tatsächlich befolgt? Stellt die Offenlegung der „Potenziale" die Eintrittskarte in die Arbeitswelt dar?
- Was passiert mit denen, die sich nicht „verplanen" lassen?
  Die genannten Risiken zeigen auf, dass sich hier eine neue Form der Stigmatisierung auf der einen Seite und der Vernachlässigung auf der anderen Seite entwickeln könnte.

Resümee

Die Methode der Berufswegeplanung sollte als das angesehen werden, was sie ist, ohne sie überzubewerten und zu überfrachten: ein sinnvolles und überfälliges Instrument bei der Integration Jugendlicher in die Arbeitswelt. Berufswegeplanung kann darüber hinaus nicht losgelöst vom vorhandenen Bildungs- und Fördersystem gesehen werden; sie kann nur so gut sein, wie das System, in dem sie sich bewegt.

Das System selbst sollte nicht nur „technisch" auf die Möglichkeit der Individualisierung und Flexibilisierung hin überprüft werden, sondern bedarf ebenfalls einer kritischen Hinterfragung, inwieweit es

- sich an den Interessen der Jugendlichen orientiert,
- Selbstvertrauen und soziale Anerkennung ermöglicht,
- Neugier weckt, zum Lernen anregt,
- Geborgenheit und Identität vermittelt und schließlich
- finanzielle Unabhängigkeit in Aussicht stellt.

Das größte Problem stellt nach wie vor die nachhaltige Motivierung der jungen Menschen für diese Arbeitswelt dar; eine vernünftige Berufswegeplanung kann hierfür nur der Anfang sein.

Susanne Kretschmer, BBJ SERVIS gGmbH für Jugendhilfe Berlin

2 Lokale und regionale Kooperation

Achim Meyer auf der Heyde

Benachteiligtenförderung als Gegenstand lokaler und regionaler Politik in der Hansestadt Hamburg

Seit Beginn der zweiten großen Beschäftigungskrise in der Geschichte der Bundesrepublik Deutschland Mitte der 1970er-Jahre und dem Herauswachsen der geburtenstarken Jahrgänge aus dem allgemein bildenden Schulwesen hat sich die Bekämpfung der Jugendarbeitslosigkeit zu einem zentralen Bestandteil von Jugend-, Berufsbildungs- und Arbeitsmarktpolitik entwickelt. Auf operativer Ebene wurde in der Jugendhilfe zunächst an Modelle der Reformpädagogik der 1920er-Jahre, aber auch an die Tradition der Jugendaufbauwerke aus den 1950er-Jahren angeknüpft, die Berufsvorbereitung und Berufsausbildung im Rahmen von freiwilliger Erziehungshilfe oder Fürsorgeerziehung als Sozialisationsangebote vor allem für benachteiligte Jugendliche stärker akzentuierten. Auch die Berufsbildungsforschung wandte sich ab Ende der 1970er-Jahre im Rahmen von Modellversuchen der Entwicklung von Ansätzen zur Berufsausbildung und Eingliederung benachteiligter Jugendlicher in das Beschäftigungssystem zu. Die dort gewonnenen Erfahrungen dienten als Wegbereiter eines neuen Verständnisses von Benachteiligtenförderung, das sich in der Konzipierung des ersten „Benachteiligtenprogramms" des damaligen Bundesministeriums für Bildung und Wissenschaft niederschlug.

Auf institutioneller Ebene wurde der Jugendhilfe mit der von Ingrid Mielenz definierten „Einmischungsstrategie" – entwickelt aus den Erfahrungen unterschiedlicher Modelle und Modellversuche – in der ersten Hälfte der 1980er-Jahre eine Leadership-Funktion beim Zusammenwirken der örtlichen bzw. regionalen Bekämpfung der Jugendarbeitslosigkeit zugewiesen. In diesem Kontext setzte der Bundesjugendplan den Schwerpunkt auf die Förderung von solchen Modellen in der „Arbeitsweltbezogenen Jugendsozialarbeit", die auf die mittelbare Förderung benachteiligter Jugendlicher durch die Induzierung institutionell oder Träger übergreifender Verbundsysteme abzielten.

Alle diese Ansätze fanden ihren Niederschlag in Leistungsgesetzen. Die stärkere Ausrichtung der Jugendsozialarbeit und der Erziehungshilfen auf Ausbildungs- und Beschäftigungsangebote wurden ebenso Bestandteil des in das Kinder- und Jugendhilfegesetz (SGB VIII) umgewandelten Jugendwohlfahrtsgesetzes wie die Übertragung einer verantwortlichen Rolle auf die örtlichen Jugendämter. Die Benachteiligtenförderung wurde entsprechend im Arbeitsförderungsgesetz (AFG) bzw. SGB III verankert.

Trotz dieser rechtlichen Normierungen, der vielen Verbundsysteme und der großen Erfolge bei der Eingliederung benachteiligter Jugendlicher kann eine Zwischenbilanz rund 20 Jahre später nur zum Teil positiv ausfallen. Geblieben sind zu viele institutionell unterschiedliche Zuständigkeiten und rechtliche Leistungsansprüche, sodass die Forderung von Paul Saatkamp nach einer „Poolfinanzierung" an Aktualität – wenn auch in veränderter Form – nicht verloren hat.

Bevor daher auf eine beispielhafte Umsetzung der Benachteiligtenförderung als Gegenstand lokaler und regionaler Politik eingegangen wird, sollen zunächst allgemein Friktionen in der Benachteiligtenförderung und mögliche Ansätze zur Verbesserung dargestellt werden.

Friktionen im Zusammenwirken bei der Förderung benachteiligter Jugendlicher

Zur Integration benachteiligter junger Menschen existieren zahlreiche unterschiedliche Förderangebote wie Bundes-, Länder- oder Kommunalprogramme, Leistungsgesetze wie SGB III, SGB VIII, BSHG oder der Europäische Sozialfonds (ESF), öffentlich-rechtliche Stiftungen u. a.m. Ihr Erfolg wird jedoch, wie eine Umfrage und eine Studie der Bund-Länder-Kommission für Bildungsplanung und Forschungsförderung[1] gezeigt haben, durch einzelne Faktoren konterkariert. So existieren Kooperationsstrukturen zwar in vielen Bereichen, jedoch nicht flächendeckend. Auffällig gering ausgeprägt sind Kooperationen zwischen Einrichtungen der Benachteiligtenförderung auf der einen und Schulen bzw. der Wirtschaft auf der anderen Seite. Der dichteste rechtliche Zusammenhang existiert beim Vorliegen verbindlicher Verfahrensvorschriften über die Erstellung von Hilfeplänen (z. B. § 36, SGB VIII), v. a. bei der Normierung des Zusammenwirkens mehrerer Leistungsträger oder einer gemeinsamen sozialpädagogischen Leistungserbringung. Empfehlungen zur Zusammenarbeit auf Bundes- und Landesebene sowie Vorschriften

---

1 Vgl. hierzu BLK (2000).

zur Bildung von Arbeitsgemeinschaften (§§ 78 SGB VIII, 95 BSHG) fördern die Kommunikation untereinander oder die Zusammenarbeit der Beteiligten (§ 9 SGB III), können diese jedoch nicht erzwingen. Als hinderlich im Hinblick auf Kooperation gelten die unterschiedlichen materiell-rechtlichen Regelungsinhalte der jeweiligen Leistungsbestimmungen nach SGB III, SGB VIII und BSGH sowie die spezifischen Vorrang-/Nachrangregelungen der verschiedenen Sozialleistungsträger, die unmittelbare Hilfeangebote zum Teil erheblich verzögern, zum Teil gar ausschließen.

Friktionen auf praxisorientierter Ebene

Auf Bundesebene und in einigen Bundesländern bestehen seit Mitte der 1980er-Jahre unterschiedliche Initiativen und Empfehlungen für Kooperationsstrukturen. Kooperation soll allseits zur Ressourcenbündelung und zur Verbesserung bzw. Entwicklung eines abgestimmten Angebots einzelner Maßnahmen dienen. Inzwischen existiert eine Vielzahl von Kooperationsmodellen, in denen zu mehr als 50 Prozent vorwiegend die Arbeits- und Jugendämter sowie freie Träger der Jugendhilfe, Schule und Wirtschaft die beteiligten Akteure bilden.[2] Darüber hinaus sind rund 50 Prozent der Kooperationsmodelle an finanzielle Mittel gekoppelt. Als Grundlage für die Kooperationen werden zur Hälfte landes- oder bundesweite Kooperationsempfehlungen sowie § 13 Abs. 4 SGB VIII herangezogen, die andere Hälfte basiert auf eher „pragmatischen“ Überlegungen.

Kooperation führt zu Verbesserungen für die Zielgruppen: Möglich werden v.a. abgestimmte Angebote, vielseitige Methoden zur besseren individuellen Förderung sowie mehr Transparenz. Das Gelingen der Kooperation setzt jedoch die Federführung einer von allen akzeptierten Instanz voraus. Die Implementierung von Kooperation erfordert zwar zunächst einen höheren Arbeitsaufwand; mit der Zeit werden die Kooperations- und Kommunikationsstrukturen aber selbstverständlich und somit effizient.

Kooperationsbarrieren auf praxisorientierter Ebene liegen in fehlenden personellen Ressourcen, in zu langen Abstimmungs- und Entscheidungswegen, in potenziell konkurrierenden Verwaltungen bzw. freien Trägern sowie in nicht aufeinander abgestimmten Förderprogrammen. Maßnahmen setzen daher verspätet ein, ein fehlendes individuelles Gesamtkonzept verhindert ein konkretes Eingehen

---

[2] Vgl. hierzu BLK (2001)

auf einzelne Jugendliche bzw. die Anpassung von Konzepten im Verlaufe der Ausbildung.

Friktionen auf der juristischen Ebene

Die einzelnen Gesetze normieren unterschiedliche Anforderungen zur Kooperation. Das Sozialgesetzbuch X (SGB X) verpflichtet nach § 86 die Leistungsträger zur engen Zusammenarbeit und nach §§ 94 bzw. 95 BSHG u.a. zur Bildung von Arbeitsgemeinschaften. Das Sozialgesetzbuch III (SGB III) regelt in § 9 die Zusammenarbeit mit den Beteiligten des örtlichen Arbeitsmarktes, z.B. den kommunalen Jugend- bzw. Sozialämtern, und fordert in § 11 die Erstellung einer Eingliederungsbilanz.

Das Bundessozialhilfegesetz (BSHG) formuliert nach § 18 Abs. 2 das Zusammenwirken mit anderen Leistungsträgern bei der Gewährung der Hilfe zur Arbeit nach §§ 18 ff. sowie das organisatorische Zusammenwirken verschiedener Träger. Die Aufstellung eines Gesamtplans wird hier nach § 19 Abs. 4 ebenso gefordert wie nach § 46 im Rahmen der Eingliederungshilfe für Behinderte. Bei der Überwindung besonderer sozialer Schwierigkeiten wiederum ist nach § 72 ein Hilfeplan erforderlich sowie eine Kooperationsverpflichtung der Sozialhilfeträger definiert, wie dies § 95 auch mit der Bildung von Arbeitsgemeinschaften vorsieht. Das Sozialgesetzbuch VIII (SGB VIII) fordert die Abstimmung der Angebote der Jugendsozialarbeit in § 13 Abs. 4, ebenso nach § 36 die Aufstellung eines Hilfeplans und in § 78 die Bildung von Arbeitsgemeinschaften sowie nach § 81 das Zusammenwirken mit anderen Stellen. In Schulgesetzen sind Regelungen zur Kooperation nur in Einzelfällen vorzufinden und/oder beziehen sich auf Einzelbereiche oder auf eine allgemeine Art der Zusammenarbeit.

Positiv sind auf der juristischen Ebene verbindliche Verfahrensvorschriften zu Gesamtplänen, Hilfeplänen etc. hervorzuheben. Sie ergeben den dichtesten rechtlichen Zusammenhang. Vorschriften zur Bildung von Arbeitsgemeinschaften stellen eher ein förderliches Element dar.

Einen Problembereich auf juristischer Ebene stellt der oft gesetzesimmanente Widerspruch zwischen dem grundsätzlichen Willen des Gesetzgebers zur Zusammenarbeit der Leistungsträger und den sich aus den verschiedenen Leistungsgesetzen ergebenden individuellen Leistungsansprüchen dar. Deren Intentionen sind unterschiedlich, sodass Voraussetzungen zur Inanspruchnahme und Rechtsfolgen ebenfalls unterschiedlich sind. Die sich daraus ergebenden möglichen

Überschneidungen bzw. Lücken bewirken aufgrund des Vorrang- bzw. Nachrangprinzips einzelner Leistungen erhebliche Probleme in der Praxis: Vom Gesetzgeber vorgegebene Rangfolgen ziehen für die Jugendlichen oft Verweisungs- oder Warteschleifen nach sich. Die Überschneidungen bzw. Lücken in den jeweiligen Leistungsansprüchen erfordern daher ein erhöhtes Maß an Kooperation, um Nachteile für die Betroffenen zu vermeiden. Zugleich bewirkt allein schon die Prüfung der Nachrangigkeit einer Leistung oft erhebliche Verzögerungen. § 43 SGB I sieht deshalb eine vorläufige Leistungsmöglichkeit des zuerst angegangenen Sozialleistungsträgers vor, die jedoch nicht ausreichend zugunsten der Betroffenen ausgeschöpft wird. Und letztlich ist das positive Element der „Einrichtung von Informations- und Beratungsstellen“ bisher in den Gesetzen nicht präzise verankert.

Friktionen auf Programmebene

Die Förderung von Kooperationsstrukturen ist aktuell in Programmen des Bundesministeriums für Arbeit und Sozialordnung (BMA), des Bundesministeriums für Bildung und Forschung (BMBF), im Bereich der Bundesanstalt für Arbeit (BA), den Trägern der Sozialhilfe sowie im Bereich der sozialen Stadtentwicklung in Vorbereitung bzw. hat zwischenzeitlich begonnen. Vor allem das Programm zur Kooperation zwischen Arbeitsamt und Sozialamt sieht eine Experimentierklausel im rechtlichen Bereich vor.

Hervorzuheben sind auf Programmebene insbesondere die rechtlichen Verordnungen zu den Europäischen Strukturfonds. Sie stellen neben anderen die Prinzipien Partnerschaft und Effizienz als wichtige Förderkriterien in den Vordergrund. Diese Prinzipien haben wesentlichen Einfluss auf die Gestaltung der durch EU-Mittel komplementär finanzierten Bundes- oder Landesprogramme. Auch die Förderung lokaler Partnerschaften und die Vernetzung insgesamt haben einen hohen Stellenwert in der Europäischen Politik.

Ansatzpunkte zur Verbesserung der Benachteiligtenförderung[3]

Benachteiligtenförderung zielt auf eine effektive Eingliederung der Jugendlichen in das allgemeine Beschäftigungssystem. Dies setzt eine integrative örtliche oder regionale Infrastruktur voraus, die ein bedarfsorientiertes und zielgerechtes, aufeinander abgestimmtes Ausbildungs- und Beschäftigungssystem für benachteiligte Jugendliche ermöglicht. Hierzu ist die systematische Zusammenarbeit der Beteiligten und die Transparenz für die Betroffenen zwingend erforderlich.

Ansatzpunkte auf praxisorientierter Ebene

Erfolgreiche Zusammenarbeit bedarf einer für alle Beteiligten deutlichen und sichtbaren Zielsetzung. Gleichzeitig muss die Beteiligung an der Kooperation eindeutig mit Vorteilen verbunden sein bzw. belohnt werden und ihr muss ein klarer politischer Wille der zuständigen beteiligten Administrationen und deren Gremien zugrunde liegen. Daher sollte eine zentrale, von allen akzeptierte Stelle die Koordinierung wahrnehmen. Diese Funktion können das Arbeitsamt, kommunale Ämter für Beschäftigung oder für Berufs- und Weiterbildung, örtliche Träger der Jugend- oder Sozialhilfe sowie von diesen beauftragte externe programmdurchführende Regiestellen übernehmen. Idealtypische Strukturmodelle bestehen entweder in einer lokalen Initiative, einer Kooperation auf Basis der Jugendhilfeplanung, einer Kooperation auf der Basis einer Arbeitsgemeinschaft nach § 78 SGB VIII oder in einer Koordination durch eine „neutrale Stelle“. Weitere Möglichkeiten bestehen in

- einer modellhaften Beauftragung einer „neutralen“ Organisation,
- einer Konzentration der Finanzmittel per Verwaltungsvereinbarung in einer öffentlichen Verwaltung,
- einer Zusammenlegung von Schlüsselressorts in einem gemeinsamen Amt oder
- einer neuartigen Gestaltung von Förderrichtlinien, die Kooperationsstrukturen einfordern.

Das Zusammenwirken sollte nicht nur ein Controlling der Eingliederungserfolge umfassen, sondern auch eine Potenzialanalyse, eine

[3] Vgl. hierzu BLK (2001)

darauf aufbauende Hilfe- bzw. Eingliederungsplanung (ggf. mit einer Annahmeverpflichtung unterbreiteter Angebote), bedarfsgerechte begleitende Angebote wie die berufsfachliche und sprachliche Unterstützung ausländischer Jugendlicher oder die alternierende Kopplung von „Arbeiten und Lernen“ im Rahmen von Förderketten unterschiedlicher Finanzierungsträger.

Ansatzpunkte auf Programmebene

Die Forderung nach und Förderung von Kooperation zieht sich durch viele neue Programme auf Landes-, Bundes- und Europäischer Ebene. Zur Steigerung der Zusammenarbeit sollten Förderprogramme zukünftig einen die berufliche Eingliederung verbessernden Kooperationsaspekt von Trägern und Institutionen stärker einfordern und ggf. durch Sonderzuschüsse belohnen. Gemeinsame Programme von Bund und Ländern sollten sich in diesem Kontext konzentrieren auf

- die Förderung einer stärkeren Verzahnung zwischen Schule, Berufsschule, Berufsausbildung/Beschäftigung und der Wirtschaft,
- die Entwicklung „passgerechter“ Qualifizierungswege in sinnvollen Förderketten,
- die Förderung der Entwicklung von individuellen Potenzialanalysen, einer sowohl für Jugendliche als auch für Träger eindeutigen Hilfe- und Eingliederungsplanung sowie eines individuellen Case-Managements,
- die Einrichtung entsprechender „Clearing-Stellen“ bei einem örtlichen Träger.

Ansatzpunkte auf juristischer Ebene

Bestehende Rechtsvorschriften sollten dahingehend präzisiert und verändert werden, dass Eingliederungserfolge konterkarierende unnötige Wartezeiten bei der Einwerbung erforderlicher neuer individueller Leistungsansprüche vermieden werden können. Kooperation sollte über die Anpassung rechtlicher Vorschriften zur Bildung von Arbeitsgemeinschaften noch stärker normativ verankert werden. Die Änderung der rechtlichen Vorschriften müsste eher auf eine Vereinfachung zielen und insofern Tendenzen zur Überregulierung a priori ausschließen. Verfahrensrechtliche Vorschriften sollten die Aufstellung individueller Hilfepläne im Sinne von Case-Management verbindlicher verankern und in diesem Kontext sollten rechtliche Vorschriften auch auf die Schaffung von neutralen Informations-, Beratungs- und Anlaufstellen hinwirken, die gleichermaßen eine Definition der individuellen Potenziale und Defizite, die Entwicklung eines Eingliederungsplans und die Zuweisung in geeignete Angebote erlauben.

Zur Vermeidung von Verzögerungen und Warteschleifen sollte der Gesetzgeber auf eine Regelung hinwirken, die zunächst die vorrangige Verpflichtung eines Sozialleistungsträgers ausdrücklich vorsieht (vorläufige Leistungserbringung).

Benachteiligtenförderung als Gegenstand lokaler und regionaler Politik – Beispiel Hamburg[4]

Handlungsoptionen lokaler Politik sollen nun anhand der „Hamburger Initiative für Arbeit und Ausbildung" als Beispiel erfolgreicher Kooperation dargestellt werden: Die Jugendarbeitslosigkeit konnte durch ihr Wirken in den letzten Jahren nachhaltig (um mehr als 30 Prozent) gesenkt werden, ohne dass in erheblichem Umfang zusätzliche öffentliche Mittel bereitgestellt wurden.

Ausbildungsmarkt in Hamburg

Der Ausbildungs- und der Arbeitsmarkt haben sich bundesweit in den letzten Jahren erkennbar erholt. In Hamburg ist die Zahl der Arbeitslosen im Zeitraum 1997–2001 von knapp 96.000 auf rund 70.000 gesunken. Motor für den Beschäftigungszuwachs ist der Tertiäre Sektor. Der Ausbildungsmarkt folgt diesen Entwicklungen, obwohl der Anteil der Auszubildenden im Sekundären Sektor mit knapp 37 Prozent noch deutlich höher liegt als der Anteil der sozialversicherungspflichtig Beschäftigten mit etwa 21 Prozent. Im Tertiären Sektor ist es umgekehrt; der Anteil der Auszubildenden beträgt hier 61 Prozent gegenüber nahezu 78 Prozent der Beschäftigten. Ein großer Teil des Berufsnachwuchses wird nicht im dualen System, sondern in Hochschulen für unternehmensbezogene Dienstleistungen, Unternehmensberatungen, IT-Unternehmen, Werbeagenturen und der Medienwirtschaft ausgebildet. Daher ist es besonders beachtenswert, dass es im Bereich der Handelskammer Hamburg gelungen ist, die Ausbildungsbereitschaft der meist noch jungen und nicht

[4] Die folgenden Ausführungen sind entnommen aus: Meyer auf der Heyde (2001).

ausbildungserfahrenen Unternehmen, namentlich in den neuen IT-Berufen, erheblich zu steigern. Damit kann der Hamburger Ausbildungsmarkt im fünften Jahr in Folge einen Zuwachs an Ausbildungsverträgen verzeichnen.

Allerdings hat sich der Hamburger Markt – wie in anderen Großstadtregionen auch – zu einem so genannten gespaltenen Ausbildungsmarkt entwickelt: Obwohl sich die allgemeine Lage auf dem Ausbildungsmarkt kontinuierlich entspannt, nehmen die Schwierigkeiten für Jugendliche mit geringerem Qualifikationspotenzial, einen (betrieblichen) Ausbildungsplatz zu erhalten, eher zu. Vor allem betroffen sind Jugendliche ausländischer Herkunft sowie AbsolventInnen der allgemein bildenden Schulen ohne oder mit schwachem Schulabschluss.

Angeboten werden entsprechend der Hamburger Wirtschaftsstruktur zunehmend Ausbildungsplätze, die höhere Schulabschlüsse voraussetzen und insofern höhere Qualifikationsanforderungen stellen. Die Anteile der Auszubildenden oberhalb eines Hauptschulabschlusses sind daher bei beiden großen Kammern (Handwerkskammer und Handelskammer) kontinuierlich gestiegen. Der Anteil von Auszubildenden mit höheren Schulabschlüssen aus dem Umland ist von rund 15 Prozent Ende der 1970er-Jahre inzwischen auf knapp 30 Prozent angestiegen. In der Konsequenz sind die Chancen auf einen Zugang zum Hamburger Ausbildungsmarkt für Hamburger Jugendliche mit schlechten Schulabschlüssen bzw. ohne Schulabschluss erheblich gesunken.

Entsprechend diesen Verschiebungen sind die Eintritte in Vollzeitangebote der Berufsschulen seit 1992 erheblich gestiegen. Das bis dahin geltende Prinzip kommunizierender Röhren, Zunahme des Ausbildungsplatzangebotes bei gleichzeitiger Verringerung der Schuleintrittszahlen, wurde seit Anfang der 1990er-Jahre außer Kraft gesetzt. Vor allem Angebote schulischer Berufsvorbereitung und teilqualifizierende Berufsfachschulen dienten als Auffangbecken für nicht unmittelbar in das duale Ausbildungssystem vermittelbare Jugendliche, zum Teil auch der Verbesserung ihrer bisherigen schulischen Abschlüsse mit dem Ziel, dadurch ihre Eintrittschancen in das Ausbildungssystem zu verbessern.

Neue Kooperationsebenen in der Förderung der Eingliederung junger Menschen[5]

Gleichzeitig steigende Eintritte in staatlich geförderte Maßnahmen und eine steigende Zahl betrieblicher Ausbildungsplätze dokumentieren bei stagnierenden Schulabgängerzahlen den bereits beschriebenen gespaltenen Ausbildungsmarkt. Staatliche Förderpolitik zur Eingliederung und beruflichen Bildung junger Menschen muss daher auch das Berufsschulsystem mit in den Blick nehmen und auf andere staatliche Förderangebote beziehen. Vor allem unter diesem Blickwinkel wurden in den letzten Jahren verschiedene Maßnahmen auf unterschiedlichen Ebenen in Hamburg eingeleitet.

Die Förderung der beruflichen Bildung junger Menschen umfasst in Hamburg drei Handlungsebenen, die sich naturgemäß in einem Stadtstaat leichter umsetzen lassen als in einem Flächenland. Diese Ebenen können unterschieden werden in

- institutionell-administrative Kooperation durch Ressourcenbündelung,
- politische und operative Kooperation der verschiedenen Institutionen und Partner,
- Kooperation auf der Systemebene zur strukturellen Optimierung.

Institutionell-administrative Kooperation durch Ressourcenbündelung

Auf der institutionell-administrativen Ebene ist die Kooperation 1997 normativ durch die Zusammenfassung der bisher unterschiedlich verteilten Zuständigkeiten in einem Amt für Berufliche Bildung und Weiterbildung realisiert worden. Dies umfasst sowohl die außerschulische berufliche Bildung, d.h. Ordnungsaufgaben sowie Zuwendungen im Rahmen der Hamburger Ausbildungsprogramme, die Jugendberufshilfe, die Schulaufsicht über 50 Berufliche Schulen (von der Berufsvorbereitung bis zu Fachschulen sowie Wirtschafts- und Technische Gymnasien), die allgemeine, politische und berufliche Weiterbildung bis zur Aufstiegsfortbildung (Meister-Bafög). Damit ergeben sich erhebliche Gestaltungsmöglichkeiten allein schon auf der administrativen Ebene, die eine Vernetzung der unterschiedlichen Förderansätze und eine zielgenauere Eingliederung Jugend-

---

[5] Die folgenden Ausführungen sind im Wesentlichem einem Vortrag im Rahmen der Tagung zur Benachteiligtenförderung des Forums Bildung vom 27./28.9.2000 entnommen.

licher im Rahmen von Förderprogrammen zumindest an der Schnittstelle Berufsvorbereitung und Ausbildung ermöglichen.

Politische und operative Kooperation der verschiedenen Institutionen und Partner

Auf der Ebene der politischen und operativen Kooperation wurden im Rahmen der Hamburger Initiative für Arbeit und Ausbildung seit 1998 und in ihrem Vorläufer, der wirtschaftspolitischen Gesprächsrunde beim Ersten Bürgermeister, verschiedene Verabredungen getroffen, die von den einzelnen Akteuren wie Freie und Hansestadt Hamburg, Arbeitsamt Hamburg, Sozialpartnern und Kammern gemeinsam getragen werden. Ein erstes Beispiel für die Überwindung der Systemgrenzen stellte das 1997 verabredete Modell „Qualifizierung und Arbeit für Schulabgänger" dar. Zum ersten Mal wurde die Dualität der Lernorte der beruflichen Erstausbildung auf die Berufsvorbereitung – auch in der Berufsschule – übertragen. Der Erfolg des Modellprogramms ist gut, rund 50 Prozent der TeilnehmerInnen wechseln in die betriebliche duale Ausbildung oder in weiterführende Bildungsgänge. Vor diesem Hintergrund wurde es auch als bundesweites Programm AQJ seit 1998 umgesetzt. Mit der im Bündnis für Ausbildung 1997 vereinbarten Lernortkooperation wurde die umfassendste Neuorganisation des Berufsschulunterrichts der letzten 40 Jahre in Gang gesetzt. Im Gegenzug verpflichteten sich die Kammern, zusätzlich 1000 neue Ausbildungsplätze bereitzustellen. Für den Bereich der Handelskammer ist dies mehr als erfüllt. Hier ist die Zahl der Ausbildungsplätze seit 1996 um über 1.330 gestiegen.

Diese Kooperation der unterschiedlichen Partner wurde in der Umsetzung des Jugendsofortprogramms der Bundesregierung (JUMP) auf Hamburger Ebene fortgesetzt. Im Gegensatz zu vielen anderen Regionen in der Bundesrepublik wird das Programm in Hamburg nicht additiv genutzt, sondern für die Entwicklung von Innovationen eingesetzt. Ziel ist die Eingliederung der Jugendlichen entweder in Ausbildung oder in Arbeit, vorrangig im ersten Arbeitsmarkt. Zunächst wurde intendiert, das bestehende zersplitterte Fördersystem im Rahmen einer Fördersystematik stärker aufeinander zu beziehen. Hier ließen sich jedoch leider einige Barrieren nicht unmittelbar überwinden, v. a. aufgrund der politischen Dichte des Stadtstaates, die einzelne Trägerinteressen zu sehr berücksichtigen ließ.

Vor diesem Hintergrund wurden zunächst als erster Schritt auf der Basis des Sofortprogramms für Jugendliche, die bisher unversorgt waren und für die eine Integration in das Bildungs- und Beschäftigungssystem ohne zusätzliche Hilfe nicht zu erwarten ist, ab Februar

1999 bezirkliche Trainingscenter (Chance 2000) eingerichtet. Diese fungieren quasi als externalisierte Berufsberatung des Arbeitsamtes und sollen die Vermittlungschancen auf Arbeits- bzw. Ausbildungsplätze für Jugendliche und junge Erwachsene verbessern. Hierzu werden die Potenziale der Jugendlichen analysiert, mit ihnen gemeinsam Perspektiven und ein individueller Förderweg entwickelt. Im Anschluss an die Trainingscenter werden den einzelnen Jugendlichen entsprechende weitere Qualifizierungs- oder Beschäftigungsangebote, je nach individueller Ausgangslage, unterbreitet.

Die Träger der Jugendhilfe sind dabei gebeten, eng mit den Trainingscentern zusammenzuarbeiten, um auch die Jugendlichen zu erreichen, die sich nicht aus eigener Anstrengung an das Arbeitsamt oder bekannte arbeitsmarktliche Träger wenden. Ebenso wurden über eine Kooperationsvereinbarung zwischen Arbeitsamt und Sozialämtern junge SozialhilfeempfängerInnen in die Aktivitäten des Sofortprogramms einbezogen. Mit einem Anteil von 28 Prozent SozialhilfeempfängerInnen an der Gesamtzahl durch das Programm angesprochenen Jugendlichen oder jungen Erwachsenen wird bundesweit der Spitzenplatz gehalten.

Im Rahmen des Jugendsofortprogramms sollte darüber hinaus zusätzliches betriebliches Ausbildungspotenzial aktiviert werden. Hierzu wurden so genannte Vermittlungsagenturen wie z.B. die Bildungsagentur des Handwerks durch EXAM (eine Kooperation von Nordmetall und IG-Metall) oder die Ausbildungsinitiative der Hamburger Wirtschaft etc. gefördert. Diese Agenturen konnten durch ihre Aktivitäten in erheblichem Umfang neue Ausbildungsplätze gewinnen (rund 900 in 1999 und 2000). Dies entspricht auch der Intention der einzelnen an der Hamburger Initiative Beteiligten, den Druck auf das System zu erhöhen, in dem Jugendliche vorrangig betriebliche Ausbildungsplätze erhalten und nicht zunächst in Warteschleifen vermittelt werden sollen.

Kooperation auf der Systemebene zur strukturellen Optimierung

Kooperation auf der Systemebene muss sich darauf konzentrieren, Barrieren im System zu überwinden, um angesichts des gespaltenen Ausbildungsmarktes für benachteiligte Jugendliche bessere Eingliederungsperspektiven zu entwickeln. Ein Ergebnis stellt der Verfahrensbeschluss der Hamburger Initiative für Arbeit und Ausbildung vom Sommer 2000 dar, gezielte Qualifizierungsmöglichkeiten für Jugendliche mit eingeschränktem Qualifizierungspotenzial zu entwickeln. Der Beschluss gliedert sich in drei Ansätze:

- QUAS-PLUS. Dieses stellt eine Weiterentwicklung von QUAS (Qualifizierung und Arbeit für Schulabgänger) dar. Die Sozialpartner Nordmetall und IG Metall haben verabredet, Jugendlichen, die zunächst über einen bestimmten Zeitraum in QUAS in Betrieben eine Berufsvorbereitung absolvieren, im Anschluss daran in eine Ausbildung zu übernehmen. Die schulische Seite bietet dabei an, den QUAS-Klassenverband auch in der Ausbildung aufrechtzuerhalten, sofern genügend Jugendliche eine Klassenstärke ermöglichen. Ermöglicht wird so eine längerfristig angelegte Förderung und Ausdehnung der Ausbildungszeit.
- Für Jugendliche, die die Ausbildung nicht zu Ende führen, sollen im Rahmen der Ausbildung erworbene Teilqualifikationen zertifiziert werden. Im Unterschied zu Nordrhein-Westfalen haben sich in Hamburg die Kammern bereit erklärt, die entsprechenden Prüfungen durchzuführen.
- Schließlich haben die Partner der Hamburger Initiative verabredet – entsprechend den Vereinbarungen im Bündnis für Arbeit, Ausbildung und Wettbewerbsfähigkeit auf Bundesebene –, Ausbildungsgänge in anerkannten Ausbildungsberufen neu zu konzipieren, damit auch Jugendliche mit eingeschränkterem Qualifizierungspotenzial erreicht werden, und diese Ausbildungsgänge in regionalen Modellversuchen auf der Basis der rechtlichen Bestimmungen des Berufsbildungsgesetzes zu erproben.

Der dritte Punkt ist sicherlich der ambitionierteste; angesichts des gespaltenen Ausbildungsmarktes existiert hier allerdings ein erheblicher Handlungsbedarf, zumal sich der Hamburger Trend – zunehmende Barrieren für HauptschulabgängerInnen beim Übergang ins duale System – auch bundesweit zu bestätigen droht. Strukturelle Anpassungen werden allerdings vonnöten sein, wenn allen Jugendlichen eine Chance zur Eingliederung in die Gesellschaft eröffnet werden soll. An dieser Stelle wird sich daher zeigen, ob die Kooperation auch als tragfähige Basis für belastende Lösungen hält.

Fazit

Die verschiedenen Kooperationen in der Hamburger Initiative für Arbeit und Ausbildung sowie die daraus folgenden Maßnahmen haben nicht nur zu einer Erhöhung des Ausbildungsplatzangebotes, sondern auch zu einer nachhaltigen Senkung der Jugendarbeitslosigkeit geführt. Seit Beginn des Jugendsofortprogramms konnte diese um knapp 30 Prozent gesenkt werden.

Deutlich wird damit, dass Bündnisse und Kooperationen durchaus Ergebnisse und positive Erfolge ausweisen können. Diese dürften jedoch umso höher ausfallen, je konkreter die Ebene ist und sich der Handlungsbedarf definieren lässt. Allerdings ist auch erkennbar geworden, dass als kurzfristige Handlungsoption – bevor die strukturellen längerfristig angelegten Veränderungen angegangen werden – ein Mix aus Programmen und Verabredungen erforderlich ist. Einen eindimensionalen Königsweg gibt es nicht, es bedarf vielmehr des Willens der Akteure zu kooperieren, sich auf gemeinsame Ziele zu verständigen sowie eigene ressortbezogene und andere Interessen hintanzustellen. Diese Verständigung muss auch im Hinblick auf den effizienten Einsatz der Mittel existieren.

Erfolgreiche Bekämpfung der Jugendarbeitslosigkeit als Bestandteil regionaler oder lokaler Politik braucht also nicht nur Programme, sondern vor allem die Kooperation der Beteiligten im Rahmen einer lokal oder regional abgestimmten Politik, wie das Beispiel Hamburg gezeigt hat.

Achim Meyer auf der Heyde, Behörde für Schule, Jugend und Berufsausbildung Hamburg

Literatur

BLK Bund-Länder-Kommission für Bildungsplanung und Forschungsförderung (2000): Materialien zur Bildungsplanung und Forschungsförderung, Heft 86: Kooperation zur Förderung benachteiligter Jugendlicher. Bonn.

BLK Bund-Länder-Kommission für Bildungsplanung und Forschungsförderung (2001): Materialien zur Bildungsplanung und Forschungsförderung, Heft 93: Integration benachteiligter Jugendlicher. Bonn.

Meyer auf der Heyde, A. (2001): Bekämpfung der Jugendarbeitslosigkeit, in: Neugart, M./Gabriel, S.: Ökonomie als Grundlage politischer Entscheidungen. Leverkusen.

Doris Reitz-Bogdoll, Wilfried Kruse

Von der Grundqualifikation zur BerufsWege-Begleitung – das Beispiel Offenbach

Die Konzeption der Grundqualifikation

Seit mehr als fünf Jahren wird im Kreis Offenbach versucht, Jugendliche mit beruflichen Startschwierigkeiten über eine einjährige *Grundqualifikation im Betrieb* in verschiedenen beruflichen Tätigkeitsfeldern auf möglichst direktem Weg in den Ersten Arbeitsmarkt zu bringen. Ihre Bewerbungen richten die Jugendlichen an die Geschäftsführungen der *Ausbildungsforen* (siehe unten) der Städte Dietzenbach, Dreieich, Rodgau, Neu-Isenburg und Offenbach. Die Geschäftsführungen vermitteln die Jugendlichen in die Betriebe; sie haben darüber hinaus die Koordination der verschiedenen Qualifikationsbereiche – entsprechend den regionalen Schwerpunkten der Plätze – unter sich aufgeteilt. Die Jugendlichen schließen dann einen Vertrag mit einem Betrieb ab.

Vier Tage pro Woche arbeiten die Jugendlichen im Betrieb, am fünften Tag besuchen sie die Berufsschule. Die Qualifizierungsinhalte während dieses Jahres orientieren sich an der entsprechenden Berufsausbildung; Rahmenkonzepte für die *Grundqualifikation* wurden von der IHK und Betrieben entwickelt. Die beteiligten Betriebe eröffnen eine Option auf einen Ausbildungsplatz im entsprechenden Beruf nach erfolgreichem Abschluss der *Grundqualifikation*, der von der IHK bescheinigt wird. Eine halbjährige Anrechnung auf die nachfolgende Ausbildung ist möglich. Den TeilnehmerInnen an der *Grundqualifikation* und den Betrieben steht eine sozialpädagogische Betreuung zur Seite.

Für die Jahre 1999 und 2000 waren insgesamt 150 Plätze im Kreis und in der Stadt Offenbach geplant, und zwar in den Tätigkeitsbereichen Lager, Gastronomie, Verkauf, Büro, Sicherheit und Servicefahrer. Tatsächlich kamen 105 Beschäftigungsverhältnisse für eine *Grundqualifikation* in 38 Betrieben zustande. Der ursprünglich geplante Bereich Servicefahrer (vorgesehen: zwölf Plätze) entfiel, weil bis zu diesem Zeitpunkt noch kein korrespondierender Ausbildungsberuf existierte.

Das Modell *Grundqualifikation* wurden bis Anfang 2000 von der Agentur StadtLandplus begleitet; StadtLandplus übernahm u. a. die Aufgabe, Betriebe für die Mitarbeit zu gewinnen und koordinierte zeitweilig im Auftrage des Kreises Offenbach das Projekt. Die Federführung des Gesamtprojekts lag beim Jugendamt des Kreises Offenbach.

Im Durchschnitt nahmen jährlich ca. 80 Prozent der TeilnehmerInnen nach der *Grundqualifikation* eine entsprechende reguläre Berufsausbildung auf. Der mit einer Beteiligung von fast 40 Betrieben verschiedener Branchen und jährlich ca. 80 AbsolventInnen äußerst erfolgreiche Ansatz wurde vor allem ermöglicht durch die enge Kooperation von Jugendberufshilfe und Betrieben, die über regionale *Ausbildungsforen* vermittelt und gestützt wurde. Ausbildungsforen sind regelmäßige Zusammenkünfte von Vertretern aus Betrieben, Arbeitsverwaltung, Organisationen, Verwaltung und Politik, die in der Regel vom Bürgermeister der betreffenden Kommune moderiert werden. Die Geschäftsführung obliegt MitarbeiterInnen der Jugendberufshilfe, die im Rahmen der *Grundqualifikation* auch die Vermittlung von Jugendlichen in Betriebe übernehmen.

Als Ergebnis einer breit diskutierten Bilanz[1] der fünfjährigen Erfahrungen mit dem Modell Grundqualifikation wurde im Frühjahr 2001 die Notwendigkeit erkannt, das erfolgreiche Modell stärker als bisher auf die Jugendlichengruppe mit besonderen Berufsstartschwierigkeiten auszurichten. Konkret geht es dabei um die Etablierung eines flächendeckenden Beratungs- und Unterstützungssystems für Jugendliche mit besonderen Berufsstartschwierigkeiten, das auf den guten Erfahrungen in den regionalen Ausbildungsforen aufbaut. Es soll so ausgerichtet werden, dass Jugendliche und junge Erwachsene beim Einstieg und bei der Entwicklung ihres beruflichen Weges bis zum 27. Lebensjahr aktiv beratend begleitet werden. Diese Beratung soll auf der Basis des gesamten Spektrums der Berufswegeoptionen im Landkreis auf den Einzelfall bezogen erfolgen; dadurch würde sich eine modifizierte Grundqualifikation als eine unter mehreren Optionen neu positionieren.

---

1 Angeregt wurde diese Bilanz durch ein Gutachten, das von der Freudenberg-Stiftung Weinheim gefördert wurde. (Kruse 2001). Auch die weitere Konzeptionsentwicklung wurde durch die Freudenberg-Stiftung unterstützt.

Grundqualifikationen im Betrieb: Stärken und Grenzen

Jugendliche kommen „auf die Beine"

Die besondere Qualität des Modells *Grundqualifikation* resultiert aus der erfolgreichen Zusammenarbeit von Jugendberufshilfe und Betrieben mithilfe von regionalen Ausbildungsforen (siehe oben). Die Tradition der Jugendberufshilfe bringt einen lebensweltnahen Ansatz und eine Konzeption der individualisierten Förderung in das Modell mit ein; die engagierte Beteiligung der Betriebe bedeutet die Öffnung des Erfahrungsfelds praktischer betrieblicher Arbeit für Jugendliche, die an den Anforderungen des schulischen Lernens gescheitert sind. Die Ernsthaftigkeit des betrieblichen Interesses zeigte sich u.a. darin, dass die Betriebe keinerlei Subventionen für ihre Beteiligung am Modell *Grundqualifikation* (das die Zahlung von Arbeitslohn einschließt) erhalten; allerdings werden die Betriebe unterstützt durch die Geschäftsführungen der Ausbildungsforen (Auswahl der Jugendlichen) und durch die sozialpädagogische Begleitung.

Die Erfahrung lehrt, dass die Attraktivität der angebotenen Tätigkeit das Interesse und das Engagement der jungen Erwachsenen maßgeblich beeinflusst. Die Profile, die im Kreis Offenbach entwickelt wurden (vom Lageristen bis zum Servicefahrer), sind in dieser Hinsicht als durchaus gelungen zu betrachten, weil sie eine Arbeit versprechen, die nicht langweilig, aber bewältigbar ist und auch dem Wunsch vieler Jugendlicher nach praktischem Tun im Kontakt mit anderen entgegenkommen.

Die Erfahrungen mit dem Modell *Grundqualifikation* zeigen ferner, dass Arbeit im Betrieb für viele Jugendliche eine Ernstsituation darstellt, die dazu führen kann, dass bis dahin nicht gekannte Energien und Interessen freigesetzt werden und dass – bei ausreichender Anerkennung für die Jugendlichen – betrieblichen Anforderungen ohne ernsthafte Schwierigkeiten entsprochen werden kann. Mit dem dadurch verbesserten Selbstwertempfinden wird eine neue Basis für die persönliche Weiterentwicklung gelegt, die sich auch auf das weitere berufliche Lernen erstreckt.

Eine solche Chance brauchen gerade Jugendliche, die sich besonders schwer tun mit dem Berufsstart und die den sich erholenden Ausbildungsmarkt nicht wirkungsvoll für sich nutzen können (Klemm 2000). Das Modell *Grundqualifikation* bietet insbesondere durch die entwickelten Kooperationsstrukturen gute Voraussetzungen, die Jugendlichengruppe mit besonders ungünstigen Startbedingungen bei ihrem Weg in das Arbeitsleben zu unterstützen.

Das Gesamtarrangement des bisherigen Modells führte aber faktisch dazu, dass Jugendliche mit besonders ungünstigen Startbedingungen weitgehend ausgeschlossen blieben. Denn in der *Grundqualifikation* waren insofern die „besten" unter den Jugendlichen mit Schwierigkeiten anzutreffen, als für die Aufnahme in das Modell eine positive Prognose im Hinblick auf einen erfolgreichen Übergang in eine Berufsausbildung nach Abschluss des Grundqualifikationsjahres mit ausschlaggebend war. Diese Grundorientierung des Modells beeinflusste sowohl die Akquisition der Betriebe als auch die inhaltliche Gestaltung des Berufsschulunterichts und vor allem die Auswahl der Jugendlichen: Die Geschäftsführer der Ausbildungsforen standen unter dem enormen psychologischen Druck, bevorzugt solche Jugendlichen auszuwählen und den Betrieben vorzuschlagen, die aufgrund ihrer Motivationen und ihres Sozialverhaltens am ehesten die Gewähr für eine möglichst konfliktfreie und erfolgreiche Durchführung des Grundqualifikationsjahres bieten konnten. Im Ergebnis erhielten auf diese Weise nur Jugendliche aus dem aussichtsreichsten Teilspektrum der Gesamtgruppe der Jugendlichen mit Einmündungsschwierigkeiten eine Chance – ein Effekt, der auch unter dem Terminus *Creaming* bekannt ist.

Eine solche relative „Bestenauswahl" rechtfertigt sich – vor dem Hintergrund prinzipiell immer knapper Ressourcen – so lange, wie selbst diese Jugendlichen aufgrund einer sehr ungünstigen Ausbildungsmarktsituation erhebliche Startschwierigkeiten haben, und so lange ein solches neues Modell noch um seine Anerkennung sowohl bei den Betrieben als auch bei den anderen wichtigen Institutionen des Arbeitsmarktes kämpfen muss. Diese Phase geht nun zu Ende. Die Aufmerksamkeit hat sich also nun (endlich) konsequent auf die Förderung von Jugendlichengruppen zu richten, die sich in einer so stark benachteiligten Situation befinden, dass ihnen auch eine Entspannung auf dem (Ausbildungs-)Stellenmarkt wenig nützen würde.

Formal betrachtet handelt es sich um jene Jugendlichen, die die Hauptschule nicht erfolgreich abschließen oder die trotz Hauptschul- oder Realschulabschluss keinen Weg in eine geregelte Ausbildung finden. Es sind in der Regel Jugendliche mit problematischen Schulkarrieren, die durch vielfältige Misserfolge und dauernde Scheiternserfahrungen schließlich jedem schulischen Lernen ablehnend gegenüber stehen und keine Lernmotivationen mobilisieren können, so lange sie sich in solchen geschlossenen Lernsystemen aufhalten. In dieser Gruppe sind Jugendliche nichtdeutscher Herkunft überrepräsentiert. Nicht wenige haben einen schwierigen familiären Hintergrund; manche werden in der einen oder anderen Weise sozial auffällig. Wenn diese Jugendlichen auf traditionelle Weise weiter beschult werden, wird sich – so jedenfalls alle bisherigen Erfahrungen – ihre Misere nur fortsetzen. Misserfolgserfahrungen, Misstrauen und Resignation führen bei diesen Jugendlichen dann häufig auch zu einem passiven Verhalten dem Ausbildungsmarkt gegenüber, das ihnen oftmals als Desinteresse vorgeworfen wird. Als Folge dieses passiven Verhaltens erscheinen sie nicht bei der Berufsberatung oder anderen Einrichtungen, sind oft nur schwer auffind- und antreffbar und tauchen daher in keiner Statistik auf (Dunkelziffer).

Modifikation des Modells *Grundqualifikation*

Das Modell *Grundqualifikation* bietet alle Voraussetzungen, auch Jugendlichen mit besonders großen Startschwierigkeiten eine Chance zu bieten, wenn entsprechende Modifikationen vorgenommen werden:

(1) Es gab und gibt ein erhebliches Engagement von Betrieben im Modell *Grundqualifikation*. Neben sozialen Motiven signalisiert diese Beteiligung u. E. auch einen Bedarf an Arbeitskräftenachwuchs in einem Segment von Tätigkeiten, für die zunehmend eine Grundqualifikation als sinnvoll und erforderlich erachtet wird, nicht aber eine vollständige Berufsausbildung. Die Erfahrungen mit dem Modell weisen also auf ein Segment von Arbeitstätigkeiten hin, für die eine *Grundqualifikation* die adäquate Ausbildung darstellt. Sollte dies in einem ausreichenden Umfang zutreffen, wird es auch eine betriebliche Nachfrage nach AbsolventInnen von Grundqualifikationen geben, zumal dann, wenn die Betriebe selbst an der Grundqualifikation beteiligt waren. Bei sich erholendem Ausbildungs- und Arbeitsmarkt wird es vermutlich für die Betriebe schwieriger, für dieses Segment geeignete Arbeitskräfte zu finden. Die überwiegend positiven Erfahrungen mit den bisherigen TeilnehmerInnen der *Grundqualifikation* sprechen dafür, dass auch eine etwas „problematischere" Jugendlichengruppe den betrieblichen Anforderungen an Arbeitsleistung, Lern- und Sozialverhalten genügen kann.

(2) Die Erfahrungen zeigen, dass die sozialpädagogische Begleitung die Integration der Jugendlichen durch Unterstützung, Beratung und gegebenenfalls Konfliktmanagement erleichtert hat. Bei einer Modifikation des bisherigen Grundmodells ist eine solche Begleitung noch weniger verzichtbar, sollte vielmehr ausgebaut werden.

(3) Die Beteiligung der Berufsschule muss auch bei einer Modifikation bestehen bleiben, um systematisches berufliches Lernen zu gewährleisten. Die betriebliche Ernst- und Praxissituation führte bei vielen Jugendlichen zu einem starken Motivationsschub und zu einer insgesamt positiven Persönlichkeitsentwicklung. Es muss geklärt werden, in welcher Weise der bislang sehr stark ausbildungsvorbereitend orientierte Berufsschulunterricht ebenfalls eine Modifikation erfahren sollte.

(4) Das umfangreiche Engagement der Geschäftsführer der Ausbildungsforen (bei der Akquisition von Betrieben und der Auswahl der Jugendlichen) war die zentrale Voraussetzung für den bisherigen Erfolg des Modells *Grundqualifikation*. Dieses Engagement muss fortgeführt werden, wobei die Geschäftsführer von der aufwändigen Suche nach Betrieben und der präzisen Vorauswahl der Jugendlichen entlastet werden sollten. Zum einen wird bei einer Modifikation des Modells ein solches „Feintuning“ der Vorauswahl durch die Geschäftsführungen nicht mehr nötig sein. Zum anderen könnte durch eine verstärkte Netzwerkbildung (auch unter Beteiligung der Berufsberatung) ein größeres Eigenengagement der Betriebe, eine stärkere Routinisierung der Bewerbung und Vermittlung in die *Grundqualifikation* und somit eine Entlastung der Geschäftsführungen erfolgen. Dies ist dringend geboten, damit sie sich stärker koordinierenden Aufgaben in regionalisierten Berufsqualifikationsnetzwerken zuwenden können (siehe unten).

Wie bereits erwähnt ergibt sich die besondere Qualität des Offenbacher Modells *Grundqualifikation* aus der Zusammenarbeit von Jugendberufshilfe und Betrieben, vermittelt über die Ausbildungsforen und ihre Geschäftsführer. Gerade bei einer Modifikation des Modells in Richtung auf Jugendliche mit besonders starken Startschwierigkeiten ist die Jugendberufshilfe unverzichtbar. Ihr lebensweltbezogener Ansatz ermöglicht es ihr, dort mit diesen Jugendlichen Kontakt aufzunehmen, wo sie anzutreffen sind und eine ausreichende Vertrauensbasis aufzubauen, um sie an das Modell *Grundqualifikation* heranführen zu können. Auch während der *Grundqualifikation* und danach erlaubt der lebensweltbezogene Ansatz der Jugendberufshilfe (zusammen mit der spezialisierten sozialpädagogischen Begleitung), Kontakt mit den jungen Erwachsenen zu halten und auf Gefährdungen der weiteren beruflichen Entwicklung reagieren zu können.

Der Kreis Offenbach und die Gemeinden im Kreis bleiben sowohl als Promotoren und als Garanten der politischen, personellen und infrastrukturellen Rahmenbedingungen als auch bei der Knüpfung eines regionalisierten Berufsqualifikationsnetzwerks unverzichtbar; ein solches Netzwerk ist für Jugendliche, für die Schule vor allem mit Scheiternserfahrungen verbunden war, besonders wichtig.

Arbeiten gehen: mehr Risiko als Chance?

Die Einsicht, dass für diese in der Schule gescheiterten Jugendlichen der rasche Eintritt in die Ernstsituation betrieblicher Arbeit eine der wenigen Chancen darstellt, „auf die Beine zu kommen", ist weit verbreitet. Ihrer Umsetzung stehen sicherlich auch praktische Schwierigkeiten entgegen, vor allem aber umso mehr Bedenken und Einwände, je stärker der Verdacht besteht, dass es sich bei dieser Arbeit „nur" um Beschäftigung handeln könnte. Und dies, obwohl oftmals hinter vorgehaltener Hand zugegeben wird, dass jeder Job besser sei als arbeitslos „rumzuhängen". Tatsächlich wird ein breites Spektrum von mehr oder weniger irregulärer und illegaler Arbeit einerseits zwar hingenommen. Andererseits werden Bedenken aber vor allem dann geäußert, wenn durch entsprechende Vereinbarungen solche prekären Beschäftigungsverhältnisse in einen qualifizierenden und fördernden Kontext eingebunden sind.

Arbeiten gehen als Tabu

Als Einstieg in das Arbeitsleben nach der Schulzeit ist „Arbeiten gehen" heute ein mächtiges Tabu mit den dafür typischen Konsequenzen einer Doppelmoral. Was offiziell nicht als akzeptable Möglichkeit anerkannt wird, macht sich praktisch in vielfältigen problematischen Verhältnissen breit. Die Entstehung dieses Tabus hat auch viel mit der historischen Überwindung des Lebensschicksals von Kindern aus Unterschichtfamilien zu tun, die lange Zeit auf ungelernte Arbeit festgelegt worden waren. Zugleich begegnet man in den Diskussionen aber auch vielfach einer mit Fürsorglichkeit und qualifikationspolitischen Argumenten („Höherqualifizierung") getarnten Verachtung einfacher, meist körperlich schwerer Arbeit.

Die Qualitätsfrage

Einwände gegen das „Arbeitengehen" werden häufig zunächst aus qualifikationspolitischer Sicht vorgetragen. Hier finden sich im Wesentlichen zwei Argumente. Zum einen wird auf die durch fehlende

Qualifikation verursachten Arbeitsmarktrisiken hingewiesen, zum anderen wird unterstellt, dass die beschäftigenden Betriebe vornehmlich an den Jugendlichen als billigen, rasch auswechselbaren Arbeitskräften interessiert seien, wodurch deren weitere berufliche Entwicklung prinzipiell verhindert werde. Diese Einwände sind gewissermaßen zwei Seiten derselben Medaille; sie arbeiten nämlich beide mit Annahmen über den Charakter und die Qualität der Tätigkeiten, die Jugendlichen ohne Berufsausbildung offen stehen.

Nun gibt es sicherlich viele „McJobs", die unter dem Gesichtspunkt beruflicher Entwicklung wenig hergeben. Es ist also zu prüfen, ob es in Betrieben in der Region Tätigkeiten gibt, die durch die Art der Anforderungen hinsichtlich der Qualität ihrer Ausführung Entwicklungspotenzial bereithalten. Für die Betriebe, die sich bislang im Kreis Offenbach an den *Grundqualifikationen* beteiligt haben, kann man feststellen: Es handelt sich um Tätigkeiten, für deren erfolgreiche Ausführung zwar deutlich weniger erforderlich ist als eine dreijährige Ausbildung, aber auch deutlich mehr als gar keine Ausbildung. Diese Tätigkeiten erfordern ein bestimmtes Maß an beruflichen Kenntnissen und Fertigkeiten, Zuverlässigkeit, Verantwortung und Kooperationsfähigkeit und damit eine Stabilität der Arbeitshaltung, die in der Regel Ergebnis beruflich-betrieblicher Sozialisation ist. Die beteiligten Betriebe unternehmen deshalb – ganz im Gegenteil zur Unterstellung des Heuerns und Feuerns – erhebliche Anstrengungen, die Jugendlichen sorgfältig in das Spektrum der Tätigkeiten einzuführen und zu trainieren und sie sozial in den Betrieb zu integrieren. Die Betriebe bemühen sich also durchaus engagiert um die Gewinnung von Nachwuchs speziell für dieses Spektrum von Tätigkeiten. Jugendliche werden dabei bevorzugt, weil erwartet wird, dass sie trotz aller möglichen Probleme, die sie mitbringen, in der betrieblichen Ernstsituation bildungsfähig sind. Sind alle diese Voraussetzungen erfüllt, gibt es für die Jugendlichen auch berufliche Entwicklungschancen; zunächst einmal vor allem in dem schlichten Sinn, dass sie „auf die Beine kommen" und sich für Fragen ihrer beruflichen Entwicklung überhaupt öffnen.

Wenn man die Erfahrungen, die mit Bildungsmaßnahmen in der Benachteiligtenarbeit gemacht wurden (Braun 2001a), wirklich ernst nimmt und nicht nur anekdotisch benutzt, könnte man ketzerisch wahrscheinlich sogar sagen, dass selbst ein „McJob" für diese Jugendlichen potenziell stabilisierender und damit zukunftsträchtiger ist als viele solcher Maßnahmen. Aber abgesehen davon: Die Tätigkeiten, um die es im Kreis Offenbach ging und geht, unterscheiden sich nicht nur hinsichtlich ihrer Dauerhaftigkeit und der an die Jugendlichen gestellten Anforderungen von „McJobs", sondern darüber hinaus hinsichtlich des sozialen Gesamtarrangements, in das sie eingebettet sind. Ein gemeinsam erarbeitetes Grundverständnis aller Beteiligten, die soziale und regionale Einbindung der Betriebe durch die Ausbildungsforen, eine dichte Betreuung durch deren Geschäftsführer, eine sozialpädagogische Begleitung und die Zusammenarbeit mit den Berufsschulen bewirken ein dichtes Kooperationsnetz, das Missbrauch unwahrscheinlich werden lässt und die Möglichkeit bietet, verschiedene Chancen für die Jugendlichen auszuloten. Außerdem darf nicht unberücksichtigt bleiben, dass durch die regelmäßige Beratung mit Kammern, Gewerkschaften und Arbeitsverwaltungen und durch die öffentliche Aufmerksamkeit, die das Modell findet, eine Transparenz gewährleistet ist, was bei den meisten Jobs, die Jugendliche aufnehmen, nicht der Fall ist.

Geregelte Ausbildung als soziale Errungenschaft

Die Argumente, die für eine geregelte Ausbildung für alle Jugendlichen im Anschluss an die allgemein bildende Schule ins Feld geführt werden, sind freilich nicht von der Hand zu weisen. Sie zielen auf eine qualifikatorische Mindestausstattung für alle vor dem Eintritt in den normalen Arbeitsmarkt ab. Eine angemessen lange und fachlich strukturierte Berufsbildung im Anschluss an die allgemein bildende Schule dient dem Aufbau von beruflichen Kompetenzen, die die künftigen Chancen verbessern und jene Risiken verringern, die durch den permanenten Strukturwandel der Arbeitswelt entstehen. In diesem Sinne werden insbesondere von den Gewerkschaften die entsprechenden Paragraphen des Berufsbildungsgesetzes[2] als Norm interpretiert und verteidigt. Folgerichtig wird jeder Versuch, Kurzausbildungen oder „Stufungen“ (im Sinne von in sich abgeschlossenen Ausbildungen) einzuführen, energisch zurückgewiesen. Diese Verteidigungshaltung ist verständlich und berechtigt, weil mangelnde Qualifikation oder fehlende Berufsausbildung tatsächlich ein erhebliches Arbeitsmarktrisiko mit sich bringen, und weil die zumindest formelle Durchsetzung des Rechts auf eine geregelte, meist drei- bis dreieinhalbjährige Ausbildung eine große soziale Errungenschaft bedeutet, die erheblich zur Verbesserung der sozialen Lage und der Perspektiven von Kindern aus der Arbeitnehmerschaft beigetragen hat und mithin einen wichtigen Beitrag zur sozialen Gerechtigkeit darstellt.

---

[2] Vgl. zur grundsätzlichen Bedeutung und zu Flexibilisierungschancen Paul-Kohlhoff/Zybell 2002a.

Ein partieller Verzicht darauf käme der Preisgabe dieses erreichten Standards gleich. Alle vorgetragenen ordnungspolitischen Argumente haben offenbar diesen sozialen Kern.

Daneben aber besteht die Tatsache, dass ein erheblicher Teil der SchulabgängerInnen aus diesem System der regulierten Berufsausbildung ausgeschlossen wird. Eine wichtige Ursache dafür war und ist der Mangel an Ausbildungsplätzen. Mittlerweile ist aber allen klar, dass dies nicht der einzige Grund ist. Häufig ist die Differenz zwischen den Anforderungen, die an eine Ausbildung gestellt werden, und den Kenntnissen und Fähigkeiten, die die BewerberInnen mitbringen, zu groß. Hier setzen viele Förderprogramme und -maßnahmen an, die ausbildungsvorbereitend oder stützend wirken, indem der regulären Ausbildungszeit beispielsweise eine Vorbereitungsphase vorangestellt wird, die im günstigsten Fall dual ist und damit die Ausbildungszeit faktisch verlängert. Die *Grundqualifikation* in der bisherigen Form gehört im Prinzip zu dieser Gruppe von Maßnahmen. Die oben beschriebenen selektiven Effekte, die selbst bei einem so stark auf Förderung orientierten Ansatz wie den *Grundqualifikationen* auftreten, demonstrieren aber, dass die eingetretene soziale Benachteiligung z. T. zu einer starken Blockade produktiver Energien bei Jugendlichen geführt hat. Alles, was mit formaler Lernleistung verbunden ist oder von formalen Institutionen (vor allem staatlichen) ausgeht, löst Frustration, Widerwillen und Vermeidungsstrategien aus. „Arbeiten gehen" hat dann offensichtlich eine höhere Attraktivität, und zwar keineswegs nur des Geldes wegen, das man dabei verdienen kann.

Eine ernsthafte und anerkannte Variante: *BeschäftigungPlus*

Aus diesen Überlegungen folgt, dass es an der Zeit ist, das „Arbeitengehen" zumindest dann als eine seriöse und zukunftsfähige Alternative zu rehabilitieren, wenn es sich nicht um eine Bildungssackgasse mit zu erwartenden erheblichen Arbeitsmarktrisiken handelt. In diesem Sinne wird *BeschäftigungPlus* als eine modifizierte Form der bisherigen *Grundqualifikation* konzipiert, die sich Jugendlichen mit besonders großen Berufsstartschwierigkeiten und starker Aversion gegen jede Form von Lernen öffnet. Ob das Konzept in ausreichendem Umfang realisiert werden kann, hängt vom Interesse der Betriebe ab, sich auf diesem Weg Personalnachwuchs zu sichern. Obwohl auch hierbei der Besuch der Berufsschule und eine intensive sozialpädagogische Betreuung vorgesehen ist (daher *BeschäftigungPlus*), handelt es sich ganz ausdrücklich nicht um eine Berufsausbildung oder einen Berufsausbildungsersatz und deshalb auch nicht um eine verdeckte Form der Etablierung von Kurzausbildungsgängen. Es ist betriebliche Arbeit, die allerdings in besonderer Weise sozialpädagogisch und qualifizierend (= plus) begleitet wird; es handelt sich also um ein Beschäftigungsverhältnis mit Nebenabreden. Auch wenn es also nicht mehr primär um Ausbildungsvorbereitung geht (weil dies eine zu hohe Eintrittsbarriere wäre, siehe oben), so ist doch davon auszugehen, dass das gesamte Arrangement bildungsstimulierend wirkt, und zwar vor allem durch die Stärkung des unmittelbaren Interesses an beruflicher Leistung und Leistungsfähigkeit, das als Basis für soziale Anerkennung gesehen wird. Schon auf diese Weise wird zu vermeiden versucht, dass der Eintritt in *BeschäftigungPlus* einer Berufsbildungssackgasse mit möglicherweise erhöhten Arbeitsmarktrisiken gleichkommt.

Künftig soll im Kreis Offenbach jeder Jugendliche mit besonderen Berufsstartschwierigkeiten auf der Basis des gesamten Spektrums der Berufswegeoptionen beraten werden; *BeschäftigungPlus* ordnet sich hier als eine Option ein. Beraten wird also künftig nicht auf eine einzige Möglichkeit hin; vielmehr werden gemeinsam mit den Jugendlichen die infrage kommenden Optionen geprüft, zu denen an erster Stelle immer eine geregelte Berufsausbildung gehören wird. Im Unterschied zu früher wird also aufgrund der Möglichkeiten, die die enge Zusammenarbeit von Jugendberufshilfe und Arbeitsamt bei der Beratung bieten wird, auch bei den Jugendlichen mit besonderen Startschwierigkeiten die Option auf eine geregelte Berufsausbildung in realistischer Weise mit ins Spiel[3] gebracht werden.

Das Ende der Teilnahme im Projekt *BeschäftigungPlus* wird dadurch markiert, dass die Sonderabreden hinsichtlich des Berufsschulbesuchs und der sozialpädagogischen Betreuung auslaufen. Das soll aber nicht gleichbedeutend mit dem Ende der Förderung beruflicher Weiterentwicklung sein. Eine *BerufsWegeBegleitung* bis zum 27. Lebensjahr hält für die jungen Erwachsenen berufliche Weiterentwicklungsoptionen offen, einschließlich einer geregelten Berufsausbildung in einer Form, die sich mit den Lebensbedingungen der betreffenden jungen Erwachsenen vereinbaren lassen.

---

[3] Dass auch hier vieles möglich ist, zeigen Modellversuche, in denen benachteiligte Jugendliche erfolgreich ihren Weg in I- und K-Berufe schafften (vgl. hierzu Braun 2001b).

Entwicklungszeit absichern – Das Konzept der *BerufsWegeBegleitung*

Die generelle Benachteiligung der Zielgruppe (Jugendliche mit Startschwierigkeiten) hat häufig zur Folge, dass es im Verlauf ihrer beruflichen Karriere immer wieder zu Krisen verschiedenster Art kommt (Lex 1997): Konflikte bei der Arbeit, in Partnerschaften, Zweifel am Sinn des eingeschlagenen Wegs, Mutlosigkeit etc. Hinzu kommt, dass sich im jungen Erwachsenenalter grundsätzlich Spannungen im Lebenszusammenhang verstärken, die sich gefährdend oder einschränkend auf Arbeit und (Weiter-)Bildung auswirken.

Man kann also davon ausgehen, dass viel Zeit vergehen kann, bis es zu einer nachhaltigen Stabilisierung im Berufsweg kommt. Die *BerufsWegeBegleitung* wird in diesem Sinne auch als ein soziales Arrangement verstanden, um für die jungen Erwachsenen die erforderliche Entwicklungszeit abzusichern (jedenfalls bis zum 27. Lebensjahr). Beratung bezieht sich aus den genannten Gründen nicht nur auf die Erörterung (weiterer) beruflicher Entwicklungsoptionen und ihre flexible Anpassung an die jeweiligen Lebensumstände, sondern auch auf Krisenprävention und Unterstützung bei der Bewältigung von Krisen. Hierzu ist die *BerufsWegeBegleitung* natürlich auf fachkundige Hilfe der einschlägigen Dienste und Organisationen angewiesen. Das aufzubauende Kooperationsnetzwerk der *BerufsWegeBegleitung* wird sich also auch in diese Richtung ausdehnen müssen.

Ein erhöhtes Krisenrisiko beim weiteren Aufbau des eigenen Berufswegs ist aber sicherlich nicht nur bei jenen zu befürchten, die ihren Einstieg in die Arbeitswelt über *BeschäftigungPlus* nehmen, sondern bei allen, die besondere Startschwierigkeiten hatten. Daher kann die *BerufsWegeBegleitung* bis zum 27. Lebensjahr sich nicht exklusiv auf die TeilnehmerInnen von *BeschäftigungPlus* beschränken, sondern muss für alle offen sein, die sich im System der *BerufsWegeBegleitung* befinden.

Es darf allerdings nicht aus dem Blick geraten, dass sich die ohnehin bei der Benachteiligtenförderung vorhandene „Stigmatisierungsfalle" hier noch verschärft. Gemeint ist damit, dass in der Selbst- und Fremdwahrnehmung oftmals als negativ aufgefasst wird, wenn man nicht allein zurechtkommt, sondern Hilfe in Anspruch nimmt. Da gerade das frühe Erwachsenenalter stark mit dem Anspruch auf Selbstständigkeit verbunden ist, setzt sich eine bis zum 27. Lebensjahr verlängerte Begleitung in besonderer Weise diesem Problem aus. Es wird also darauf ankommen, eine Begleitungspraxis zu entwickeln und zu erproben, die eine gute Balance zwischen der Eigenverantwortlichkeit für Berufsweg und Lebenskonzept und einem präsenten, aber unaufdringlichen Beratungsangebot findet und Ausstiege ermöglicht, in dem Abhängigkeiten von der Begleitung vermieden werden.

Konturen einer *BerufsWegeBegleitung:* Berufliche Entwicklung ermöglichen

Aktivierende Begleitung

Die *BerufsWegeBegleitung* ist ein aktivierendes qualifiziertes Beratungsangebot. In regelmäßigen Abständen – etwa alle vier Monate – wird ein persönlicher Kontakt mit den jungen Erwachsenen, die im System sind, aufgenommen. Bei diesem Kontakt wird die berufliche Entwicklung besprochen, und es wird abgeklärt, ob eine detaillierte Beratung erforderlich und erwünscht ist. Detaillierte Beratungsangebote erstrecken sich auf alle für die weitere berufliche Entwicklung wichtigen Fragen: Aufnahme einer Aus- oder Weiterbildung, Zertifizierungsfragen, finanzielle Unterstützung bei Aus- und Weiterbildung etc. Ergänzende Beratungen, die andere Bereiche der Lebenssituation betreffen, werden bei Bedarf vermittelt. Damit wird ein kontinuierlicher und enger persönlicher Kontakt gewährleistet, der von den jungen Erwachsenen auch selbst aktiv in Anspruch genommen werden kann: Eine Hotline unterstützt schnelle Kommunikation.

Flächendeckende Beratungs- und Förderstruktur

Für die *BerufsWegeBegleitung* sollen Clearingstellen (Stützpunkte) eingerichtet werden, die die jungen Erwachsenen von der Erstberatung bis zum 27. Lebensjahr aktivierend begleiten. Diese Stützpunkte werden Ergebnis einer neuartigen und engen Zusammenarbeit zwischen der Jugendberufshilfe am Ort als erstem Ansprechpartner, den Arbeitsämtern, dem Fachdienst Arbeit und Berufsausbildung des Kreises Offenbach und weiteren Diensten und Organisationen sein. Die GeschäftsführerInnen der Ausbildungsforen stellen eine enge Beziehung zu den Mitgliedern der Ausbildungsforen her.

Folgende Aufgaben stehen an: direkte Beratung von Jugendlichen und jungen Erwachsenen, Klärung schwieriger Beratungsfälle, Fallmanagement, Beschaffung und Bereitstellung der erforderlichen Informationen über die Möglichkeiten beruflicher Bildung und Förderung in der Region Offenbach sowie über finanzielle Förderungsmöglichkeiten, Beratung von Betrieben hinsichtlich der Beteiligung und Durchführung von beruflicher Qualifizierung für Personengruppen mit besonderen Berufsstartschwierigkeiten (Jugendliche ohne oder mit am Arbeitsmarkt nicht verwertbarem Abschluss), Kontakt und Kooperation mit den Organisationen des Jugend-in-Arbeit-Netzwerkes, regelmäßiger Informationskontakt mit Schulen des Sekundarbereichs, enge Kooperation mit den Ausbildungsforen.

Aufsuchende Netzwerke[4]

Alle Beteiligten bieten regelmäßige Präsenzzeiten mit entsprechenden Zeitfenstern für direkte Beratungskontakte an. Dies ist ein Element der Verlässlichkeit der *BerufsWegeBegleitung*. Die Jugendberufshilfe vor Ort steht während der gesamten Woche für Kontaktaufnahme und Beratung als Clearingstelle zur Verfügung.

Die Begleitung beginnt mit dem Erstkontakt. Hierbei wird besonderes Augenmerk auf jene Jugendlichen und jungen Erwachsenen gelegt, die nicht die üblichen Wege der Berufsberatung und Direktbewerbung nutzen. Mithilfe der lokalen Netzwerke, die mit Jugendlichen an der Schwelle zum Arbeitsleben zu tun haben, wird der Kontakt aufgenommen und durch die Jugendberufshilfe vor Ort weitergeführt. Die Erstberatung und alle fortlaufenden Beratungen dienen dem Ziel, für die jeweilige Person die angemessenen Optionen ausfindig zu machen und diese beratend gemeinsam zu klären. Hierzu können auch Aktivitäten wie Nachholen des Hauptschulabschlusses oder Deutschkurse gehören. Eine der verschiedenen Optionen ist dabei die *Grundqualifikation*.

Zur Verbesserung der Kontaktaufnahme, der Erstberatung und des Übergangs von der Schule ins Arbeitsleben soll ein mit den Stützpunkten verbundenes präventives Netzwerk aufgebaut werden, an dem u. a. die Schulsozialarbeit, die kommunale, kirchliche und freie Jugendarbeit, Verbände und die Organisationen der MigrantInnen zu beteiligen sind.

---

[4] Vgl. hierzu die Beiträge im Themenheft Aufsuchend, niedrigschwellig und sozialräumlich – Neue Ansätze der Jugendsozialarbeit in: Jugend – Beruf – Gesellschaft. Zeitschrift für Jugendsozialarbeit des BAG JAW Heft 1 2000.

Lebensweltliche und biografische Orientierung mit besonderer Aufmerksamkeit für junge Frauen

Die *BerufsWegeBegleitung* ist insbesondere auf Jugendliche mit großen Berufsstartschwierigkeiten ausgerichtet, die die normalerweise vorgesehenen Möglichkeiten von Berufsorientierung, -beratung, -bewerbung und -vermittlung kaum oder gar nicht nutzen und die aufgrund ihrer mangelnden Vorbildung (z.B. ohne Hauptschulabschluss) und ihrer sozialen oder persönlichen Situation als besonders benachteiligt gelten müssen.

Vor allem werden bei der *BerufsWegeBegleitung* die Lebensumstände und -perspektiven junger Frauen mit starken Berufsstart- und Berufsentwicklungsschwierigkeiten[5] berücksichtigt. Dabei ist zu beachten, dass in vielen Fällen ein Migrationshintergrund vorhanden ist.

Mit „Präventionsnetzwerken" ist die gezielte und systematische Zusammenarbeit zwischen den Stützpunkten und den Einrichtungen, Organisationen und Dienststellen gemeint, die sich an der Prävention beteiligen sollten, also Schulen, kommunale Jugendarbeit, aber auch Kirchen, Sportvereine und die Organisationen der MigrantInnen. Dabei geht es nicht nur um das Knüpfen der Netzwerke, sondern zugleich um Information, Sensibilisierung und das Bereitstellen von Handreichungen und Instrumenten.

Mit Begleitungskonzept ist die Entwicklung und Erprobung von aktivierenden Beratungskonzepten für den Zeitraum vom Ende der Startphase bis zum 27. Lebensjahr gemeint. Die Begleitungskonzepte schließen regelmäßige Kontakte und Beratungen mit den kooperierenden Betrieben, Berufsschulen und sonstigen Einrichtungen ein.

Hohe Anforderungen an die „Macher"

Die Diskussion um eine Weiterentwicklung der *Grundqualifikation* zwischen den Akteuren im Kreis Offenbach erhielt eine wichtige positive Wendung, als sich die groben Konturen eines Konzepts *BerufsWegeBegleitung* abzeichneten. Damit ergab sich die Chance einer Neuzuordnung der verschiedenen Elemente und Bausteine von Benachteiligtenförderung und aktiver Jugendarbeit, die es im Kreis

---

[5] Hier soll unter anderem an Erkenntnisse und Erfahrungen aus einem hessischen Modellversuch zur Berufsausbildung junger allein erziehender Mütter angeknüpft werden (vgl. hierzu Paul-Kohlhoff/Paul/Zybell 2002b).

und in den Kommunen bis dato schon gab. Nach innen muss die Frage beantwortet werden, welche Kompetenzen die MitarbeiterInnen der künftigen Stützpunkte benötigen und wie diese zu erwerben sind.

Resümee: *BerufsWegeBegleitung* öffnet Bildungsperspektiven

Das Nebeneinander von Maßnahmen für benachteiligte Jugendliche, die mangelnde Vernetzung dieser Angebote und die verstreuten Zuständigkeiten haben in der Vergangenheit dazu geführt, dass große Teile der eigentlichen Zielgruppe von diesen Angeboten nicht erreicht wurden. In diesem Rahmen konnte die *Grundqualifikation* nur mäßig korrigierend wirken. Die *BerufsWegeBegleitung* hingegen eröffnet durch ihren Bezug auf jede einzelne Person, mit der sie zu tun hat, und durch die Beratung auf der Basis des Gesamtspektrums der Berufswegeoptionen des Kreises neue Perspektiven für diese Jugendlichen und jungen Erwachsenen. In das Spektrum der Angebote ordnet sich nun die modifizierte *Grundqualifikation* als *BeschäftigungPlus* sinnvoll ein, nämlich als eine Option, die in jedem Einzelfall mit den anderen Optionen – insbesondere mit der Option auf einen direkten Eintritt in eine geregelte Berufsausbildung – abgewogen wird. In keinem Fall aber ist *BeschäftigungPlus* – genauso wenig wie alle anderen Optionen – eine Sackgasse im Sinne des Abschneidens weiterer beruflicher Bildung, im Gegenteil: Im Unterschied zur „Schwellen"-Fixierung in der Vergangenheit wird die Orientierung der *BerufsWegeBegleitung* an längeren beruflichen Entwicklungsprozessen (bis zum 27. Lebensjahr) dazu führen, dass im Lauf der Begleitung weitere Bildungsperspektiven eröffnet werden. Sowohl in der Periode des Übergangs von der Schule ins Arbeitsleben als auch während der biografischen Phase des frühen Erwachsenenlebens mit seinen komplizierten Anforderungen hält die *BerufsWegeBegleitung* (berufliche) Bildungsoptionen offen und ermuntert die jungen Erwachsenen, diese ernsthaft für die Gestaltung ihrer eigenen Berufswege zu nutzen.

Doris Reitz-Bogdoll, Kreisausschuss Offenbach, Fachdienst Arbeit und Berufsausbildung
Dr. Wilfried Kruse, Sozialforschungsstelle Dortmund

Literatur

Braun, F. (2001a): Berufsausbildung von benachteiligten Gruppen: Neue Konzepte und Entwicklungen, in: Paul-Kohlhoff, A. u. a.: Junge, allein erziehende Mütter in der Berufsausbildung – Neue Perspektiven für die Reform des Dualen Systems? Darmstadt

Braun, F. (2001b): Berufsvorbereitung für die neuen informations- und kommunikationstechnischen Berufe, in: Braun, F. u. a. (Hrsg.): Jugend in Arbeit. Neue Wege des Übergangs Jugendlicher in die Arbeitswelt. Opladen.

Jugend – Beruf – Gesellschaft. Zeitschrift für Jugendsozialarbeit des BAG JAW Heft 1 2000.

Klemm, K. (2000): Jugendliche ohne Schulabschluss: Zustandsbeschreibung und Perspektiven, in: Forum Bildung, Erster Kongress des Forum Bildung am 14. und 15. Juli 2000 in Berlin, Bonn, S. 320 ff.

Paul-Kohlhoff, A./Zybell, U. (2002a): Expertise zur Möglichkeit der Teilzeitausbildung in anerkannten Ausbildungsberufen im Dualen System im Rahmen des Berufsbildungsgesetzes (BBiG), in: ibv – Informationen für die Beratungs- und Vermittlungsdienste, Bundesanstalt für Arbeit, Nürnberg 02/02, S. 167 ff.

Paul-Kohlhoff, A./Paul, I./Zybell, U. (2002b): Junge allein erziehende Mütter in der Berufsausbildung (JAMBA) – Neue Perspektive für die Reform des Dualen Systems“ in ibv – Informationen für die Beratungs- und Vermittlungsdienste der Bundesanstalt für Arbeit, Heft 02/02, Seite 143 ff.

Kruse, W. (2001): Grundqualifikationen im Betrieb. Ein regionales Modell im Kreis und in der Stadt Offenbach, Dortmund und Offenbach.

Lex, T. (1997): Berufswege Jugendlicher zwischen Integration und Ausgrenzung. München.

Martina Werkmann

Finanzierung von Maßnahmen der Jugendberufshilfe über § 13 KJHG

Projekthintergrund

Seit einigen Jahren gibt es Strategien der Jugendsozialarbeit, die Kompetenz privatwirtschaftlicher Betriebe für die berufliche Förderung benachteiligter Jugendlicher zu nutzen. Zielsetzung war es, praktische und innovative Antworten auf die Integrationsschwierigkeiten junger Erwachsener in den Arbeitsmarkt zu finden. In diesem Zusammenhang wurde der Projektansatz „Bezuschusste und sozialpädagogisch begleitete, betriebliche Ausbildung" entwickelt. Dadurch soll Ausbildung auf dem ersten Arbeitsmarkt gefördert werden, um einer Verdrängung von Jugendlichen auf den zweiten Arbeitsmarkt entgegenzuwirken und ihnen bessere Chancen der beruflichen Integration zu ermöglichen.

Der Ansatz stützt sich auf die Tradition sozialpädagogischer Unterstützung zum Ausgleich von individuellen Beeinträchtigungen und sozialen Benachteiligungen bei Jugendlichen und verbindet diese mit den speziellen Ressourcen von Betrieben für die berufliche und soziale Integration. Die Jugendlichen erhalten so auf der einen Seite die Unterstützung, die sie für die Bewältigung einer betrieblichen Ausbildung benötigen, gleichzeitig durchlaufen sie jedoch auch eine ganz normale Ausbildung. Darin besteht der wesentliche Unterschied zu gängigen außerbetrieblichen Ausbildungsprojekten, die Ausbildung unter marktfernen Bedingungen praktizieren.

Dieser Ansatz wurde auch in der Durchführung des Modellprojektes *BAFF* (Betriebliche Ausbildung von sozial benachteiligten jungen Frauen) genutzt, da er gerade der Zielgruppe von jungen Frauen eine verbesserte Chance zur Teilhabe an Angeboten der Jugendsozialarbeit und zur Integration in den Arbeitsmarkt bietet: Untersuchungen haben gezeigt, dass junge Frauen in den Angeboten außerbetrieblicher Ausbildung eindeutig unterrepräsentiert sind. Dies ist u. a. darauf zurückzuführen, dass der Schwerpunkt beim außerbetrieblichen Ausbildungsspektrum eindeutig auf Männerberufen liegt und dadurch junge Frauen weniger anspricht. Im Arbeitsansatz „Betriebliche Ausbildung" ist es hingegen möglich, diesen das gesamte regionale Ausbildungsspektrum anzubieten.

Ausgangspunkt für die Durchführung eines Modellprojekts zur Erprobung von betrieblicher Ausbildung als Jugendhilfemaßnahme war die Erfahrung, dass es zwar die gesetzliche Grundlage hierfür über SGB VIII/KJHG § 13 gab, dass aber der betriebliche Ansatz in der Praxis kaum oder gar nicht erprobt ist. Somit war die zentrale Zielsetzung des Modellversuchs die Entwicklung und Erprobung von transferfähigen Strukturen zur Umsetzung, Gestaltung und Finanzierung von betrieblicher Ausbildung als Maßnahme der Jugendhilfe auf Basis des § 13 (in Verbindung mit §§ 27, 41). Ziel war außerdem, entsprechende Qualitätsstandards, Fördergrundsätze und Finanzierungsstrukturen zu entwickeln. Eine weitere zentrale Aufgabe war die Identifikation der Zielgruppe, die einerseits formal die Kriterien der Benachteiligung nach § 13 erfüllt und andererseits genügend Potenziale und individuelle Fähigkeiten als Eignung für eine betriebliche Ausbildung mitbringt.

Als der Trägerverein des Zentrums für Lernen und Arbeit (ZELA) e.V. 1998 mit dem Modellversuch *BAFF* startete, konnte er auf Vorerfahrungen mit dem Projekt „Betriebliche Ausbildung statt Sozialhilfe für junge Frauen" *(BASS)* SGBV/BSHG § 19, das seit 1996 durchgeführt wurde, zurückgreifen. Die beiden Projekte arbeiten seither auf demselben inhaltlichen Grundlagenkonzept und kooperieren in enger Weise. So findet hier eine sinnvolle Ergänzung statt, die mannigfaltige Synergieeffekte mit sich bringt. Die Projekte unterscheiden sich aber in ihren Förderinstrumenten und damit in den formalen Fördervoraussetzungen für die jungen Frauen:

- Bei *BASS* werden junge Sozialhilfeempfängerinnen über SGB V § 19 gefördert,
- bei *BAFF* erfolgt die Förderung über SGB VIII § 13 auf Jugendhilfebasis.

Aufgabenspektrum

Der Modellversuch *BAFF* und das Projekt *BASS* beruhen auf der Konzeption, junge Frauen aus sozial benachteiligten Lebenslagen in eine betriebliche Ausbildung zu vermitteln und Ausbildungsvorbereitung und -begleitung anzubieten. Um für Betriebe einen Anreiz zur Teilnahme am Projekt zu schaffen, erhalten diese einen Zuschuss zur Ausbildungsvergütung von monatlich 400 DM (205 €) aus Jugendhilfe- bzw. Sozialhilfemitteln. Die Zusammenarbeit mit den Betrieben sowie die finanzielle und organisatorische Verwaltung der Maßnahme und die Zusammenarbeit mit den öffentlichen Trägern gehört zu den Aufgaben des Trägervereins ZELA. In diesem Rahmen müssen die folgenden Aufgabenbereiche für die Umsetzung vonseiten des Jugendhilfeträgers realisiert werden:

- Auswahl der Teilnehmerinnen und ihre Vorbereitung auf die betriebliche Ausbildung,
- Akquise von Ausbildungsbetrieben,
- Vermittlung der Teilnehmerinnen in eine betriebliche Ausbildung,
- sozialpädagogische Begleitung der Teilnehmerinnen in der Ausbildung bis zur Abschlussprüfung/Entwicklung einer arbeitsteiligen Kooperation zwischen dem Jugendhilfeträger, der Auszubildenden und dem Ausbildungsbetrieb,
- Aufbau tragfähiger Rahmen- und Finanzierungsbedingungen.

Für diese zentralen Aufgabenbereiche sollen im Folgenden die Erfahrungen dargestellt werden, die beim Jugendhilfeträger ZELA in Gießen im Rahmen des Modellversuchs *BAFF* und des Projekts *BASS* gemacht wurden.

Projektablauf

Kontaktaufnahme zu den jungen Frauen

Der Kontakt zu den Teilnehmerinnen sollte zu Beginn des Jahres der Ausbildungsaufnahme erfolgen. Bei ZELA haben sich als Zugangswege zur Zielgruppe die öffentlichen Träger der Jugend- und Sozialhilfe, allgemein bildende und berufliche Schulen (besondere Bildungsgänge), bestehende Kontakte zu relevanten Institutionen und anderen Trägern der Jugendarbeit und -sozialarbeit sowie über die weiteren bei ZELA angesiedelten Projekte als sinnvoll erwiesen.

Zielgruppen des Ansatzes „Begleitete, betrieblichen Ausbildung"

Der Ansatz zur bezuschussten und sozialpädagogisch begleiteten, betrieblichen Ausbildung richtet sich an junge Frauen (zwischen 16 und maximal 24 Jahren) aus sozial benachteiligten Lebenslagen, die ohne sozialpädagogische Unterstützung eine betriebliche Ausbildung nicht durchlaufen könnten. Formale Voraussetzungen für eine Förderung über Sozial- bzw. Jugendhilfe müssen dabei erfüllt sein (Bezug von Hilfen zum Lebensunterhalt bzw. Kriterien nach SGB VIII § 13 präzisiert durch den Frankfurter Kommentar zum KJHG).

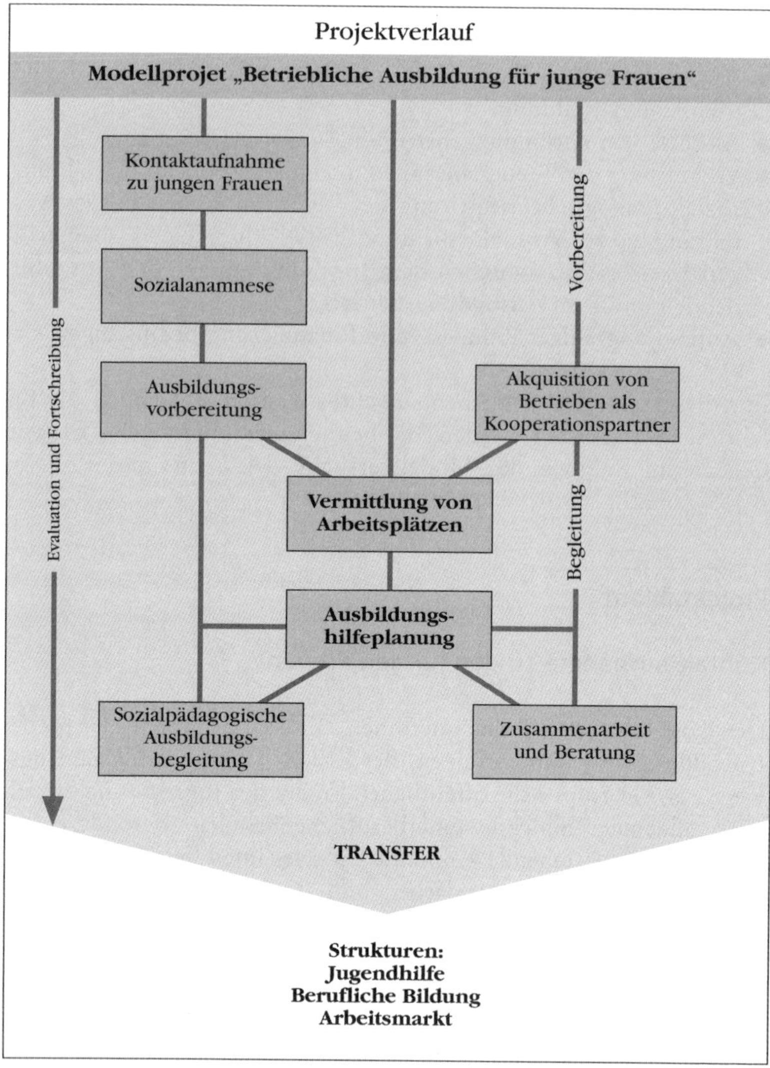

Niedrigschwellige Zugangskriterien

Die Zugangskriterien wurden bewusst offen und flexibel gehalten, da bisher noch keine Erfahrungen mit der Zielgruppe in Bezug auf betriebliche Ausbildung vorlagen. Es ist zu empfehlen – im Rahmen von § 13 SGB VIII, also auf der Basis von Jugendhilfeförderung – nur sehr niedrigschwellige Zugangskriterien zu formulieren (z. B. ausreichende Deutschkenntnisse, gesundheitliche Faktoren, keine auffallenden psychischen Probleme), um einer möglichst großen Anzahl von interessierten jungen Frauen, den Zugang zu betrieblicher Ausbildung zu ermöglichen. Prognostische Aussagen über Erfolg oder Misserfolg einer Teilnehmerin sind nach unseren Erfahrungen nicht sinnvoll.

Intensive Aufnahmegespräche/Sozialanamnese

Im Rahmen des Modellversuchs wurde ein Gesprächsleitfaden für Aufnahmegespräche entwickelt. Er besteht aus Blöcken von geschlossenen und offenen Fragen. Das Aufnahmegespräch erfasst die formalen Voraussetzungen, die für eine Förderung über Sozial- bzw. Jugendhilfe erforderlich sind. Weiterhin werden die schulische Laufbahn, der Stand des bisherigen Berufsorientierungsprozesses, die beruflichen Wünsche und Vorstellungen sowie familiäre und persönliche Hintergründe im Gespräch behandelt. Zielsetzung ist es, die Überlegungen der potenziellen Teilnehmerinnen hinsichtlich ihrer beruflichen Perspektiven zu erfragen. Um zu einem relativ geschlossen Bild zu gelangen, gehen auch biografische Fakten in das Gespräch mit ein. Diese intensive Anamnese hat sich bewährt. Mit Abschluss des Gesprächs soll geklärt sein, ob die Interessentin für eine betriebliche Ausbildung soweit motiviert ist, dass sie an der Ausbildungsvorbereitungsphase teilnehmen kann.

Phase der Ausbildungsvorbereitung

Die Ausbildungsvorbereitungsphase dient dem Kennen- und Einschätzenlernen der potenziellen Teilnehmerinnen. Hier werden berufliche Interessen und Eignungen ermittelt, die die Grundlage für die Akquise eines geeigneten Ausbildungsplatzes bilden. Darüber hinaus können in dieser Phase die beruflichen Orientierungen, die Ausbildungsmotivation sowie die berufsbezogenen sozialen Kompetenzen der Interessentinnen überprüft werden. Auf dieser Basis wird ein berufsrelevantes Profil der Teilnehmerin hinsichtlich einer möglichst passgenauen Vermittlung in eine betriebliche Ausbildung entwickelt. Die Vorbereitungsphase stellt somit quasi einen Filter dar, durch den die Interessentinnen hindurch müssen, bevor die Entscheidung für oder gegen eine betriebliche Ausbildung gefällt werden kann.

Kontaktaufnahme zur Wirtschaft und Betriebsakquise

Im Mittelpunkt der Arbeit in Projektansätzen der „Begleiteten betrieblichen Ausbildung“ steht die Gewinnung von Ausbildungsbetrieben. Parallel zur Vorbereitung auf eine betriebliche Ausbildung potenzieller Teilnehmerinnen muss die regionale Wirtschaft (Kammern, Innungen, wirtschaftliche Vereinigungen) über die Möglichkeit bezuschusster und sozialpädagogisch begleiteter Ausbildungsplätze informiert werden. Hierbei hat sich der Zugang über Veröffentlichungen in den Rundbriefen der jeweiligen Kammern sowie über Anzeigen in der Regionalpresse bewährt. Die gezielte Akquise von Ausbildungsbetrieben erfolgt erst dann, wenn die Berufswünsche der Teilnehmerinnen feststehen. Kriterien für die Vergabe von Zuschüssen an Ausbildungsbetriebe sind

- Nachweis der Ausbildungseignung,
- Nachweis der Zusätzlichkeit des bezuschussten Ausbildungsplatzes,
- Verpflichtung des Betriebes zur Zusammenarbeit mit dem Jugendhilfeträger während der Ausbildung.

Vermittlung der Teilnehmerinnen in eine betriebliche Ausbildung

Interessiert sich ein Betrieb für eine konkrete Teilnehmerin, kann er sie in einem Praktikum kennen lernen. Erklärt er sich dann als ausbildungsbereit, kann er einen Antrag auf Lohnkostenzuschuss stellen. Stimmen die Voraussetzungen (Ausbildungseignung, Zusätzlichkeit des Ausbildungsplatzes), wird der Platz bewilligt, und die Teilnehmerin kann mit einem regulären Ausbildungsvertrag eingestellt werden. Die Ausbildung ist wie üblich nach dem Berufsbildungsgesetz geregelt.

Während die Ausbildungsvorbereitung und Akquise für alle Teilnehmerinnen gleich verläuft, gibt es im formalen Verfahren (bis ein Ausbildungsverhältnis zustande kommt) einige Unterschiede zwischen den Projekten *BASS* und *BAFF*:

Die Teilnehmerinnen im Projekt *BAFF* stellen bereits zu Beginn der Ausbildungsvorbereitung einen Antrag auf Gewährung von Leistungen nach § 13 KJHG zur Ausbildungsvorbereitung und Ausbildungsbegleitung, über den das entsprechende Jugendamt entscheidet. Grundlage für diese Entscheidung ist ein arbeitsweltbezogenes Hilfeplangespräch, an dem die Jugendliche, ggf. ein(e) Erziehungsberechtigte(r), ein(e) VertreterIn des Jugendhilfeträgers und die zuständige Fachkraft im Jugendamt teilnehmen.

Wenn die Leistungen bewilligt werden, wird der Jugendhilfeträger mit der Durchführung beauftragt. D. h., ab diesem Moment kann für die Auszubildende ein geeigneter Ausbildungsbetrieb gefunden werden. Dem Träger der Jugendberufshilfe kommt damit die Aufgabe zu, die Zielgruppe möglichst vor Antragstellung schon auf Förderfähigkeit zu prüfen, damit eine Ablehnung der Hilfe möglichst ausgeschlossen werden kann.

Im Projekt *BASS* wird die Ausbildungsvorbereitung dagegen pauschal für zehn junge Frauen bewilligt, und erst bei Vermittlung in einen Betrieb prüft das Sozialamt die Förderfähigkeit der jungen Frau. Hier ist die sehr genaue Vorarbeit des Jugendhilfeträgers wichtig, damit nicht kurz vor dem erhofften Ziel Ausbildungsplatz die Förderung abgelehnt wird. (Gründe dafür können sein falscher Aufenthaltsstatus, keine Sozialhilfe, sondern Wohngeld, vorrangige Förderung durch das Arbeitsamt möglich.)

Sozialpädagogische Ausbildungsbegleitung

Die zentrale Besonderheit im Modellversuch *BAFF* bestand in der Entwicklung eines arbeitsteiligen Kooperationskonzeptes zwischen dem Jugendhilfeträger, der Auszubildenden und dem Ausbildungsbetrieb. Es galt eine Kommunikationsstruktur zu entwickeln, auf deren Basis frühzeitig auf Problem- und Konfliktlagen reagiert werden kann. Für die Ausbildungsbegleitung im Modellversuch *BAFF* wurde ein inhaltliches und zeitliches Setting von Abläufen und fachlichen Hilfen entwickelt, das sich bis dato schon bewährt hat. Es hat sich als sinnvoll erwiesen, dieses Setting im Vorfeld, d.h. bereits mit der Antragstellung auf den Ausbildungsplatz sowohl mit den Auszubildenden als auch mit den Betrieben schriftlich zu vereinbaren.

Anteile des Jugendhilfeträgers am ausbildungsbegleitenden Setting

Die Projekte *BASS* und *BAFF* dienen im Zusammenhang mit der gemeinsamen Ausbildungsbegleitung als Schnittstelle zwischen der Teilnehmerin, dem Betrieb sowie bei Bedarf mit dem öffentlichen Zuschussgeber und haben moderierende und koordinierende Funktionen. Im Bedarfsfall sind es auch die Mitarbeiterinnen des Jugendhilfeträgers, die Kontakte zur Berufsschule, zur Familie oder anderen Institutionen aufnehmen. Ein sehr wichtiger, wenn nicht sogar zentraler Qualitätsstandard, ist eine professionelle Gestaltung des Moderationsprozesses während der Ausbildungsbegleitung (d.h. klare Strukturen im Vorfeld festlegen, kontinuierlichen Kontakt zu beiden Seiten halten, Probleme zeitnah bearbeiten, beide Seiten in die Konfliktbearbeitung einbeziehen etc.). Der Jugendhilfeträger ist auch bei den nach SGB VIII § 13 vorgesehenen Hilfeplangesprächen anwesend, die unter Beteiligung des freien Trägers, der Auszubildenden sowie gegebenenfalls dem oder der Erziehungsberechtigten und weiterer Personen/Institutionen vom Jugendamt durchgeführt werden.

Anteile der Auszubildenden und der Betriebe am ausbildungsbegleitenden Setting

Sowohl der Betrieb als auch die auszubildende junge Frau werden dazu verpflichtet, sich mit den Regelungen der Ausbildungsbegleitung, die vonseiten des Jugendhilfeträgers angeboten werden, einverstanden zu erklären und aktiv mitzuarbeiten. Die Betriebe versichern dies im Antrag auf Bezuschussung des Ausbildungsverhältnisses in den dort niedergelegten Förderbedingungen, die Auszubildenden in einem gesonderten Vertrag, den sie zu Beginn der Ausbildung zusätzlich zu ihrem Ausbildungsvertrag unterschreiben.

Für die Ausbildungsbetriebe stellt es natürlich eine ungewohnte Situation dar, in einem ganz „normalen“ Ausbildungsverhältnis zur Zusammenarbeit mit einem Projekt der Jugendberufshilfe verpflichtet zu werden. Nur über bereits zu Beginn des Ausbildungsverhältnisses klar geregelte Kooperationsformen kann verhindert werden, dass das ungewohnte Setting im Alltag untergeht. Zielsetzung des ausbildungsbegleitenden Settings ist es, mit den Betrieben kontinuierlich über den Ausbildungsverlauf im Gespräch zu bleiben und dadurch Probleme und Konfliktlinien frühzeitig erkennen und bearbeiten zu können und so zur Entlastung der Betriebe beizutragen.

Auch die Jugendlichen gehen im Rahmen ihrer Ausbildungsbegleitung Verpflichtungen gegenüber dem Jugendhilfeträger ein, die ebenfalls schriftlich vereinbart werden. Hierzu gehören für die Auszubildenden Einzelberatungen und Förderplangespräche, die in einem bestimmten zeitlichen Rhythmus stattfinden. Außerdem wird vereinbart, unter welchen Konditionen Lernunterstützung wahrgenommen werden kann oder muss.

In der Ausbildungsbegleitung hat die Leistungsunterstützung herausragende Bedeutung, da ein großer Teil der Auszubildenden erhebliche schulische Defizite bzw. Lernprobleme mitbringt.

Aufbau tragfähiger Rahmen- und Finanzierungsbedingungen

Politische und verwaltungstechnische Voraussetzungen

Verschiedene Voraussetzungen haben dem Jugendhilfeträger ZELA die Realisierung des Projektansatzes erleichtert: Seitens der Politik und der öffentlichen Träger – zuständige Jugendämter und Sozialamt – bestand eine generelle Bereitschaft, Fördermöglichkeiten für den Ansatz zu schaffen. So hatte das Sozialamt 1996 auf der Grundlage vom BSHG § 19 im Rahmen seiner Förderpolitik die möglichen Maßnahmen „Hilfen zur Arbeit" um den Aspekt der betrieblichen Ausbildung erweitert. Auch die Jugendämter des Landkreises und der Stadt Gießen stellten seit 1996 Mittel in ihre Haushalte für Maßnahmen nach SGB VIII § 13 ein und waren bereits in einen Diskussionsprozess mit den freien Trägern – im Rahmen der AG „Arbeitskreis Jugendberufshilfe" nach SGB VIII § 78 – zur Bestands- und Bedarfsanalyse und zur Zusammenstellung eines Maßnahmenkatalogs eingetreten. So konnten bereits 1998 – im ersten Modelljahr von *BAFF* – Entgelt- und Leistungsvereinbarungen für betriebliche Ausbildung als Jugendhilfemaßnahme zwischen ZELA und dem Jugendamt der Stadt Gießen geschlossen werden. Diese Vereinbarungen bilden die Grundlage für die einzelfallbezogene Förderung von Jugendlichen nach SGB VIII § 13. Das Jugendamt des Landkreises schloss sich diesen Entgeltvereinbarungen an. 1999 konnte dann gemeinsam mit den Jugendämtern die Umsetzung von Einzelmaßnahmen präzisiert und praxisbezogen weiterentwickelt werden.

Kooperationen

Die Einbindung des Trägervereins in die Jugendhilfelandschaft (Jugendhilfeausschuss, Fachausschuss Jugendhilfeplanung, AGs nach § 78 SGB VIII) hat sich für die Etablierung des Ansatzes als sehr wichtig erwiesen. Insbesondere war die enge Zusammenarbeit von ZELA mit dem Jugendamt (ASD, Jugendberufshilfe) bei der Gestaltung der Maßnahme und für ihre Akzeptanz sehr wichtig.

Es hat sich als sinnvoll erwiesen, bei den Sozial- und Jugendämtern personelle Zuständigkeiten für die Jugendberufshilfe einzurichten. Mit den Jugendämtern in Stadt und Landkreis hat sich ein jährlicher Austausch zur Jahresplanung etabliert. Im selben Turnus werden auch die Entgeltvereinbarungen aktualisiert und neu mit der Stadt abgeschlossen. Darüber hinaus findet die Zusammenarbeit in den Gremien und zusätzlich im ständigen, praxisbezogenen Austausch mit den Jugendämtern statt, da diese in die Finanzierung von Ausbildungsplätzen eingebunden sind und das Angebot „Bezuschusste und sozialpädagogisch begleitete, betriebliche Ausbildung" mittlerweile einen festen Platz in der Angebotsstruktur der Jugendämter im Bereich Jugendberufshilfe hat.

Finanzierungsstrukturen

Bei der Verhandlung der Finanzierungsstrukturen sollte darauf geachtet werden, dass einerseits das Angebot für den öffentlichen Träger finanzierbar ist, andererseits aber auch, dass der freie Träger in die Lage versetzt wird, alle mit der Maßnahme verbundenen Aufgaben – insbesondere auch die vorbereitenden Aufgaben wie Kontaktaufnahme und Auswahl der Teilnehmerinnen, Betriebsakquise – im Rahmen einer Einzelfallförderung durchführen zu können. Das heißt konkret: Die auszuhandelnden Entgeltvereinbarungen mit den Öffentlichen Trägern sollten 1.400 DM (716 €) plus zusätzlich 400 DM (205 €) für die Lohnkostenzuschüsse an die Betriebe nicht unterschreiten.

Die Form der Lohnkostenzuschüsse kann unterschiedlich geregelt werden. Wir haben uns für die pauschale Bezahlung in gleicher Höhe wie im Projekt *BASS* entschieden, um den verwaltungstechnischen Ablauf anzugleichen. Denkbar ist aber auch, den Lohnkostenzuschuss bezogen auf die Vergütung z. B. höher, degressiv oder prozentual zu gestalten.

Als problematisch erwies sich die strikt teilnehmerinnenbezogene Förderstruktur. Ein Grundsockel als Projektfinanzierung ist zu empfehlen, da die Arbeit ansonsten insbesondere für kleine Träger, die über keine institutionelle Absicherung verfügen, mit einer zu hohen Unsicherheit verbunden ist. Die Qualität der Projektdurchführung kann ohne eine Sockelfinanzierung nicht gewährleistet werden. Zusammenfassend noch einmal alle Aufgaben im Überblick:

Aufgaben des öffentlichen Trägers:
- Finanzplanung,
- Entgeltvereinbarungen,
- Beteiligung an Akquise und Auswahl der jungen Frauen,
- Bewilligung der jeweiligen Anträge,
- Mittelüberweisung,
- Hilfeplangespräche.

Aufgaben des freien Trägers:
- Nimmt Kontakte zu potenziellen Teilnehmerinnen auf,
- wählt potenzielle Teilnehmerinnen in Kooperation mit den zuständigen Ämtern aus,
- bereitet die Teilnehmerinnen auf die Ausbildung vor,
- übernimmt die Akquise der Ausbildungsbetriebe,
- regelt mit allen beteiligten PartnerInnen den Ablauf der Ausbildungsbegleitung,

- übernimmt die organisatorischen Arbeiten, die mit der Förderung der Ausbildungsplätze zusammenhängen,
- moderiert den Prozess der Ausbildungsbegleitung zwischen der Auszubildenden, dem Ausbildungsbetrieb, der Berufsschule sowie den Institutionen Jugend- und Sozialamt,
- stellt qualifizierte Lernunterstützung und Prüfungsvorbereitung zur Verfügung.

Martina Werkmann, Zentrum für Lernen und Arbeit (ZELA) e.V. Gießen

Peter Urban

Regionales Beratungshaus – ein Kooperationsmodell von Jugendamt, Sozialamt und freien Trägern in Berlin

In diesem Beitrag soll ein neuer Ansatz in der Jugendberufshilfe, seine bisherige Entwicklungsgeschichte und der aktuelle Stand dargestellt werden. Das Hauptaugenmerk gilt dabei dem Prozess, der auf Berliner Ebene im Gang ist und in dem die Beteiligten unter dem Arbeitstitel *Ganzheitliches regionales Jugendberatungshaus* an einem kooperativen Konzept arbeiten, das den Wirkungsgrad der Jugendberufshilfe erhöhen soll. Wir sind also auf einem Weg, dessen Ziel bisher erst in einzelnen Ansätzen erreicht ist. Diese Ansätze sind regional geprägt und mit Sicherheit nicht eins zu eins in andere Regionen übertragbar. Die bisherigen Erkenntnisse und Ergebnisse können aber für die Weiterentwicklung der jeweils eigenen Arbeit von Kolleginnen und Kollegen von Nutzen sein.

Reformbedarf in der Jugendberufshilfe

Vor etwa drei Jahren konstituierte sich in Berlin eine Landesarbeitsgemeinschaft (LAG) Jugendberufshilfe nach § 78 KJHG einschließlich eines Unterausschusses „Innovation" als Arbeitsgremium. Mitglieder sind die Senatsverwaltung für Jugend, das Landesjugendamt, das Landesarbeitsamt, die Senatsverwaltungen für Arbeit und Soziales, Jugendämter der Bezirke, Träger der Jugendberufshilfe und Dachverbände. Eine der Zielsetzungen des Gremiums ist es, der eindimensionalen, auf dem öffentlichen Kostendruck basierenden Kritik an der Wirkung der Jugendberufshilfe zu begegnen und damit einhergehenden Sparandrohungen durch eine inhaltliche Weiterentwicklung der Angebote entgegenzuwirken.

Wenn man Jugendberufshilfe nicht allein im begrenzten Rahmen des KJHG betrachtet, sondern sie zusammen mit den Angeboten des SGB III und des BSHG als Gesamtsystem sieht, entsteht ein verwirrendes Bild aus einer Unzahl von Programmen und Maßnahmen, das selbst Insider nicht mehr überschauen. Noch viel weniger kann dies jungen Menschen gelingen, die diese Angebote für sich nutzen wollen, weil sie ihren Weg in das Berufsleben und damit gesellschaftliche Integration nicht ohne Hilfe finden. Dieses Programmchaos verhindert die gezielte Förderung Einzelner. Gründe für diese Hinderung sind

- knappe zeitliche Befristung einzelner Beschäftigungs- und Qualifizierungsmaßnahmen (Maßnahmehopping, Projekttourismus),
- Einschränkung der Qualifizierung auf den Erwerb beliebig definierter Teilqualifikationen,
- fehlende Verknüpfung der in Einzelprogrammen erwerbbaren Qualifikationen im Hinblick auf den Erwerb eines anerkannten Berufsabschlusses nach § 25 BBiG,
- fehlende Kompatibilität zwischen den Förderinstrumenten,
- generelle Ferne zum realen Geschehen auf dem Arbeitsmarkt.

Die LAG Jugendberufshilfe folgerte aus dieser Analyse, dass zur Verbesserung der Situation drei Maßnahmen erforderlich sind:

- Veränderte Finanzierungssysteme (z.B. Poolförderung, Förderketten),
- Einführung modular gegliederter Ausbildungskonzepte (programmübergreifende, zielgerichtete Qualifizierung/Ausbildung),
- institutions- und trägerübergreifende regionale Kooperationen.

Obwohl alle drei Maßnahmen in einem direkten Wirkungszusammenhang stehen, wenn es um eine in die Zukunft gerichtete Reform der Jugendberufshilfe gehen soll, konzentrieren wir uns hier auf das zuletzt genannte Thema (trägerübergreifende regionale Kooperationen), um den vorgegebenen Rahmen nicht zu überschreiten.

Versuch einer Vision

Durch die Erfahrung mit unserem Jugendberufshilfebetrieb *Zukunftsbau* konnten wir die Idee einer Beratungs- und Vermittlungsagentur als eigenständige Einheit innerhalb der Handlungsfelder der Jugendberufshilfe in die LAG einbringen. Unsere Vision basiert auf der Annahme, dass zwischen den Bereichen Jugendberufshilfe (zweiter Arbeitsmarkt) und dem ersten Arbeitsmarkt Agenturen tätig sein sollten, die den individuellen Förderbedarf von Jugendlichen auf Basis der Kompetenzprofilermittlung (Assessment) feststellen und darauf aufbauend einen Karriereplan aufstellen und die Jugendlichen in geeignete Bildungsmaßnahmen oder Arbeitsverhältnisse vermitteln. So entstünde eine neue Rollenverteilung: Die Bildungsträger und Jugendberufshilfebetriebe werden zu Dienstleistern, die entsprechend den individuellen Bildungsplänen passgerechte Ausbildungs-

und Qualifizierungsmodule anbieten und umsetzen. Außer- und überbetriebliche Berufsbildung werden nicht mehr als Maßnahmen für irgendwie definierte Zielgruppen, sondern als schrittweiser, am individuellen Vermögen und Bedarf orientierter Prozess begriffen und umgesetzt.

Die Vermittlungsagentur ist gleichzeitig Bindeglied zum regionalen (ersten) Arbeitsmarkt. In Kooperation mit Betrieben wird der Bedarf an Arbeitskräften und an notwendigen Qualifikationsprofilen festgestellt. Die Ergebnisse beeinflussen wiederum die Angebotspalette der Berufsbildungsträger und aktualisieren sie. Die jungen Menschen sollen nicht mehr Objekte einer Maßnahme sein. Sie sind langfristig (an der ersten und zweiten Schwelle) Partner der Agentur, die dafür sorgt, dass sie richtig platziert werden (statt in Warteschleifen zu verharren) und so viel Jugendberufshilfe wie nötig erhalten, jedoch nur bis zu dem Zeitpunkt, an dem sie fit für betriebliche und andere Angebote sind.

Dieser Ansatz beinhaltet eine Herausforderung für die Träger der Jugendberufshilfe. Sie müssen ihre Angebote so ausdifferenzieren, dass sie mehr Dienstleister der Jugendlichen und weniger der Fördergeber werden. Sie müssen ferner ihre Angebotspalette für neue Berufsfelder öffnen und die bisherige trägergeprägte Beratung (Stichwort Belegungsdruck) zumindest teilweise einer neutralen Instanz überlassen. Trotz dieser Herausforderung wurde die Idee von *Zukunftsbau* von der LAG mehrheitlich als Grundlage für weitere konzeptionelle Überlegungen akzeptiert.

Kooperative Konkretisierung

Die oben beschriebenen Überlegungen wurden in einem kleinen Kreis, dem Unterausschuss „Innovation“ der LAG, angestellt. Um die Entwicklung weiter voranzubringen, organisierten wir eine Zukunftskonferenz zum Thema „Entwicklung der Jugendberufshilfe im Land Berlin“. Das Thema war bewusst ergebnisoffen formuliert, um Raum für vielfältige Ideen zu lassen. Die Organisation dieser Konferenz war ein Novum: Erstmalig richtete die Senatsverwaltung für Jugend gleichberechtigt mit zwei Trägern (*Zukunftsbau*, SOS-Berufsbildungszentrum) eine fachöffentliche Veranstaltung aus. Vertreten waren die Träger der Jugendberufshilfe, die Arbeitsämter, die Senatsverwaltungen und Jugendämter der Bezirke. Drei Tage lang wurde in den verschiedensten Formen gearbeitet, und schließlich war man sich darüber einig, dass das Land Berlin zukünftig ein Beratungs- und Begleitungssystem für benachteiligte Jugendliche haben sollte, das kooperativ von den wichtigsten Institutionen getragen wird, die die Jugendberufshilfe und die Wege der Jugendlichen beeinflussen. Als Arbeitstitel wurde der Begriff *Ganzheitliches regionales Jugendberatungshaus* gewählt. Das folgende Schaubild beschreibt, welche Elemente die ExpertInnen im Jugendberatungshaus als Angebote verankern wollen:

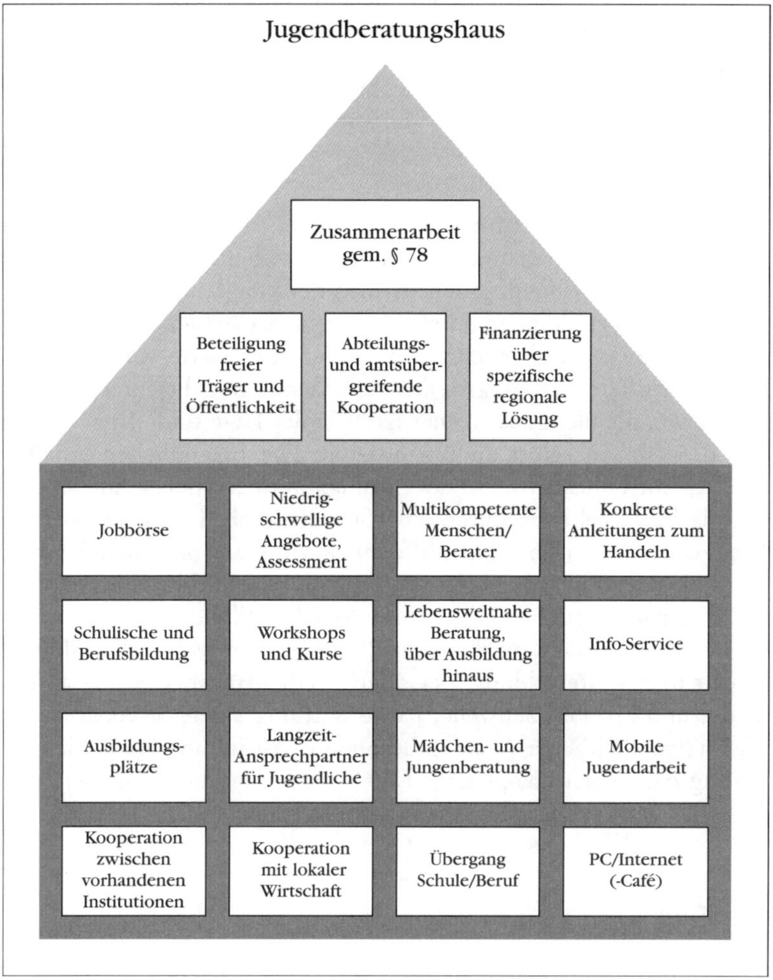

Der Ansatz sieht vor, dass die regionalen (bezirklichen) Jugendämter einen Arbeitszusammenhang herstellen, in den Schulen, Arbeitsämter, Betriebe, die örtlichen Träger der Jugendberufshilfe und Sozialämter einbezogen sind. Dieses lokale Bündnis soll das Jugendberatungshaus ideell, materiell und durch aktives Einbringen der jeweiligen Angebote tragen. Konzeptionell sollen diese Angebote in ein jugendgerechtes, niedrigschwelliges Angebot eingebunden sein. Das Jugendberatungshaus soll in Verbindung mit Straßensozialarbeit und den Einrichtungen der Jugendförderung zu einem akzeptierten Treffpunkt der anzusprechenden Jugendlichen werden. Konkret wird der neue Ansatz in einer Beschlussempfehlung beschrieben, die über die LAG nach § 78 an den Landesjugendhilfeausschuss weitergeleitet wurde. Im Folgenden werden die wichtigsten Eckpunkte der Empfehlung wiedergegeben.

Zielsetzung

Die verschiedenen Institutionen, die mit der Integration von Jugendlichen in Gesellschaft und Arbeitswelt beschäftigt sind, verbinden ihre Angebote zu einem ganzheitlichen Beratungsangebot am Ort für regional noch zu definierende Einzugsgebiete (Vorschlag: Anlehnung an Stadtbezirke, nach Bedarf weitere dezentralisierte vernetzte Außenstellen). Die Beratungsstellen erreichen damit diejenigen jungen Menschen, die nicht aus eigener Kraft in der Lage sind, ihren Weg in das Berufsleben selbst zu organisieren. Die Jugendlichen erhalten eine Anlaufstelle, die sie bei der Lösung ihrer beruflichen und lebenspraktischen Probleme durch einen ganzheitlichen und dauerhaften Prozess von Beratung und Hilfe aus einer Hand nachhaltig unterstützt. Dazu soll das Jugendberatungshaus jugendkulturelle Angebote, sozialpädagogische und lebenspraktische Hilfen, Assessment, Berufswegplanung, Vermittlung in Berufsvorbereitung, Ausbildung, Arbeit und Weiterbildung, persönliche Übergangsbegleitung an der ersten und zweiten Schwelle, Jobvermittlung sowie Streetwork anbieten (ganzheitlicher Ansatz). Besondere Erwähnung findet die Forderung nach einer adäquaten EDV-Ausstattung, die die direkte und zeitnahe Vernetzung aller Akteure ermöglichen soll.

Zielgruppe

Zielgruppe sind Jugendliche und junge Erwachsene vom Schulabgang bis zum 27. Lebensjahr, denen es nicht allein gelingt, die erste und zweite Schwelle der beruflichen und sozialen Integration zu meistern, unabhängig davon, welche formalrechtlichen Förderbedingungen für sie maßgeblich sind.

Das Beratungsangebot hat *regionalen* Bezug, indem es auf Stadtbezirke, dezentralisierte vernetzte Außenstellen, städtische Sozialräume, Stadtteile und ggf. auch auf Arbeitsamtsbezirke zugeschnitten ist.

- Das Beratungsangebot ist *niedrigschwellig* und eingebunden in jugendgemäße Rahmenbedingungen (offene Treffpunkte mit Begleitangeboten wie Internetcafés).
- Der Beratungsprozess ist *ganzheitlich* orientiert. Berufliche, soziale und lebenspraktische Hilfen werden am gleichen Ort vermittelt, je nach personeller Ausstattung auch von ein und derselben Person.
- Die Begleitung der Jugendlichen ist *langzeitlich* orientiert und auf nachhaltige Hilfe ausgerichtet. Das bedeutet, dass der/die Jugendliche, auch wenn er/sie erfolgreich vermittelt wurde, bei Problemen immer wieder in die Beratung zurückkommen, zu weiteren Schritten motiviert und beraten werden kann.
- Der Beratungsprozess ist dem *Gender-Mainstreaming-Prinzip* verpflichtet. Die Wege in Ausbildung und Arbeit sind für Mädchen und Jungen immer noch sehr unterschiedlich. Das ganzheitliche Beratungsangebot muss die besondere Situation von Mädchen und jungen Frauen im Blick haben, die nach wie vor benachteiligt sind. Vermittlungen in Qualifizierung und Ausbildung müssen sich vor allem an zukunftsorientierten Berufsbildern ausrichten.
- Im Jugendberatungshaus ist eine *partielle Entscheidungsbefugnis* verankert. Jeder junge Mensch soll mit einer (Vor-)Entscheidung rechnen können. Eine entsprechende Vereinbarung der Kooperationspartner mit dem Jugendberatungshaus ist zu entwickeln.

Grundlage der Kooperation der Beteiligten sind mit den Jugendlichen gemeinsam ausgearbeitete Berufswege-/Hilfepläne. Diese werden auf der Basis von Arbeitserprobung, Schnupperpraktika, Tests, Assessment/Kompetenzprofilermittlung etc. gestaltet, auch in Absprache und Zusammenarbeit mit Jugendberufshilfeträgern. Ergebnis ist die Dokumentation des jeweiligen Qualifikationsstatus', aus dem die notwendigen und gewünschten Ausbildungs-, Qualifizierungs- oder Beschäftigungswege abgeleitet werden.

Für den Fall, dass im Jugendberatungshaus auch Arbeitsplatzvermittlung betrieben wird, könnten diese Daten auch Basis für eine Qualifikations- und Vermittlungsdatenbank sein.

Personal

Die personelle Zusammensetzung eines Jugendberatungshauses wird vom Umfang der Ressourcen abhängen, die von den jeweiligen Partnern zur Verfügung gestellt werden können. Für die Arbeitsorganisation wurden zwei Modelle entwickelt:

- ein Team von „SpezialistInnen", also KollegInnen aus den verschiedenen Bereichen, die ihre spezifische Kompetenz einbringen,
- ein Team von „GeneralistInnen", die (entsprechend geschult) integrativ und institutionsübergreifend beraten können und dabei mit den „SpezialistInnen" der einzelnen Förderinstitutionen im Hintergrund zusammenarbeiten.

Die hier zusammengefasste Beschlussempfehlung wurde Anfang 2000 vom Landesjugendhilfeausschuss verabschiedet. Damit ist das Landesjugendamt nun auch offiziell aufgefordert, diese „Empfehlung für die Weiterentwicklung der Jugendberufshilfe im Land Berlin" umzusetzen.

Die bezirklichen Jugendämter sind allerdings nicht zwangsläufig dem Landesjugendamt gegenüber weisungsgebunden. Den Initiatoren war daher klar, dass versucht werden muss, durch gezielte Initiativen auf der praktischen Ebene in den Bezirken Zeichen zu setzen. Aus der Zukunftskonferenz heraus bildete sich deshalb eine Initiativgruppe, die sich zur Aufgabe stellte, ein erstes Jugendberatungshaus (*compass mitte*) im Bezirk Mitte aufzubauen.

Beratungshaus *compass mitte* – ein Modell

Im Zuge der nunmehr dreijährigen Diskussion wurden erste Modelle installiert, die sich an den jeweiligen regionalen Gegebenheiten orientieren:

- Im Bezirk Reinickendorf städtische Jugendzentren in Kooperation mit freien Trägern,
- im Bezirk Pankow das Modell *TRIAS*, eine Kooperation zwischen Jugendamt (ASD) und freien Trägern,
- im Bezirk Mitte das *JobCenter* Wedding als Kooperation zwischen Sozialamt (HZA) und freien Trägern,
- und ebenfalls im Bezirk Mitte das Beratungshaus *compass mitte*.

Compass mitte wird hier näher beschrieben, weil sich die Installation dieses Beratungshauses direkt aus der oben beschriebenen Diskussion entwickelt hat. Nach der Zukunftskonferenz war klar, dass die jugendpolitische Initiative auf Landesebene durch konkrete Ansätze untermauert werden muss, mit denen nachgewiesen werden kann, dass durch das Konzept – auch wenn zunächst keine zusätzliche Förderung zur Verfügung steht – allein durch die Konzentration verschiedener Angebote an einem Ort Synergien geschaffen werden, die die Qualität der Angebote erhöhen.

So entstand u.a. eine Arbeitsgruppe aus Trägern und dem Jugendamt des Bezirks Mitte, die ein Arbeitskonzept für ein grundlegendes Beratungsangebot entwickelte. Eine Kollegin der Jugendförderung arbeitete zunächst zusammen mit MitarbeiterInnen von *Zukunftsbau* und unter Einbeziehung der Straßensozialarbeit in einem Laden, den *Zukunftsbau* mit Miete und Ausstattung unterstützen konnte. Aus dieser Keimzelle heraus hat sich inzwischen mit der engagierten Unterstützung des Jugendamtes des Bezirks Mitte (einschließlich des Jugendhilfeausschusses) an einem neuen, zentralen Ort (Rosa-Luxemburg-Platz) eine Beratungseinrichtung etabliert, die Nachhaltigkeit verspricht. Grundlage ist ein Kooperationsvertrag zwischen *Zukunftsbau* und dem Jugendamt, der sich ausdrücklich auf die Verwirklichung des Konzepts Jugendberatungshaus bezieht. Auf dieser Basis und mit inzwischen bewilligten zusätzlichen Mitteln aus dem Bezirkshaushalt ist jetzt die Miete und Förderung für zwei BeraterInnen sichergestellt.

Die Beratungskapazität dieser beiden MitarbeiterInnen wird nach wie vor durch die Kollegin aus der Jugendförderung mit voller Arbeitszeit erweitert. Dieses Stammteam ergänzt sich durch die Einbindung der Träger „Leben Lernen" (Übergang Schule–Beruf), „Interkulturelles Netzwerk" (Freiwilliges Soziales Jahr, Auslandspraktika) und „Gangway" (Straßensozialarbeit), die sich auch örtlich in *compass mitte* angesiedelt haben und die Beratung und Begleitung der Jugendlichen anteilig mittragen.

Das „Mission Statement" dieses Teams ist: Der Mangel an Ausbildungsplätzen hat eine Vielzahl von Maßnahmen und Überbrückungsvarianten hervorgebracht. Bei *compass mitte* helfen wir Jugendlichen und jungen Erwachsenen bei der Suche nach dem passenden Angebot. Wir strukturieren die vielfältigen Maßnahmen und begleiten junge Menschen bei den notwendigen Schritten und stärken ihre Motivation. Unsere Beratung ist ganzheitlich und auch in schwierigen Situationen unterstützend. Wir arbeiten vertraulich und für jede Person maßgeschneidert. Die Beratung endet dann, wenn der/die Rat Suchende sie nicht mehr braucht. Die KollegInnen von *compass mitte* arbeiten bei Bedarf auch vor Ort in den Jugendeinrichtungen des Bezirks. Zusätzlich zum Beratungsangebot können das Internet und unser Infopool genutzt werden. In enger Zusammenarbeit mit den Projekten „Leben Lernen“ und „Interkulturelles Netzwerk e. V.“ finden regelmäßig Seminare, internationale Jugendbegegnungen und interkulturelle Fortbildungen statt.

Auf der Basis dieser allgemeinen Zielsetzung bilden sich die konkreten Angebote:

- Individuelle Beratung zu Schulabschlüssen, Berufsorientierung, Ausbildung/Arbeit, Konflikten in Ausbildung, Praktika, Auslandspraktika,
- Unterstützung bei Berufswegplanung, Bewerbungen, Orientierung in Ausbildungs- und Qualifizierungsmöglichkeiten,
- Begleitung zu Arbeitsamt, Berufsberatung, Bildungsträgern,
- Workshops zur Berufsorientierung, Informationsmöglichkeiten über Internet und Infopool, internationale Begegnungen, Bewerbungstraining, Seminare und Projekttage zur Berufsorientierung für die Oberschulklassen 8 bis 10.

Dieses Angebot ist eingebettet in ein Kooperationsnetz, das aus bezirklichen AGs nach § 78, Gremien der bezirklichen Jugendarbeit und lokalen Beschäftigungsbündnissen gewebt ist. In diesem Zusammenhang steht auch die Kooperation mit dem *JobCenter* Wedding im Nachbarbezirk. Diese Beratungs- und Vermittlungseinrichtung ist aus dem Bereich „Hilfe zur Arbeit“ heraus entstanden und hat als Schwerpunkt ebenfalls die Vermittlung in den ersten Arbeitsmarkt. Das dort entstandene Datenbanksystem (Stellenvermittlung, Bewerberdatenbank einschließlich Qualifizierungsdokumentation) wird inzwischen vom *JobCenter* Wedding und von *compass mitte* gemeinsam genutzt. Ein weiterer positiver Aspekt dieser Kooperation ist die Möglichkeit, dort entwickelte Assessmentsysteme (Kompetenzprofilermittlung) als Basis und Ausgangspunkt für individuelle Karriereplanung zu nutzen.

Die Entwicklung von *compass mitte* bietet gute Voraussetzungen für die Etablierung eines kompletten Jugendberatungshauses. Sicherlich sind viele der im allgemeinen Konzept genannten Voraussetzungen noch nicht geschaffen. Obwohl z. B. die Arbeitsämter in Einzelfällen kooperationsbereit sind, fehlt doch die verbindliche Einbettung in den Beratungszusammenhang am Ort und vor allem die datentechnische Vernetzung. Gleiches gilt auch für die Sozialämter. In beiden Fällen ist aber die Bereitschaft zu Gesprächen zur Weiterentwicklung der Kooperation vorhanden, was uns optimistisch stimmt.

Ausblick und Perspektiven

Das Konzept Jugendberatungshaus stellt ein zentrales Element zeitgemäßer Jugendberufshilfe dar. Die angestrebte Modernisierung der Jugendberufshilfe wird aber mit dem Aufbau von Beratungshäusern allein nicht erreicht. Die Wirksamkeit des neuen Ansatzes wird sich nur in vollem Umfang realisieren lassen, wenn die Beratungshäuser mit ihren Begleitungs- und Förderprozessen Teile eines insgesamt flexibilisierten Systems der Jugendberufshilfe werden. Das setzt die Implementierung neuer Elemente in der Jugendberufshilfe als Standards voraus. Dazu zählen vor allem

- die Nutzung von Assessment- und Kompetenzprofilermittlungsverfahren als Ausgangspunkt jeder individuell orientierten Förderung,
- der Einsatz modularer, trägerübergreifend gültiger Curricula in Berufsausbildung, beruflicher Qualifizierung und (Nach-)Qualifizierung zum Berufsabschluss, einschließlich standardisierter Zertifizierungsverfahren (Qualifizierungspass).

Erst wenn diese Elemente in den Bildungsgängen der Träger der Jugendberufshilfe installiert sind, eröffnet sich den BeraterInnen die Möglichkeit, individuelle, ziel-/abschlussorientierte Aneignung von beruflichen Kompetenzen wie zum Beispiel die Verknüpfung von Vorbereitung, Qualifizierung und Berufsausbildung über verschiedene biografische Etappen zu fördern. Das Beratungshaus bekommt dann die gewünschte Funktion als Transferinstanz zwischen Jugendberufshilfe und Arbeitsmarkt. Es ermittelt die Bedarfslage des Arbeitsmarkts, bringt sie in Verbindung mit den Entwicklungspotenzialen der jungen Menschen und identifiziert Entwicklungswege, die in der Jugendberufshilfe realisiert werden, um die Eingliederung der Jugendlichen in den Arbeitsmarkt zu begleiten.

Hier entsteht zwischen Trägern der Jugendberufshilfe und dem Arbeitsmarkt ein neues, neutrales trägerübergreifendes Arbeitsfeld, das ausschließlich der individuellen Förderung und Begleitung gewidmet ist. Diese Arbeit lässt sich mit herkömmlicher sozialpädagogischer Begleitung allein nicht beschreiben. Die Akteure müssen in der Arbeitswelt wie in der Sozialarbeit verankert und versiert sein. Neue Schlagworte wie Coaching, Case- und Care-Management, Lernsteuerung stehen, wenn auch bisher oft nur parolenhaft, in der Diskussion. Hier gilt es, Definitions- und Fortbildungsarbeit für ein neues Berufsbild zu leisten. Die neu zu definierende Aufgabe liegt in der langzeitlichen, schrittweisen Begleitung individueller beruflicher Bildungswege vom Übergang Schule/Beruf bis hin zum anerkannten

Abschluss auch über verschiedene individuelle Förderphasen und biografische Situationen hinweg. Sie schließt auch ein, dass solche arbeitsmarktrelevanten Qualifikationen nach individuellen Voraussetzungen erworben werden, die unterhalb eines Berufsabschlusses liegen und trotzdem nachhaltige Beschäftigung ermöglichen. Individuelle Lernsteuerung und Coaching in Kooperation mit den einbezogenen Agenturen werden die Aufgabe haben, mit den einzelnen jungen Menschen Ziele zu definieren, Lernprozesse zu planen und zu begleiten sowie Ziele prozessadäquat anzupassen. Die Zusammenarbeit ist langfristig, d.h. bis zur betrieblichen Integration angelegt. Das Konzept lässt sich auch auf den Bereich der beruflichen Weiterbildung und Nachqualifizierung anwenden.

Dass wir mit diesem Konzept auf dem richtigen Weg sind, ist daran zu sehen, dass seine innovativen Elemente auch auf der Programmebene mehr oder weniger stark zu erkennen sind (z.B. Bündnis für Arbeit, Unterausschuss Benachteiligtenförderung, Job-AQTIV-Gesetz, Empfehlungen zur Kooperation zwischen Arbeits- und Sozialämtern auf kommunaler Ebene usw.). Auch in vielen Anträgen zur Gemeinschaftsinitiative wird der Ansatz aufgegriffen. Wir hoffen, dass der aufgezeigte Weg dazu anregt, auch in anderen Regionen pragmatisch über Kooperation und Ressourcenbündelung nachzudenken und neue Arbeitsansätze in der Jugendberufshilfe zu entwickeln, deren inhaltliche Überzeugungskraft die nachhaltige Einführung und auch materielle Unterstützung beinahe automatisch nach sich zieht.

Peter Urban, Zukunftsbau gGmbH Berlin

3 Gender Mainstreaming: Auf dem Weg zur Gleichstellung der Geschlechter in Ausbildung und Beruf

Ruth Enggruber

Gender Mainstreaming in der Jugendsozialarbeit

Die Diskussion zu „Gender Mainstreaming in der Jugendsozialarbeit" ist erst seit kurzer Zeit in Gang. Gegenwärtig wird noch um das „angemessene" oder auch „vertretbare" Verständnis der politischen Strategie Gender Mainstreaming (nachfolgend abgekürzt mit GM) gerungen und nach den relevanten Fragen gesucht, ohne dafür schon Antworten zu haben.

Definition und kontroverse Verständnisse von Gender Mainstreaming

Für die Strategie des GM sind in der Fachliteratur wie auch in den Veröffentlichungen der EU und der Bundes- und Landesministerien verschiedene Definitionen und Beschreibungen zu finden, die jeweils unterschiedliche geschlechterpolitische Konsequenzen beinhalten. Ausgangspunkt der folgenden Überlegungen ist die Definition des Bundesministeriums für Familie, Senioren, Frauen und Jugend (BMFSFJ):

> „Der Begriff Gender Mainstreaming bezeichnet den Prozess und die Vorgehensweise, die Geschlechterperspektive in die Gesamtpolitik aufzunehmen. Dies bedeutet, die Entwicklung, Organisation und Evaluierung von politischen Entscheidungsprozessen und Maßnahmen so zu betreiben, dass in jedem Politikbereich und auf allen Ebenen die Ausgangsbedingungen und Auswirkungen auf die Geschlechter berücksichtigt werden, um auf das Ziel einer tatsächlichen Gleichstellung von Frauen und Männern hinwirken zu können. Dieser Prozess soll Bestandteil des normalen Handlungsmusters aller Ressorts und Organisationen werden, die an politischen Entscheidungsprozessen beteiligt sind" (BMFSFJ, zit. in Horstkemper 2001, S. 42).

Den konkreten Festlegungen in dieser Definition nähere ich mich über die beiden Bestandteile von „Gender Mainstreaming", also „Gender" und „Mainstreaming":

Gender

Der Begriff „Gender“ als die soziale Betrachtung von Geschlecht hat für GM als politische Strategie zwei bedeutsame Implikationen: Zum einen geht es um beide Geschlechter gleichermaßen, zum anderen werden die Verhältnisse zwischen den Geschlechtern als kulturell und historisch bestimmt und damit als veränderbar angesehen. Biologische Differenzen (Sex) werden nicht als Legitimation für gesellschaftliche Differenzen akzeptiert (vgl. Stiegler 2000, S. 9). Darüber hinaus gehende Präzisierungen sind kontrovers. Deshalb wird GM als politisches Prinzip oft auch als „inhaltsleer“ bezeichnet (vgl. z.B. Liebe 2001, S. 100). Und Barbara Stiegler (2000, S. 9) verweist nachdrücklich darauf, dass GM nicht die politische Auseinandersetzung darüber ersetze, wie und in welche Richtung die Geschlechterverhältnisse zu gestalten seien; als Strategie verhelfe GM lediglich formulierten Zielen zur besseren Umsetzung.

Mit dem „Ziel einer tatsächlichen Gleichstellung von Männern und Frauen“ hat sich das BMFSFJ für eine gleichstellungspolitische Norm entschieden, die auf eine gleiche Teilhabe von Frauen und Männern in allen gesellschaftlichen Bereichen abzielt, also auch in Erwerbsarbeit und Familie.[1] Allerdings weist Albert Scherr (2001, S. 19f.) auf die kontroverse Übersetzung des Begriffs „égalité“ aus der ursprünglichen Definition des Sachverständigenberichts des Europarates aus dem Jahr 1998 (zit. nach ebd., S. 3) hin: Während „égalité“, übersetzt als ‚Gleichstellung‘, auf die Unterschiedlichkeit der Geschlechter abhebt, betont „égalité“, verstanden als ‚Gleichheit‘, dass es keine Unterschiede zwischen den Geschlechtern gibt. Diese nur vordergründig aus verschiedenen Übersetzungen resultierende Unterscheidung von Gleichheit und Gleichstellung verweist

---

[1] Die große Bedeutung der Frage nach der Gleichverteilung von bezahlter und unbezahlter Arbeit belegt eindrucksvoll Judith Hennigfeld (2001, S. 6 f.), ehemalige Referentin im *Gender in Development Programme* der Vereinten Nationen: „Um dieser ‚unsichtbaren‘ Arbeit von Frauen Rechnung zu tragen und um die Größe des Problems zu veranschaulichen, haben die Vereinten Nationen ein paar Kalkulationen angestellt. Würden die unbezahlten Arbeiten als anerkannte wirtschaftliche Tätigkeiten mit den allgemein üblichen Löhnen gehandelt werden, würden sie riesige Finanzreichtümer einbringen – nämlich 16 Billionen US $. Das wären also 16 Billionen Dollar zusätzlich zu den offiziell geschätzten 23 Billionen US $ der weltweit erwirtschafteten Leistung. Die Ziffer, 16 Billionen US $, bezieht sowohl die unbezahlte Arbeit von Männern und Frauen ein wie auch den üblichen Marktwert der von Frauen verrichteten unterbezahlten Arbeit. Von den 16 Billionen US $ entfallen § 11 Billionen auf nichtbezahlte, ‚unsichtbare‘ Arbeit von Frauen.“

auf den geschlechtertheoretischen Diskurs zum Verständnis von *Gender*.

Die Differenztheorie basiert auf der Annahme einer anthropologischen Differenz zwischen den Geschlechtern, wobei allerdings neben dem grundsätzlichen biologischen Unterschied auch eine kulturelle und gesellschaftliche Überformung der Geschlechterbilder angenommen wird. Die Kritik dieser Theorie richtet sich damit hauptsächlich darauf, dass Frauen sowie ihre spezifischen Lebenslagen und Qualitäten in Wissenschaft und Politik „unsichtbar“ gemacht und gesellschaftlich unterbewertet werden. Die daraus resultierende politische Strategie richtet sich primär auf die Förderung einer eigenen Frauenkultur und -politik, die an weiblichen Bedürfnissen und Lebenslagen ansetzt und die besonderen Qualitäten von Frauen fördert (vgl. Meyer 2001, S. 28).

Im Gegensatz dazu gehen konstruktivistische Theorien vor dem Hintergrund entsprechender Forschungsergebnisse (vgl. Stiegler 1998, S. 8) davon aus, dass sowohl das System der polaren Zweigeschlechtlichkeit ein kulturelles Produkt ist als auch das Geschlecht selbst eine soziale Konstruktion ist, die durch ständige Interaktion, aber auch gesellschaftliche Strukturen hergestellt wird. Um die damit verbundenen Einschränkungen biografischer Optionen zu überwinden, muss untersucht werden, „wie sich die Differenz zwischen den zwei und auch nur zwei Geschlechtern herstellt, wie sie Bedeutung erlangt und wie ihre Herstellungsprozesse ablaufen“ (Meyer 2001, S. 29). Von zentraler Bedeutung sind die Prozesse von „doing gender“ in der sozialen Praxis, in denen die Geschlechterrollen und Geschlechtsidentitäten interaktiv im täglichen Handeln hergestellt und verstärkt werden. Die auf diesen Ansätzen basierende Politik zielt darauf ab, die „Geschlechterdichotomie als (hierarchisches) System auf(zu)weichen, Zuschreibungen aufgrund der Geschlechtszugehörigkeit und Normierungen von Geschlechtsidentitäten (zu) vermeiden und geschlechtliche Identitäten (zu) entgrenzen“ (ebd.).

Bei den strukturtheoretischen Ansätzen stehen die soziologische Analyse und Identifikation geschlechtsspezifischer Herrschaftsstrukturen im Zentrum. Es sind die Benachteiligungen und Entwertungen von Frauen nachzuweisen, denen sie aufgrund hegemonialer Männlichkeit und männlicher Herrschaft (Bourdieu, zit. in Faulstich-Wieland 2000, S. 13) ausgesetzt sind. Die strukturelle Bedeutung von Geschlecht wird dabei an der zweifachen Vergesellschaftung von Frauen festgemacht, „einmal im privaten Reproduktionsbereich – kraft patriarchaler Machtverhältnisse, zum anderen in der marktvermittelten gesellschaftlichen Sphäre – kraft profitorientierter Organisation der Produktionssphäre“ (Brückner 2001, S. 18). In beiden

Bereichen greift die männlich dominierte Hierarchie der Geschlechterverhältnisse, denn das an der bisherigen männlichen Normalbiografie ausgerichtete Erwerbssystem ist der Familie als dem bisher zentralen Lebenszusammenhang von Frauen übergeordnet, was sich nach Margit Brückner (2001, S. 19) auch in der Sozial- und Arbeitsmarktpolitik niederschlägt. Aus dieser Perspektive sind die Benachteiligungs- und Entwertungsstrukturen das die Frauen Verbindende, unabhängig davon ob sie von einzelnen Frauen subjektiv erlebt, bewusst wahrgenommen und bekämpft oder abgestritten werden.

Sowohl aus struktur- als auch aus differenztheoretischer Sicht setzt fundamentale Kritik am Prinzip von GM beim Begriff „Gender" an, denn über die Öffnung für beide Geschlechter drohen die objektiv nachweisbaren Benachteiligungen von Frauen aus dem Betrachtungsmittelpunkt zu fallen (vgl. Flösser 2001b). Dies kann dann auch den Missbrauch von GM begünstigen, frauen- und mädchenspezifische Angebote ungeprüft zu streichen und durch geschlechterbewusste Angebote zu ersetzen.

Vor diesem Hintergrund kann die Definition des BMFSFJ wie folgt verstanden werden: Die Übersetzung von „égalité" als Gleichstellung und nicht als Gleichheit lässt sich im weitesten Sinne als Positionierung zugunsten eines differenz- oder strukturtheoretischen Geschlechterkonzepts und gegen ein konstruktivistisches Verständnis interpretieren, denn Letzteres geht von der Gleichheit und der Aufhebung der Differenzierung zwischen Frauen und Männern aus.

Mainstreaming

Gleichermaßen begünstigt durch unterschiedliche Übersetzungen sind Auffassungen von „Mainstreaming" im Sinne von Hauptströmung (vgl. Mückenberger/Tondorf 2000, S. 2f.): Einige Übersetzungen beinhalten, dass GM alle betrifft, die an politischer Gestaltung in irgendeiner Weise – also auch vorbereitend oder beratend – beteiligt sind, andere Übersetzungen verstehen Mainstreaming als nur an diejenigen gerichtet, die direkt die Entscheidungen treffen. Auch in dieser Kontroverse hat das BMFSFJ mit seiner Formulierung „alle(r) Ressorts und Organisationen ..., die an politischen Entscheidungsprozessen beteiligt sind" Stellung bezogen, nämlich für ein weiteres Verständnis von GM als Ressort- und Querschnittspolitik.

Entwicklung von Gender Mainstreaming als innovative Ergänzung bisheriger Frauen- und Gleichstellungspolitik

Verbindliche Vorgaben zur Anwendung von GM für alle Mitgliedsstaaten wurden im Rahmen der EU erstmals 1996 im so genannten „Amsterdamer Vertrag" gemacht. Hintergrund dafür war die Erkenntnis, dass die zuvor in der EU angewendeten Strategien zur Herstellung von Chancengleichheit zwischen den Geschlechtern – (1) Normierung in Form von Gesetzen und Normen zur Gleichstellung von Frauen und Männern, (2) Quotierung und (3) autonome Praxis von Frauen wie Frauentreffs, Mädchenprojekte usw. – zwar bestehende Diskriminierung bekämpfen, dass sie aber wenig dazu beigetragen haben, grundsätzliche Strukturen aufzubrechen, also gewissermaßen Benachteiligungen präventiv zu verhindern und die Ungleichheit „an der Wurzel" zu packen. Besonders kritisiert wurde:

- Die Frauen würden isoliert betrachtet und nicht in ihrer Beziehung zu Männern.
- Frauen würden fälschlicherweise – ohne Berücksichtigung der Unterschiede in Kultur, Bildungs- oder Einkommensverhältnissen – als homogene Gruppe betrachtet.
- Die produktive Tätigkeit der Frauen werde zwar gefördert, ihre reproduktiven Verpflichtungen und die dafür notwendige Kraft und Zeit würden jedoch nicht berücksichtigt.

Dieser Kritik möchte die EU durch die Strategie des GM begegnen (vgl. Linde 2000, S. 247f.). Als Folge des Amsterdamer Vertrages floss ab 1999 die Verpflichtung zur Anwendung von GM sowohl in die beschäftigungspolitischen Leitlinien als auch in die Verordnungstexte der geänderten Strukturfonds ein und hat damit auch über die nationalen Aktionspläne zur Beschäftigungsförderung (NAP) direkten Einfluss auf die Arbeitsmarktpolitik in allen Ebenen (vgl. Linde 2000, S. 248). Auf bundespolitischer Ebene gibt es zudem seit 2000 eine interministerielle Steuerungsgruppe zur Implementierung von GM in allen Ressorts, die unter Federführung des BMFSFJ arbeitet (vgl. Schweikert 2001).

In den Veröffentlichungen der EU wird bei der Frage nach dem Verhältnis von GM zur bisherigen Frauen- und Gleichstellungspolitik explizit ein „dualer Ansatz" (z.B. Goldmann 2000, S. 7) eingefordert. Dies bedeutet, dass bewährte Ansätze zur Frauenförderung fortgesetzt werden sollen, während gleichzeitig GM eingeführt wird. Hintergrund ist die Erfahrung, dass die Einführung von GM als Argument dafür missbraucht wird, spezifische Projekte zur Frauenförderung nicht weiter zu finanzieren (vgl. Stiegler 2000, S. 26). Hierin zeigt sich ein großes Missverständnis: Zwar kann man GM als umfassende Strategie verstehen, in die andere Strategien integriert werden – allerdings nicht in dem Sinne, dass die übrigen Strategien unbesehen als überflüssig angesehen werden; GM als übergeordnetes politisches Prinzip kann jedoch dazu genutzt werden Entscheidungen zu treffen, z. B. darüber, welche der „traditionellen Strategien" – oder auch welche andere Strategie – an welcher Stelle notwendig ist. Das grundsätzlich Neue am Prinzip des GM kann nicht sein, Fördermaßnahmen für Frauen ungeprüft abzuschaffen. GM Verfahren sollten vielmehr dazu dienen, geschlechterbezogene Differenzen zu analysieren und mögliche Diskriminierungen zu thematisieren, damit dann nach einem geeigneten Mittel zu deren Beseitigung gesucht werden kann. Dabei geht es eben nicht mehr nur um die Unterstützung für die benachteiligte Gruppe, sondern auch um die Analyse und eventuelle Veränderung der Strukturen und Rahmenbedingungen, die zu diesen Diskriminierungen führen (vgl. Stiegler 2000, S. 19).

Umsetzungsstrategien zu GM

In der Rezeption des Ansatzes wird bei der Frage der Umsetzung in die Praxis immer wieder betont, es handele sich bei GM um eine „klassische Top-down-Strategie" (vgl. z. B. Stiegler 2000, S. 12; Meyer 2001, S. 25; Goldmann 2000, S. 8). Das bedeutet: „Die Verantwortung für die Anwendung des GM Prinzips in einer Organisation liegt zunächst bei der Spitze der Organisation" (Stiegler, ebd.). Laut Dorit Meyer (2001, S. 25 f.) bezieht es sich also „in erster Linie auf die administrativen und organisationsrelevanten Ebenen" und wird von den politischen Entscheidungsebenen aus „in politische Programme und Maßnahmen übersetzt".

Diese Aussagen relativierend wird jedoch auch betont, dass zwar die Verantwortung auf der höchsten Ebene einer Organisation liege, es aber trotzdem „keine Person in einer Organisation (geben sollte, R. E.), die sich diesem Prinzip nicht verpflichtet fühlen muss" (Stiegler 2000, S. 12), bzw. dass solch weit reichende organisatorische Veränderungen nicht durch „zentrale Vorgaben zu implementieren" sind, sondern einen „breiten Beteiligungsprozess in der Organisation" erfordern (Goldmann 2000, S. 8; siehe auch Hennigfeld 2001, S. 9). Die dazu geforderte Gender-Kompetenz ist in entsprechenden Gender-Trainings zu fördern. Gender-Kompetenz wird definiert als „die Entwicklung des kritischen Geschlechterblicks, der hilft, geschlechtshierarchische Verhältnisse", und hierbei insbesondere auch

„subtile Prozesse von Einengung für Frauen wie für Männer zu erkennen" (Faulstich-Wieland 2001a, S. 13). Eine wichtige Voraussetzung dafür ist die selbstreflexive Auseinandersetzung mit den eigenen normativen Vorstellungen von Männlichkeit und Weiblichkeit, wie sie Marianne Horstkemper (2001, S. 53) für alle pädagogisch Tätigen besonders betont.[2]

Bei GM handelt es sich also um ein anspruchsvolles Konzept, dessen Umsetzung hohe Anforderungen an die Organisation und das Personal stellt. Es setzt die Fähigkeit zur „grundsätzlichen Veränderung von Entscheidungsprozessen, fachübergreifende Kommunikations- und Kooperationsformen und die Entwicklung persönlicher Kompetenzen sowie neuer Arbeitsweisen" (Goldmann, 2000, S. 8) voraus. Wichtig ist daher die Entwicklung geeigneter Techniken und Methoden, um die Einführung von GM zu initiieren und die Ergebnisse auch zu kontrollieren.

In der Entwicklung geeigneter Instrumente zur Ein- und Durchführung von GM sowie zur Evaluation dieses Prozesses kann Deutschland viel von anderen EU-Ländern profitieren, da man dort schon deutlich weiter ist. In Anlehnung an Barbara Stiegler (2000, S. 15) können die Methoden zur Verbesserung der Entscheidungsprozesse im Hinblick auf GM grob in analytische, konsultative und partizipatorische Techniken gegliedert werden: Analytische Techniken bezeichnen statistische Analyseverfahren, mit deren Hilfe man die strukturellen Bedingungen, in denen Frauen und Männer leben und gefördert werden, herausarbeiten kann. Dazu müssen geschlechtsspezifische Statistiken und Kosten-Nutzen-Analysen nach Geschlecht und Geschlechterrollen aufgestellt und Gender-Expertisen erarbeitet werden, in denen bestimmte Fachfragen aufgegriffen und mit dem Stand der Geschlechterforschung verknüpft werden. Ferner sind entsprechende Checklisten zu bestimmten Bereichen vorzulegen (vgl. Stiegler 2000, S. 16). Konsultative und partizipatorische Techniken dagegen umfassen solche Verfahren, mit denen das Wissen über die konkreten Lebensbedingungen und die eventuell vorliegenden Ausgrenzungen und Diskriminierungen ermittelt wird, das nicht wissenschaftlich erfasst ist, sondern das diejenigen Frauen und Männer bzw. Mädchen und Jungen mitbringen, die eine geplante Maßnahme betrifft. Methoden, dieses Wissen für Entscheidungsträ-

---

[2] Neben Gender-Trainings hat sich in nordischen Ländern bewährt, zur Implementierung von GM externe ExpertInnen hinzuzuziehen, so genannte „flying experts", die dabei helfen, die Erkenntnisse der Frauen- und Geschlechterforschung mit dem jeweiligen Fachwissen nutzbringend zu verknüpfen (Goldmann 2000, S. 9).

gerInnen verfügbar zu machen, sind z.B. Kontaktaufnahme zu bereits existierenden Interessenverbänden und deren Beteiligung an der Entscheidungsfindung sowie die Veranstaltung öffentlicher Hearings oder Ideenwerkstätten, z.B. in Stadtteilen. Für die Jugendsozialarbeit sind damit alle Verfahren, die sich auf die Partizipation der AdressatInnen richten, bedeutsam.

Spätestens nach dieser kurzen Darstellung der für die Implementierung von GM sinnvollen und größtenteils auch notwendigen Verfahren und Techniken wird deutlich, dass GM „nicht zum Nulltarif zu haben ist“, sondern einen erheblichen Aufwand an Personal, Zeitressourcen, finanziellen Mitteln und zudem Engagement der MitarbeiterInnen erfordert. Und selbst wenn diese Voraussetzungen gegeben sind, kann es sich bei der Einführung von GM nur um einen „kontinuierlichen Verbesserungsprozess“ handeln. Überlegungen dazu, wie dieser Prozess in der Jugendsozialarbeit gestaltet werden kann, werden im Folgenden skizziert.

Ausgewählte Strategien zur Förderung der Gleichstellung der Geschlechter in der Jugendsozialarbeit gemäß Gender Mainstreaming

Als theoretische und normative Grundlage der folgenden Vorschläge zur Gestaltung der Praxis der Jugendsozialarbeit, insbesondere ihrer arbeitsweltbezogenen Angebote, gemäß GM wird sowohl eine konstruktivistische als auch eine strukturtheoretische Perspektive eingenommen aufgrund der mit Albert Scherr (2001, S. 20) geteilten Überzeugung: „Es genügt ... nicht, Gleichheit als Tatsache bloß zu behaupten und die Existenz von Unterschieden prinzipiell zu bestreiten. Vielmehr ist es erforderlich, sich mit der sozialen Entstehung und der Verankerung, aber auch der Veränderung, von Geschlechtereigenschaften und -unterschieden in der Struktur der Gesellschaft und der individuellen Erfahrung auseinanderzusetzen, wenn die Macht dieser Unterschiede aufgebrochen werden soll.“

Da die zentralen AdressatInnen von GM die Mitglieder von politischen und Verwaltungsorganisationen der Jugendsozialarbeit sind, werden zunächst dafür Handlungsstrategien vorgeschlagen.

Gender Mainstreaming in den Politik- und Verwaltungsbereichen der Jugendsozialarbeit

Eine bunte Vielfalt von Förderinstrumenten, jeweils basierend auf unterschiedlichen Politikbereichen und entsprechenden Rechtsgrundlagen, prägt das Handlungsfeld der Jugendsozialarbeit. Der für GM bedeutsame Top-down-Ansatz begrenzt sich somit nicht nur auf die Bundesebene, sondern betrifft auch die obersten Leitungsebenen in den Ländern und Kommunen, sei es nun in einem Landesministerium, Schul-, Jugend- oder Sozialamt.

Möglichkeiten und Grenzen des Top-down-Ansatzes des Bundes

Von der Bundesebene aus gesehen kann die Top-down-Strategie in weiten Bereichen aufgrund der Vielfalt der Förderinstrumente in der Jugendsozialarbeit nur wirksam werden „im Sinne einer Setzung symbolischer Leitnormen, nicht als Prinzip zur Durchsetzung politischer Entscheidungen“ (Liebe 2001, S. 107). Direkte Gestaltungsmöglichkeiten eröffnen sich jedoch mit dem Kinder- und Jugendplan des Bundes (KJP). Dazu könnten z.B. die im KJP zur Verfügung stehenden Mittel, insbesondere im Bereich Zentrale Aufgaben, eingesetzt werden (vgl. Borsche 2001, S. 249) oder die von Norbert Struck (2001) vorgeschlagenen programmspezifischen Arbeitsgruppen, unterstützt durch ausgewiesene Gender-ExpertInnen, eingerichtet werden. Eine befürchtete Begrenzung auf das 6. KJP-Programm, das zuvor das Mädchenarbeitsprogramm war, ist mit dem ganzheitlichen Anspruch von GM nicht vereinbar. Weitere Ansatzpunkte für Top-down-Prozesse ergeben sich aus den im SGB VIII geforderten Kooperationen der Kinder- und Jugendhilfe mit anderen Institutionen der Länder- und der kommunalen Ebene. Vor diesem Hintergrund überrascht, dass im KJP als dem wichtigsten Förderungsinstrument des Bundes, die Forderung nach ressortübergreifender Zusammenarbeit nicht aufgegriffen wird (vgl. Borsche 2001, S. 247).

Notwendige Voraussetzungen

Für die Jugendsozialarbeit ist zu prüfen, ob für alle politischen Entscheidungsprozesse zur Jugendsozialarbeit die notwendigen Statistiken bereits vorliegen und welche noch aufzustellen sind.[3] Erst auf der Grundlage geschlechterbezogen aussagefähiger Daten können in politischen Entscheidungsprozessen Ziele vereinbart und ein entsprechendes Gender-Controlling installiert werden. Notwendige Voraus-

---

[3] Dabei sollte nicht – wie so häufig – die Gesamtheit und ihr darin enthaltener Frauenanteil ausgewiesen, sondern zwischen Frauen und Männern bzw. Mädchen und Jungen unterschieden werden, weil Frauen keine besondere Untergruppe der Gesamtheit sind.

setzung für die Einführung von GM in die Politik- und Verwaltungsbereiche ist demnach der Einsatz analytischer Methoden zur Aufstellung geschlechtsspezifischer Statistiken.

Gleichstellung von Frauen und Männern und Einführung von Gender Mainstreaming

Aus strukturtheoretischer Sicht bedeutet die Entwicklung, Organisation und Evaluierung politischer Entscheidungen, die die Jugendsozialarbeit betreffen, dass in allen Institutionen der relevanten Politik- und Verwaltungsbereiche – dazu gehören auch die Organisationen der freien Träger – Frauen und Männer in allen Funktionen, Hierarchieebenen und Arbeitszeitregelungen gleichermaßen vertreten und mit gleichen Ressourcen ausgestattet sind. Damit sind nicht nur die zuständigen Ministerien, Ämter und Träger angesprochen, sondern auch die oben genannten Kooperationsgremien sowie auch alle sonstigen Gremien auf Bundes-, Länder- und kommunaler Ebene.[4] In diesem Zusammenhang steht auch die nach wie vor zu fordernde Quotierung für Frauen und Männer, die jedoch aus konstruktivistischer Sicht mit Barbara Stiegler (1998, S. 15) ausdrücklich nur formal als Beitrag zur Gleichstellung zu begründen ist, nicht inhaltlich, also aufgrund „geschlechtsspezifischer" Fähigkeiten.

Gender-Kompetenzen und konsultative und partizipatorische Techniken

Entscheidende Voraussetzung zur Implementierung von GM in den für die Jugendsozialarbeit relevanten Politik- und Verwaltungsbereichen ist die Gender-Kompetenz der beteiligten Frauen und Männer. Zur Förderung von Gender-Kompetenz wurden bereits einzelne Gendertrainings konzipiert und angeboten (vgl. Linde 2000; Blickhäuser 2000), die zum einen auf ihre Relevanz für die Jugendsozialarbeit zu prüfen und zum anderen weiter auszubauen sind. Ferner sollten durch den Einsatz konsultativer und partizipatorischer Techniken die von den Maßnahmen betroffenen Zielgruppen in die politischen Entscheidungsprozesse einbezogen werden.

---

[4] In den United Nations Development Programmes wird davon ausgegangen, dass jedes Geschlecht mit mindestens 30 % aller Mitglieder vertreten sein soll, weil Untersuchungen ergeben haben, dass eine Minderheit ab etwa 30 % in der Lage ist, Gruppenprozesse zu beeinflussen und Entscheidungen zu verändern (vgl. Hennigfeld 2001, S. 9). Darüber hinausgehend hat im Mai 2000 die EU-Kommission beschlossen, „dass in allen von ihr eingesetzten Ausschüssen und Sachverständigengruppen mindestens 40 % Frauen vertreten sein müssen" (Schroedter 2000, S. 17).

Qualitätsleitfäden und andere Leitfäden

Ungeachtet kritischer Stimmen zu Qualitätsleitfäden wie jenem der Bundesanstalt für Arbeit (vgl. Enggruber 1999; Enggruber/Bylinski 2001) sollen im Folgenden einige Anregungen gegeben werden, wie die Gleichstellung von Frauen und Männern in solchen und anderen Leitfäden berücksichtigt werden kann. Diese Vorgehensweise bietet sich auch deshalb an, weil im Bereich der Jugendhilfe bereits erste allgemeine (Flösser 2001a) sowie für ausgewählte Handlungsfelder präzisierte Qualitäts- und (Selbst-)Evaluationskriterien (Faulstich-Wieland 2001b; Winter 2001) vorliegen. Mit der Modifikation der Leitfäden der GeM-ToolBox (GeM-Koordinierungsstelle im ESF aus Wien 2001) wird ein Verfahren vorgeschlagen, das nur die arbeitsweltbezogene Jugendsozialarbeit betrifft. Es setzt auf der Ebene der Maßnahmenplanung in regionalen und lokalen Kooperationen der für die Jugendsozialarbeit zuständigen Politik- und Verwaltungsbereiche an und gibt in entsprechenden Leitfäden Qualitätskriterien für die Durchführung der Förderangebote in den Bildungseinrichtungen vor. Deshalb wird zwischen der Programm- und der Angebots- oder Maßnahmenebene differenziert, wofür jeweils spezifische Leitfäden entwickelt worden sind.

Zur Kontroverse um geschlechtshomogene und geschlechtsheterogene Angebote

In der Jugendsozialarbeit beziehen sich die bisherigen Aktivitäten zur Förderung der Gleichstellung der Geschlechter überwiegend auf geschlechtshomogene Angebote der Mädchensozialarbeit. Aus strukturtheoretischer Perspektive können sie an die politische Strategie von GM anschließen. Um den aus konstruktivistischer Sicht benannten Gefahren der Festschreibung von Zweigeschlechtlichkeit und der sozialen Konstruktion von Geschlecht Rechnung zu tragen, wird hier mit Hannelore Faulstich-Wieland (2001a, S. 14) vorgeschlagen, „eine Balance zwischen der Dramatisierung und Entdramatisierung des Themas“ zu finden: „Entdramatisierungen erlauben die Bezugnahme auf weitere soziale Differenzierungen wie Klasse, Ethnie, Religion usw.“ (ebd.), ohne dabei das Geschlecht als einen weiteren – aber nicht ausschließlichen – Bezugspunkt struktur- und sozialisationstheoretischer Analysen zu vernachlässigen. Bezogen auf die Jugendsozialarbeit und besonders bezogen auf die Zusammenstellung des regionalen und lokalen Maßnahmenangebots sind somit aus strukturtheoretischer Sicht auch gemäß GM geschlechts-

Qualitätsleitfäden auf der Programm-, Maßnahmen- und Angebotsebene

Programmebene	Maßnahmen- und Angebotsebene
Institutionelle Verankerung Leitfaden zur Verankerung von GM in allen beteiligten Politik- und Verwaltungsbereichen **Programmplanung** Leitfaden zur Zusammenstellung des gesamten regionalen und lokalen Maßnahmenangebots **Programmevaluation** Leitfaden zur Evaluation des realisierten Maßnahmenangebots	**Gestaltung von Maßnahmen und Angeboten** Leitfaden für Bildungseinrichtungen zur geschlechterreflexiven Gestaltung von einzelnen Maßnahmen und Angeboten Leitfaden für Bildungseinrichtungen zur geschlechterreflexiven Gestaltung der eigenen Einrichtung Leitfaden für Förderstellen zur Überprüfung der geschlechterreflexiven Gestaltung von Angeboten Leitfaden für Förderstellen zur Überprüfung der geschlechterreflexiven Gestaltung von Bildungseinrichtungen **Wirkungen von Maßnahmen und Angeboten** Leitfaden für Bildungseinrichtungen zur Überprüfung geschlechtsspezifischer Wirkungen ihrer Angebote Leitfaden für Förderstellen zur Überprüfung geschlechtsspezifischer Wirkungen von Angeboten

homogene Angebote zu fordern, wenn die Begründungen nicht nur auf ein spezifisches Bild von Weiblichkeit, sondern auf weitere soziale Differenzierungen, z. B. auf den Migrationsstatus, auf schlechte Schulabschlüsse, Armut und andere soziale Benachteiligungen sowie auf den geschlechtsspezifisch segmentierten Arbeitsmarkt rekurrieren. Für die so ausgewählten Gruppen von Mädchen und jungen Frauen sind so lange besondere Entwicklungs- und Förderungsräume zu eröffnen, bis sich andere Geschlechterverhältnisse in diesen Bereichen entwickelt haben.

Aus sozialisationstheoretischer bzw. konstruktivistischer Sicht begründen sich geschlechtshomogene Angebote in dreierlei Hinsicht: (1) In allen Regionen sollte zumindest ein geschlechtshomogenes Angebot für Mädchen und junge Frauen sowie für Jungen und junge Männer in Form von Anlauf- und Beratungsstellen sichergestellt werden, wo die TeilnehmerInnen Themen diskutieren können, die sich ohne die Anwesenheit des jeweils anderen Geschlechts leichter besprechen lassen. In solchen Gruppen werden auch nicht ständig die Geschlechterrollen interaktiv wiederhergestellt. Hier zeigt sich nach einer Stichtagserhebung der BAGJAW vom 1. Januar 1998 (vgl. Werthmanns-Reppekus 2001, S. 552) ein erheblicher Nachholbedarf. (2) Aufgrund geschlechtsspezifischer Berufswahl und Maßnahmenzuschnitte in der Jugendsozialarbeit gibt es – nicht geplant, aber faktisch – zahlreiche geschlechtshomogen zusammengesetzte Gruppen. Sie könnten im Sinne von Mädchen- und Jungensozialarbeit genutzt und geschlechterreflexiv gefördert werden, um die biografischen Optionen der Mädchen und Jungen sowie jungen Frauen und Männer trotz der bereits erfolgten geschlechtsspezifischen Berufswahl zu erweitern. (3) In geschlechtsheterogenen Maßnahmen können inhaltlich begründete Wünsche der Teilnehmenden nach geschlechtshomogenen Angeboten nicht nur aufgegriffen, sondern auch aktiv gefördert werden. Denn bestimmte Themen – z. B. Sexualität, emotionale Probleme oder Schönheitsideale – lassen sich leichter in geschlechtshomogenen Gruppen besprechen.

Während in den bisherigen Überlegungen eher makrodidaktische Aspekte im Vordergrund standen, geht es im Folgenden überwiegend um mikrodidaktische Handlungsstrategien.

Anmerkungen zu einer geschlechterreflexiven Didaktik und Curriculumentwicklung

Präzise Ausführungen zu einer geschlechterreflexiven Didaktik und Curriculumentwicklung in der Jugendsozialarbeit waren weder in der Literatur noch in den ExpertInneninterviews zu finden.[5] Deshalb können hier allenfalls Anregungen für differenziertere Konzepte gegeben werden, die in wissenschaftlich begleiteten Modellversuchen entwickelt, erprobt und evaluiert werden könnten.

Ziele einer geschlechterreflexiven Didaktik in der Jugendsozialarbeit

Aus konstruktivistischer Sicht kann das Ziel der Gleichstellung von Frauen und Männern im pädagogischen Kontext als die „Erweiterung biografischer Handlungsoptionen“ (Flösser 2001a, S. 60) für

[5] Wir konnten lediglich einzelne Aufsätze zur „Geschlechterorientierung als didaktisches Prinzip der politischen Bildung“ (Richter 2000) finden (vgl. die Beiträge in Oechsle/Wetterau (Hrsg.) 2000).

beide Geschlechter in ihrer privaten und beruflichen Lebensführung präzisiert werden.

Kompetenzansatz und Empowerment aus genderreflexiver Sicht

Unter Berücksichtigung von Empowerment und dem Kompetenzansatz, die beide generell handlungsleitend in der Jugendsozialarbeit sind (vgl. Enggruber 2001, S. 5), ist zu prüfen, welche Kompetenzen bei Mädchen und jungen Frauen bzw. Jungen und jungen Männern bereits vorhanden sind, an die im Förderprozess gezielt angeknüpft werden kann. Forschungsergebnisse (z. B. Faulstich-Wieland 2001a; Walter 1998) verweisen darauf, dass es sozialisationsbedingt geschlechtsspezifische Unterschiede in den Selbstkonzepten und daraus resultierend in den Kompetenzen der jungen Menschen gibt.

(1) In der alltäglichen Förderpraxis der Jugendsozialarbeit sollte gleichermaßen an allen Kompetenzen angeknüpft werden. Dies setzt voraus, dass sie förderdiagnostisch auch entsprechend erhoben werden, z. B. in Assessment-Center-Verfahren, wie sie sich zunehmend in der Jugendberufshilfe gemäß SGB III durchsetzen (z. B. Druckrey 2001), die jedoch unter genderdifferenzierenden Aspekten erweitert werden müssen. (2) Dies bedeutet auch, dass insbesondere in der Berufsorientierung Berufsbilder stets so vorgestellt werden, dass alle für bestimmte Berufe notwendigen Kompetenzen gleichermaßen herausgestellt werden. Außerdem sollten berufsvorbereitend nicht nur Einblicke in so genannte typisch männliche oder weibliche Berufsfelder ermöglicht werden. (3) Es sollte nicht nur in der Jugendsozialarbeit selbst, sondern bereits bei der Curriculumentwicklung (z. B. Ausbildungsordnungen, Lehrpläne) geprüft werden, ob dort die sozialisatorisch unterschiedlichen Kompetenzen beider Geschlechter gleichermaßen berücksichtigt worden sind (vgl. Horstkemper 2001, S. 43).

Methodische Grundüberlegungen einer geschlechterreflexiven Didaktik

Die methodischen Überlegungen zu einer geschlechterreflexiven Didaktik basieren auf Lebensweltorientierung und Empowerment einerseits und ‚ideologiefreier', ‚undogmatischer' Geschlechtersensibilität andererseits (z. B. Rose 2001). Die methodischen Grundkategorien von Lebensweltorientierung (Thiersch 1999) und Empowerment (Herriger 1997) betonen die Selbstverantwortung und den Eigensinn der Mädchen und jungen Frauen sowie Jungen und jungen Männer. Sie fordern die Akzeptanz auch unkonventioneller Lebensentwürfe.

Aus geschlechterreflexiver Sicht geht es darum, die jungen Leute bei ihrer „Gender-Patchwork“ (Rose 2000, S. 19) zu unterstützen und dabei den diffizilen konzeptionellen Balanceakt zu leisten, „zum einen die jugendlichen Souveränitätsideale ernst zu nehmen und – als Leistung und Kraftressource – wertzuschätzen und zum anderen nicht den Blick für darin angelagerte Konfliktpotenziale zu verlieren“ (Rose 2000, S. 18). Insbesondere von den Pädagoginnen, die oftmals aus einer älteren Generation der Frauenbewegung stammen, fordert Oechsle (2000, S. 52) „normative Zurückhaltung“, um den jungen Frauen nicht ihre Vorstellungen von Lebensführung unreflektiert aufzudrängen. Nach Faustich-Wieland (2000, S. 17) sollte ein Konzept entwickelt werden, in dem die Lebensentwürfe von Mädchen und Jungen, jungen Frauen und Männern aufeinander bezogen thematisiert werden: „Hierdurch kann erst deutlich werden, wie Benachteiligungen von Frauen hergestellt werden, indem die Vereinbarkeitsfrage zu einem Frauenproblem wird“ (ebd.).

Individuelle und flexible Förder- und Entwicklungswege

In der arbeitsweltbezogenen Jugendsozialarbeit haben sich in den letzten Jahren zahlreiche Ansätze entwickelt, die an verschiedenen Stellen in den Lebensläufen der jungen Menschen einhaken und durch gemeinsam mit den Jugendlichen getroffene Ziel- und Bildungswegvereinbarungen individuelle und flexible Förderwege gewährleisten sollen. Ausgehend von einer geschlechterreflexiven Berufsorientierung in den allgemein bildenden Schulen können durch entsprechende Wegeplanermodelle (vgl. Kraheck 1999) den Mädchen und Jungen offene und individualisierte Entwicklungswege für ihre Berufsbildung eröffnet werden, die nicht – wie bisher – der Logik von Maßnahmen folgen, sondern den individuellen Interessen und Bedürfnissen der Jugendlichen. Voraussetzung für die Realisierung dieser individualisierten Förderperspektive sind: (1) eine geschlechterreflexive individuelle Förderdiagnostik, in der umfassend und differenziert die bei den Jungen und Mädchen vorhandenen Kompetenzen erhoben sowie soziale Ressourcen, biografische Ereignisse und Lebenslaufdaten ermittelt werden; (2) geschlechterreflexiv arbeitendes Case-Management; (3) ein geschlechterreflexiv gestaltetes flexibles Förderangebot in der Region und (4) eine geschlechterreflexive individuelle Förderplanung innerhalb der einzelnen Angebote, in der Ziele und Zielerreichung sowie die dazu eingeschlagenen Wege in ihrer spezifischen Bedeutung für die Geschlechter reflektiert werden (vgl. Kolmer 2001, S. 54). Dabei ist auch zu prüfen, ob Aktivitäten angeboten werden, die die Interessen der jungen Menschen berücksichtigen, sie aber auch dazu ermutigen, sich in für ihr Geschlecht eher untypischen Gebieten zu erproben (vgl. Horstkemper 2001, S. 43).

Kontroverse Anmerkungen zu einem geschlechterreflexiven Benachteiligtenbegriff

Nach den von Ulrike Werthmanns-Reppekus (2001, S. 552 f.) zusammengestellten Daten sind Mädchen und junge Frauen in den Angeboten der Jugendsozialarbeit nur mit 39 Prozent vertreten, in Maßnahmen zur Berufsausbildung sogar nur mit 37 Prozent. Nach dem Prinzip von GM, dass 50 Prozent der verfügbaren Ressourcen für Mädchen und junge Frauen bestimmt sind – „Kurz gesagt: Von jedem Euro 50 Cent für Frauen." (Steylaers 2000, S. 26) –, sind also die Mädchen und jungen Frauen bisher in der Jugendsozialarbeit benachteiligt. Pro- und Kontra-Argumente zum Status quo könnten sein:

- Mädchen sind in den Schulformen, aus denen meistenteils die TeilnehmerInnen der Jugendsozialarbeit stammen, unterrepräsentiert. Gegen diese Erklärung spricht zum einen, dass der Anteil von einem Drittel nur für die Sonderschulen übereinstimmt, in den sonstigen Schulformen sind die Mädchen mit deutlich mehr als nur einem Drittel vertreten. Zum anderen werden sie trotz der besseren Schulabschlüsse nach Ulrike Werthmanns-Reppekus (2001, S. 553) „per Geschlecht in die zweite Reihe gedrängt: Seltener als Jungen erhalten sie einen Ausbildungsplatz im dualen System, statt dessen stellen die Mädchen den größten Teil der SchülerInnen an vollzeitschulischen Ausbildungsgängen, die sich durch deutlich schlechtere Bedingungen auszeichnen. Mädchen tragen auch die Hauptlast der Ausbildungskrise in den neuen Ländern".
- Mögliche Benachteiligungen von Mädchen und jungen Frauen werden in relevanten Institutionen vom Personal nicht wahrgenommen, weil Mädchen nachweislich sozial angepasster sind und Probleme stärker nach innen als durch sozial abweichendes Verhalten verarbeiten. Durch Fortbildungen zur Förderung von Gender-Kompetenz könnte diese selektive Wahrnehmung korrigiert werden.
- Weder im SGB VIII noch im SGB III sind geschlechterreflexive Definitionen für die Zielgruppen der Jugendsozialarbeit zu finden. Deshalb wurde in den ExpertInneninterviews eine entsprechende Überprüfung des Benachteiligtenbegriffs gefordert; er soll um die

strukturtheoretisch begründete systematische Benachteiligung von Mädchen und jungen Frauen ergänzt werden. Dagegen spricht jedoch, dass mit allen besonderen, nur für bestimmte Zielgruppen offen stehenden Förderungsangeboten stigmatisierende und diskriminierende Wirkungen für die Betroffenen verbunden sind. Angebote in der Jugendsozialarbeit speziell und ausschließlich für Mädchen und jungen Frauen sind deshalb gerade in Zeiten von GM sorgfältig zu prüfen.

Im Rahmen dieses Beitrags können Fragen zu einem geschlechterreflexiven Benachteiligtenbegriff lediglich aufgeworfen und formuliert werden; Antworten und genauere Klärungen müssen eingehenderen Untersuchungen und vor allem politischen Entscheidungen gemäß GM überlassen bleiben. Trotzdem schließe ich nachdrücklich mit zwei Hinweisen: (1) Die von allen Beteiligten und besonders von den MitarbeiterInnen der Jugendsozialarbeit geforderten Gender-Kompetenzen können nur in entsprechenden Gender-Trainings entwickelt werden und sind nicht zum Nulltarif zu haben. (2) Die bisherigen Überlegungen haben gezeigt, dass immer dann Vorsicht geboten ist, wenn der Einführung von GM die Kürzung von Mitteln in einem bestimmten Bereich – besonders in der bisherigen Frauen- und Mädchenarbeit – folgt, denn, wie auch Barbara Stiegler (2000, S. 26) hervorhebt: „Jeder Abbau (von Personal oder finanziellen Mitteln) deutet auf die Absicht, Geschlechterfragen eher zu verschleiern, als sie in ihrer wirklichen Bedeutung ernst zu nehmen."

Prof. Dr. Ruth Enggruber, Fachhochschule Düsseldorf

Literatur

Blickhäuser, A. (2000): Genderkompetenz durch Training – Der Weg ist das Ziel. In: Fraktion Bündnis 90/DIE GRÜNEN im Landtag NRW (Hrsg.): Gender Mainstreaming. Eine Chance für NRW! Dokumentation einer Veranstaltung am 26. Oktober 2000. Düsseldorf, S. 36–38.

Borsche, S. (2001): Jugendsozialarbeit im Kinder- und Jugendplan des Bundes. In: Fülbier, P./Münchmeier, R. (Hrsg.): Handbuch Jugendsozialarbeit. Geschichte, Grundlagen, Konzepte, Handlungsfelder, Organisation. Band 1. Münster, S. 239–251.

Brückner, M. (2001): Gender als Strukturkategorie & ihre Bedeutung für die Sozialarbeit. In: Gruber, C./Fröschl, E. (Hrsg.): Gender-Aspekte in der Sozialen Arbeit. Wien, S. 15–23.

Druckrey, P. (2001): Stärken ausprobieren – Ressourcen testen. Assessment-Center-Verfahren für Jugendliche im Übergang Schule/Beruf. In: ibv, Informationen für die

Beratungs- und Vermittlungsdienste der Bundesanstalt für Arbeit, Nr. 33/01 vom 15. August 2001, S. 2663–2676.

Enggruber, R. (1999): Qualität in der Jugendsozialarbeit – (Ver)Messen aus sozialpädagogischer Sicht? In: Jugend, Beruf und Gesellschaft, Zeitschrift für Jugendsozialarbeit, Heft 2, S. 62–71.

Enggruber, R. (2001): Sozialpädagogische Skizzen zu einer „Pädagogik der Benachteiligtenförderung". In: Jugend, Beruf, Gesellschaft. Zeitschrift für Jugendsozialarbeit, 52. Jg., Heft 1, S. 2–8.

Enggruber, R./Bylinski, U. (2001): Qualität in der Jugendberufshilfe aus sozialpädagogischer Sicht – oder zum „Leid" mit Qualitätsleitfäden. In: Fülbier, P./Münchmeier, R. (Hrsg.): Handbuch Jugendsozialarbeit. Geschichte, Grundlagen, Konzepte, Handlungsfelder, Organisation. Band 2. Münster, S. 1123–1138.

Faulstich-Wieland, H. (2000): Sozialisation von Mädchen und Jungen – Zum Stand der Theorie. In: DISKURS, 10. Jg., Heft 2, S. 8–14.

Faulstich-Wieland, H. (2001a): Die Gleichstellung der Geschlechter als zentrale Aufgabe in allen Bildungsbereichen. In: Arbeitsstab Forum Bildung (Hrsg.): Förderung von Chancengleichheit. Bericht der Expertengruppe. www.hu-berlin.de/aktuell/bericht.htm, S. 9–15.

Faulstich-Wieland, H. (2001b): Gender Mainstreaming im Bereich der Kindertagesstätten. In: Stiftung SPI, Sozialpädagogisches Institut Berlin, Ginsheim v., G./Meyer, D. (Hrsg.): Gender Mainstreaming. Neue Perspektiven für die Jugendhilfe. Berlin, S. 121–132.

Flösser, G. (2001a): Das Konzept des Gender Mainstreaming als qualitätssicherndes Element in den sozialen Diensten. In: Stiftung SPI, Sozialpädagogisches Institut Berlin, Ginsheim v., G./Meyer, D. (Hrsg.): Gender Mainstreaming. Neue Perspektiven für die Jugendhilfe. Berlin, S. 57–66.

Flösser, G. (2001b): Gender Mainstreaming als Strategie zur Modernisierung der Jugendhilfe. Vortrag auf der Zielgruppenkonferenz der Regiestelle E&C der Stiftung SPI: „Wie kommt Gender in den E&C-Mainstream? – E&C ein Programm mit Relevanz für beide Geschlechter!" am 5. September 2001 in Berlin.

GeM-Koordinierungsstelle Gender Mainstreaming im ESF (2001): ToolBox Gender Mainstreaming. @ L&R Sozialforschung Wien. www.gem.or.at.

Ginsheim v., G./Meyer, D. (Hrsg.): Gender Mainstreaming. Neue Perspektiven für die Jugendhilfe. Berlin, S. 41–56.

Goldmann, M. (2000): Das Konzept des Gender Mainstreaming: Ziele, Strategien, Instrumente. In: Fraktion Bündnis 90/DIE GRÜNEN im Landtag NRW (Hrsg.): Gender Mainstreaming. Eine Chance für NRW! Dokumentation einer Veranstaltung am 26. Oktober 2000. Düsseldorf, S. 6–10.

Hennigfeld, J. (2001): Die Umsetzung von Gender Mainstreaming bei UNDP. Unveröffentlichtes Manuskript zum Vortrag auf der Fachtagung „Gender Mainstreaming in der Arbeitsmarkt- und Strukturpolitik" im Zentrum Frau und Technik, Castrop-Rauxel, 04.07.2001.

Herriger, N. (1997): Empowerment in der Sozialen Arbeit. Eine Einführung. Stuttgart/Berlin/Köln.

Horstkemper, M. (2001): Gender Mainstreaming als Prinzip geschlechterdifferenzierender Arbeit in der Jugendhilfe – Auftrieb für geschlechterbewusste Pädagogik oder Konkurrenz für bereits entfaltete Reformkonzepte? In: Stiftung SPI, Sozialpädagogisches Institut Berlin.

Kolmer, C. (2001): Chancengleichheit für Mädchen in der Benachteiligten-Förderung: Gender Mainstreaming als Zukunftsaufgabe. In: Jugend, Beruf, Gesellschaft, Zeitschrift für Jugendsozialarbeit, 52. Jg., Heft 1, S. 51–54.

Kraheck, N. (1999): Wegeplaner-Konzept an Schulen. In: Schreiber, E./Schreier, K. (Hrsg.): Praxismodelle zur sozialen und beruflichen Integration von Jugendlichen: Die Preisträger des Wettbewerbs „Fit für Leben und Arbeit". Deutsches Jugendinstitut: Materialien aus dem Forschungsschwerpunkt Übergänge in Arbeit, Leipzig, S. 36–37.

Liebe, M. (2001) Gender Mainstreaming in der Jugendarbeit – Bewertung eines frauenpolitischen Instruments aus jugendpolitischer Sicht. In: Stiftung SPI, Sozialpädagogisches Institut Berlin, Ginsheim v., G./Meyer, D. (Hrsg.): Gender Mainstreaming. Neue Perspektiven für die Jugendhilfe. Berlin, S. 95–108.

Linde, K. (2000): Arbeitshilfen für AkteurInnen in der Ziel 3-Förderphase. In: Fraktion Bündnis 90/DIE GRÜNEN im Landtag NRW (Hrsg.): Gender Mainstreaming. Eine Chance für NRW! Dokumentation einer Veranstaltung am 26. Oktober 2000. Düsseldorf, S. 20–24.

Meyer, D. (2001): Gender Mainstreaming: Bedeutung – Entstehung – Kontexte einer politischen Strategie. In: Stiftung SPI, Sozialpädagogisches Institut Berlin, Ginsheim v., G./Meyer, D. (Hrsg.): Gender Mainstreaming. Neue Perspektiven für die Jugendhilfe. Berlin, S. 25–40.

Mückenberger, U./Tondorf, K. (2000): Definition, Ziele, Inhalte. In: Krell, G./Mückenberger, U./Tondorf, K.: Gender Mainstreaming – Informationen und Impulse. Unveröffentlichtes Manuskript zu einer Veranstaltung für das Bundesministerium für Familie, Senioren, Frauen und Jugend am 31.08. und 7.09.2000 in Bonn und Berlin, im Auftrag des Bundesministeriums für Familie, Senioren, Frauen und Jugend, S. 2–4.

Oechsle, M. (2000): Gleichheit mit Hindernissen. In: Stiftung SPI, Sozialpädagogisches Institut Berlin, Bundesmodell „Mädchen in der Jugendhilfe" (Hrsg.): Einwürfe. Berlin.

Oechsle, M./Wetterau, K. (Hrsg.) (2000): Politische Bildung und Geschlechterverhältnis. Opladen.

Richter, D. (2000): Aufklärung, Differenzierung und Kompetenzentwicklung – Geschlechterorientierung als didaktisches Prinzip der politischen Bildung. In: Oechsle, M./Wetterau, K. (Hrsg.): Politische Bildung und Geschlechterverhältnis. Opladen, S. 197–222.

Rose, L. (2000): Die Geschlechterkategorie im Diskurs der Kinder- und Jugendhilfe. Kritische Überlegungen zu zentralen Argumentationsmustern. In: DISKURS, 10. Jg., Heft 2, S. 15–20.

Rose, L. (2001): Gender Mainstreaming im Feld der Kinder- und Jugendarbeit. In: Stiftung SPI, Sozialpädagogisches Institut Berlin, Ginsheim v., G./Meyer, D. (Hrsg.): Gender Mainstreaming. Neue Perspektiven für die Jugendhilfe. Berlin, S. 109–120.

Scherr, A. (2001): Gender Mainstreaming. Chance und Herausforderung für die Kinder- und Jugendhilfe. In: Stiftung SPI, Sozialpädagogisches Institut Berlin, Ginsheim v., G./Meyer, D. (Hrsg.): Gender Mainstreaming. Neue Perspektiven für die Jugendhilfe. Berlin, S. 17–24.

Schroedter, E. (2000): Einbindung des Gender Mainstreaming in die politischen Konzepte und Maßnahmen der EU. In: Fraktion Bündnis 90/DIE GRÜNEN im Landtag NRW (Hrsg.): Gender Mainstreaming. Eine Chance für NRW! Dokumentation einer Veranstaltung am 26. Oktober 2000. Düsseldorf, S. 16–19.

Schweikert, B. (2001): Alles Gender – oder? Die Implementierung von Gender Mainstreaming auf Bundesebene. In: ibv, Informationen der Beratungs- und Vermittlungsdienste der Bundesanstalt für Arbeit, 20/01 vom 16. Mai 2001, S. 1267–1282.

Seidenspinner, G. (1999): Lebensthemen junger Frauen. Die andere Vielfalt weiblicher Lebensentwürfe. In: SPI Berlin, Sozialpädagogisches Institut Berlin, Bundesmodell „Mädchen in der Jugendhilfe“, Ginsheim v., G./Meyer, D. (Hrsg.) (1999): Geschlechtersequenzen. Dokumentation des Diskussionsforums zur geschlechtsspezifischen Jugendforschung. Berlin, S. 25–31.

Steylaers, C. (2000): Gender Mainstreaming in der regionalen Struktur- und Beschäftigungspolitik. In: Fraktion Bündnis 90/Die Grünen im Landtag NRW (Hrsg.): Gender Mainstreaming. Eine Chance für NRW! Dokumentation einer Veranstaltung am 26. Oktober 2000. Düsseldorf, S. 25–27.

Stiegler, B. (1998): Frauen im Mainstreaming: Politische Strategien und Theorien zur Geschlechterfrage. Bonn: Friedrich-Ebert-Stiftung.

Stiegler, B. (2000): Wie Gender in den Mainstream kommt: Konzepte, Argumente und Praxisbeispiele zur EU-Strategie des Gender Mainstreaming. Bonn: Friedrich-Ebert-Stiftung.

Struck, N. (2001): Gender-Mainstreaming – neue Herausforderung zur Lösung alter Probleme der Kinder- und Jugendhilfe. Unveröffentlichtes Vortragsmanuskript zur Zielgruppenkonferenz der Regiestelle E&C der Stiftung SPI: „Wie kommt Gender in den E&C-Mainstream? – E&C ein Programm mit Relevanz für beide Geschlechter!“ am 5. September 2001 in Berlin.

Thiersch, H. (1997): Lebensweltorientierte Soziale Arbeit. Aufgaben der Praxis im sozialen Wandel, Weinheim/München.

Walter, C. (1998): Technik, Studium und Geschlecht. Was verändert sich im Technik- und Selbstkonzept der Geschlechter? Opladen.

Wenner, U. (2001): Gender Mainstreaming – ein Prinzip sucht – und findet – seinen Weg in die Bundesanstalt für Arbeit. In: ibv, Informationen der Beratungs- und Vermittlungsdienste der Bundesanstalt für Arbeit, 20/01 vom 16. Mai 2001, S. 1237–1240.

Werthmanns-Reppekus, U. (2001): Jungfrauenvereine – Mädchensozialarbeit – Mädchenarbeit. In: Fülbier, P./Münchmeier, R. (Hrsg.): Handbuch Jugendsozialarbeit. Geschichte, Grundlagen, Konzepte, Handlungsfelder, Organisation. Band 1. Münster, S. 549–558.

Winter, R. (2001): Gender Mainstreaming im Feld der stationären Unterbringung (Heimerziehung). In: Stiftung SPI, Sozialpädagogisches Institut Berlin, Ginsheim v., G./Meyer, D. (Hrsg.): Gender Mainstreaming. Neue Perspektiven für die Jugendhilfe. Berlin, S. 133–143.

Uta Zybell, Angela Paul-Kohlhoff

Gender Mainstreaming: Ausbildungs- und Arbeitsmarktpolitik für Frauen

Der Titel des Beitrages „Gender Mainstreaming: Ausbildungs- und Arbeitsmarktpolitik für Frauen“ spricht ein sehr breites, viele Aspekte betreffendes Thema an, sodass in diesem Rahmen lediglich Impulse gesetzt werden können. Der Aufbau der Ausführungen gliedert sich in drei Teile: Im ersten Teil wird der Ansatz von Gender Mainstreaming in seiner Verbindlichkeit und Zielsetzung erläutert, das Verhältnis zur traditionellen Frauenförderpolitik geklärt und Gender Mainstreaming mit kritischen Anmerkungen kommentiert. Dem Gender Mainstreaming Konzept wird deshalb viel Platz eingeräumt, weil ein grundsätzliches Verständnis notwendig ist, bevor Teilbereiche in den Blick genommen werden. Es ist davon auszugehen, dass der Begriff Gender Mainstreaming zwar immer bekannter wird, aber nicht unbedingt seine Bedeutung geläufig ist. Im zweiten Teil werden geschlechtsspezifische Ungleichheiten auf dem Arbeits- und Ausbildungsmarkt skizziert, um Ansatzpunkte für eine Gender-Mainstreaming-Strategie deutlich zu machen. Im dritten Teil schließlich wird das Modellprojekt *JAMBA* (junge allein erziehende Mütter in der Berufsausbildung) als ein Beispiel für Gender Mainstreaming in der Berufsbildungspolitik vorgestellt.

Das Konzept des Gender Mainstreaming

Für Gender Mainstreaming gibt es im Deutschen keine Übersetzung. *Gender* steht im Englischen für die soziale Dimension von Geschlecht und für gesellschaftlich bestimmte und geprägte Geschlechterrollen. Der englische Begriff *sex* dagegen bezeichnet das so genannte biologische Geschlecht. *Mainstreaming* bedeutet Hauptströmung. *Gender Mainstreaming* meint, dass die Gleichstellung der Geschlechter und die Berücksichtigung der unterschiedlichen Erfahrungshintergründe und Interessen von Frauen und Männern zu einer Hauptströmung und einem wesentlichen Planungsaspekt von Organisationen gemacht werden sollen (vgl. Schweikert 2001, S. 1267).

Das Konzept des Gender Mainstreaming wurde in den 1990er-Jahren in der Europäischen Union entwickelt. Ein entscheidender

Schritt zur Verankerung dieses Konzepts in allen Politikbereichen der Europäischen Union wie auch auf der Ebene der Mitgliedstaaten war der Amsterdamer Vertrag von 1997, der 1999 ratifiziert wurde.

Grundlage für die Formulierung des Gender-Mainstreaming-Konzeptes war die Erkenntnis, dass scheinbar geschlechtsneutrale Politiken häufig zum Ausschluss von Frauen führen und dass auch die Frauenförderung als Politikprinzip nur unzureichend in der Lage war, die Gleichberechtigung der Geschlechter in allen Bereichen herzustellen. Mit dem Gender-Mainstreaming-Konzept hofft man nun, die gleiche Teilhabe beider Geschlechter an politischen, wirtschaftlichen und sozialen Prozessen zu realisieren, indem die Gleichstellung von Frauen und Männern integraler Bestandteil aller Politikfelder sein soll. Dies betrifft alle Ebenen von der Gesetzgebung über die politischen Aktionsfelder der Regierungen auf nationaler und regionaler Ebene bis hin zu Organisation und Personalentscheidungen in Ministerien und anderen Einrichtungen des öffentlichen Dienstes.

Im Sachverständigenrat des Europarates befindet sich die aktuelle Definition des Gender Mainstreaming: „Gender Mainstreaming besteht in der (Re)Organisation, Verbesserung, Entwicklung und Evaluation von Entscheidungsprozessen, mit dem Ziel, dass die an politischer Gestaltung beteiligten AkteurInnen den Blickwinkel der Gleichstellung zwischen Frauen und Männern in allen Bereichen und auf allen Ebenen einnehmen“ (Mückenberger/Tondorf 2000, S. 5).

Diese Definition macht deutlich, dass ein zentraler Ansatzpunkt für die Vermeidung von Ungleichheit zwischen den Geschlechtern bei den Entscheidungsprozessen gesehen wird, denn diesen kommt eine Scharnierfunktion zwischen dem Zugang zu allen Bereichen und der Ausfüllung von Positionen im Alltag zu. Integraler Bestandteil aller Politikbereiche zu sein bedeutet zudem, dass eine Politik der Gleichstellung der Geschlechter nicht ein besonderes Politikfeld ist, wie dies im Konzept der Frauenförderung gedacht ist, sondern dass bei jedem politischen Entscheidungsprozess auf allen Ebenen die Frage nach der Gleichstellung – oder vielleicht besser formuliert nach der Geschlechtergerechtigkeit – gestellt wird. Auf allen Ebenen soll also sichergestellt werden, dass die empirische Realität des Vorhandenseins von Frauen und Männern mit ihren unterschiedlichen Lebensbedingungen im Entscheidungsprozess berücksichtigt wird. So wird in dem Konzept des Gender Mainstreaming zum Ausdruck gebracht, dass „eine umfassende Sicherung der Gleichstellung nicht über eine isolierte Politik eines Bereichs erbracht werden kann“ (Paul-Kohlhoff 1996, S. 10).

Gender Mainstreaming ist keine Theorie einer Geschlechtergerechtigkeit, die sich mit den Theoremen der Gleichheit und Differenz zwischen den Geschlechtern auseinander setzt, sondern ein strategisches Konzept, um die Gleichstellung der Geschlechter zu erreichen. Jedes Land, jede Institution muss für sich definieren, was sie unter gleichberechtigter Teilhabe der Geschlechter oder auch Geschlechtergerechtigkeit versteht. Das bedeutet im Kern, dass die Kriterien für „Geschlechtergerechtigkeit" im quantitativen und qualitativen Sinne in jedem Entscheidungsprozess jeweils konkret entwickelt werden müssen: eine neue Anforderung an alle politischen Akteure und Akteurinnen.

An alle Entscheidungsprozesse muss also die Frage gerichtet werden, welchen Beitrag sie mittel- und langfristig zur Herstellung der Geschlechtergerechtigkeit leisten. Vor einer Entscheidung ist z. B. zu prüfen, welche Relevanz sie für die Gleichstellung haben wird, oder ob sie sich bewusst oder unbewusst am männlichen Bürger oder auch an der traditionellen Familie (Vater ist Alleinernährer, Mutter ist Hausfrau) orientiert und damit die Vielfalt der Lebenssituationen der Geschlechter ausblendet mit den bekannten Nachteilen für die Frauen – aber manchmal auch für die Männer. Entscheidend in solchen Prozessen ist, die Gleichstellung nicht als eine formale zu verstehen, sondern die vielen unterschiedlichen Lebenssituationen von Männern und Frauen und ihre unterschiedlichen Perspektiven und Ausgangsbedingungen zu berücksichtigen. Wenn man es bürokratisch ausdrücken will, muss sich ein neues „Prüfverfahren Geschlechtergerechtigkeit" in allen Entscheidungsprozessen etablieren. Dies stellt nicht unbeträchtliche Anforderungen an alle Akteure, die an Entscheidungsverfahren beteiligt sind, wodurch sich auch ein wichtiger neuer Weiterbildungsbedarf ergibt.

Das Verhältnis von Gender Mainstreaming zu traditioneller Frauenförderpolitik

Wichtig ist, das Konzept des Gender Mainstreaming nicht mit den bisherigen Strategien der Frauenförderung zu verwechseln, denn Gender Mainstreaming hat beide Geschlechter im Blick. Den spezifischen Lebensbedingungen, Ansprüchen und Bedürfnissen, die im Lebensverlauf auch veränderlich sind, soll von allen politischen und sozialen Akteuren Rechnung getragen werden. Allerdings – und darauf möchte ich nachdrücklich hinweisen – wird Frauenförderung damit nicht überflüssig, sondern sie wird zu einem zentralen Bestandteil einer erweiterten Strategie zur Umsetzung von Chancengleichheit. Spezifische Frauenförderpolitik und Gender Mainstreaming sind also zwei unterschiedliche Strategien für das Erreichen derselben Zielsetzung, der Gleichstellung von Frauen und Männern. Beide Strategien sind zum Zielerreichen notwendig und ergänzen sich gegenseitig, sie können sich nicht ersetzen.

Während traditionelle Frauenförderpolitik von einer konkreten Problemstellung ausgeht, die die Ungleichheit der Geschlechter betrifft, und hier mit spezifischen Maßnahmen rasch und zielorientiert gehandelt werden kann, setzt Gender Mainstreaming als Strategie und Leitprinzip breiter und grundlegender an. Wenngleich Frauenförderpolitik immer auch das Geschlechterverhältnis im Blick hat, geht Gender Mainstreaming explizit beide Geschlechter an. Zudem erweitert sich der Kreis der beteiligten Akteure im Rahmen von Gender Mainstreaming von bestimmten organisatorischen Einheiten der Gleichstellungspolitik auf alle an politischer Gestaltung beteiligten Akteure in allen Ressorts.

Die im Zuge bisheriger Frauenförderpolitik und Frauenforschung entwickelten Analysen bestehender Ungleichheiten zwischen Frauen und Männern, die hier gebündelten Fachkompetenzen zu Frauen- und Geschlechterfragen und die Erfahrungen aus geeigneten politischen Strategien müssen das Fundament für den Prozess des Gender Mainstreaming bilden. Ohne Kenntnisse über geschlechtsspezifische Diskriminierungen und Privilegierungen kann kein politischer Ansatz zu deren Überwindung gefunden werden. Gesellschaftliche Geschlechtertheorien bieten „Analyseraster und Erkenntnisse über die je vorhandenen Formen der Geschlechterhierarchie und Frauendiskriminierung" (Stiegler 1998, S. 12). Für eine Politik des Gender Mainstreaming, die bewusst innerhalb bestehender Strukturen ansetzt und diese von innen heraus mit dem Ziel des Abbaus der Geschlechterhierarchie verändern will, ist dies unabdingbar.

Gender Mainstreaming geht davon aus, dass die Geschlechterfrage als politische Frage gesehen wird, dass politische Interventionen dem Ziel der Geschlechtergerechtigkeit zu dienen haben und bisherige Strategien als ergänzungsbedürftig angesehen werden (vgl. Stiegler 1998, S. 21). Gender Mainstreaming ist also Teil einer Doppelstrategie, deren Basis spezifische Gleichstellungspolitik bildet.

Wie kann nun dieses Konzept umgesetzt werden? Um dem Anspruch des Gender Mainstreaming gerecht werden zu können, ist ein schrittweises, systematisches Vorgehen notwendig. Krell u. a. (2000) haben eine dazu notwendige Vorgehensweise ausführlich beschrieben. Sie empfehlen,

1. sich zunächst über die gleichstellungspolitischen Ziele zu verständigen und

2. die Probleme der Betroffenen im jeweiligen Aktionsfeld zu analysieren,
3. alternative Lösungsmöglichkeiten zu entwickeln, um
4. über den optimalen Weg zur Zielerreichung zu entscheiden.
Danach müssen
5. die Entscheidungen in der Praxis umgesetzt und
6. ihre Erfolge oder Misserfolge analysiert werden.

Im Grunde sind diese Prinzipien des Qualitätsmanagements bei der professionellen Durchführung von Projekten eine Selbstverständlichkeit. Allerdings sind vielfältige Klippen bei der Umsetzung des Gender Mainstreaming zu umschiffen. So besteht bei der Gleichstellungsfrage eine grundlegende Schwierigkeit, wenn es um die Verständigung über Problem- und Zieldefinition geht, denn das Verständnis von Gleichstellung der Geschlechter kann durchaus kontrovers sein. Zudem spielen viele, nicht immer bewusste Faktoren, die häufig sozialisationsbedingt gar nicht mehr als Zuschreibungen oder Stereotype erkannt werden, eine große Rolle bei der Formulierung der inhaltlichen Kriterien für die Gleichstellung der Geschlechter. Darüber hinaus gibt es in Deutschland bisher nur wenig Erfahrungen bei der Umsetzung des Gender-Mainstreaming-Konzeptes, sodass Instrumente und Verfahren erst noch entwickelt werden müssen, wobei allerdings auf Erfahrungen aus Schweden und den Niederlanden zurückgegriffen werden kann.

Mit der Integration des gleichstellungspolitischen Ansatzes in alle Entscheidungsprozesse treten nun auch neue Akteure auf den Plan. Nicht mehr nur Frauenbeauftragte sind verantwortlich für die Realisierung von Chancengleichheit der Geschlechter, sondern alle am Prozess beteiligten Fachleute – und hier insbesondere die Führungskräfte in den jeweiligen Organisationen. Diese sind aber meistens Männer. Die Umsetzung des Gender-Mainstreaming-Konzeptes macht also nun Personen für die Herstellung von Geschlechtergerechtigkeit explizit verantwortlich, die bisher, ob subjektiv gewollt oder ungewollt, von der Benachteiligung der Frauen profitiert haben. Daraus ergibt sich ein Spannungsfeld in den Entscheidungsgremien, da Konkurrenz offener hervorbricht. Neue Formen der Bearbeitung sind dafür erforderlich.

Als zentrale Faktoren für den Erfolg von Gender Mainstreaming gelten das Engagement der EntscheidungsträgerInnen, eine breite Beteiligung auf allen Ebenen, Genderexpertisen, etwa die Aufnahme der vielfältigen Erkenntnisse der Geschlechterforschung, die keineswegs bereits breit diffundiert sind. Darüber hinaus sind neue Controllinginstrumente zu entwickeln, die die Erfolge der Gleichstellungspolitik auch messen können.

Kritische Positionen zum Konzept des Gender Mainstreaming

Wie oben angedeutet ist das Gender-Mainstreaming-Konzept nicht unumstritten (vgl. Rees 1998; Pollak/Haffner-Burton 2000; Weg 2001). So wird stark befürchtet, dass die Verlagerung auf viele Entscheidungsträger in der Realität bedeutet, dass letztlich niemand für die Umsetzung und Verwirklichung der Geschlechtergerechtigkeit verantwortlich zeichnet. Dahinter steht auch die Besorgnis, dass der Gender-Mainstreaming-Ansatz die noch vorhandene Diskriminierung von Frauen qua Geschlechtszugehörigkeit verdeckt, weil jetzt beide Geschlechter im Zentrum der Bemühungen um mehr Gleichberechtigung stehen. Dagegen betont die Europäische Union immer wieder, dass sie von einem doppelten Ansatz ausgehe, der die Frauenförderung keineswegs überflüssig macht, sondern dass positive Diskriminierung von Frauen zur Herstellung von Gleichheit auch im Rahmen des Gender Mainstreaming möglich und nötig sei.

Ein weiterer grundsätzlicher Einwand wird von feministischen Kritikerinnen eingebracht. Sie befürchten, dass die Integration der Geschlechterfrage in alle Politikbereiche nicht gelingen kann, so lange nicht ein grundsätzliches Verständnis von der in vielen Bereichen noch vorhandenen Diskriminierung von Frauen existiert. Strukturelle Faktoren wie auch subjektbezogene Dimensionen, die tief in die Machtstrukturen einer Gesellschaft eingegraben sind – so wird eingewendet –, können nicht einfach durch eine veränderte Politik überwunden werden, vor allem weil sie wegen der noch vorhandenen Machtasymmetrie zwischen den Geschlechtern gerade von denen verändert werden müssen, die bisher davon profitiert haben.

Eine andere Kritikdimension richtet sich auf den Umstand, dass in vielen Aktionsfeldern, die eine Gender-Mainstreaming-Perspektive integrieren, keine einklagbaren Rechte geschaffen werden, sondern dass man sich auf Verwaltungshandeln verlässt. Gender Mainstreaming ist also kein Substitut für rechtliche Garantien auf Gleichstellung und Frauenförderung, sondern ergänzt das bestehende rechtliche Instrumentarium.

Diese kritischen Positionen machen deutlich, dass es sich bei Gender Mainstreaming keineswegs um eine konflikt- und widerspruchsfreie Strategie handelt, die einfach umzusetzen wäre. Insbesondere die Wahrnehmung von Ungerechtigkeiten oder Ungleichheiten im Verhältnis der Geschlechter muss immer wieder neu geschärft und bewusst gemacht werden. Solange immer noch häufig mit biologischer Begründung auf die verschiedenen gesellschaftlichen Rollen von Frauen und Männern verwiesen wird, kann der Gender-Mainstreaming-Ansatz nicht greifen. Denn er setzt voraus, dass die Ungleichheit zwischen den Geschlechtern als gesellschaftlich gestaltete und über die historische Entwicklung einer Gesellschaft in deren Strukturen verfestigte begriffen wird. Und diese Strukturen sind wirksam, selbst wenn Männer und Frauen partnerschaftlich und gleichberechtigt leben wollen.

Zentrale Problemlagen für Frauen auf dem Arbeits- und Ausbildungsmarkt

Da sich die Aufforderung zum Gender Mainstreaming auf alle Ebenen an alle Akteure und Akteurinnen richtet, die an Entscheidungen und politischer Gestaltung beteiligt sind, verlangt Gender Mainstreaming auch – und insbesondere – in der Bildungs- und Arbeitsmarktpolitik Berücksichtigung. Alle Ausbildungs- und Arbeitsmarktinitiativen müssen das Prinzip des Gender Mainstreaming verpflichtend übernehmen, d.h. unter der geschlechtsspezifischen Perspektive auf den Prüfstand stellen.

Im Folgenden werden Ungleichheiten auf dem Arbeitsmarkt skizziert, um zentrale Ansatzpunkte für die Umsetzung des Gender Mainstreaming zu benennen. Es besteht kein Anspruch auf Vollständigkeit, vielmehr soll auf dieser Grundlage die Reichweite von Gender Mainstreaming umrissen werden.

Trotz gestiegener Qualifikation und Erwerbsbeteiligung von Frauen ist der deutsche Arbeitsmarkt sowohl in den alten als auch in den neuen Bundesländern nach wie vor geschlechtsspezifisch gespalten. Frauen und Männer arbeiten mehrheitlich in jeweils verschiedenen Branchen, Berufen und Tätigkeitsbereichen, und sie arbeiten auf unterschiedlichen Stufen der beruflichen Hierarchie. So sind beispielsweise mehr als 80 Prozent aller erwerbstätigen Frauen in Dienstleistungsberufen beschäftigt, und hier insbesondere im Gesundheits-, Sozial- und Erziehungswesen, im Handel und Gastgewerbe (vgl. Ochs 2000, S. 86). Zur klassischen Männerbranche zählt nach wie vor das produzierende Gewerbe. Die geschlechtsspezifische Verteilung auf so genannte „typische Frauenberufe“ und „typische Männerberufe“ bringt die bekannten Nachteile und Diskriminierungen für die Frauen mit sich: geringere Übernahmechancen nach der Ausbildung, höheres Arbeitslosigkeitsrisiko, geringeres Einkommen und schlechtere berufliche Entwicklungsmöglichkeiten.

Frauen haben eindeutig schlechtere Aufstiegschancen: Selbst bei gleicher Qualifizierung, bei gleichem Berufseinstieg und kontinuierlicher Vollzeiterwerbstätigkeit bleiben Frauen häufiger nach einigen Jahren in der beruflichen Entwicklung und im Einkommen hinter ihren männlichen Kollegen zurück (vgl. ebd. S. 89). Zu den vielfältigen Problemlagen von Frauen auf dem Arbeitsmarkt zählen außerdem Formen atypischer und auch prekärer Beschäftigung wie geringfügige Beschäftigung, Leih- und Zeitarbeit und Scheinselbstständigkeit. Sie alle gelten als typisch weibliche Beschäftigungsformen.

Die Erwerbsbeteiligung von Müttern im früheren Bundesgebiet steigt zwar kontinuierlich an – Untersuchungen zeigen, dass die Zeit der Nichterwerbstätigkeit tendenziell seltener und kürzer wird –, die verstärkte Beteiligung von Frauen an der Erwerbsarbeit korrespondiert aber nicht mit einer gleichermaßen steigenden Beteiligung der Männer an der Haus- und Familienarbeit. Nach wie vor ist das Problem der Vereinbarkeit von Beruf und Familie vor allem eines der Frauen. Immer noch ist der vorübergehende Ausstieg aus dem Beruf während der Kleinkindphase bzw. oftmals bis die Kinder in die Schule gehen und der darauf folgende dauerhafte Wechsel in Teilzeitarbeit der Regelfall der weiblichen Erwerbsbiografie (vgl. ebd., S. 56). Das Erwerbsverhalten von Männern ist dagegen weitgehend unabhängig davon, ob sie Kinder haben oder nicht. Wenngleich also die Phasen der Unterbrechung kürzer werden und immer mehr Frauen dauerhaft berufstätig bleiben, bleibt der Elternurlaub nach wie vor eine folgenreiche Bruchstelle im Erwerbsverlauf von Frauen.

Nach wie vor arbeiten fast nur Frauen in Teilzeit, und zwar vor allem in den alten Bundesländern: Während die Teilzeitquote der abhängig beschäftigten Frauen in Westdeutschland 1998 bei 40 Prozent lag (und im Osten bei 21,6 Prozent), betrug die Teilzeitquote der Männer lediglich 4,5 Prozent. Demnach sind mehr als 95 Prozent aller abhängig beschäftigten Männer vollzeiterwerbstätig (vgl. ebd., S. 58). Teilzeit gilt den meisten Frauen als die einzige Möglichkeit, Berufstätigkeit und Familienpflichten dauerhaft zu vereinbaren. Nach wie vor allerdings ist diese Beschäftigungsform mit vielen Nachteilen verbunden. Teilzeitarbeit gilt gesellschaftlich immer noch als defizitäre Abweichung vom Normalarbeitsverhältnis, denn Teilzeitkräfte stehen den Arbeitgebern nur eingeschränkt zur Verfügung. Die geringere Anwesenheit im Betrieb birgt das Risiko, dass Teilzeitbeschäftigte von informellen Informations- und Kommunikationsströmen abgehängt werden und schwerer Zugang zu horizontaler wie vertikaler Weiterbildung finden. Als förderungswürdige Zielgruppe geraten sie häufig aus dem Blick. Im Arbeitsalltag der Abteilungen verfestigt sich eine geschlechtsspezifische Arbeitsteilung dadurch, dass Teilzeitkräfte – und das sind in der Regel Frauen – oft weniger verantwortliche einflussreiche Arbeit übertragen bekommen. Und nicht zuletzt muss Teilzeitarbeit als in der Regel nicht existenzsichernd eingestuft werden, d.h., sie gilt mehrheitlich als Zuverdienstarbeit. Teilzeitbeschäftigung stabilisiert also solange das männliche Familienernährermodell, wie sie eine fast ausschließlich weibliche Arbeitsform und damit eine Ergänzung zur männlichen Vollzeitarbeit bleibt.

Viele der angesprochenen Problemlagen sind bereits in der geschlechtsspezifischen Berufsorientierung und Berufsausbildung angelegt. Gerade in der beruflichen Förderung von jungen Menschen ist es deshalb besonders wichtig, die Frage nach der Geschlechtergerechtigkeit zu stellen und damit konsequent die Strategie des Gender Mainstreaming umzusetzen. In diesem Zusammenhang sind zwei Tatbestände überaus bedeutsam: Einerseits ist für ein Gelingen des Einstiegs in den Erwerbsarbeitsmarkt sowohl für Frauen als auch für Männer eine qualitätvolle und zukunftsorientierte Ausbildung eine notwendige, wenngleich nicht hinreichende Voraussetzung. Da Erwerbstätigkeit generell – und in Zeiten von starken wirtschaftlichen und gesellschaftlichen Umbrüchen besonders – eine zentrale Rolle für die gesellschaftliche Integration der Individuen zukommt, legt gerade Berufsbildung eine wichtige Basis für die Herstellung von Chancengleichheit der Geschlechter. Andererseits unterliegen Frauen besonderen Benachteiligungen im deutschen Berufsausbildungssystem und werden selbst im Bereich der Benachteiligtenförderung gegenüber Männern diskriminiert.

Einige Zahlen zur Verdeutlichung seien hier genannt. „Das Risiko, arbeitslos zu werden, ist für all die, die keine abgeschlossene Berufsausbildung haben, mit 26 Prozent etwa zehnmal höher als z.B. für die, die eine Fachhochschulausbildung erfolgreich durchlaufen haben“ (Klemm 2000, S. 18). An dieser Zahl wird drastisch deutlich, dass das Risiko der Ausgrenzung aus wichtigen Bereichen der Gesellschaft vorrangig mit der Berufsausbildung und der Förderung der Integration in den Arbeitsmarkt zusammenhängt. Auch wenn eine einmalige Ausbildung immer weniger eine lebenslange Berufsperspektive garantiert, bleibt die Erstausbildung doch für den Einstieg grundlegend. Insofern ist es im Rahmen der beruflichen Förderung besonders wichtig, Chancengleichheit für die Geschlechter im Blick zu haben.

Die Jugendlichen, die ohne Ausbildung bleiben, bilden keineswegs eine kleine Restgruppe, vielmehr entwickelt sich am Rande der Gesellschaft eine immer größer werdende Gruppe von Menschen, die gar nicht erst in den Arbeitsmarkt gelangen und die trotz erhöhter

Nachfrage nach Arbeitskräften (aufgrund der demografischen Entwicklung) wegen ihrer mangelhaften Qualifikationen kaum noch vermittelbar sind. Eine Sonderauszählung des Mikrozensus aus dem Jahr 1998 belegt, dass in der Altersgruppe der 20- bis 30-Jährigen mit fast 1,5 Millionen 14,7 Prozent ohne berufliche Ausbildung bleiben. Dies allerdings betrifft nur die Jugendlichen, die in irgendeiner amtlichen Statistik erfasst sind, die Dunkelziffer muss deshalb noch höher eingeschätzt werden.

Dies führt zu einer weiteren Begründung der Notwendigkeit des Gender-Mainstreaming-Ansatzes, denn bei der Gruppe derer, die aus den Statistiken herausfallen, muss nach den Schätzungen des Instituts für Arbeitsmarkt- und Berufsforschung ein hoher Anteil junger Frauen vermutet werden, die in häusliche Arbeit verschwinden, früh heiraten und zunächst für die Berufsausbildungsangebote und den Arbeitsmarkt unsichtbar bleiben. Und insgesamt zeigt sich auch in den offiziellen Statistiken, dass die jungen Frauen von Benachteiligungen auf dem Ausbildungssektor stärker betroffen sind als die jungen Männer. So sind 16 Prozent der Frauen gegenüber ca. 13 Prozent der Männer arbeitslos gemeldet. Und dies muss besonders bedenklich stimmen, weil die weiblichen Schulabgänger im Durchschnitt deutlich bessere Abschlüsse haben als die männlichen. Darüber hinaus ist auch das Arbeitslosigkeitsrisiko für Frauen nach einer Ausbildung oder einer beruflichen Qualifizierungsmaßnahme deutlich höher als das der Männer. Trotz der gestiegenen Bildungsbeteiligung und der guten Schulabschlüsse werden junge Frauen in der beruflichen Bildung und auch in der beruflichen Förderung aufgrund ihrer Geschlechtszugehörigkeit deutlich benachteiligt. Insofern ist Regina Becker-Schmidt zuzustimmen, wenn sie formuliert: „Die Türhüter von Institutionen, die in der beruflichen Sozialisation zu durchlaufen sind, öffnen ihre Tore für das männliche Geschlecht weiter als für das weibliche“ (1998).

Das Modellprojekt *JAMBA* als Beispiel von Gender Mainstreaming im Berufsbildungsbereich

Anhand des hessischen Modellprojektes *JAMBA* – dies ist die Abkürzung für junge allein erziehende Mütter in der Berufsausbildung – soll beispielhaft gezeigt werden, wie die Umsetzung des Gender-Mainstreaming-Ansatzes hinsichtlich spezifischer Problemlagen im Berufsbildungsbereich aussehen kann. In diesem Projekt verbinden sich verschiedene Aspekte zur beruflichen Chancengleichheit von Frauen und Männern: Erstens wird die Vereinbarkeit von Beruf bzw. Ausbildung und Familie als eines der zentralen Themen von Gender Mainstreaming aufgenommen. Zweitens geht es um die Gruppe junger Menschen, die von besonderen Ausschlussmechanismen betroffen ist und in der verschiedene Benachteiligungen kumulieren: junge allein erziehende Mütter. Drittens wird die bedeutende Frage der Teilzeitregelung auch in den Berufsbildungsbereich integriert; hier ist also die Systemebene betroffen. Und viertens werden hier Modelle von Flexibilisierung der beruflichen Ausbildung erprobt, die auch anderen sozialen Gruppen eine gleichberechtigte Teilhabe ermöglichen können.

Bei der Vorstellung des Modellprojektes *JAMBA* orientieren wir uns an den oben aufgeführten sechs Schritten zur Umsetzung des Prinzips Gender Mainstreaming:

(1) Definition des gleichstellungspolitischen Ziels in Kenntnis des Istzustandes

Ausbildungsmarktpolitik, die dem Gender-Mainstreaming-Ansatz folgt, muss so gestaltet werden, dass ein gleichberechtigter Zugang von Frauen und Männern zu allen Berufen und Bildungsgängen gewährleistet wird. Das heißt Benachteiligungen auf der Ebene des Berufsbildungssystems und Zugangsschwierigkeiten aufgrund von spezifischen Lebenslagen müssen abgebaut werden.

(2) Analyse der Probleme und der Betroffenen

Im deutschen Berufsausbildungssystem selbst sind bereits strukturelle geschlechtsspezifische Ungleichheiten angelegt. Es bestehen drei verschiedene, parallel existierende Formen der nichtakademischen beruflichen Bildung: das duale Ausbildungssystem, das vollzeitschulische Ausbildungssystem und Bildungsgänge ohne berufsqualifizierenden Abschluss (z.B. BVJ, BGJ). Diese drei Formen vermitteln ungleiche Berufschancen und stützen damit auch die geschlechtsspezifische Segmentation des Arbeitsmarkts. Denn während im Dualen System mehrheitlich männliche Auszubildende in handwerklichen und industriellen Berufen lernen, umfasst die vollzeitschulische Ausbildung überwiegend so genannte Frauenberufe, die im Bereich Labor, Hauswirtschaft, Erziehung und Pflege angesiedelt sind. Die nicht berufsqualifizierenden Bildungsgänge sind inhaltlich differenziert und folgen ebenso einer geschlechtsspezifischen Berufsvorbereitung: Häusliche Tätigkeitsfelder für Mädchen stehen handwerklichen Angeboten für Jungen gegenüber.

Dadurch dass die so genannten Schulberufe die bekannten Nachteile einer geringeren Lohneinstufung und gesellschaftlichen Anerkennung, mangelnde Weiterbildungs- und Aufstiegsmöglichkeiten und größere Schwierigkeiten beim Übergang in Beschäftigung implizieren, sind hier auf Systemebene bereits Benachteiligungsmechanismen angelegt. Helga Krüger spricht in diesem Zusammenhang von der „strukturellen Weichenstellung für die Herausbildung eines geschlechtsspezifischen Berufs- und Lebensweges“ und dem „doing-gender-effect“ (Krüger 1991, S. 153) des Berufsbildungssystems. Das heißt, strukturelle Barrieren im Ausbildungssystem führen bis heute dazu, dass Frauen nur in bestimmten Bereichen des Dualen Systems, nämlich überwiegend in den kaufmännischen Berufen, Fuß fassen konnten, weil viele Berufsausbildungen, die dem weiblichen Arbeitsmarktsegment entsprechen, nicht eingebunden sind in die gesellschaftlich höher bewertete und besser gestellte duale Ausbildung.

Die Analyse der Ausbildungsbeteiligung zeigt, dass vor allem junge Mütter durch die Netze der Berufsbildungsangebote hindurchfallen und kaum reelle Chancen haben, eine Ausbildungsstelle zu erhalten, weil das Duale System die männliche Erwerbsbiografie zugrunde legt und die Frage der Vereinbarkeit von Ausbildung und Familie nicht mitdenkt. Die Vorbehalte seitens der Betriebe sind überaus groß, Fehlzeiten und mangelnde Konzentration auf die Ausbildung wegen privater Probleme werden befürchtet. Zudem ist eine Ausbildung in regulärem Umfang für junge Mütter aus zeitlichen und organisatorischen Gründen kaum zu bewältigen.

(3) Entwicklung von Optionen

Aufgrund dieser Befunde initiierte das Hessische Ministerium für Wirtschaft, Verkehr und Landesentwicklung 1998 ein Modellprojekt, das genau an dem Punkt ansetzt, wo kaum eine andere Maßnahme greift. Junge allein erziehende Mütter werden gezielt darin gefördert, eine betriebliche Ausbildung zu absolvieren, um so einen qualifizierten Einstieg in das Erwerbsleben zu schaffen. Gleichzeitig sollen Betriebe darin bestärkt werden, allein erziehende Frauen auszubilden. Damit die Gleichzeitigkeit von verschiedenen Lebensphasen, nämlich Ausbildung und Familiengründung, gelingen kann, werden die besonderen Bedürfnislagen der jungen Mütter hinsichtlich der zeitlichen Organisation und des sozialen Unterstützungsbedarfs im Projekt berücksichtigt: Die neu entwickelte Teilzeitausbildung wird konzeptionell durch eine sozialpädagogische Begleitung gestützt.

(4) Analyse der Optionen und Entwicklung eines Lösungsvorschlags

In diesem Punkt weicht das Modellprojekt von der vorgeschlagenen Vorgehensweise ab, denn es war eine bewusste Entscheidung, nicht nur einen Lösungsweg zu beschreiten. Vielmehr sollten parallel verschiedene Konzepte zur beruflichen Qualifizierung junger Mütter umgesetzt werden, um erstens unterschiedlichen regionalen Bedingungen gerecht zu werden und zweitens eine breite Grundlage an Erfahrungen bereit zu stellen und nach deren eingehender Analyse eine Implementierung von unterschiedlich gestalteter zeitreduzierter Berufsausbildung zu erreichen.

(5) Umsetzung der getroffenen Entscheidungen

Seit Herbst 1998 sind zehn Bildungsträger in Hessen damit beauftragt, die berufliche Erstausbildung junger allein erziehender Mütter zu koordinieren und sozialpädagogisch zu begleiten. Als Vermittlungs- und Kontaktstelle sind sie dafür zuständig, ausbildungswillige junge Mütter und Betriebe zusammenzubringen sowie die individuelle Beratung und Begleitung der Teilnehmerinnen zu leisten und bei der Organisation der Kinderbetreuung Hilfestellung zu geben.

Gemeinsam ist den verschiedenen Varianten von Teilzeitausbildung ein Umfang von etwa 75 Prozent der üblichen Betriebsanwesenheitszeit sowie der reguläre Besuch der Berufsschule. In einzelnen Modellen wird die Ausbildungsdauer verlängert, in den meisten bleibt es bei der üblichen Zeit. Einige Konzepte sehen fachliche Ausgleichsmaßnahmen vor, sodass der Bildungsträger hier als dritter Lernort fungiert.

Die finanzielle Förderung erfolgt in dreigeteilter, zweckgebundener Weise: an die Betriebe zur Ausbildungsförderung, an die Träger zur sozialpädagogischen und organisatorischen Begleitung sowie zur zusätzlichen Kinderbetreuung, die über die Grundversorgung hinaus geht.

(6) Erfolgskontrolle und Evaluation

Da bisher wenig Erfahrungen mit jungen Müttern in der betrieblichen Berufsausbildung vorliegen und in diesem Modellprojekt neue Formen beruflicher Bildung erprobt werden, ist eine wissenschaftliche Begleitung für die Evaluation zuständig. Das am Institut für Berufspädagogik der Technischen Universität Darmstadt angesiedelte Team der wissenschaftlichen Begleitung wertet die gesammelten Erfahrungen aller Beteiligten aus und überprüft die Zielerreichung bzw. analysiert Ursachen für die Nichterreichung.

Als erfolgreiche Zwischenbilanz ist zu verzeichnen, dass eine Teilzeit- bzw. modifizierte Vollzeitausbildung eine geeignete Form darstellt, die soziale Gruppe der allein erziehenden Frauen in qualifizierte Berufe zu integrieren. Sowohl die jungen Frauen als auch die Betriebe nehmen diese innovative Form der Berufsausbildung sehr gut an und sind mit den gesammelten Erfahrungen insgesamt zufrieden. Die Mehrheit der Betriebe sieht keine großen Einwände, mit jungen Müttern eine qualifizierte Berufsausbildung durchzuführen. Und die erprobten Teilzeitmodelle stellen kein grundsätzliches Problem dar, eine Ausbildung nach den Standards der Ausbildungsordnungen erfolgreich durchzuführen. Für die Fortsetzung der Aktivitäten zur Integration einer spezifischen Problemgruppe in den Ausbildungsmarkt ist dies ein überaus ermutigendes Ergebnis, das in dieser Eindeutigkeit nicht zu erwarten war, weil die antizipierten Schwierigkeiten durchaus gravierend schienen. Die erfolgreichen Abschlüsse der ersten Ausbildungsgruppe belegen, dass es für motivierte und engagierte Auszubildende durchaus möglich ist, die geforderten Leistungen auch bei verkürzter Ausbildungszeit zu erbringen.

Allerdings – und dies zeigen die Ergebnisse eindeutig – ist der Erfolg auch auf die besonderen Bedingungen des Modellprojektes zurückzuführen. Denn es bedarf nach der Einschätzung der Mehrheit der Betriebe und der jungen Frauen der kontinuierlichen flankierenden sozialpädagogischen Begleitung. Hierin ist ein wichtiger Stabilitätsfaktor für den Ausbildungsprozess zu sehen.

Das Modellprojekt *JAMBA* hat einen hohen bildungspolitischen Stellenwert, indem es eine neue Variante dualer Berufsausbildung entwickelt hat. Neben dem Modell der Teilzeitausbildung ist dabei auch die sozialpädagogische Begleitung zu nennen. Damit weist es einen Weg zur Flexibilisierung des Dualen Systems, neue, bisher ausgegrenzte Personengruppen – wie es vielleicht auch Väter sein können – in die Berufsausbildung zu integrieren.

Schlussbemerkung

Gender Mainstreaming stellt sicherlich eine große Chance dar, bei jeder politischen Maßnahme zu überprüfen, ob und inwiefern sie Auswirkungen auf Frauen und Männer haben. Trotz aller Kritik und berechtigter Bedenken muss der Gender Mainstreaming Ansatz als neue Chance begriffen werden, auf Stereotype beruhende geschlechtsspezifische Zuschreibungen zu überwinden, weil wir auf allen Entscheidungsebenen nun die Frage der Geschlechtergerechtigkeit stellen und damit zu neuen Formen der Aushandlung zwischen Männern und Frauen hinsichtlich der gleichberechtigten Teilhabe an allen gesellschaftlichen Bereichen kommen können. Mithilfe dieses strategischen Ansatzes könnten wir zu einem neuen „Geschlechter-Arrangement“ (Pfau-Effinger 1996) kommen, das Chancen und Risiken der weltweiten Transformationsprozesse gerechter verteilt und die Verantwortung für die zukünftigen Generationen nicht aus dem Auge verliert.

Gender Mainstreaming kann der Gleichstellungspolitik neue Impulse und stärkeres Gewicht verleihen, wenn es in seiner Tragweite ernst und wichtig genommen, professionell und verantwortlich umgesetzt und nicht gegen die Frauenförderung ausgespielt wird, sondern sie sinnvoll ergänzt.

Uta Zybell/Prof. Dr. Angela Paul-Kohlhoff, Institut für Allgemeine Pädagogik und Berufspädagogik der TU Darmstadt

Literatur

Becker-Schmidt, R./Knapp, G.-A. (1999): Einführung in die feministische Theorie. Hamburg.

Klemm, K. (2000): Zielgruppen der Benachteiligten Förderung: Jugend ohne Beruf. In: Qualifizierte Berufsausbildung für alle Fachtagung des Forum Bildung am 27. und 2. September 2000 in Bonn. Hrsgg. vom Arbeitsstab Forum Bildung. Bonn.

Krell, G./Mückenberger, U./Tondorf, K. (2000): Gender Mainstreaming. Informationen und Impulse. Hrsgg. vom Niedersächsischen Ministerium für Frauen, Arbeit und Soziales. Hannover.

Krüger, H. (1991): Frauen und Bildung. Bonn

Mückenberger, U./Tondorf, K. (2000): Das Konzept des Gender Mainstreaming. In: Krell u. a.

Ochs, C. (2000): Erwerbstätigkeit. In: Klammer u. a.: WSI-FrauenDatenReport. Hrsgg. von der Hans-Böckler-Stiftung. Berlin.

Paul-Kohlhoff, A. (1996): Beharrung trotz Wandel. Zur Situation von Frauen in der Berufsausbildung. In: Berufsbildung. Heft 41, S. 5–10.

Pfau-Effinger, B. (1996): Analyse internationaler Differenzen in der Erwerbsbeteiligung von Frauen. In: Kölner Zeitschrift für Soziologie. 3/96, S. 462–492.

Pollack, M./Haffner-Burton, E. (2000): Mainstreaming Gender in the European Union. Cambridge.

Rees, T. (1998): Mainstreaming equality in the European Union. Education, Training and Labour Market Policies. New York.

Schweikert, B. (2001): Alles Gender – oder? Die Implementierung von Gender Mainstreaming auf Bundesebene. In: Bundesanstalt für Arbeit: Gender Mainstreaming. Es wird Zeit ... Chancengleichheit von Frauen und Männern am Arbeitsmarkt. ibv 20/2001.

Stiegler, B. (1998): Frauen im Mainstreaming. Politische Strategien und Theorien zur Geschlechterfrage. Hrsgg. vom Forschungsinstitut der Friedrich-Ebert-Stiftung, Abt. Arbeit und Sozialpolitik. Bonn.

Stiegler, B. (2000): Wie Gender in den Mainstream kommt. Konzepte, Argumente und Praxisbeispiele zur EU-Strategie des Gender Mainstreaming. Hrsgg. vom Forschungsinstitut der Friedrich-Ebert-Stiftung, Abt. Arbeit und Sozialpolitik. Bonn.

Weg, M. (2001): Unveröffentlichtes Manuskript.

Bärbel Geiß

Geschlechtsspezifische Mädchen- und Frauenarbeit in der Praxis

Zehn grundlegende Thesen

1. Die Ursprünge geschlechtsspezifischer Projektansätze in der Jugendsozialarbeit liegen in der Mädchen- und Frauenförderung.
2. Seit der Novellierung des KJHG im Jahr 1990 basiert die Jugendsozialarbeit auf der normativen Verpflichtung zum Gender-Mainstreaming-Prinzip, niedergelegt in § 9.
3. Die normative Verpflichtung blieb jedoch Papier: In der Praxis wurden geschlechtsspezifische Ansätze de facto nur im Bereich der Mädchen- und Frauenförderung entwickelt. Jungenspezifische Ansätze wurden bis heute in der Jugendsozialarbeit und auch im Modellversuchsprogramm nicht durchgeführt.
4. Auch die Projektansätze zur Mädchen- und Frauenförderung blieben immer marginale Randerscheinungen und sind in den letzten Jahren rückläufig.
5. Es fehlte an Kontrollstrukturen zur Durchsetzung von geschlechtsspezifischen Ansätzen insgesamt ebenso wie von Mädchen- und Frauenförderung.
6. Rechtliche Grundlagen haben sich als notwendig, aber nicht ausreichend erwiesen. Das zeigt sich am Beispiel des § 9, SGB VIII/KJHG.
7. Das Gender-Mainstreaming-Prinzip muss deshalb in den wesentlichen Entscheidungs- und Evaluationsstrukturen (Ausschreibung, Bewilligungspraxis und wissenschaftliche Begleitung) verankert werden.
8. Soll Gender-Mainstreaming nicht nur eine Top-Down-Verwaltungsvorschrift bleiben, muss es in der Praxis mit Leben gefüllt werden.
9. Gender-Mainstreaming beinhaltet, dass die Zeiten, in denen die Gleichstellung der Geschlechter hauptsächlich an Fachfrauen und bestimmte Gremien delegiert werden konnte, vorbei sind. Die Gleichstellung der Geschlechter wird durch Gender-Mainstreaming zur Querschnittsaufgabe der Jugendsozialarbeit; somit besteht Hoffnung auf eine innovative Weiterentwicklung geschlechtsspezifischer Ansätze.
10. Mit dem Gender-Mainstreaming-Prinzip werden keinesfalls bewährte Ansätze von geschlechtshomogenen Projektansätzen für Mädchen und junge Frauen obsolet. Sie sind zur Unterstützung der Mädchen- und Frauenförderung – gerade in der Jugendsozialarbeit – bitter notwendig.

Die Ursprünge geschlechtsspezifischer Projektansätze in der Jugendsozialarbeit liegen in der Mädchen- und Frauenförderung

Für die Einführung geschlechtsspezifischer Konzeptionen in der Jugendsozialarbeit war der 6. Jugendbericht „Zur Verbesserung der Chancengleichheit von Mädchen in der Bundesrepublik Deutschland" von entscheidender Bedeutung. Hier wurde erstmals konstatiert, dass Mädchen und junge Frauen als Zielgruppe in der fachlichen Auseinandersetzung so gut wie nicht vorkamen und ihre spezifischen Lebenskonzepte nicht reflektiert wurden. De facto wurde nur von Jungen berichtet. Mädchen erschienen subsumiert oder allenfalls als eine defizitäre Untergruppe des Normalfalls männlicher Jugendlicher.

In der Nachfolge des 6. Jugendberichtes begann die Konzeptionierung mädchen- und frauenfördernder Projektansätze, die dann auch in der Modellversuchsphase 1988–1993 erstmals im Programm „Arbeitsweltbezogene Jugendsozialarbeit" ihren Niederschlag fanden. In der weiteren fachlichen Auseinandersetzung wurde aber immer deutlicher, dass es nicht nur um eine einseitige Förderung von Mädchen und jungen Frauen gehen kann, sondern dass die geschlechtsspezifischen Lebenswelten beider Geschlechter in einer zielgruppenorientierten Jugendsozialarbeit ihren Niederschlag finden müssen, wenn die Gleichstellung der Geschlechter erreicht werden soll.

Seit der Novellierung des KJHG basiert die Jugendsozialarbeit auf der normativen Verpflichtung zum Gender-Mainstreaming-Prinzip

Dieser fachliche Entwicklungstrend wurde auch in der Novellierung des Kinder- und Jugendhilfegesetzes im Jahr 1990 in § 9 festgehalten. Dort ist als Norm festgeschrieben, dass die Grundrichtung der Erziehung auf die Gleichberechtigung von Mädchen und Jungen abzielen müsse. Das heißt, dass die Jugendhilfe bei der Ausgestaltung ihrer Leistungen und der Erfüllung ihrer Aufgaben „die unterschiedlichen Lebenslagen von Mädchen und Jungen zu berücksichtigen, Benachteiligungen abzubauen und die Gleichberechtigung von Mädchen und Jungen zu fördern hat". Damit war ein normativer Anspruch formuliert, der die in der Jugendhilfe tätigen Fachkräfte explizit zu einem Gender-Mainstreaming-Prinzip verpflichtete. Für die Jugendsozialarbeit hieß das, ihre Beratungs- und Qualifizierungsmaßnahmen am Grundsatz von Gleichheit und optimaler Förderung beider Geschlechter auszurichten.

Die normative Verpflichtung blieb Papier, da Kontrollstrukturen fehlten

Trotz dieser normativen Verpflichtung, die zur Leitlinie aller Projektansätze der Jugendsozialarbeit hätte werden sollen, blieben geschlechtsspezifische Ansätze hier immer marginal und ausschließlich auf Mädchen und junge Frauen ausgerichtet. Diese Tatsache liegt darin begründet, dass der im KJHG formulierte normative Anspruch, die Lebenswelt beider Geschlechter zu berücksichtigen und ihre optimale Förderung anzustreben, keinen Niederschlag in den zentralen Entscheidungs- und Kontrollstrukturen des Programms „Arbeitsweltbezogene Jugendsozialarbeit" und in der allgemeinen Jugendsozialarbeit fand (z.B. in den Förderkriterien, den Ausschreibungen, den qualitätssichernden Leitlinien und der wissenschaftlichen Evaluation). Es fehlten die Rahmenbedingungen zur strukturellen Absicherung sowohl von Mädchen und Frauen fördernden als auch von geschlechtsspezifischen fachlichen Standards im Allgemeinen. Insbesondere die Auftraggeber der in den letzten drei Modellversuchsphasen durchgeführten Projekte haben hier ihre politische Verantwortung nicht ausreichend übernommen. Darüber hinaus ist bei den wenigen Ansätzen zur Mädchen- und Frauenarbeit, die seit Ende der 1980er-Jahre in der Jugendsozialarbeit entwickelt wurden, seit einiger Zeit ein Rückschlag zu beobachten: In der auslaufenden Modellphase wiesen nur noch zwei von 22 Projekten entsprechende geschlechtsspezifische Ansätze auf. Und es existiert kein einziges Projekt, das sich bewusst auf die Förderung beider Geschlechter und auf das Gender-Mainstreaming-Prinzip bezieht.

Obwohl also die Mädchen- und Frauenperspektive in der Vergangenheit im Vordergrund geschlechtsspezifischer Arbeit stand, war damit kein durchschlagender Erfolg in der Jugendsozialarbeit verbunden. Nach wie vor ist die weibliche Zielgruppe stark unterrepräsentiert.

Jungenspezifische Ansätze wurden bis heute in der Jugendsozialarbeit und auch im Modellversuchsprogramm nicht entwickelt

Jungenspezifische Ansätze wurden in der Jugendsozialarbeit erst gar nicht entwickelt und sind bis heute auch im Modellversuchsprogramm „Arbeitsweltbezogene Jugendsozialarbeit“ nicht vertreten. Die Zurückhaltung der männlichen Kollegen ist hierbei unübersehbar. Während bei Mädchen und jungen Frauen nach wie vor so etwas wie kompensatorische Förderung als sinnvoll betrachtet wird, erschließt sich der Fachwelt der Jugendsozialarbeit nur schwer bis gar nicht, wo denn für Jungen und junge Männer der Gewinn von geschlechterorientierten Projektansätzen liegen könnte.

Rechtliche Grundlagen haben sich als notwendig, aber nicht ausreichend erwiesen

Frau darf darauf gespannt sein, was das Top-down-Verfahren des Gender-Mainstreaming hier in Zukunft zu verändern in der Lage sein wird. In der Vergangenheit hat sich die rechtliche Fundierung von Gleichheit zwar als eine notwendige, aber keinesfalls als eine hinreichende Bedingung für die faktische Durchsetzung einer Gleichstellung der Geschlechter im Rahmen der Jugendsozialarbeit erwiesen. Auch die grundgesetzlich verbriefte Gleichberechtigung wartet ja bis heute noch in vielen Bereichen auf ihre Einlösung. Dennoch wird das jetzt eingeführte politische Prinzip des Gender-Mainstreaming die Fachwelt in der Jugendsozialarbeit zu einem Umdenken in Sachen geschlechtsspezifischer Ausgestaltung ihrer Angebote zwingen.

Gender-Mainstreaming muss in den wesentlichen Entscheidungs- und Evaluationsstrukturen verankert werden

Ohne die Verankerung des Gender-Mainstreaming-Prinzips in den wesentlichen Entscheidungs- und Evaluationsstrukturen (Ausschreibung, Bewilligungspraxis, Wissenschaftliche Begleitung) werden wir dem Ziel der Gleichstellung der Geschlechter in der Jugendsozialarbeit auch in Zukunft nicht näher kommen. Wichtig sind insbesondere evaluative Strategien, an denen gemessen werden kann, ob die geleistete Arbeit den gesetzten Zielen entspricht. Ohne solche Strategien wird es auch weiterhin nur wieder schöne geschlechtsspezifische Konzepte, aber keine entsprechende Umsetzung in der Praxis geben.

Gender-Mainstreaming muss in der Praxis mit Leben gefüllt werden

Aber auch Kontrollinstanzen allein werden nicht ausreichen. Verwirklicht wird das Gender-Mainstreaming-Prinzip nur dann, wenn diejenigen, die über Finanzierungs- und Rahmenbedingungen entscheiden, und diejenigen, die die tägliche Arbeit tun, es zu ihrem eigenen Anliegen machen. Mit Leben gefüllt wird ein Prinzip erst durch Aktivitäten in der Praxis. Eine permanente selbstreflexive Auseinandersetzung ist dabei unverzichtbar. Der Abbau hierarchischer Ungleichheit und die Gleichstellung der Geschlechter im gesellschaftlichen Beteiligungsprozess müssen Ziele der praktischen Arbeit sein.

Die Einführung des Gender-Mainstreaming-Prinzips beinhaltet Hoffnung

Mit der Einführung des Gender-Mainstreaming-Prinzips wird die normative Forderung nach einer verbindlichen Umsetzung der Gleichstellung der Geschlechter, die bereits im KJHG in § 9 vor über zehn Jahren verankert wurde, erneuert. Birgt Gender-Mainstreaming damit eine neue Potenz? Ich denke schon! Sie liegt darin begründet, dass nun hoffentlich nicht erneut das geschehen kann, was in der Vergangenheit immer wieder passiert ist, nämlich das Nachdenken über die Gleichstellung der Geschlechter hauptsächlich Fachfrauen und bestimmten Gremien zu überlassen und damit alle anderen gesellschaftlichen Bereiche von dieser Reflexion zu entlasten.

Gender-Mainstreaming beinhaltet nicht, bewährte Ansätze der Mädchen- und Frauenförderung über Bord zu werfen

Mit der Einführung und der positiven Beurteilung des Gender-Mainstreaming für die Jugendsozialarbeit ist meiner Ansicht nach keineswegs verbunden, dass die in der Vergangenheit entwickelten Ansätze geschlechtsspezifischer Arbeit in der Mädchen- und Frauenförderung abgeschafft werden sollten. Im Gegenteil, die Situation junger Frauen aus sozial benachteiligten Lebenslagen auf dem Ausbildungs-

und Arbeitsmarkt hat sich nicht gravierend verbessert. Und die Erfahrungen in der Jugendsozialarbeit zeigen eindeutig, dass der Verzicht auf eine geschlechtsspezifische Sichtweise zur Festschreibung der benachteiligenden sozialen Situation von Mädchen und jungen Frauen führt.

Mädchen und junge Frauen sind in der Jugendsozialarbeit nach wie vor unterrepräsentiert

Nach wie vor existiert ein geschlechtsspezifisch gespaltener Ausbildungs- und Arbeitsmarkt. Das zeigt sich durch die Unterrepräsentanz von jungen Frauen in der dualen Ausbildung, ihre Konzentration auf wenige Ausbildungsberufe, ein höheres Abbruchrisiko trotz besserer Leistungen und höherer Schulabschlüsse, ein erhöhtes Risiko beim Übergang in die Beschäftigung, stärkere Bedrohung durch Arbeitslosigkeit und Sozialhilfeabhängigkeit sowie geringe Aufstiegschancen. Zusätzlich verschärft wird diese Situation noch durch die hohen Arbeitslosenzahlen, den eklatanten Mangel an Ausbildungsplätzen sowie den Abbau des sozialen Netzes. Hiervon sind Frauen in stärkerem Maße betroffen als Männer. Die Konsequenz: Zwei Drittel der BezieherInnen von Hilfen zum Lebensunterhalt sind weiblich. Vor diesem Hintergrund ist es besonders besorgniserregend, dass z.B. Mädchen und junge Frauen in den Gießener außerbetrieblichen Ausbildungsmaßnahmen mit einem Anteil von nur 30 Prozent erheblich unterrepräsentiert sind[1].

Auf Bundesebene sieht es ähnlich aus: Die geschlechtsspezifische Auswertung der letzten Modellphase „Arbeitsweltbezogene Jugendsozialarbeit“ des Deutschen Jugendinstituts[2] zeigt ebenfalls eine deutliche Unterrepräsentanz von jungen Frauen im Bereich „Qualifizierung und Beschäftigung“. Das bedeutet, dass junge Frauen an außerbetrieblichen Maßnahmen, wenn sie bei koedukativen Trägern stattfinden, nicht hinreichend beteiligt werden. Dies ist u.a. darauf zurückzuführen, dass das angebotene außerbetriebliche Ausbildungsspektrum“ einen eindeutigen Schwerpunkt auf „Männerberufe“ legt und dadurch junge Frauen wenig anspricht. Hierin wird

---

1 Arbeitskreis Jugendberufshilfe, Auswertung der Erhebung „Jugendliche und junge Erwachsene in Maßnahmen der beruflichen Bildung im Gießener Trägerverbund“, 1995.

2 Deutsches Jugendinstitut, Hrsg. Modellprogramm „Arbeitsweltbezogene Jugendsozialarbeit“: Zwischenbilanz und Verzeichnis der Modellvorhaben. 1996, S. 20–21

deutlich, dass Mädchen und junge Frauen in der Jugendsozialarbeit nach wie vor konzeptionell nicht hinreichend berücksichtigt werden.

Widersprüchliche Rollenanforderungen behindern die Integration von jungen Frauen auf dem Ausbildungs- und Arbeitsmarkt

Die Benachteiligung von jungen Frauen auf dem Arbeitsmarkt ist u.a. durch die weibliche Sozialisation und die gesellschaftlich vorgegebenen Strukturen bedingt. Im familiären und sozialen Umfeld – gerade von jungen Frauen aus sozial benachteiligten Lebenslagen – finden sich häufig noch sehr starre Geschlechterrollen. Ergebnis der weiblichen Sozialisation ist häufig eine mangelnde Orientierung auf Erwerbsarbeit oder eine Doppelorientierung auf Familie und Beruf – was ein erhebliches Konfliktpotenzial in sich birgt und dazu führt, dass Entscheidungen häufig zu Ungunsten von beruflichen Perspektiven getroffen werden. Mädchen und Frauen haben somit individuell mit einer gesellschaftlichen Situation zu kämpfen, die weitgehend unüberwindbare widersprüchliche Rollenanforderungen an sie stellt. Diese Gegebenheit muss in die geschlechtsspezifischen Ansätze zur Mädchen- und Frauenförderung in der Jugendsozialarbeit mit einbezogen werden, um Mädchen und jungen Frauen die Möglichkeit zu geben, eigenständige Lebensperspektiven zu entwickeln und um eine wirklich stabile Integration ins Erwerbsleben herbeiführen zu können. Daher müssen Konzepte, Methoden und Angebote in der Jugendsozialarbeit ausgebaut werden, die gezielt an der spezifischen Situation von Mädchen und jungen Frauen ansetzen.

Mädchen- und Frauenförderung und Jungensozialarbeit

Mädchen- und Frauenförderung und die Entwicklung spezifischer auf sie ausgerichteter Angebote bleiben also weiterhin gerade in einem Modellprogramm des Bundes besonders bedeutsam für die Gleichstellung der Geschlechter. Das Ziel der Geschlechtergleichstellung auf dem Ausbildungs- und Arbeitsmarkt erfordert neben der besonderen Förderung von Mädchen und jungen Frauen zusätzlich jedoch auch die Entwicklung einer arbeitsweltbezogenen Jungensozialarbeit. Hier wäre es zum Beispiel wichtig, die Familienarbeit, die bisher einseitig den Frauen zugeordnet wurde, auch in die Planung der beruflichen Biografien von jungen Männern mit einzubeziehen. In Zukunft wird es wichtig sein, dass das Bewusstsein für die Existenz geschlechtsspezifisch unterschiedlicher Lebenslagen sich sowohl für weibliche als auch männliche Zielgruppen konkret in den Konzeptionen der Modellprojekte niederschlägt.

Wie kann Gender-Mainstreaming in den Strukturen der Jugendsozialarbeit verankert werden?

- Gender-Mainstreaming muss in den Entscheidungs- und Evaluationsstrukturen des Modellprogramms verankert werden.
- Um eine quantitative Angleichung von jungen Frauen an junge Männer zu erreichen, ist eine *Quotierung* nötig. Das heißt, es muss eine gleichberechtigte Förderung von jungen Frauen und jungen Männern mit allen Konsequenzen im Sinne einer Quotierung sichergestellt werden. Dies würde voraussetzen, dass tatsächlich 50 Prozent aller räumlichen, zeitlichen und personellen Ressourcen für die Interessen von Mädchen und jungen Frauen im Programm verwendet werden, wie dies seit 1988 von Fachfrauen gefordert wird. Die Mittel können dabei sowohl in koedukative als auch in geschlechtshomogene Projekte fließen.
- Eine weitere Voraussetzung wäre die Besetzung von Entscheidungsgremien, wie etwa dem Programmbeirat, mit den entsprechenden Fachfrauen, denn bis dato haben Männer auch bei den direkt geförderten Projekten im Programm „Arbeitsweltbezogene Jugendsozialarbeit“ immer noch nahezu die gesamte Bestimmungsmacht über Ziele, Inhalte und Arbeitsformen. Damit werden bestehende Verhältnisse betoniert und alle Veränderungsimpulse im Hinblick auf eine Neugestaltung von konsequent zweigeschlechtlich konzipierter Jugendsozialarbeit blockiert. Zwar wagt heute kein Mann mehr, etwas gegen solche Veränderungen zu sagen, aber für die Praxis ergeben sich daraus keine Konsequenzen.
- Es sollten Möglichkeiten des fachlichen Erfahrungsaustausches zum Gender-Mainstreaming geschaffen werden.
- Wichtig wäre auch die Erarbeitung eines Positionspapiers zu Gender-Mainstreaming im Modellprogramm.
- Da das Ausschreibungsverfahren für die kommende Modellphase noch nicht abgeschlossen ist, liegt die Verantwortung für den Niederschlag von Gender-Mainstreaming-Positionen in der kommenden Förderphase beim Programmbeirat.

Bärbel Geiß, Zentrum für Lernen und Arbeit (ZELA) e.V. Gießen

Literatur

Funke, H./Heiliger, A. (Hrsg.) (1990): Neue Aspekte der Mädchenförderung. München.

Glücks, E./Ottemeier-Glücks, F. (Hrsg.) (1994): Geschlechtsbezogene Pädagogik. Ein Bildungskonzept zur Qualifizierung koedukativer Praxis durch parteiliche Mädchenarbeit und antisexistische Jungenarbeit. Münster.

6. Jugendbericht. Der Jugendbericht wurde in der Reihe „Alltag und Biografie von Mädchen" Band 1 bis 17 im Verlag Leske & Budrich herausgegeben.

Teil III
Neue Programme zur Förderung benachteiligter Jugendlicher

Heike Förster, Ralf Kuhnke, Hartmut Mittag, Birgit Reißig

Das Freiwillige Soziale Trainingsjahr als Element der Jugendberufshilfe
Zwischenergebnisse der wissenschaftlichen Begleitung des Modellprogramms FSTJ

Problemhintergrund

Seit über 25 Jahren gibt es eine Vielzahl unterschiedlicher mehr oder weniger erfolgreicher Angebote in der Jugendberufshilfe. In den letzten Jahren wurde allerdings zunehmend deutlich, dass trotz der reichen Angebotspalette eine ganze Reihe von jungen Frauen und Männern durch diese Maßnahmen nicht (mehr) erreicht wird. Bestimmte Gruppen von benachteiligten Jugendlichen und jungen Erwachsenen – beispielsweise SchulabbrecherInnen, MigrantInnen mit mangelnden Sprachkenntnissen, drogenerfahrene Jugendliche, Strafentlassene oder junge Frauen und Männer mit einem komplizierten familiären Hintergrund – sind oftmals nach mehreren durchlaufenen Maßnahmestationen für weitere Angebote der Jugendhilfe nicht mehr zugänglich. Dass sich die Übergänge von der Schule in eine Berufsausbildung oder eine längerfristige Berufstätigkeit für diese Jugendlichen besonders schwierig gestalten, steht außer Frage. Mangelhafte oder nicht vorhandene Schulabschlüsse, abgebrochene betriebliche oder überbetriebliche Ausbildungen sowie das gänzliche Herausfallen aus dem Ausbildungs- und Arbeitsmarkt führen immer häufiger dazu, dass das Ziel einer beruflichen und sozialen Integration der Betroffenen verfehlt wird.

In letzter Zeit sind förderliche oder hinderliche Umweltfaktoren und damit der unmittelbare Lebensraum in den Blickpunkt des Interesses der Jugendberufshilfe gerückt. So werden seit einigen Jahren insbesondere in Großstädten immer häufiger Prozesse der Desintegration sichtbar (vgl. Dangschat 1995), die oftmals zu einer räumlichen Segregation von benachteiligten Bevölkerungsgruppen führen. Es wird immer deutlicher, dass sich gerade in so genannten sozialen Brennpunkten die Voraussetzungen für erfolgreiche Übergänge von der Schule in Ausbildung/Arbeit für heranwachsende Jugendliche als sehr problematisch erweisen. Diese Quartiere sind durch Bedingungen gekennzeichnet, die die Handlungsmöglichkeiten ihrer Bewohner objektiv einschränken. Somit stellt sich die Aufgabe, nicht nur individuelle Benachteiligungen durch gezieltes Eingreifen zu verringern, sondern auch den immer offensichtlicher werdenden Tendenzen einer Segregation und damit einer sozialen Ausgrenzung in bestimmten Wohnquartieren gegenzusteuern (Förster/Kuhnke/Mittag 2000).

Aus der Forschung ist bekannt, dass das Risiko für Jugendliche, nach der Schule weder in eine Berufsausbildung zu gelangen noch Hilfen zur beruflichen Integration zu finden und zu nutzen, eng an bestimmte Bedingungen gekoppelt ist (Braun/Lex/Rademacker 2001; Braun 1996):

- Das Risiko ist abhängig von soziodemografischen Merkmalen wie dem sozialen und beruflichen Status der Eltern, der Schulbildung, der Nationalität und der Migrationsbiografie. Ein besonders hohes Risiko der (Selbst-)Ausgrenzung besteht danach für Jugendliche mit „ererbter Sozialhilfeabhängigkeit", Jugendliche mit einer Schulverweigerungskarriere, Jugendliche, die erst seit dem Sekundarschulalter in Deutschland leben, junge Migrantinnen aus Familien mit traditioneller Orientierung.
- Das Risiko von (Selbst-)Ausgrenzung ist besonders hoch für Jugendliche in schwierigen Stadtteilen, weil sich in der Wohnbevölkerung solcher Stadtteile Personen mit den genannten soziodemografischen Merkmalen konzentrieren und weil die ungünstigen Chancenstrukturen (Qualität von Schulen, Angebot von Arbeits- und Ausbildungsplätzen) in diesen Stadtteilen den reibungslosen Übergang von der Schule ins Arbeitsleben erschweren. Ähnliche Bedingungen finden wir in bestimmten strukturschwachen ländlichen Regionen.
- Das Risiko der (Selbst-)Ausgrenzung ist besonders hoch für Jugendliche mit problematischen Übergangsverläufen. Hier erweist sich die Qualität der ersten, nach Verlassen der allgemein bildenden Schule durchlaufenen Stationen als besonders wichtig. Während eine kürzere Phase der Sucharbeitslosigkeit eher unproblematisch ist, sind längere Zeiträume der Arbeitslosigkeit mit einem hohen Risiko des Abdriftens aus den Regel- und Ergänzungsangeboten zur beruflichen Integration verbunden. Ähnliches gilt für Qualifizierungsangebote, die an den Bedürfnissen, Möglichkeiten und Motivationen der Jugendlichen vorbeigehen.

Maßnahmen, die das Risiko der (Selbst-)Ausgrenzung vermeiden oder verringern wollen, sollten daher folgende Bedingungen erfüllen:

(1) Das Angebot muss sowohl differenziert als auch zielgenau die Situation der Jugendlichen berücksichtigen. Auf der Grundlage eines strukturierenden Rahmens müssen Angebotsvarianten entwickelt

und erprobt werden, die den Lebenslagen verschiedener Teilgruppen gerecht werden.

(2) Das Angebot muss die Jugendlichen vor Ort, also innerhalb ihrer problematischen Wohn- und Lebensräume ansprechen.

(3) Das Angebot darf nicht den Charakter einer Warteschleife annehmen. Es soll eine orientierende Funktion erfüllen, indem Arbeitsanforderungen mit Ernstcharakter mit dem Erwerb von attraktiven Qualifikationen verbunden werden.

Das Modellprogramm FSTJ: ehrgeizige Ziele und innovative Ansätze

Mit dem Freiwilligen Sozialen Trainingsjahr (FSTJ) hat das Bundesministerium für Familie, Senioren, Frauen und Jugend (BMFSFJ) ein neues Modellprogramm im Bereich der Benachteiligtenförderung aufgelegt, das den o.g. Erkenntnissen in besonderer Weise Rechnung trägt. Als ein Schwerpunkt des Bundesprogramms „Entwicklung und Chancen junger Menschen in sozialen Brennpunkten" (E&C) zielt es auf Förderangebote im Übergangsfeld Schule/Berufsleben in benachteiligten und problembelasteten Stadtteilen. Durch eine direkte Kopplung mit dem Bund-Länder-Programm „Stadtteile mit besonderem Entwicklungsbedarf – die soziale Stadt" werden dabei zugleich sozialräumliche Aspekte der Entwicklung von Kindern und Jugendlichen stärker in den Mittelpunkt gerückt. Die wissenschaftliche Begleitung des Modellprogramms übernahm das Deutsche Jugendinstitut e.V. (DJI).

Ziel des Modellprogramms ist es, auf der Grundlage der gesetzlichen Bestimmungen des Freiwilligen Sozialen Jahres (FSJ) sowie des SGB VIII neue Förderangebote zu entwickeln, in denen vor allem mehrfach benachteiligten Jugendlichen auf der Basis der Freiwilligkeit soziale und berufliche Schlüsselqualifikationen vermittelt werden sollen. Im Rahmen von Modellprojekten werden praktische Arbeitserfahrungen mit attraktiven Qualifizierungsbausteinen verbunden, die auf die individuellen Bedürfnisse und bereits vorhandenen Kenntnisse der Jugendlichen zugeschnitten sind. Als Ergebnis eines bundesweit ausgeschriebenen Konzeptwettbewerbs wurden in 43 ausgewählten Stadtteilen in insgesamt 38 Städten (23 in West-, 15 in Ostdeutschland) von unterschiedlichen Trägern lokale Qualifizierungsbüros eingerichtet. Sie bilden jeweils den räumlichen Mittelpunkt bei der Umsetzung der unterschiedlichen konzeptionellen Ansätze. Einen wichtigen Anknüpfungspunkt bilden dabei unter anderem die Projekte im Rahmen des Bund-Länder-Programms „Stadtteile mit besonderem Entwicklungsbedarf – die soziale Stadt“, in die die Jugendlichen sinnvoll eingebunden werden. Zwischen TeilnehmerInnen und Qualifizierungsbüro wird ein Vertrag auf Gegenseitigkeit mit individuell vereinbarten Teilschritten geschlossen. Bei Bedarf und mit Zustimmung beider Vertragspartner sind zur Sicherung einer erfolgreichen Teilnahme jederzeit Modifizierungen möglich.

Je besser es gelingt, gemeinsam mit den TeilnehmerInnen Qualifizierungsstrategien zu entwickeln, die ihren Vorstellungen entsprechen, desto höher ist ihre Motivation, dieses Trainingsjahr erfolgreich zu beenden. Die Idee eines solchen maßgeschneiderten Angebotes für Jugendliche, die in herkömmlichen Maßnahmen oftmals gescheitert waren, setzt an den Erfahrungen und Erfolgen niedrigschwelliger Angebote für diese Zielgruppe an. Am Ende des zwölf Monate dauernden Trainingsjahres sollen die Jugendlichen durch die Verknüpfung von sozialpädagogischer Betreuung, Praxiseinsätzen und relevanten Qualifizierungsbausteinen für den Eintritt in eine schulische oder berufliche Ausbildung oder eine längerfristige Tätigkeit auf dem ersten Arbeitsmarkt vorbereitet sein.

Enge Programmpartnerschaft und breite Finanzierungsgrundlage

Ein zentrales Kennzeichen des Modellprogramms ist eine enge Programmpartnerschaft zwischen Jugendpolitik/Jugendhilfe und Arbeitsverwaltung auf allen Ebenen. Das gilt besonders für die enge Zusammenarbeit zwischen BMFSFJ und Bundesanstalt für Arbeit (BA), aber auch für die ressortübergreifende sach- und zielorientierte Kooperation der zuständigen Bearbeiter in den lokalen Arbeits-, Jugend- und Sozialämtern mit den entsprechenden Akteuren des FSTJ. Eine breite Finanzierungsgrundlage aus Mitteln der BA, des Kinder- und Jugendplans des Bundes, des Europäischen Sozialfonds sowie der beteiligten Kommunen ist ein weiteres Merkmal des Programms.

Als Programmpartner und Kofinanziers tragen die zuständigen Arbeitsämter entscheidend zum Gelingen des FSTJ bei. Zugleich haben sie eine wichtige Funktion bei der Qualitätssicherung, weil sie letztlich über die Förderfähigkeit und Zuweisung der TeilnehmerInnen entscheiden. Den Arbeitsämtern obliegt also die Kontrolle darüber, dass auch tatsächlich diejenigen benachteiligten Jugendlichen, die als Zielgruppe anvisiert sind, in das FSTJ aufgenommen werden. An einigen Standorten hat das Arbeitsamt außerdem eine wichtige Rolle bei der Teilnehmerakquisition übernommen, indem es Jugendliche, die für das Trainingsjahr infrage kommen, mit einer direkten Empfehlung in das Qualifizierungsbüro vermittelte. Auch im Hinblick auf die Weitervermittlung der TeilnehmerInnen nach dem Trainingsjahr spielt das Arbeitsamt eine wichtige Rolle. In enger Kooperation zwischen den MitarbeiterInnen des Qualifizierungsbüros, den zuständigen VermittlerInnen des Arbeitsamtes und nicht zuletzt den Jugendlichen selbst sollen langfristige Anschlussoptionen für die berufliche und soziale Integration gefunden werden.

Sozialraumbezug

Eine weitere Besonderheit des FSTJ im Vergleich zu vielen anderen Maßnahmen ist der enge sozialräumliche Bezug. Es ist in seiner Umsetzung und Ressourcennutzung auf ein konkret definiertes Territorium bezogen. Ausgewählt wurden Stadtteile, die als soziale Brennpunkte gelten. Bei diesen „... handelt sich meist um hochverdichtete einwohnerstarke Stadtteile in städtischen Räumen, die im Hinblick auf ihre Sozialstruktur, den baulichen Bestand, das Arbeitsplatzangebot, das Ausbildungsniveau, die Ausstattung mit sozialer und stadtteilkultureller Infrastruktur, sowie die Qualität der Wohnungen, des Wohnumfeldes und der Umwelt erhebliche Defizite aufweisen“ (Deutsches Institut für Urbanistik 1999, Seite 2).

Das Programm nutzt die territorialen Ressourcen der jeweiligen Stadtteile, um durch Kooperationen Netzwerke zu schaffen und dadurch Synergieeffekte zu erzielen. Da sich die Jugendlichen, die mit dem FSTJ angesprochen werden sollen, durch eine geringe Mobilität auszeichnen, kommt man ihnen durch den sozialräumlichen Bezug entgegen. Die Jugendlichen müssen ihre Reviere also zunächst nicht verlassen, um zu den Einsatzstellen oder Qualifizierungsmaßnahmen zu kommen. Die Erfahrungen des ersten Jahres in den Projekten belegen, dass sich solche Hemmschwellen nach einer gewissen Zeit überwinden lassen, wenn Jugendliche im FSTJ ihre Interessen genauer definiert und so viel Sicherheit erlangt haben, dass notwendige „Grenzüberschreitungen“ nicht mehr als bedrohlich empfunden werden. Über die Ausrichtung der Praxiseinsätze im und für den Stadtteil soll für die jugendlichen TeilnehmerInnen am FSTJ zugleich eine stärkere Integration in und eine bessere Identifikation mit ihrem Lebensraum erreicht werden.

Fokussierung auf mehrfach benachteiligte Jugendliche und junge Erwachsene

Mit dem FSTJ werden Jugendliche und junge Erwachsene in unterschiedlichsten Problemlagen und Benachteiligungskonstellationen angesprochen. Zu diskriminierenden soziodemografischen Faktoren wie Geschlecht, Herkunft und Nationalität kommen oft mehrfache individuelle Benachteiligungen wie Lernschwierigkeiten, Verhaltensprobleme oder Sprachprobleme sowie die defizitären Bedingungen von Stadtteilen mit besonderem Entwicklungsbedarf hinzu. In diesem Sinne kann man bei den anvisierten Zielgruppen des FSTJ von *mehrfach benachteiligten* Jugendlichen und jungen Erwachsenen sprechen.

Bis zum 15. Oktober 2001 sind nach Angaben der 43 Qualifizierungsbüros insgesamt 2070 Jugendliche und junge Erwachsene in das Modellprogramm aufgenommen worden. Mit fast zwei Dritteln dominieren junge Männer. Der Altersschwerpunkt liegt bei 17 bis 19 Jahren, etwa jede(r) Fünfte ist über 20 Jahre alt. Der Anteil junger AusländerInnen beträgt etwa 18 Prozent und ist somit höher als im Sofortprogramm JUMP der Bundesregierung.

Die meisten TeilnehmerInnen haben niedrige, auf dem Ausbildungs- und Arbeitsmarkt kaum verwertbare Schulabschlüsse (Abgangszeugnis, Sonder- bzw. Förderschulabschluss oder schlechter Hauptschulabschluss). Obwohl fast allen Jugendlichen und jungen Erwachsenen auch positive Dinge einfallen, wenn sie sich an die Schulzeit erinnern, war für die Mehrheit von ihnen Schule doch eher mit negativen Erlebnissen, mit Ärger und Frustrationen verbunden. Über 60 Prozent mussten während ihrer Schulzeit eine oder mehrere Klassenstufen wiederholen. Als Gründe dafür wurden überwiegend Leistungs-, aber auch Gesundheits- und Verhaltensprobleme angegeben. In engem Zusammenhang mit vorhandenen schulischen Leistungsproblemen[1] sind die von vielen TeilnehmerInnen angegebene Schulmüdigkeit und Schulverweigerung zu sehen. Fast zwei Drittel verabschiedeten sich durch Schwänzen vorzeitig von der Schule. Jeder sechste von ihnen ging über längere Zeiträume überhaupt nicht mehr zum Unterricht.

Auch die anschließenden Ausbildungsbemühungen waren bei der Mehrheit eher durch Misserfolgserlebnisse gekennzeichnet. Immerhin hatten sich etwa drei Viertel der FSTJ-TeilnehmerInnen nach

[1] So lag bei fast 20 Prozent der Jugendlichen im letzten Zeugnis der Notendurchschnitt unter 4,0; weitere 40 Prozent lagen zwischen 3,0 und 4,0.

Verlassen der allgemein bildenden Schule zum Teil mehrfach um einen Ausbildungsplatz bemüht – allerdings kaum außerhalb des Wohnorts. Bei etwa einem Drittel der TeilnehmerInnen führten die Ausbildungsbemühungen zur Aufnahme einer Berufsausbildung. Alle Versuche wurden allerdings früher oder später abgebrochen.

Außerdem war über die Hälfte der TeilnehmerInnen am FSTJ zuvor schon in mindestens einer Berufsvorbereitungsmaßnahme. Bei nahezu der Hälfte kam es ebenfalls zum Abbruch. Ein Teil der Jugendlichen und jungen Erwachsenen im FSTJ hat auch bereits mehrere Maßnahmeabbrüche hinter sich.

Die im Rahmen der Eingangsgespräche mit den FSTJ-TeilnehmerInnen erhobenen Daten verweisen auf eine generell deutlich erhöhte Problembelastung oft in mehreren Bereichen (Förster/Kuhnke/Mittag/Reißig 2001), die zusätzlich zu vorhandenen Benachteiligungsfaktoren die Entwicklung einer positiven Lebensperspektive behindert oder sogar generell infrage stellen kann. Das bedeutet, dass viele TeilnehmerInnen einen hohen Bedarf an sozialpädagogischer Unterstützung aufweisen, die im Trainingsjahr zumindest für die Anfangszeit im Vordergrund stehen muss. Zentrale Aufgabe dabei ist, die oft chaotischen Lebensumstände des Jugendlichen unter seiner aktiven Einbeziehung so weit zu ordnen und akute Problemlagen so zu entschärfen, dass ein freier Blick auf eine berufliche Perspektive überhaupt erst möglich wird.

Die Jugendlichen und jungen Erwachsenen im Modellprogramm kommen überdurchschnittlich häufig aus allein erziehenden, kinderreichen, ökonomisch unterprivilegierten, meist staatlich alimentierten Familien – ein weiterer Hinweis auf die zunehmende Segregation von benachteiligten Bevölkerungsgruppen in den ausgewählten sozialen Brennpunkten (vgl. Baum 1998, Malte 1999). Hinzu kommt ein eher geringeres berufliches Qualifikationsniveau vieler Eltern, sodass bei vielen TeilnehmerInnen von einem eher geringen Unterstützungspotenzial seitens der Herkunftsfamilien bei der Bewältigung des Übergangs von der Schule in das Berufsleben auszugehen ist. Häufig sind Belastungen im Elternhaus – insbesondere problematische Beziehungen zwischen Eltern und Jugendlichem – Ursache für viele Probleme. So berichtet – bezogen auf die letzten zwei Jahre vor Eintritt ins FSTJ – annähernd die Hälfte der TeilnehmerInnen über heftige Auseinandersetzungen mit den Eltern. Jeder Dritte macht hinsichtlich seines Verhältnisses zum Vater, fast jeder Fünfte hinsichtlich des Verhältnisses zur Mutter deutliche Einschränkungen.

Stärkung von Eigenaktivität, Selbstbestimmtheit und Zielgerichtetheit

Die Wahl der Tätigkeitsfelder für Praktika im Rahmen des Trainingsjahres, die einen engen Bezug zur angestrebten Berufsperspektive haben sollen, treffen letztlich die Jugendlichen selbst; die MitarbeiterInnen des Qualifizierungsbüros haben hier nur eine beratende Funktion. Wo irgend möglich werden die TeilnehmerInnen aktiv in die Akquise von Praktikumsstellen einbezogen. Generell wird dabei die Nutzung aller verfügbaren territorialen Ressourcen angestrebt. Die Befragung der TeilnehmerInnen macht deutlich, dass sich fast die Hälfte ihre Praktikumsstelle vollkommen selbstständig suchte und insgesamt knapp 90 Prozent an dieser Suche in irgendeiner Form beteiligt waren. Die FSTJ-MitarbeiterInnen übernahmen vor allem die Gestaltung der vertraglichen Vereinbarungen. Aber auch wenn die Jugendlichen die Einsatzstelle nicht selbst akquirieren, wird ihnen i.d.R. eine breite Auswahl an Praktikumsstellen in unterschiedlichen Einsatzfeldern geboten. Die Jugendlichen können – abhängig von den lokalen Gegebenheiten – zwischen mindestens drei und maximal 35 Einsatzstellen wählen. Auf diese Art und Weise wird – anders als in BBE-Maßnahmen – eine relativ hohe Übereinstimmung zwischen den Interessen der Jugendlichen, ihren Zielvorstellungen und der Vermittlung praktischer Berufserfahrungen erreicht. Wenn ausgewählte Einsatzstellen dennoch nicht den Vorstellungen entsprechen oder Diskrepanzen zwischen Anforderungen und Leistungsvermögen auftreten, kann der Einsatz jederzeit beendet und nach Alternativen gesucht werden. Einsatzzeitpunkt und -dauer sowie die Anzahl der Praktikumsstellen sind einzelfall- und konzeptabhängig.

Auch bei der Auswahl von Qualifizierungsmodulen haben die TeilnehmerInnen Mitentscheidungsrecht. 58 Prozent konnten selbst vorschlagen, welche Qualifizierungen sie im Verlauf des Trainingsjahres machen wollten, weitere 36 Prozent wählten aus einer Palette von Möglichkeiten aus. Auch die Qualifizierungsbausteine sollen so angelegt sein, dass sie den Jugendlichen nicht nur reine Bildung vermitteln, sondern der Entwicklung ihrer gesamten Persönlichkeit förderlich sind. In den Projekten wurden aus diesem Grund für die TeilnehmerInnen auch Qualifikationen wie Kommunikationstraining, Ernährungslehre, Haushaltsplanung, Verbesserung der Teamfähigkeit, Selbsterfahrung, Schuldenregulierung und Umgang mit Drogen angeboten.

Entgegen den üblichen Klischees über die anvisierten Zielgruppen konnte in den Qualifizierungsbüros zu Beginn des Trainingsjahres eine sehr hohe Ausgangsmotivation und Erwartungshaltung unter den Jugendlichen und jungen Erwachsenen festgestellt werden. Durch die aktive Einbeziehung der TeilnehmerInnen, das Eingehen auf ihre Wünsche und Vorstellungen bei der individuellen Gestaltung des Trainingsjahres sowie die Entwicklung entsprechender Zielvereinbarungen soll diese Motivation aufrechterhalten werden. Es geht um die Organisation von Erfolg; Negativspiralen, in denen sich viele TeilnehmerInnen befinden, sollen durchbrochen werden.

Betrachtet man die Angaben zu den Gründen, warum sich die Jugendlichen und jungen Erwachsenen zur Teilnahme am FSTJ entschlossen haben, sowie ihre Erwartungen, die sie mit dieser Teilnahme verbinden, so lässt sich insgesamt eine Übereinstimmung mit den inhaltlichen Zielsetzungen des Modellprogramms feststellen: Im Vordergrund steht der Wunsch nach beruflicher Orientierung und Qualifizierung, verbunden mit der Hoffnung auf einen Ausbildungs- oder Arbeitsplatz im Anschluss an das FSTJ. Die Ergebnisse einer Befragung von TeilnehmerInnen, die das FSTJ nach der regulären Dauer von zwölf Monaten verlassen haben, verdeutlichen, dass sich für über zwei Drittel der Befragten die Erwartungen vollkommen oder zum großen Teil erfüllt haben. Mit dem Anschluss an das FSTJ sind insgesamt drei Viertel vollkommen oder eher zufrieden. Nur knapp jede(r) Zehnte betrachtet im Nachhinein die Teilnahme als vergeudete Zeit.

Verzahnung von Praxis und Qualifizierung

Aufgrund der schlechten Schulerfahrungen der meisten TeilnehmerInnen konnte man davon ausgehen, dass sie in der Anfangsphase des Trainingsjahres durch Qualifizierungsangebote, die an schulischem Lernen orientiert sind, eher demotiviert werden würden. Daher soll der Einstieg in Bildungsprozesse über das praktische Tun erleichtert werden. In Praktikumsstellen in den angestrebten Berufsfeldern wird der konkrete Qualifikationsbedarf ermittelt, und über erfolgreiche Praxiseinsätze wird eine Motivation zum Erwerb entsprechender Kenntnisse und Fertigkeiten aufgebaut. Es geht also nicht wie in der Schule oder in typischen berufsvorbereitenden Maßnahmen darum, zuerst einen bestimmten Grundstock an (berufs-)schulischen Qualifikationen zu vermitteln, die dann in der Praxis angewendet werden sollen. Ziel ist vielmehr eine möglichst enge Verzahnung von Einsatzstellen und dort benötigten Qualifikationen, um die Jugendlichen in die Lage zu versetzen, zunehmend mehr für die Einsatzstellen zu leisten, auch andere Arbeiten übernehmen zu können etc. Dazu gab es in fast allen Projekten Absprachen der Büromitarbeiter-

Innen mit den Einsatzstellen über die Qualifizierungsinhalte. In zwei Dritteln der Projekte übernahmen Einsatzstellen auch selbst Qualifizierungen der Jugendlichen.

Neben vielen negativen Erfahrungen bezüglich beruflicher Qualifikationsbemühungen bringen allerdings auch viele der TeilnehmerInnen eine Reihe spezieller Zusatzqualifikationen ins FSTJ ein. Dies betrifft z. B. jene 30 Prozent, die Berufsvorbereitungs- oder -grundbildungsjahre erfolgreich absolviert haben, oder die 29 Prozent, die betriebliche Praxis in Praktika kennen gelernt haben, ferner die 19 Prozent, die über PC-Kenntnisse verfügen, oder die 8 Prozent, die den Führerschein besitzen. Je besser es gelingt, mit den TeilnehmerInnen gemeinsam Qualifizierungsstrategien zu entwickeln, die an ihre Stärken anknüpfen und ihren beruflichen Vorstellungen entsprechen, desto größer die Wahrscheinlichkeit, dass das Trainingsjahr erfolgreich verläuft.

Wenn es gelingt, die TeilnehmerInnen in den ersten Monaten über Erfolgserlebnisse in den Praxiseinsätzen zu motivieren und ihnen klar zu machen, wie wichtig ein Schulabschluss für die Aufnahme einer Ausbildung im angestrebten Wunschberuf ist, kommt es auch zu einer zunehmenden Nachfrage nach schulischen Qualifizierungsangeboten zur Vorbereitung auf den Hauptschulabschluss. An dieser Stelle wird dann allerdings oftmals auch recht schnell bei vielen TeilnehmerInnen eine große Diskrepanz zwischen ihren Bildungsvoraussetzungen und den Bildungserwartungen deutlich.

Individualisierung und Flexibilisierung

In Abhängigkeit von den spezifischen Rahmenbedingungen und den Konzeptionen der jeweiligen Träger des lokalen Qualifizierungsbüros gibt es unterschiedliche Schwerpunktsetzungen in Bezug auf die Zielgruppen sowie die inhaltliche Gestaltung und den Verlauf des Trainingsjahres. Ausgehend von den Erfordernissen ihrer spezifischen Lebenslage soll mittels einer flexiblen Gestaltung des Trainingsjahres ein Beitrag zur sozialen und beruflichen (Re-)Integration der TeilnehmerInnen geleistet werden. Daher ist sowohl die Aufnahme in das Trainingsjahr als auch ein flexibler Ausstieg (z. B. in eine Berufsausbildung) das ganze Jahr über möglich.

Auch die Qualifizierungen während des FSTJ werden individuell gestaltet, wobei an die spezifischen Interessen und Bedürfnisse sowie an die vorhandenen Kompetenzen des Einzelnen angeknüpft wird, die im Vorfeld ermittelt wurden. Dabei soll für jede/n Einzelne/n entschieden werden, welche Qualifizierung für eine Integration in den Arbeitsmarkt sinnvoll und notwendig, aber auch von den persönlichen Voraussetzungen her machbar ist. Dem gerecht zu werden, erfordert von den Trägern des FSTJ viel Fingerspitzengefühl und Organisationstalent. Qualifizierungen mit Jugendlichen dieser Zielgruppe können nur in Kleinstgruppen oder individuell erfolgreich realisiert werden. Aufgrund dieser Erfahrungen mussten die Qualifizierungskonzepte in den meisten Projekten verändert werden. Vor allem Projekte, die eine relativ kleine Auswahl an Qualifizierungsmodulen für die Jugendlichen vorsahen, waren zu einer Erweiterung und verstärkten Individualisierung ihrer Angebote gezwungen.

Die Möglichkeit der individuellen Gestaltung des Trainingsjahres auf der Basis von Freiwilligkeit und Eigenaktivität und die Berücksichtigung der Erfahrungen und Lebensumstände der TeilnehmerInnen bilden die Grundlagen der vergleichsweise hohen Akzeptanz des FSTJ unter den anvisierten Benachteiligtengruppen. Das Trainingsjahr wird von der Mehrheit der Jugendlichen und jungen Erwachsenen eben nicht als eine weitere der üblichen Maßnahmen wahrgenommen, an denen ja über die Hälfte schon einmal teilgenommen hatte. Eine hohe Auslastung an den meisten Standorten des FSTJ[2] von Beginn an verdeutlicht diesen Sachverhalt und spricht zugleich für einen entsprechenden Bedarf.

Erfolgreiche und nicht erfolgreiche Übergänge: Ergebnisse einer Verbleibanalyse

Vorgesehen sind die gemeinsame Festlegung und entsprechende Vorbereitung eines adäquaten Anschlusses nach Beendigung des FSTJ. Dabei wird insbesondere die Vermittlung in eine schulische oder berufliche Ausbildung oder in eine den Unterhalt sichernde längerfristige Arbeitstätigkeit oder in eine weitere berufsvorbereitende Maßnahme angestrebt. Durch eine mehrmonatige Nachbetreuung aller TeilnehmerInnen soll der Übergang unterstützt werden. Ergeben sich bis zum Beginn zugesagter Anschlüsse längere Wartezeiten, so werden in Kooperation mit den lokalen Programmpartnern Möglichkeiten zur Überbrückung gesucht. Ein Beispiel hierfür ist die bereits an einem FSTJ-Standort praktizierte Lösung, dass in diesen Fällen das Arbeitsamt eine Übergangsfinanzierung übernimmt.

---

[2] So liegt bereits wenige Monate nach dem Beginn der teilnehmerfinanzierten Programmphase die Gesamtauslastung relativ konstant bei knapp 90 Prozent, wobei die Auslastung in den neuen Bundesländern fast 100 Prozent beträgt (vgl. Stiftung Sozialpädagogisches Institut Berlin SPI 2001).

Im Rahmen der wissenschaftlichen Begleitung durch das DJI wurde zum 15. Oktober 2001 eine Stichtagserhebung durchgeführt, um unter anderem Aussagen über die Teilnehmerbewegungen machen zu können. Aus dem Verbleib der TeilnehmerInnen geht hervor, inwieweit es durch die Förderangebote des Modellprogramms gelingt, erfolgreiche Übergänge zu realisieren.

Um hinsichtlich der Gründe für das Ausscheiden aus dem Modellprogramm sowie des Verbleibs nach dem Ausscheiden gültige Aussagen machen zu können, kann für die nachfolgende Analyse allerdings nicht die Gesamtheit aller Qualifizierungsbüros einbezogen werden. Grund dafür ist der unterschiedliche Zeitpunkt des Beginns der Arbeit in den 43 lokalen Qualifizierungsbüros des FSTJ. So gab es zum Zeitpunkt der Stichtagserhebung 19 Büros, die noch kein teilnehmerfinanziertes Jahr beendet und demzufolge auch keine „regulären Abgänger" hatten, d. h. keine TeilnehmerInnen, die nach Ablauf der regulären Förderzeit von zwölf Monaten aus dem Trainingsjahr ausgeschieden waren.

Um den Anteil von „regulären Abgängern" im Modellprogramm exakt zu ermitteln, werden für die nachfolgende Analyse nur jene Jugendlichen und jungen Erwachsenen als Basis zugrunde gelegt, die das FSTJ aus den 24 Büros mit bereits abgeschlossenem teilnehmerfinanzierten Jahr verlassen haben. In diesen 24 Qualifizierungsbüros wurden bis zur Stichtagserhebung nach Angabe der MitarbeiterInnen des FSTJ insgesamt 1397 Jugendliche und junge Erwachsene in das Modellprogramm aufgenommen, von denen sich zum Erhebungszeitpunkt noch 511 TeilnehmerInnen (37 Prozent) im FSTJ befanden. Insgesamt 886 TeilnehmerInnen (63 Prozent) waren bereits wieder ausgeschieden, weil sie

- vorzeitig einen weiterführenden Anschluss gefunden haben („Positivabbrecher"),
- das FSTJ von sich aus abgebrochen haben oder weil ihnen gekündigt werden musste („Negativabbrecher"),
- das FSTJ nach zwölf Monaten regulär beendet haben („reguläre Abgänger"),
- das FSTJ aus anderen Gründen vorzeitig beendet haben oder beenden mussten („sonstige vorzeitige Abgänger") (vgl. Tab. 1).

Tab. 1. Typen von Abgängern aus dem FSTJ*

	Absolut	Prozent
Alle Abgänger*	886	100%
Positivabbrecher	273	31%
Negativabbrecher	246	28%
Reguläre Abgänger	247	28%
Sonstige vorzeitige Abgänger	120	14%

*Basis: Abgänger aus 24 Büros, Prozentangaben gerundet.

Positivabbrecher

Es ist zweifellos ein Vorzug des FSTJ, dass die TeilnehmerInnen, für die ein weiterführender Anschluss möglich wird, nicht länger als notwendig im Trainingsjahr verbleiben. Bis zum Stichtag haben aus den einbezogenen Büros 273 (31 Prozent) der ausgeschiedenen Jugendlichen und jungen Erwachsenen das Trainingsjahr wegen eines Anschlusses (Ausbildung, Erwerbstätigkeit etc.; vgl. Tab. 2) vorzeitig beendet („Positivabbrecher"). Die frei werdenden Plätze können jeweils nachbesetzt werden und ermöglichen so, dass weitere Jugendliche das Förderangebot nutzen können. Dies bedeutet im Vergleich zu üblichen BBE-Maßnahmen, wo der Maßnahmeerfolg von der Teilnahme über den festgelegten Gesamtzeitraum abhängig ist, eine deutliche Effektivitätserhöhung.

Tab. 2. Verbleib der 273 Positivabbrecher

	Prozent
Betriebliche Ausbildung	28%
Überbetriebliche Ausbildung	22%
Schulische Qualifizierung	12%
Erwerbstätigkeit	16%
Andere Maßnahmen	12%
Wehrdienst/Zivildienst	1%
Erziehungsurlaub	2%
Arbeitslosigkeit*	2%
Sonstiges	4%
Unbekannt	1%

*Jugendliche mit Anschlusszusagen, die nicht realisiert wurden

Negativabbrecher

Zum anderen gibt es aber auch eine größere Teilgruppe von 246 TeilnehmerInnen (28 Prozent der aus den betreffenden Büros ausgeschiedenen Jugendlichen), die zwar in das Modellprogramm aufgenommen wurden, die aber nicht zu einer kontinuierlichen Teilnahme motiviert werden konnten und entweder nicht mehr erschienen oder denen aufgrund hoher Fehlzeiten oder wegen Fehlverhaltens von den Büros gekündigt werden musste („Negativabbrecher").

Hier zeigen sich mehrere Probleme: So haben wir es einerseits im Modellprogramm mit besonders schwierigen Zielgruppen von Jugendlichen zu tun, die mit niedrigschwelligen Angeboten gewonnen und motiviert werden sollen. Andererseits sind die Angebote von der gesetzlichen Grundlage (FSJ und BBE) her Vollzeitmaßnahmen, sodass ein allmählicher Zugang im Sinne einer „Schnupperphase" kaum realisierbar ist. Ein Teil der zuständigen Arbeitsämter handhabt z.B. die geltenden BBE-Richtlinien sehr konservativ, sodass Kündigungen wegen hoher Fehlzeiten durch die Büros ausgesprochen werden müssen, obwohl Versuche der (Rück-)Gewinnung von TeilnehmerInnen – z.B. über aufsuchende Arbeit – Erfolgsaussichten hätten.

46 Prozent der „Negativabbrecher" – das sind 114 Jugendliche und junge Erwachsene – verließen das FSTJ innerhalb der ersten drei Monate. Bei diesen Jugendlichen, die kurz nach Beginn abbrechen, könnten möglicherweise Erprobungsphasen vor dem Eintritt ins FSTJ klären, ob sie mit ihren Voraussetzungen und Vorstellungen für das Angebot geeignet sind.

Sonstige vorzeitige Abgänger

Neben den Positiv- und Negativabbrechern gibt es eine weitere zahlenmäßig kleinere Teilgruppe von 120 „sonstigen vorzeitigen Abgängern". In diese Gruppe, die gut 13 Prozent der Abgänger ausmacht, fallen jene TeilnehmerInnen, die entweder aus persönlichen Gründen (z.B. Umzug oder gesundheitliche Probleme) das Trainingsjahr vorzeitig beendeten, oder bei denen sich im Verlauf der Teilnahme herausstellte, dass sie für das FSTJ nicht geeignet waren (z.B. im Falle eines extensiven Drogenkonsums), sowie diejenigen, deren Abbruchgründe in die vorgegebenen Kategorien nicht einzuordnen sind.

Reguläre Abgänger

247 TeilnehmerInnen (28 Prozent der Abgänger) hatten zum Erhebungszeitpunkt das FSTJ nach zwölf Monaten regulär beendet. Bei rund zwei Dritteln dieser „regulären Abgänger" kann man von einer gelungenen Einmündung ins Ausbildungs- und Beschäftigungssystem sprechen:

Tab. 3. Verbleib der 247 regulären Abgänger

	Prozent
Betriebliche Ausbildung	7%
Überbetriebliche Ausbildung	16%
Schulische Qualifizierung	15%
Erwerbstätigkeit	12%
Andere Maßnahmen	9%
Wehrdienst/Zivildienst	3%
Erziehungsurlaub	2%
Arbeitslosigkeit	16%
Sonstiges	10%
Unbekannt	10%

Die Tatsache, dass es aber auch Jugendliche gibt, die das FSTJ nach zwölf Monaten zwar regulär beendet haben, aber nicht sofort erfolgreich vermittelt werden konnten (Arbeitslosigkeit, sonstiges, unbekannt; vgl. Tab. 3), verdeutlicht, dass das Ziel des Modellprogramms – Vorbereitung und Vermittlung in einen adäquaten Anschluss – nicht immer erreicht wird. Bezogen auf die insgesamt knapp 60 Prozent der TeilnehmerInnen, die das Trainingsjahr formal erfolgreich durchlaufen haben (Positivabbrecher und reguläre Abgänger), betrifft dies etwas über 20 Prozent. Bei einigen dieser Jugendlichen ist davon auszugehen, dass sie die ihnen angebotenen Anschlüsse ablehnen, sich selbst etwas anderes suchen wollen oder aber die Arbeitslosigkeit vorziehen.

Bei einem größeren Teil dieser 20 Prozent ist es vermutlich nicht gelungen, im Rahmen des Trainingsjahres eine von ihnen akzeptierte realistische Berufsperspektive zu entwickeln bzw. die notwendigen Schlüsselqualifikationen auszubilden, die eine Integration in die berufliche Ausbildung oder Erwerbstätigkeit ermöglichen.

Die vorläufige Bilanz der Verbleibanalyse zeigt, dass über 55 Prozent der AbgängerInnen aus dem FSTJ als beruflich und/oder sozial integriert gelten können. In Anbetracht der durch das Modellprogramm erreichten Zielgruppen (mehrfach benachteiligte Jugendliche und junge Erwachsene) ist dieser Anteil als hoch zu bewerten.

Generelle Probleme der Benachteiligtenförderung

Geht es um die Erfolgsbilanz der Förderangebote im Rahmen des FSTJ, so sind neben der Verbleibstatistik der ausscheidenden TeilnehmerInnen weitere Ergebnisse der Arbeit mit den Jugendlichen und jungen Erwachsenen mit einzubeziehen. Denn bei vielen von ihnen geht es neben der Bearbeitung akuter Probleme oft erst einmal darum, Schwierigkeiten bei der Gestaltung eines geregelten Tagesablaufs zu überwinden sowie ein (Wieder-)Erlernen so genannter Arbeitstugenden zu ermöglichen. Hervorzuheben sind insbesondere Jugendliche, die zwar aufgrund ihrer bisherigen Ausbildungs- und Berufsbiografie und ihres Sozialverhaltens bei den Arbeitsämtern eher als „ausgefördert" oder „nicht mehr förderfähig" galten, bei denen es im FSTJ aber gelang, eine für sie akzeptable berufliche Perspektive zu entwickeln.

Wie eine Expertise zu Fördermaßnahmen und -programmen in verschiedenen europäischen Ländern zeigt (vgl. Nicaise/Bollens 2000), besteht ein grundsätzliches Problem der Benachteiligtenförderung darin, dass es – bedingt durch den Erfolgsdruck auf Träger und Projekte, aber auch durch den schwierigen Zugang zu denen, die Förderung benötigen – zu Ausleseeffekten beim Zugang kommt („Creaming of the Poor"). Neben den zentralen Vermittlungskriterien[3] gilt es daher, weitere – gemessen an den individuellen Ausgangslagen der Jugendlichen – adäquate Erfolgskriterien für die Teilnahme am FSTJ zu definieren und zu operationalisieren. Gelingt es nicht, mit Bezug auf den Einzelfall realistische, allgemein nachvollziehbare Kriterien auch unterhalb der Vermittlung zu definieren, besteht die Gefahr, dass es bei der künftigen Teilnehmerakquise zu einer zunehmenden Positivselektion im Rahmen der definierten Benachteiligungskriterien kommt und viele in besonderem Maße förderbedürftige und durchaus für das Modellprogramm geeignete Jugendliche und junge Erwachsene dann keine ausreichende Berücksichtigung mehr finden.

---

[3] Vermittlung in eine weitere berufsvorbereitende Maßnahme, in eine schulische oder berufliche Ausbildung bzw. in eine den Unterhalt sichernde längerfristige Arbeitstätigkeit.

Ein solches mögliches Kriterium für Erfolg könnte z. B. darüber definiert werden, inwieweit es im Verlaufe der Teilnahme am Trainingsjahr gelingt, in wichtigen Verhaltensbereichen und Lebensbedingungen positive Veränderungen zu bewirken und Problembelastungen, die die TeilnehmerInnen ins FSTJ mitbringen, abzubauen – operationalisierbar jeweils über das von den TeilnehmerInnen selbst reflektierte Ausmaß an Veränderung. So wurden z. B. die Jugendlichen und jungen Erwachsenen im Rahmen der Abschlussinterviews danach gefragt, inwieweit sich aus ihrer Sicht verschiedene Dinge im Verlauf des Trainingsjahres entwickelt haben. Dabei ging es um ihre Beziehungen zu den Eltern, Geschwistern und Freunden, um ihre berufliche Zukunft, ihre finanzielle Lage, ihre Wohnbedingungen, um ihr Klarkommen mit den alltäglichen Verpflichtungen, ihren Umgang mit Konflikten, ihre Zufriedenheit mit sich selbst und ihre Belastung durch persönliche Probleme.

Tab. 4. Wahrgenommene Veränderungen im Verlaufe des Trainingsjahres* (Prozentwerte quer)

	Verbessert	Etwa gleich geblieben	Verschlechtert
Berufliche Zukunft	69%	26%	5%
Zufriedenheit mit sich selbst	58%	35%	7%
Persönliche Finanzlage	56%	30%	14%
Klarkommen mit alltäglichen Verpflichtungen	48%	48%	4%
Umgang mit Konflikten	48%	47%	5%
Belastung durch persönliche Probleme	46%	43%	11%
Wohnbedingungen	38%	58%	4%
Klarkommen mit den Freunden	36%	59%	5%
Klarkommen mit der Mutter	33%	60%	7%
Klarkommen mit Geschwistern	31%	62%	7%
Klarkommen mit dem Vater	28%	66%	6%

*Quelle: Abschlussbefragungen von 400 TeilnehmerInnen, die überwiegend das FSTJ nach zwölf Monaten regulär beendet hatten; Stand: April 2002.

Am häufigsten konstatierten die TeilnehmerInnen Verbesserungen in Bezug auf ihre berufliche Zukunft (69 Prozent). Fast 60 Prozent sind im Verlaufe des Trainingsjahres mit sich selbst zufriedener geworden. Auch das Klarkommen mit den alltäglichen Verpflichtungen sowie der Umgang mit Konflikten haben sich eher verbessert, ebenso wie die Beziehungen der TeilnehmerInnen zu ihren Eltern, Geschwistern und Freunden. Ähnliches gilt für die finanzielle Lage und die Wohnbedingungen. Verschlechterungen gab es in der subjektiven Wahrnehmung generell kaum (vgl. Tab. 4).

Betrachtet man die Veränderungen bezüglich der Belastungen durch persönliche Probleme – diesbezüglich war ja in den Anamnesegesprächen eine deutlich erhöhte Problembelastung von sehr vielen Jugendlichen und jungen Erwachsenen reflektiert worden –, überwiegen auch hier deutlich die positiven Veränderungen. Insgesamt belegen somit die Angaben der Jugendlichen und jungen Erwachsenen, die das FSTJ regulär beendet haben, dass es für viele von ihnen im Verlauf des Trainingsjahres neben der Entwicklung einer positiven Berufsperspektive auch positive Veränderungen hinsichtlich ihrer Lebensbedingungen, Problembewältigung und sozialen Integration gab.

Im Rahmen der Abschlussinterviews sollten die Jugendlichen und jungen Erwachsenen unter anderem auch auf der Grundlage ihrer Erfahrungen das Trainingsjahr beurteilen: Ständen die bisher Befragten nochmals vor der Entscheidung, ob sie am Trainingsjahr teilnehmen sollten, so würden es 60 Prozent uneingeschränkt wieder tun, weitere 22 Prozent eher ja, 18 Prozent (eher) nicht. 90 Prozent würden aus ihrer Sicht anderen Jugendlichen die Teilnahme am Trainingsjahr empfehlen. Dieser positive Befund ist gerade auch im Hinblick auf die Vorerfahrungen mit Ausbildungsabbrüchen und mit absolvierten oder auch abgebrochenen Maßnahmen der Jugendberufshilfe ein beachtenswertes Ergebnis.

Wie nachhaltig die Ergebnisse des Trainingsjahres bei den Jugendlichen sind, wird in einer Follow-up-Studie noch zu prüfen sein. Sehr deutlich zeichnet sich jedoch bereits jetzt ab, dass das Trainingsjahr sich nicht in Konkurrenz zu etablierten Maßnahmen und Programmen der Jugendberufshilfe begibt, sondern als komplementäres Element zu betrachten ist und als solches auch zunehmend Anerkennung findet.

Dr. Heike Förster/Ralf Kuhnke/Hartmut Mittag/Birgit Reißig, Deutsches Jugendinstitut e.V. Leipzig/München

Literatur

Baum, D. (1998): Armut durch die Stadt oder Urbanisierung der Armut. In: Mansel, J./Brinkhoff, K.-P. (Hrsg.): Armut im Jugendalter. Soziale Ungleichheit, Gettoisierung und die psychosozialen Folgen. Weinheim/München, S. 60–76.

Braun, F. (1996): Berufliche Förderung von benachteiligten jungen Erwachsenen in privatwirtschaftlichen Betrieben. Werkstattbericht. München/Leipzig: Deutsches Jugendinstitut, Arbeitspapier 14/1996.

Braun, F./Lex, T./Rademacker, H. (Hrsg.) (2001): Jugend in Arbeit. Neue Wege des Übergangs Jugendlicher in die Arbeitswelt. Opladen.

Dangschat, J. (1995): Stadt als Ort und Ursache von Armut und sozialer Ausgrenzung. In: Aus Politik und Zeitgeschichte 31–32, S. 50–62.

Dangschat, J. (1996): Du hast keine Chance, also nutze sie! – Arme Kinder und Jugendliche in benachteiligten Stadtteilen. In: Mansel, J./Klocke, A. (Hrsg.): Die Jugend von heute. Selbstanspruch, Stigma und Wirklichkeit. Weinheim/München, S. 152–173.

Dangschat, J. (1999): Modernisierte Stadt – gespaltene Gesellschaft: Ursachen von Armut und sozialer Ausgrenzung. Opladen.

Deutsches Institut für Urbanistik (1999): Vorbereitungspapiere zum Bund-Länder-Programm „Stadtteile mit besonderem Entwicklungsbedarf – die soziale Stadt". Berlin.

Förster, H./Kuhnke, R./Mittag, H. (Hrsg.) (2000): Jugendsozialarbeit an sozialen Brennpunkten – Praxismodelle. München/Leipzig: Deutsches Jugendinstitut, Materialien aus dem Forschungsschwerpunkt Übergänge in Arbeit. Band 4.

Förster, H./Kuhnke, R./Mittag, H./Reißig, B. (2001): Das Freiwillige Soziale Trainingsjahr – Ergebnisse der Ausgangsanalysen. München/Leipzig: Deutsches Jugendinstitut, Zwischenbericht.

Förster, H./Kuhnke, R./Mittag, H./Reißig, B. (2002): Lokale Kooperation in der Jugendsozialarbeit. Praxismodelle. München/Leipzig: Deutsches Jugendinstitut, Materialien aus dem Forschungsschwerpunkt Übergänge in Arbeit. Band 13.

Malte, F. (1999): Die räumliche Dimension städtischer Armut. In: Dangschat, J.: Modernisierte Stadt – gespaltene Gesellschaft: Ursachen von Armut und sozialer Ausgrenzung. Opladen, S. 263–287.

Nicaise, I./Bollens, J. (2000): Berufliche Qualifizierung und Beschäftigungschancen für benachteiligte Personen. München: Deutsches Jugendinstitut, Arbeitspapier 5/2000.

Stiftung Sozialpädagogisches Institut Berlin (SPI) (2001): 2. Zwischenbericht zum Freiwilligen sozialen Jahr. Berlin.

Erhard Schulte

Berufliche Qualifizierung für Zielgruppen mit besonderem Förderbedarf
Das BQF-Programm des Bundesministeriums für Bildung und Forschung (BMBF)

Zur Tradition der Benachteiligtenförderung im BMBF

Jedem Jugendlichen eine Berufsausbildung zu ermöglichen, ist eines der Hauptziele der Bildungspolitik. Ausbildung für alle – dieser programmatischen Forderung kann sich jeder anschließen. Sie klingt wie eine Selbstverständlichkeit, ist aber in unserem Bildungs- und Ausbildungssystem noch nicht voll verwirklicht. Noch bleiben zu viele junge Menschen ohne abgeschlossene Berufsausbildung und sind von sozialer Ausgrenzung bedroht. Das Programm „Kompetenzen fördern – Berufliche Qualifizierung für Zielgruppen mit besonderem Förderbedarf" will dazu beitragen, die Ausbildungs- und Beschäftigungschancen von Jugendlichen, die unter schlechten Bedingungen ihren Weg in Bildung und Ausbildung antreten müssen, zu verbessern und vorhandene Leistungspotenziale in größerem Umfang zu erschließen und zu entwickeln.

Das neue Programm des Bundesministeriums für Bildung und Forschung im Bereich der Benachteiligtenförderung steht in einer langen Tradition, die bis in die Zeit der Weimarer Republik zurückreicht. Sie ist auch dann als lang zu bezeichnen, wenn man nur die Phase nach dem Zweiten Weltkrieg berücksichtigt, in der sich bundesweit feste Angebotsformen herausgebildet haben.

In dieser jüngeren Tradition hat auch das damalige Bundesministerium für Bildung und Wissenschaft seinen Platz. In diesem Ministerium wurde nämlich Ende der 1970er-Jahre des letzten Jahrhunderts ein Benachteiligtenprogramm entwickelt, das denjenigen Jugendlichen eine Chance zur Berufsausbildung bieten sollte, die nach Absolvierung von Ausbildungsvorbereitungsmaßnahmen keinen betrieblichen Ausbildungsplatz fanden. Es ist bekannt, dass dieses zunächst mit wenigen TeilnehmerInnen begonnene Programm schnell großen Umfang annahm und bereits nach wenigen Jahren in das AFG und später in das SGB III einbezogen wurde. Für ein Modellprogramm des Bundesbildungsministeriums ist dies zwar eine Erfolgsgeschichte, aber im Hinblick auf die dahinter stehende Problematik – nämlich die zunehmenden Schwierigkeiten leistungsschwächerer Jugendlicher, eine betriebliche Ausbildung aufnehmen und abschließen zu können – doch eher ein negativer Vorgang.

In den zurückliegenden Jahren ist es etwas stiller um die Benachteiligtenförderung als Teil der Bundesbildungspolitik gewesen. Wichtigere Impulse in dieser Richtung kamen vonseiten des Bundesministeriums für Familie, Senioren, Frauen und Jugend (BMFSFJ). Die Abschlusstagung in Leipzig, auf der die Ergebnisse des BMFSFJ-Programms „Arbeitsweltbezogene Jugendsozialarbeit" präsentiert wurden, ist dafür ein Beispiel.

Differenzierte Zuständigkeiten

Ich möchte hier einen Hinweis anschließen, der für die Arbeit im Bereich der Benachteiligtenförderung und Jugendsozialarbeit von genereller Bedeutung ist: Wenn Aktivitäten des Bundesjugendministeriums und des Bundesbildungsministeriums in einem Atemzug erwähnt werden, so verweist das auf ein Charakteristikum des Handlungsfeldes Benachteiligtenförderung. Es gibt hier unterschiedliche Zugänge und Schwerpunkte, auch Überschneidungen und Ergänzungen. Die Benachteiligtenförderung zeichnet sich dadurch aus, dass sich mehrere Politikbereiche und Zuständigkeiten kreuzen: Die Bildungs- und Berufsbildungspolitik, die Arbeitsmarktpolitik, die Sozialpolitik und die Jugendpolitik, um nur die wichtigsten zu nennen. Verantwortlichkeiten liegen auf allen Ebenen: beim Bund, bei den Ländern und den Kommunen – und nicht zu vergessen, auch bei der Wirtschaft und den Gewerkschaften, wenn man an die außerschulische Berufsbildung denkt. Eine Gemengelage also, die Abstimmungen erforderlich macht. Die Bundesregierung hat daraus, was die an der Benachteiligtenförderung beteiligten Bundesressorts betrifft, Konsequenzen gezogen und einen interministeriellen Arbeitskreis *Benachteiligtenförderung* gegründet, um zumindest auf Bundesebene die notwendigen Abstimmungen herbeiführen zu können.

Ausgangspunkt: Das Bündnis für Arbeit, Ausbildung und Wettbewerbsfähigkeit

Das Bundesbildungsministerium hat seit 1999 wieder konzentrierte Anstrengungen unternommen, um die Benachteiligtenförderung voranzubringen. Im Vorgriff auf das BQF-Programm wurde eine Reihe z.T. umfangreicher Projekte mit folgenden Schwerpunkten gefördert:

- Innovation in der Ausbildungs-/Berufsvorbereitung,
- Modernisierung der Bildungsarbeit mit Benachteiligten, Erweiterung des Berufswahlspektrums, Verbesserung der Zielgruppenarbeit,
- Initiativen in den Bereichen Prävention, Mitarbeiterqualifikation, lokale/regionale Kooperation und bundesweiter Informationsaustausch.

Das Handlungsfeld Benachteiligtenförderung hat also auf der Agenda der Berufsbildungspolitik wieder einen Vorrangplatz eingenommen. Das kommt nicht von ungefähr. Zum einen drängen die Probleme: Eine ständig steigende Zahl von Jugendlichen hat Schwierigkeiten beim Übergang von der Schule in Ausbildung und Beruf. Zum anderen gibt es klare politische Aufträge. Dabei denke ich vor allem an die Beschlüsse, die von der Arbeitsgruppe *Aus- und Weiterbildung* im *Bündnis für Arbeit, Ausbildung und Wettbewerbsfähigkeit* zur Benachteiligtenförderung und zur Verbesserung der Bildungschancen für MigrantInnen gefasst worden sind. Der in unserem Zusammenhang wichtigste der drei Beschlüsse trägt den Titel *Leitlinien zur Weiterentwicklung der Konzepte zur Förderung benachteiligter Jugendlicher und junger Erwachsener.* Dieser grundlegende und wegweisende Beschluss enthält fünf Leitlinien, vor allem aber detaillierte Hinweise für die Gestaltung der Bildungsarbeit in den Einrichtungen und für eine zielführende Politik im Bereich der Benachteiligtenförderung. Dabei lassen sich zwei eng zusammenhängende strukturelle Aspekte unterscheiden:

- die Koordination der Förderung im Sinne von „Förderkonzepten aus einem Guss“ sowie
- die Zusammenarbeit der Akteure vor Ort in lokalen/regionalen Kooperationsnetzen.

Benachteiligtenförderung als Daueraufgabe und integraler Bestandteil der Berufsausbildung

Diese Themen, die von zentraler Bedeutung für die Benachteiligtenförderung sind, haben keinen Neuigkeitswert. In der Fachdiskussion werden Forderungen nach besserer Zusammenarbeit und Abstimmung vor Ort, nach Zusammenführung und Koordination der verschiedenen Förderressourcen seit langem erhoben. Übrigens gilt auch für viele andere Punkte in den Beschlüssen, dass mit ihnen nicht das Rad neu erfunden werden soll, sondern an bekannte Themenstellungen aus der Fachdiskussion der letzten Jahre angeknüpft wird.

Dieser Tatsache waren sich die AutorInnen der Beschlüsse durchaus bewusst. Als Durchbruch muss aber gewertet werden, dass die Benachteiligtenförderung – verstanden vor allem als Integrationsförderung an der so genannten ersten Schwelle – von den Bündnispartnern (also auf hoher politischer Ebene) als „Daueraufgabe“ und „integraler Bestandteil der Berufsausbildung“ bezeichnet wurde. Hierin ist eine bildungspolitische Gestaltungsaufgabe zu erkennen, der sich alle Beteiligten verpflichtet fühlen müssen.

Mit dem Programm „Kompetenzen fördern – Berufliche Qualifizierung für Zielgruppen mit besonderem Förderbedarf“ (BQF-Programm) soll vor allem ein Beitrag zur Umsetzung der Bündnisbeschlüsse geleistet werden. Das bedeutet auch, dass die o.g. strukturverbessernden Aktivitäten sowohl im Programm als auch bei seiner Umsetzung Vorrang haben. Über allem steht die Aufgabe, mehr Jugendliche mit Förderbedarf über Förderangebote zu erreichen und diesen Jugendlichen dann durch gezieltere Förderung bessere Chancen in Ausbildung und Beruf zu geben (siehe Kasten *Zielgruppen und Handlungsfelder*). Es muss uns darum gehen, die Zahl der Jugendlichen, die bei uns ohne Ausbildungsabschluss bleiben, deutlich zu senken. Bundesministerin Bulmahn hat im Vorwort zum Programmtext ihre Erwartungen so beschrieben: „Ich (…) wünsche mir, dass wir nach Abschluss des Programms feststellen können: Die Arbeit hat sich gelohnt; wir haben erreicht, mehr junge Menschen aus dem Kreis der anfangs Leistungsschwächeren so zu qualifizieren, dass sie bessere Aussichten auf Beschäftigung und eine selbstständige Lebensführung haben.“

Zielgruppen und Handlungsfelder

Zu den Zielgruppen des Programms gehören alle Jugendlichen und (jungen) Erwachsenen, die zur Aufnahme bzw. zum erfolgreichen Abschluss einer Berufsausbildung oder zum Nachholen eines Ausbildungsabschlusses besonderer Unterstützung bedürfen. Zugrunde gelegt werden die Zielgruppenkriterien, die das SGB III für die Förderung in den Bereichen Berufsvorbereitung und Benachteiligtenförderung vorsieht. Die Zielgruppen werden im Bereich der Prävention gegen Ausbildungslosigkeit erweitert; hier können auch Initiativen gefördert werden, die sich auf Jugendliche richten, die der allgemeinen Schulpflicht unterliegen. (...)
Die Handlungsfelder, in denen Initiativen gefördert werden, sind folgende: Prävention gegen Ausbildungslosigkeit während der Pflichtschulzeit; Ausbildungs-/Berufsvorbereitung; Berufsausbildung; Weiterbildung zum Zweck des Nachholens von Ausbildungsabschlüssen/Nachqualifikation. Diese Handlungsfelder können durch Projekte in unterschiedlicher Form bearbeitet werden. Vorgesehen ist die ganze Breite möglicher Initiativen, von Studien und Erhebungen bis zu größeren Entwicklungs- und Erprobungsvorhaben.

(Bundesministerium für Bildung und Forschung: Kompetenzen fördern. Berufliche Qualifizierung für Zielgruppen mit besonderem Förderbedarf – BQF-Programm)

Vier Innovationsbereiche

Das Programm des BMBF ist in vier große Handlungsstränge, genannt Innovationsbereiche, und 17 Themenfelder gegliedert (siehe Kasten *Gliederung des Programms*). Die vier Innovationsbereiche betreffen:

- Strukturverbesserungen,
- Verbesserung der Trägerarbeit,
- Initiativen im Bereich der Prävention und
- die Verbesserung der Qualifizierungsmöglichkeiten von Migrantinnen und Migranten.

Gliederung des Programms

- Strukturverbesserungen (Innovationsbereich I)

(1) Entwicklung einer durchgängigen, kohärenten, auf den individuellen Bedarf zugeschnittenen und praxisnahen Förderstruktur mit flexiblen Übergängen in die betriebliche Ausbildung
(2) Auf- und Ausbau von Kooperationsnetzen unter Beteiligung aller relevanten Akteure auf lokaler/regionaler Ebene
(3) Entwicklung neuer Betreuungsformen, z. B. Patenschaftsmodelle

- Verbesserung der Trägerarbeit, Erschließung neuer Qualifizierungs- und Beschäftigungschancen, Reaktivierung der dualen betrieblichen Ausbildung (Innovationsbereich II)

(1) Erweiterung und Modernisierung des Berufswahlspektrums
(2) Vermittlung von IT- und Medienkompetenz
(3) Ausbau des Angebots an „Qualifizierungsbausteinen" in der Ausbildungsvorbereitung und Nachqualifizierung
(4) Aktivierung von betrieblichen Ausbildungspotenzialen für leistungsschwächere Jugendliche, u. a. durch Weiterentwicklung der Verbundausbildungen
(5) Erschließung neuer zielgruppengeeigneter Qualifizierungs- und Beschäftigungsmöglichkeiten
(6) Entwicklung neuer Qualifizierungsangebote für benachteiligte junge Frauen

- Initiativen im Bereich der Prävention (Innovationsbereich III)

(1) Weiterentwicklung der Kooperation Schule – Betrieb zur Verbesserung der Integration in der Ausbildung
(2) Ausbau der berufs- und arbeitsweltbezogenen Schulsozialarbeit
(3) Unterstützung von Praxismodellen im Berufsvorbereitungsjahr
(4) Ausbau der Kooperation mit der Jugendhilfe, z. B. mit Jugendhilfebetrieben und „Produktionsschulen"

- Verbesserung der beruflichen Qualifizierungsmöglichkeiten von Migrantinnen und Migranten, insbesondere Erhöhung der Ausbildungsbeteiligung dieser Zielgruppen (Innovationsbereich IV)

(1) Auf- und Ausbau von zielgruppenspezifischen Unterstützungs-

maßnahmen in Ausbildung und Ausbildungsvorbereitung
(2) Erprobung und Entwicklung von neuen Modellen der Nachqualifizierung
(3) Weiterentwicklung von Beratungsangeboten für Teilnehmer und Betriebe
(4) Intensivierung der Öffentlichkeitsarbeit

(Bundesministerium für Bildung und Forschung: Kompetenzen fördern. Berufliche Qualifizierung für Zielgruppen mit besonderem Förderbedarf – BQF-Programm)

Aktivierung von betrieblichen Ausbildungspotenzialen

Eine differenzierte Darstellung der Innovationsbereiche und Themenfelder kann im Internet auf der Homepage des BMBF abgerufen werden (www.bmbf.de). Wichtig ist zu wissen, dass die verschiedenen Themenfelder durchaus unterschiedliches Gewicht haben. Einige Themen haben den Charakter von Leitzielen, die während der Laufzeit des Programms durchgängig und mit Nachdruck verfolgt werden sollen. Als Beispiel nenne ich die Aktivierung von betrieblichen Ausbildungspotenzialen für leistungsschwächere Jugendliche (Innovationsbereich II 4). Welche überragende Bedeutung diese Aufgabe hat, braucht nicht weiter erläutert zu werden. In Ziffer 4.2 des Programms („Orientierungsrahmen") wird festgelegt, dass der Betrieb wieder zur Basis der beruflichen Benachteiligtenförderung werden soll (siehe Kasten *Orientierungsrahmen*). Es gibt Beispiele dafür, dass das gelingen kann. Das zeigen auch die auf der Abschlusstagung in Leipzig und in diesem Band vorgestellten Ergebnisse des BMFSFJ-Programms „Arbeitsweltbezogene Jugendsozialarbeit" im Handlungsfeld „Betriebliche Berufsausbildung Benachteiligter" (vgl. Beitrag von Gericke ab S. 126).

Orientierungsrahmen

- Unterstützt von präventiver ausbildungsorientierter Bildungsarbeit (...) in den allgemein bildenden Schulen („vertikale" Kooperation) steht zur Förderung der Ausbildungsintegration bzw. Vermittlung der „Ausbildungsreife" ein (zeitlich) flexibles Ausbildungs-/Berufsvorbereitungsangebot mit unterschiedlichen, aber miteinander kooperierenden Lernorten zur Verfügung („horizontale" Kooperation). In dieser Phase der Förderung wird jedem förderbedürftigen Jugendlichen an dem für ihn geeigneten Ort das von ihm benötigte Maß an Förderung gewährleistet.
- Nach Vermittlung der Ausbildungsreife setzt zu einem möglichst frühen Zeitpunkt die duale Berufsausbildung ein, auf der Grundlage eines betrieblichen Ausbildungsvertrages. Im Hinblick auf die in der Regel schwierigen persönlichen Voraussetzungen benachteiligter Jugendlicher wird die duale Berufsausbildung für die meisten dieser Auszubildenden durch sozialpädagogisch orientierte Bildungsarbeit in außerbetrieblichen Bildungseinrichtungen unterstützt (...). Dieses Modell setzt voraus, dass sich die Betriebe der Ausbildung von Benachteiligten wieder stärker öffnen. Dies ist ein generelles Ziel des Programms.

(Bundesministerium für Bildung und Forschung: Kompetenzen fördern. Berufliche Qualifizierung für Zielgruppen mit besonderem Förderbedarf – BQF-Programm)

Wichtige Adressatengruppe: Migrantinnen und Migranten

Hinweisen möchte ich darauf, dass – wie oben schon angedeutet – die Adressatengruppe der Migrantinnen und Migranten für unsere Politik der Benachteiligtenförderung und damit auch für das BQF-Programm herausragende Bedeutung hat (siehe Kasten *Gliederung des Programms*, Innovationsbereich IV, S. 336/337). Gesellschaftliche Integration kann nur über Bildung und Ausbildung gelingen. Das gilt auch und besonders für Menschen mit Migrationshintergrund. Die jüngsten Daten zeigen, dass der Abstand zwischen Menschen fremder Herkunft und den Einheimischen, was die Bildungsteilhabe angeht, in allen Bereichen noch immer groß ist. Hier stehen wir vor einer eminenten Herausforderung, die auch staatspolitische Dimensionen hat. Wir haben deshalb eine besondere fachliche Koordinierungsstelle für Aktivitäten im Handlungsfeld „Migranten" beim Bundesinstitut für Berufsbildung (BIBB) eingerichtet, die Initiativstelle Berufliche Qualifizierung von Migrantinnen und Migranten (IBQM).

Umsetzung, Laufzeit und Finanzierung

Damit sind wir bei den äußeren Merkmalen des BQF-Programms „Kompetenzen fördern" und dem Status seiner Umsetzung angelangt. Das Programm hat vorerst eine Laufzeit bis Ende 2005. Als Mittelausstattung sind ca. 53 Mio. € vorgesehen; die Finanzierung soll etwa zur Hälfte aus ESF-Mitteln erfolgen. Im Vorfeld der Hauptumsetzungsphase sind bereits – aufgrund von Terminzwängen – einige Projekte angelaufen, unter anderem das eng mit der Bundesanstalt für Arbeit (BA) abgestimmte Projekt „Erprobung einer neuen Förderstruktur". Hier wird in mehr als 30 Arbeitsamtsbezirken der Versuch unternommen, das bisherige Maßnahmenkonglomerat durch ein kohärentes, auf den individuellen Förderbedarf zugeschnittenes Förderangebot zu ersetzen und mehr Effizienz zu erreichen. Damit werden insbesondere die Themenfelder des Innovationsbereichs I (Strukturverbesserungen) des BQF-Programms aufgegriffen. Effizienz ist dabei aus der Interessenlage der betroffenen Jugendlichen zu definieren und nicht als bloßes Sparprogramm misszuverstehen. Über dieses und andere Projekte informiert die bereits genannte Website des BMBF. Für die Hauptphase der Durchführung des Programms sind alle administrativen Vorkehrungen getroffen. Es werden verschiedene Ausschreibungen erfolgen, wobei nach bisheriger Planung jährlich zwei Antragstermine vorgesehen sind.

Bei der Durchführung des Programms wird besonderer Wert auf eine enge Abstimmung mit Programmen gelegt, die vergleichbare Ziele verfolgen. Diese Abstimmung erfolgt, soweit es sich um Bundesprogramme handelt, im Interministeriellen Arbeitskreis „Förderung benachteiligter Jugendlicher". (...) Für das Programm wird ein Beirat aus Vertretern der betroffenen Bundesressorts, der Länder, der Sozialpartner, der Wissenschaft und sonstigen Experten eingerichtet. Dieser Beirat wird das Programm politisch und fachlich begleiten und Empfehlungen für die Durchführung von Projekten abgeben. Die Kommunikation unter allen Beteiligten sowie die Verbreitung von Ergebnissen und Teilergebnissen der verschiedenen Projekte werden durch eine Transferstelle sichergestellt. Diese Transferstelle wird dem schon bestehenden „Good Practice Center" – Förderung von Benachteiligten in der Berufsausbildung beim Bundesinstitut für Berufsbildung – angegliedert, weil auf diese Weise Synergien bei der Informations- und Kommunikationsarbeit im Gesamtbereich der Benachteiligtenförderung erreicht werden kann.

(Bundesministerium für Bildung und Forschung: Kompetenzen fördern. Berufliche Qualifizierung für Zielgruppen mit besonderem Förderbedarf – BQF-Programm)

Dr. Erhard Schulte, Bundesministerium für Bildung und Forschung

Peter Kupferschmid

Kompetenzagenturen zur beruflichen und sozialen Integration von Jugendlichen

Das Modellprogramm „Arbeitsweltbezogene Jugendsozialarbeit 2002–2006" des Bundesministeriums für Familie, Senioren, Frauen und Jugend (BMFSFJ)

Ausgangslage

Die zweite Hälfte der 1990er-Jahre war gekennzeichnet von einer für deutsche Verhältnisse hohen Jugendarbeitslosigkeit und einem gravierenden Mangel an betrieblichen Ausbildungsplätzen. Die Bundesregierung hat auf diese Problemlage mit dem Sofortprogramm zum Abbau der Jugendarbeitslosigkeit reagiert. Gleichzeitig wurden im *Bündnis für Arbeit, Ausbildung und Wettbewerbsfähigkeit* gemeinsam Instrumente entwickelt, um die Einrichtung zusätzlicher betrieblicher Ausbildungsplätze zu unterstützen. Schließlich wird mit der Modernisierung bereits bestehender und der Schaffung neuer Ausbildungsberufe dem schnellen Wandel beruflicher Anforderungen – insbesondere durch die neuen Informations- und Kommunikationstechniken – Rechnung getragen.

Weiter hat die Arbeitsgruppe *Aus- und Weiterbildung* im *Bündnis für Arbeit, Ausbildung und Wettbewerbsfähigkeit* die „Förderung von benachteiligten Jugendlichen beim Übergang von der Schule in die Ausbildung ... als Daueraufgabe" anerkannt. Hilfen zur beruflichen Integration erhalten zunehmend eine arbeitsmarktpolitische Funktion: Sie sollen auf Teilarbeitsmärkten mit Fachkräftemangel für eine berufliche Qualifizierung von Arbeitskräften sorgen, die wegen ungünstiger sozialer und Bildungsvoraussetzungen im Regelausbildungssystem nicht adäquat gefördert werden.

Steuerungsprobleme in der Benachteiligtenförderung

Bereits in den Jahren 1989–1993 hatte das Bundesministerium für Familie, Senioren, Frauen und Jugend (BMFSFJ) ein Modellprogramm aufgelegt, das unter dem Stichwort „Verbund" Wege zu einer verbesserten Kooperation und Koordination zwischen Anbietern von Hilfen für den Übergang von der Schule in die Arbeitswelt entwickeln und erproben sollte. Kennzeichnend für die damalige Situation war, dass im System des Übergangs ins Arbeitsleben alte Zuständigkeiten und eingespielte Verfahren der Koordination an Bedeutung verloren hatten und dadurch eine Vielzahl neuer Zuständigkeiten entstanden war, die in Abstimmungs- und Entscheidungsprozesse nicht eingebunden waren. Aus dem dualen System der beruflichen Erstausbildung war ein relativ unübersichtliches Übergangssystem mit einer Vielfalt von Institutionen, Angeboten und Zuständigkeiten entstanden.

In der richtigen Einsicht, dass eine sich von den Regelinstitutionen des Übergangssystems abgrenzende Kinder- und Jugendhilfe die Förderung der beruflichen und sozialen Integration von benachteiligten Jugendlichen kaum zu leisten vermag, hat das BMFSFJ in späteren Modellprogrammen den Aspekt der *Kooperation* – insbesondere der Kooperation zwischen Jugendhilfe und Schulen sowie zwischen Jugendhilfe und Betrieben – und die Verknüpfung der Jugendhilfepolitik mit anderen Politikfeldern (mit der Bildungspolitik, mit der Arbeitsmarktpolitik, mit der Stadtentwicklung und der Wirtschaftsförderung usw.) in den Mittelpunkt gestellt. Damit hat das BMFSFJ zusammen mit anderen Akteuren (zu nennen sind hier insbesondere die Bundesanstalt für Arbeit, die Bundesministerien für Arbeit und für Bildung und Wissenschaft und die Bund-Länder-Kommission für Bildungsplanung und Forschungsförderung) einen wesentlichen Beitrag dazu geleistet, dass Fragen der Kooperation und Koordination bei der beruflichen und sozialen Integration von benachteiligten Jugendlichen auf der Tagesordnung blieben.

Die Notwendigkeit von Kooperation in diesem Feld wird inzwischen allgemein anerkannt. Entscheidungen und Vereinbarungen auf allen Ebenen tragen dem Rechnung. Mit dem Modellprogramm zum Freiwilligen Sozialen Trainingsjahr (siehe Beitrag von Förster u. a. ab S. 312) wurde mit der Erprobung einer Angebotsform begonnen, für die das Prinzip der Kooperation von Arbeitsverwaltung, Kommune und z. T. auch Bildungsverwaltung auf allen Ebenen – von der Finanzierung über die Programmsteuerung bis zur Umsetzung vor Ort – von Anfang an zwingende Voraussetzung war und das den Erfolg des Programms maßgeblich bestimmte. Generell besteht aber bei der Kooperation und Koordination in der Benachteiligtenförderung noch immer Handlungsbedarf.

Aus den Ergebnissen verschiedener Modellprogrammphasen der „Arbeitsweltbezogenen Jugendsozialarbeit“ im Kinder- und Jugendplan des Bundes und deren wissenschaftlichen Begleitung durch das DJI lassen sich sowohl weiterer Handlungsbedarf als auch Bereiche ableiten, in denen Problemlösungen gesucht werden müssen:

(1) Strategien zur beruflichen Integration von benachteiligten Jugendlichen und jungen Erwachsenen werden zunehmend Teil der Politik in Kommunen und Landkreisen, konstituieren sich dort aber in sehr unterschiedlicher Weise. Das Spektrum der politischen Strategien reicht von der explizit formulierten kommunalen Abstinenz in diesem Politikfeld bis zu differenziert ausformulierten Konzepten, die von einer entsprechend differenziert organisierten Verwaltung umgesetzt werden. Unterschiede gibt es auch bei der inhaltlichen Bandbreite und Reichweite der jeweiligen Kommunalpolitik. In der Minimalvariante sollen arbeitslose Empfängerinnen und Empfänger von laufender Hilfe zum Lebensunterhalt durch Arbeitsangebote wieder in den Zuständigkeitsbereich der Arbeitslosenversicherung zurückverlagert werden. In der Maximalvariante wird der Anspruch vertreten, lokal wirksame Strukturen der beruflichen Integration aufzubauen, abzustimmen und zu verstetigen. Der erste Schritt einer solchen Strategiepolitik besteht in einer differenzierten, regelmäßigen Berichterstattung; ihr Ziel ist es, ein abgestimmtes Angebot von Regeleinrichtungen und ergänzenden Hilfen aufzubauen, das für alle Jugendlichen die ihren Fähigkeiten entsprechenden Angebote umfasst.

Die Mehrheit der Kommunen und Landkreise erkennt zwar zunehmend den grundsätzlichen Handlungsbedarf an, hat aber bisher kaum Lösungen und Umsetzungsstrategien entwickeln können, die über punktuelles Handeln hinausgehen.

(2) Jugendliche, denen nach Ende des Schulbesuchs der Einstieg in eine Ausbildung misslingt, riskieren, in problematische Überbrückungsangebote und Warteschleifen zu gelangen, weil im Übergangssystem die für sie passenden Hilfsangebote und Förderinstrumente fehlen, oder weil sie subjektiv nicht in der Lage sind, angesichts der Unübersichtlichkeit des Übergangssystems die richtigen Entscheidungen zu treffen. Zahlreiche unterschiedliche Angebote der verschiedensten Trägereinrichtungen bieten die Chance, den Berufseinstieg nachzuholen. Für die, die diese Chancen nicht nutzen können, gilt:

- Ihre Wege durchs System der Benachteiligtenförderung können im günstigen Fall zu einer systematischen Entwicklung des Arbeitsvermögens, zum Erwerb anerkannter Abschlüsse und zur Integration in den Arbeitsmarkt führen.
- Der Eintritt in dieses System kann den Beginn von lang dauernden „Karrieren“ bedeuten, in denen sich Erwerbsarbeit in Randbereichen des Arbeitsmarktes, Zeiten der Arbeitslosigkeit und die Unterbringung in sozialstaatlichen Hilfsangeboten aneinander reihen.
- Die verschlungenen Wege durch die Benachteiligtenförderung können in einer Abfolge von qualitativ problematischen Qualifizierungs- und Beschäftigungsphasen und längeren Phasen der Arbeitslosigkeit (oft auch verbunden mit gesundheitlichen Belastungen und sozialen Konfliktsituationen) den schrittweisen Abschied vom Arbeitsmarkt und von den Angeboten der Arbeitsmarktpolitik und schließlich die soziale Marginalisierung zur Folge haben.

Das System der Benachteiligtenförderung ist zwar grundsätzlich geeignet, die berufliche und soziale Integration von benachteiligten Jugendlichen und jungen Erwachsenen zu fördern. Der Mangel an Koordination und Kooperation innerhalb des Systems und die daraus erwachsende Unübersichtlichkeit der Angebote führt auch zu Maßnahmekarrieren.

(3) Im Frühjahr 1993 hat eine durch die Robert-Bosch-Stiftung initiierte Kommission von Fachleuten aus der Jugendberufshilfe, aus Wissenschaft, Politik und Verwaltung, aus Wirtschaft und Gewerkschaften „Empfehlungen für ein zukunftsweisendes Organisationsmodell“ für Qualifizierungs- und Beschäftigungsangebote in der Jugendhilfe vorgelegt (Robert-Bosch-Stiftung 1995). Die Empfehlungen haben zum Inhalt, Qualifizierung und Beschäftigung für Jugendliche und junge Erwachsene, deren berufliche Integration zu misslingen droht, in *Jugendhilfebetrieben* zu organisieren. Gleichzeitig soll die Fragmentierung von Zuständigkeiten und Finanzierungsquellen der Benachteiligtenförderung durch eine *Poolfinanzierung* überwunden werden, in der Mittel aus der Arbeitsverwaltung, der Sozialhilfe, der Kinder- und Jugendhilfe usw. gebündelt werden. Während nun das Modell des Jugendhilfebetriebs sich im Modellprogramm „Arbeitsweltbezogene Jugendsozialarbeit“ bewährt hat, ist es bisher nicht gelungen, das Konzept der Poolfinanzierung umzusetzen. Auf rechtliche Hindernisse hatte bereits ein 1995 zu den Empfehlungen veröffentlichtes Gutachten hingewiesen (Bieback 1995). Die Hindernisse für eine Bündelung von Fördermitteln unterschiedlicher Herkunft in einem Finanzierungspool liegen insbesondere im Status vieler Finanzierungsleistungen als individuelle Rechts-

ansprüche, die durch die Überführung in einen gemeinsamen Fonds nicht aufzuheben sind. Insofern muss die Lösung in einer verbindlichen Kooperation der Akteure und Geldgeber gesucht werden.

In einer Bestandsaufnahme der Geschäftsstelle der Bund-Länder-Kommission für Bildungsplanung und Forschungsförderung zur „Förderung der sozialen und beruflichen Integration Benachteiligter" durch eine „integrierte Bildungs- und Jugendpolitik" wird der folgende Handlungsbedarf festgestellt:

„1. Die Zusammenarbeit zwischen den Arbeitsämtern und Jugend- und Sozialämtern sollte weiter ausgebaut werden. Die Kultusministerien bzw. Schulen sollten in diese Zusammenarbeit stärker eingebunden werden.
2. Es sollten regionale Kooperationsnetze geschaffen und ausgebaut werden, welche die Aufgabe haben, Strategien zu entwickeln, wie besonders benachteiligte Zielgruppen des Ausbildungsstellen- und Arbeitsmarktes (ausländische Jugendliche, Mädchen, benachteiligte Jugendliche) beruflich integriert werden können.
3. Die Zusammenarbeit im lokalen Raum sollte sich auch mit dem einzelnen Jugendlichen beschäftigen und gegebenenfalls einen individuellen Förder- und Hilfe-(Berufsweg-)Plan als (vorläufiges) Ergebnis haben, der auch die Zuständigkeiten für die Umsetzung festlegt.
4. Im Sinne des effizienten Einsatzes von Steuermitteln zum Wohle der Förderung benachteiligter junger Menschen sollten die rechtlichen Voraussetzungen für eine Poolfinanzierung zügig geprüft werden." (BLK 2000, S. 8).

Kompetenzagenturen zur beruflichen und sozialen Integration von Jugendlichen: Zielsetzungen, Aufgaben und Organisationsformen

Um den Anforderungen einer integrierten Jugend-, Bildungs- und Arbeitsmarktpolitik bei der beruflichen und sozialen Integration benachteiligter Jugendlicher gerecht zu werden, sollen im Modellprogramm „Arbeitsweltbezogene Jugendsozialarbeit 2002–2006" Kompetenzagenturen entwickelt und erprobt werden, die auf lokaler/regionaler Ebene die berufliche und soziale Integration von Jugendlichen fördern. Diese Kompetenzagenturen müssen folgende Anforderungen erfüllen:

- Sie sollen sich schwerpunktmäßig an die Gruppen von Jugendlichen und jungen Erwachsenen richten, die zum bestehenden System der Hilfsangebote von sich aus keinen Zugang finden und daher von diesem System nicht profitieren.
- Die Kompetenzagenturen müssen einen anerkannt neutralen Status gegenüber den Anbietern von Leistungen der Benachteiligtenförderung haben, wobei sie eine Mittlerfunktion zwischen verschiedenen – häufig auch konkurrierenden – Akteuren und Anbietern erfüllen müssen.
- Das fachliche und politische „Standing" der Kompetenzagenturen muss anerkannt sein. Nicht nur Träger der Jugendberufshilfe, sondern auch berufsbildende Schulen und insbesondere Betriebe, die Kammern, die Arbeitsverwaltung und die Kommunalverwaltung müssen sie als kompetente Partner akzeptieren.

Zielsetzung und Aufgaben

Die Kompetenzagenturen haben eine Mittlerfunktion zwischen solchen Jugendlichen, deren soziale und berufliche Integration gefährdet ist, und dem vorhandenen Spektrum von Angeboten des Bildungssystems, des Arbeitsmarktes, der Arbeitsverwaltung und der freien Träger. Soweit im Angebotsspektrum Lücken bestehen, ist es Aufgabe der Kompetenzagenturen, die Etablierung entsprechender Angebote zu initiieren. Die Mittlerfunktion der Kompetenzagenturen kann folgende Leistungen umfassen:

Aufsuchende Arbeit

Durch aufsuchende Arbeit soll der Zugang zu den Gruppen von Jugendlichen und jungen Erwachsenen gefunden werden, die von den vorhandenen Bildungs-, Ausbildungs- und Beschäftigungsangeboten nicht erreicht werden bzw. sich diesen entziehen. Die Strategien der aufsuchenden Arbeit müssen heterogen sein, da auch die Gründe für die Nichterreichbarkeit von Jugendlichen und jungen Erwachsenen vielfältig sind:

- Das Schulschwänzen bzw. die aktive Schulverweigerung von Kindern und Jugendlichen. Nach den Ergebnissen einer Untersuchung des DJI treten Schulschwänzen und aktive Schulverweigerung insbesondere zwischen dem 12. und 14. Lebensjahr massiv auf und verfestigen sich dann; der Beginn liegt häufig aber schon in einem früheren Lebensalter (vgl. Beitrag von Schreiber-Kittl/Schröpfer ab S. 38).

- Das „Verschwinden“ von Mädchen in ihren Herkunftsfamilien. In ländlichen Regionen bleiben Mädchen zu Hause, um der Stigmatisierung durch Arbeitslosigkeit zu entgehen. Mädchen mit Migrationshintergrund bleiben in der Familie, weil von ihnen erbrachte Arbeitsleistungen – Haushaltsarbeiten, Kinderbetreuung – für unverzichtbar gehalten werden oder weil die Familien eine Entfremdung ihrer Töchter von kulturellen Normen und Orientierungen durch Ausbildung oder Erwerbsarbeit befürchten.
- Das Abtauchen (insbesondere von Jungen und jungen Männern) in (klein-)kriminelle Milieus, die leichten Gelderwerb, Anerkennung und Sicherheit in der Gruppe zu versprechen scheinen (Kraheck 2002).
- Die Abdrängung von Jugendlichen in extrem ungeschützte Formen von Beschäftigung (Schwarzarbeit, prekäre Leiharbeit), die sozial nicht abgesichert, schlecht entlohnt und häufig gesundheitlich gefährdend ist (ebd.).

Die Vielfalt der hier skizzierten Bedingungskonstellationen macht deutlich, dass Standardformen der aufsuchenden Arbeit (z.B. Straßensozialarbeit) nicht ausreichen, um Zugangsmöglichkeiten zu eröffnen. Vielmehr sind zielgruppenspezifische Formen der aufsuchenden Arbeit zu entwickeln bzw. Zugangsmöglichkeiten über Angebote von Kooperationspartnern (z.B. Internetcafés, Jobvermittlung, Freizeitangebote) zu erschließen. Bei der Entwicklung von Strategien aufsuchender Arbeit sollen die Erfahrungen mit Angeboten nach Artikel 11 des Sofortprogramms der Bundesregierung systematisch ausgewertet und genutzt werden.

Ein Problem vieler aufsuchender Strategien ist, dass sie häufig mangels passgenauer Anschlussangebote ins Leere laufen. Die Besonderheit der Funktion der Kompetenzagenturen besteht darin, dass sie den durch aufsuchende Arbeit erreichten Jugendlichen abgestufte, anschlussfähige Angebote vermitteln, durch die Brüche zwischen aufsuchender Arbeit und dem vorhandenen Maßnahmespektrum vermieden werden.

Assessment

Traditionelle Verfahren der Diagnostik in der Benachteiligtenförderung haben dazu tendiert, die Adressaten ihrer Arbeit insbesondere im Hinblick auf ihre Schwächen und Defizite zu klassifizieren (Lernbehinderte, Leistungsschwache, „mehrfach Benachteiligte“). In Abgrenzung dazu hat eine Reihe von Trägern damit begonnen, in der Privatwirtschaft entwickelte Verfahren des Assessments so zu adaptieren, dass auch die Leistungspotenziale von Jugendlichen mit ungünstigen Voraussetzungen und Benachteiligungen identifiziert werden können und die Jugendlichen dann in passende Angebote zu vermitteln. Ein Manko der bisher in der Jugendberufshilfe praktizierten Assessmentverfahren besteht darin, dass diese zumeist als Auswahlverfahren für ein häufig eng begrenztes Spektrum von Angebotsalternativen dienen. (Meist handelt es sich um Angebote des Trägers selbst, der das Assessment durchführt.) Demgegenüber lautet die Aufgabe der Kompetenzagenturen, in Zusammenarbeit mit Schulen und Berufsberatung auf der Basis der Ergebnisse des Assessments solche Lern- und Beschäftigungsangebote zu identifizieren, die dem spezifischen Leistungs-, Fähigkeits- und Motivationsprofil der Jugendlichen gerecht werden. Das Modellprogramm wird dafür die Erfahrungen und Ergebnisse von Assessmentansätzen des Wettbewerbs „Fit für Leben und Arbeit“ und des Modellprogramms „Freiwilliges Soziales Trainingsjahr“ auswerten und nutzen.

Case-Management

Innovative Projekte der Jugendberufshilfe sind in den letzten Jahren verstärkt dazu übergegangen, die Betreuung und Begleitung von Jugendlichen durch Verfahren des Case-Managements zu systematisieren. Diese Verfahren bieten sich schon deshalb an, weil sie dem Prozesscharakter der Übergangsverläufe und der Notwendigkeit einer längerfristig angelegten (gegebenenfalls auch distanzierten) Begleitung solcher Verläufe gerecht werden. Die Unzulänglichkeit einer eher punktuellen, sporadischen Beratung kann so überwunden werden.

Coaching

Im Modellprogramm „Arbeitsweltbezogene Jugendsozialarbeit 1998–2001“ wurden im Handlungsfeld „Lernort Betrieb“ systematisch Strategien entwickelt und erprobt, um privatwirtschaftliche Betriebe (wieder) zu Orten des Lernens und der beruflichen Erstausbildung auch für Jugendliche mit ungünstigen Voraussetzungen und sozialen Benachteiligungen zu machen. Das Prinzip besteht darin, das duale System von Ausbildungsbetrieb und Berufsschule um einen dritten Akteur zu ergänzen, der einerseits Mittlerfunktionen zwischen den Auszubildenden, der Berufsschule und den Betrieben wahrnimmt, andererseits die Auszubildenden zielgenau auf die berufsfachlichen und Verhaltensanforderungen des Ausbildungsverhältnisses und Ausbildungsverlaufs vorbereitet. Für diese spezifische Aufgabe wurden in der Privatwirtschaft praktizierte Verfahren des

„Coaching" adaptiert. Ergebnisse der wissenschaftlichen Begleitung des Modellprogramms zeigen, dass für die Förderung der Ausbildungsbereitschaft der Betriebe und für den Erfolg des Ausbildungsverlaufs solche Coachingangebote u. U. ein deutlich größeres Gewicht haben, als etwa die Subventionierung von Ausbildungsverhältnissen (vgl. Beitrag von Gericke ab S. 126).

Die Kompetenzagenturen müssen also zuerst die Chancen eines per Coaching unterstützten betrieblichen Ausbildungs- oder Arbeitsverhältnisses sorgfältig prüfen, bevor eine Entscheidung für eine außerbetriebliche Förderung getroffen wird. Durch Coaching soll zunächst verhindert werden, dass die Integration ins Regelsystem der beruflichen Erstausbildung oder in den ersten Arbeitsmarkt dadurch erschwert wird, dass Jugendliche in außerbetrieblichen Maßnahmen platziert werden, obwohl die Möglichkeit einer betrieblichen Förderung besteht.

Darüber hinaus kann Coaching von den Kompetenzagenturen auch dafür eingesetzt werden, aus mehreren unterschiedlichen – auch sich überschneidenden – Angeboten ein individuelles Angebot zu entwickeln und anhand der Fortschritte des betreffenden Jugendlichen immer wieder neu zu justieren. Coaching kann so eine zentrale Steuerungsfunktion für die individuellen Förder- und Hilfepläne einnehmen.

Initiierungsfunktionen

Die berufliche und soziale Integration von Jugendlichen scheitert häufig daran, dass zwischen den Ausgangssituationen der Jugendlichen und dem vorhandenen Maßnahmespektrum bzw. den Regelangeboten des Bildungs- und Ausbildungssystems Zwischenangebote fehlen, die der besonderen sozialen Lage, den Bedürfnissen und Fähigkeiten dieser Jugendlichen entsprechen. Aufgabe der Kompetenzagenturen ist es, passgenaue Angebote – soweit lokal vorhanden – zu identifizieren und für diese Jugendlichen zugänglich zu machen. Soweit solche Angebote nicht bestehen, sollen sie von den Kompetenzagenturen initiiert und (nach Möglichkeit in anderer Trägerschaft) institutionalisiert werden.

Organisationsformen

Die Kompetenzagenturen sollen eine Mittlerfunktion wahrnehmen zwischen solchen Jugendlichen, deren berufliche und soziale Integration gefährdet ist, und dem vorhandenen Spektrum von Angeboten des Bildungssystems, des Arbeitsmarkts, der Arbeitsverwaltung und der freien Träger. Sie sollen grundsätzlich nicht selbst Anbieter von solchen Maßnahmen sein. Soweit bestimmte Angebote die Funktion der Zugangserleichterung zur Adressatengruppe erfüllen (z. B. Internetcafés, Jobvermittlung und Ähnliches), sollen diese Angebote per Kooperationsvereinbarungen mit entsprechenden Trägern bzw. Anbietern bereitgestellt werden.

Da das Ziel des Modellprogramms der Aufbau eines langfristig wirksamen Netzwerkes von Kompetenzagenturen ist, sollen Kommunen (Jugendämter und insbesondere auch Sozialämter), die Arbeitsverwaltung (z. B. über Artikel 11 des Sofortprogramms) und nach Möglichkeit auch das Bildungssystem (etwa durch die Bereitstellung von Lehrerstundendeputaten) von vornherein an der Finanzierung beteiligt werden. Zu prüfen ist, ob die Förderung aus dem Modellprogramm so angelegt werden kann, dass spätestens nach einer Aufbauphase von zwei bis drei Jahren ein schrittweise wachsendes finanzielles Engagement insbesondere der Kommunen und der Arbeitsverwaltung den Übergang in eine Regelförderung erleichtert.

Peter Kupferschmid, Bundesministerium für Familie, Senioren, Frauen und Jugend

Literatur

Bieback, K.-J. (1995): Rechtsgutachten zu den Vorschlägen der Fachkommission „Beschäftigungsprojekte in der Jugendhilfe“, in: Robert-Bosch-Stiftung (Hrsg.), S. 63–125.

BLK Bund-Länder-Kommission für Bildungsplanung und Forschungsförderung (2000): Papier der Geschäftsstelle vom 11. September 2000.

Kraheck, N. (2002): Karrieren jenseits normaler Erwerbsarbeit – Lebenslagen, Lebensentwürfe und Bewältigungsstrategien von Jugendlichen und jungen Erwachsenen in Stadtteilen mit besonderem Erneuerungsbedarf. München.

Robert-Bosch-Stiftung (1995) (Hrsg.): Jugendhilfe und Arbeitsförderung, Bd. 1: Empfehlungen einer Fachkommission. Gerlingen.

AutorInnenverzeichnis

Beckmann, Jürgen
Staatliches Schulamt Worbis
Bahnhofstraße 18
37339 Worbis
E-Mail: JBeckmann@ssawbs.thueringen.de

Druckrey, Petra
IMBSE – Institut für Maßnahmen zur Förderung der beruflichen und sozialen Eingliederung
Im Moerser Feld 7
47441 Moers
E-Mail: druckrey@imbse.de

Enggruber, Prof. Dr. Ruth
Fachhochschule Düsseldorf
Fachbereich Sozialpädagogik
Universitätsstraße / Geb. 24.21
40225 Düsseldorf
E-Mail: ruth.enggruber@fh-duesseldorf.de

Förster, Dr. Heike
Deutsches Jugendinstitut e.V.
Teubnerstraße 11
04317 Leipzig
E-Mail: foerster@dji.de

Fries, Michael
Flex-Fernschule
Christophorus-Jugendwerk Oberrimsingen
79206 Breisach
E-Mail: fries@flex-fernschule.de

Geiß, Bärbel
Zentrum für Lernen und Arbeit (ZELA) e.V. in Gießen
Mittlerer Katzenbergweg 18
97084 Würzburg
E-Mail: Geiss55@aol.com

Gerdsmeier, Prof. Dr. Gerhard
Universität Kassel, FB 10
Heinrich-Plett-Straße 40
34132 Kassel
E-Mail: noerthe@hrz.uni-kassel.de

Gericke, Dr. Thomas
Deutsches Jugendinstitut e.V.
Teubnerstraße 11
04317 Leipzig
E-Mail: gericke@dji.de

Häder, Katja
Sekundarschule Karl Liebknecht
Reintegrationsklasse
E.-Hermann-Meyer-Straße 60
06124 Halle

Hagedorn, Jürgen
Villa Lampe
Holzweg 2
37308 Heilbad Heiligenstadt
E-Mail: mail@villa-lampe.de

Haueisen-Günther, Ruth
Gesamtschule am Gluckenstein
Gluckensteinweg
61350 Bad Homburg
E-Mail: ruth@haueisen.net

Heckner, Thomas
Flex-Fernschule
Christophorus-Jugendwerk Oberrimsingen
79206 Breisach
E-Mail: heckner@flex-fernschule.de

Heeren, Bettina
Pro Beruf
Soziale Gruppeninitiative e.V.
Eckener Straße 5A
30179 Hannover
E-Mail: ProBeruf.Hannover@evlka.de

Koch, Andreas
Come On
GrünBau GmbH
Unnaer Straße 44
44145 Dortmund
E-Mail: info@gruenbau-dortmund.de

Kretschmer, Susanne
BBJ SERVIS gGmbH für Jugendhilfe
Herzbergstraße 82
10365 Berlin
E-Mail: kretschmer@bbj.de

Kruse, Dr. Wilfried
sfs – Sozialforschungsstelle Dortmund
Evinger Platz 17
44339 Dortmund
E-Mail: Kruse@sfs-dortmund.de

Kuhnke, Ralf
Deutsches Jugendinstitut e.V.
Teubnerstraße 11
04317 Leipzig
E-Mail: kuhnke@dji.de

Kupferschmid, Peter
Bundesministerium für Familie, Senioren, Frauen und Jugend
Referat 504 K
53107 Bonn
E-Mail: Peter.Kupferschmid@BMFSFJ.BUND.DE

Leifert, Stefan
basa-Jugendwerkstatt HTK
Zimmersmühlenweg 10
61440 Oberursel

Leonhardt, Ulrike
basa-Jugendwerkstatt HTK
Zimmersmühlenweg 10
61440 Oberursel
E-Mail: Ulrike.Leonhardt@gmx.de

Lex, Dr. Tilly
Deutsches Jugendinstitut e.V.
Nockherstraße 2
81541 München
E-Mail: Lex@dji.de

Mähler, Christiane
Tollensestraße 35
14167 Berlin-Zehlendorf
E-Mail: chrismaehler@web.de

Marschelke, Dr. Herbert
Industrie- und Handelskammer Kassel
Kurfürstenstraße 9
34117 Kassel
E-Mail: marschelke@kassel.ihk.de

Mertens, Martin
Jugendhilfebetrieb Recyclingwerkstatt
BuntStift e.V.
Holländische Straße 208
34127 Kassel
E-Mail: info@buntstift-kassel.de

Meyer auf der Heyde, Achim
Freie und Hansestadt Hamburg
Behörde für Schule, Jugend und Berufsausbildung
Amt für Berufliche Bildung und Weiterbildung
Hamburger Straße 131
22063 Hamburg

Mittag, Hartmut
Deutsches Jugendinstitut e.V.
Nockherstraße 2
81541 München
E-Mail: mittag@dji.de

Müller, Rita
BATMAN
BBJ Servis gGmbH Potsdam
Benzstraße 11–12
14482 Potsdam
E-Mail: rita.mueller@bbj.de

Nassauer, Melanie
Arbeitsamt Potsdam
Abteilung Berufsberatung
Heinrich-Mann-Allee 103
14482 Potsdam
E-Mail: Melanie.Nassauer@arbeitsamt.de

Otto, Pater Franz-Ulrich
Villa Lampe
Holzweg 2
37308 Heilbad Heiligenstadt
E-Mail: franz-ulrich.otto@villa-lampe.de

Paul-Kohlhoff, Prof. Dr. Angela
Technische Universität Darmstadt
Institut für Allgemeine Pädagogik und Berufspädagogik
Hochschulstraße 1
64289 Darmstadt
E-Mail: sekapk@bpaed.tu-darmstadt.de

Reißig, Birgit
Deutsches Jugendinstitut e.V.
Teubnerstraße 11
04317 Leipzig
E-Mail: reissig@dji.de

Reitz-Bogdoll, Doris
Kreisausschuss Offenbach
Fachdienst Arbeit und Berufsausbildung
Postfach 10 11 63
63011 Offenbach

Resch, Barbara
Arbeitsgruppe Berufliche Integration statt Sozialhilfe
Sozialamt der Stadt Dortmund
Luisenstraße 11–13
44122 Dortmund
E-Mail: bresch@stadtdo.de

Richter, Prof. Dr. Ingo
Deutsches Jugendinstitut e.V.
Nockherstraße 2
81541 München
E-Mail: richter@dji.de

Schaub, Günther
Deutsches Jugendinstitut e.V.
Nockherstraße 2
81541 München
E-Mail: schaub@dji.de
E-Mail: g-schaub@web.de

Schreiber-Kittl, Maria
Deutsches Jugendinstitut e.V.
Nockherstraße 2
81541 München
E-Mail: schreiber@dji.de

Schröpfer, Haike
Deutsches Jugendinstitut e.V.
Teubnerstraße 11
04317 Leipzig
E-Mail: schroepfer@dji.de

Schütte, Uta
Ruhr-Lippe Wohnungsgesellschaft mbH
Wohnsoziale Projekte
Karl-Harr-Straße 5
44263 Dortmund
E-Mail: Schuettu@ruhr-lippe-wohnen.de

Schulte, Dr. Erhard
Bundesministerium für Bildung und Forschung
Heinemannstr. 2
53175 Bonn
E-Mail: Erhard.Schulte@BMBF.BUND400.DE

Schulz, Rudolf
Pro Beruf
Soziale Gruppeninitiative e.V.
Eckener Straße 5A
30179 Hannover
E-Mail: ProBeruf.Hannover@evlka.de

Stang, Henner
BuntStift e.V.
Lassallestraße 9
34119 Kassel
E-Mail: info@buntstift-kassel.de

Urban, Peter
Kooperations- und Marketing Service Agentur
Zukunftsbau gGmbH
Langhansstraße 74b
13086 Berlin
E-Mail: purban@zukunftsbau.de

Werkmann, Martina
Zentrum für Lernen und Arbeit (ZELA) e.V.
Steinstraße 75
35390 Gießen
E-Mail: martina.werkmann@zelaev.de

Wolffersdorff, Prof. Dr. Christian von
Universität Leipzig
Fachbereich Erziehungswissenschaften
Karl-Heine-Straße 22b
04229 Leipzig
E-Mail: wolffersdorff@nexgo.de

Zybell, Uta
Technische Universität Darmstadt
Institut für Allgemeine Pädagogik und Berufspädagogik
Fachbereich 3
Hochschulstraße 1
64289 Darmstadt
E-Mail: zybell@bpaed.tu-darmstadt.de